# 安防产业专利技术分析报告

Security Industry Patent Analysis Report

陈汉君 著

知识产权出版社
全国百佳图书出版单位

**图书在版编目（CIP）数据**

安防产业专利技术分析报告 / 陈汉君著. —北京：知识产权出版社，2017.5（2021.7 重印）
ISBN 978-7-5130-4897-2

Ⅰ. ①安… Ⅱ. ①陈… Ⅲ. ①治安管理－产业－专利技术－研究报告 Ⅳ. ①D631.4

中国版本图书馆 CIP 数据核字（2017）第 109109 号

**内容提要**

本书利用 PatSnap 智慧芽专利检索与分析平台，结合行业专家的意见，检索梳理了安防产业的八大类关键技术领域的专利数据。从专利申请分布、主要申请人、竞争态势、专利 IPC 分布、国内外专利申请人分布、重要专利法律状态等方面入手，剖析了安防产业各技术点的发展趋势，并对相关优势国家、重点企业、科研院所的重点专利进行了统计分析，力图为学界及实务界人士提供有价值的分析结果。

**责任编辑**：田　姝　　　　**责任印制**：孙婷婷

安防产业专利技术分析报告

ANFANG CHANYE ZHUANLI JISHU FENXI BAOGAO

陈汉君　著

| | |
|---|---|
| 出版发行：知识产权出版社有限责任公司 | 网　址：http://www.ipph.cn |
| 电　话：010－82004826 | http://www.laichushu.com |
| 社　址：北京市海淀区气象路 50 号院 | 邮　编：100081 |
| 责编电话：010-82000860 转 8598 | 责编邮箱：tianshu@cnipr.com |
| 发行电话：010-82000860 转 8101 | 发行传真：010-82000893 |
| 印　刷：北京九州迅驰传媒文化有限公司 | 经　销：各大网上书店、新华书店及相关专业书店 |
| 开　本：787mm×1092mm　1/16 | 印　张：21 |
| 版　次：2017 年 5 月第 1 版 | 印　次：2021 年 7 月第 3 次印刷 |
| 字　数：600 千字 | 定　价：65.00 元 |

ISBN 978-7-5130-4897-2

# 本书分析方法及数据来源

本书的专利分析是建立在中国国家知识产权局提供的专利文献数据及新加坡智慧芽公司所提供的专利数据分析系统的基础上，结合行业内技术标准、行业信息等相关数据，各关键领域的定量及计量分析结合了领域专家的行业经验及实务判断。具体研究内容包括专利技术整体态势分析、全球和中国专利申请分布状况、主要申请人专利申请状况、重要专利分析、专利摘要信息等多个方面。

本书亦通过对重要专利文献的筛选解读，寻找技术链关键专利，并摘引其核心摘要，为实务研究者提供该技术领域的研究方向、技术演进等有价值的数据分析。

本书所使用的数据分析工具及全球专利数据主要来源于智慧芽（PatSnap）专利检索与分析平台，其数据每周更新，包含多个国家和地区的发明专利、部分国家的实用新型和外观设计专利。其中代表性国家和地区专利组织机构包括中国、美国、欧洲、世界知识产权组织、日本、韩国、挪威和全球法律专利数据库。

CONTENTS 目录

## 关键领域一 报 警



## 关键领域二 高质量显示技术

## 关键领域三　监控摄像机

## 关键领域四 数 据 管 理

## 关键领域五　视频编解码



## 关键领域六　人 机 交 互

## 关键领域七 网络传输



## 关键领域八 视 频 监 控

# 关键领域一
# 报　　　警

这一部分是报警行业的专利分析报告，报告从该行业的专利（国内、国外）申请、授权、申请人的已有专利状态、先进国家的专利状况、同领域领先企业的专利壁垒等方面入手，充分结合相关数据，展开分析，并得出分析结果。

2009 年中华人民共和国国务院颁布的《保安服务管理条例》正式实施，这使相对简单的市场迅速发展起来，很多公司开始从事报警服务。中国报警服务市场的巨大潜力，吸引着越来越多的安全设备生产商、工程公司及相关行业巨头开始涉足报警服务市场，如中国电信、海康威视、中国联通、中国安居宝等。

总体来看，全国报警服务企业已超过 3500 家，从业人员超过 100 万人，市场规模超过 150 亿元，年均增长率超过 30%。[1]随着传统报警运营服务商的设备升级换代，网络化、可视化产品替代原有电话联网报警产品成了不可逆转的趋势，但目前总体而言升级换代的速度过于缓慢。其中占据市场大半份额的国营企业在转型升级方面尤其困难，存在很多历史包袱和局限，反而是新兴的民营企业以及外资企业在这一潮流中走在前面。[2]

针对现状，本书对报警行业专利数据进行分析，包括高强度专利判断、专利申请趋势分析、竞争对手分析等，制作了柱状图、饼状图、树状图等，列出了全球主要申请人以及国内主要申请人的专利申请量，对报警行业的专利技术、热点技术和发展趋势进行分析和总结，为行业发展提供参考。

---

❶ 王海鹏. 报警运营行业的现状和未来[EB/OL].(2016-06-13)[2017-03-05].http://www.360doc.com/content.

❷ CDA 数据分析师. 互联网、大数据成报警行业未来发展趋势[EB/OL].(2016-06-13)[2017-03-05].http://www.cbdio.com/BigData/2016-06/13/content_4977103.htm.

# 第1章 报警行业全球专利情况

在全球范围内检索1968—2016年报警行业专利共702891件。

## 1.1 专利申请国分布情况

专利申请国可以体现专利权人想在哪些国家或地区保护该发明。这一参数也反映了该发明未来可能的实施国家或地区。由报警行业专利受理国家分布情况的统计图（图1-1-1）可以发现，中、日、美三国为报警行业专利重点申请国家或地区，数量分布为中国441279件、日本73709件和美国40414件，三个国家占了总量的79.01%，其他还包括韩国31819件，其他国家和地区115670件。

专利的国家分布情况表明，日本、美国、韩国、英国四个国家是除中国以外报警行业专利布局的主要地区，企业可以跟踪、引进和消化相关领域技术，在此基础上实现技术突破。

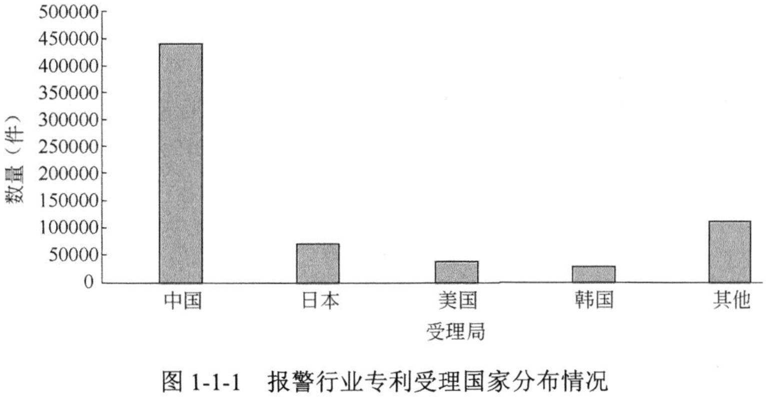


图1-1-1 报警行业专利受理国家分布情况

## 1.2 全球专利申请趋势

将报警行业的全球专利申请量按照年份进行统计分析，1998—2016年报警行业全球专利申请量整体呈上升态势。日本在报警行业最早布局，仅1998年就有2529件专利申请，并且一直保持稳定的年均申请数量。而中国的报警行业专利则是从2005年开始快速发展，呈现了爆炸式的增长势头，反映了国内企业对报警行业相关技术的日益重视。

## 1.3 专利技术主要来源国分析

对全球专利文献的专利权人国籍进行统计分析，得到报警行业专利的来源地分布图（图 1-3-1），可以看出：报警行业的专利主要来自中国、日本、美国、英国及德国，其中中国、日本、美国申请人申请的专利分别达 388083 件、59963 件、34311 件，都分别小于本土国内专利数量 441279 件、73709 件、40414 件，显示世界各国申请人更趋向于在中国、日本、美国进行专利布局。

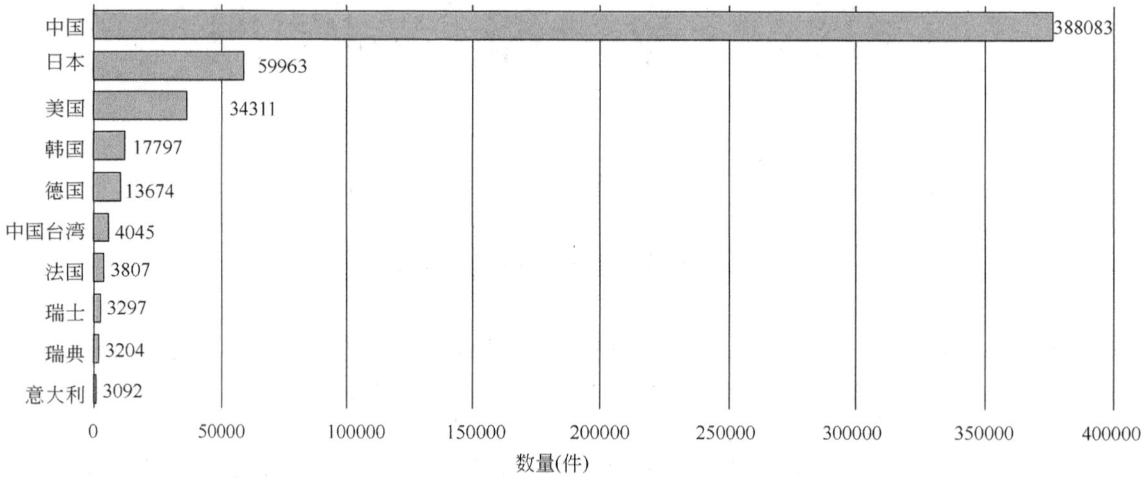


图 1-3-1 报警行业专利技术主要来源地情况

## 1.4 专利 IPC 分布

报警行业专利按照国际专利分类号（IPC）进行统计，结果如图 1-4-1 所示。报警业专利 IPC 分布中，物理类 G08B（信号装置或呼叫装置；指令发信装置；报警装置）的专利数量最多，达 124258 件，其次是物理类 G05B[一般的控制或调节系统；这种系统的功能单元；用于这种系统或单元的监视或测试装置（应用流体作用的一般流体压力执行器或系统入 F15B；阀门本身入 F16K；仅按机械特征区分的入 G05G；传感元件见相应小类，例如 G12B，G01、H01 的小类；校正单元见相应的小类，例如 H02K）：32,593]，这两类加起来

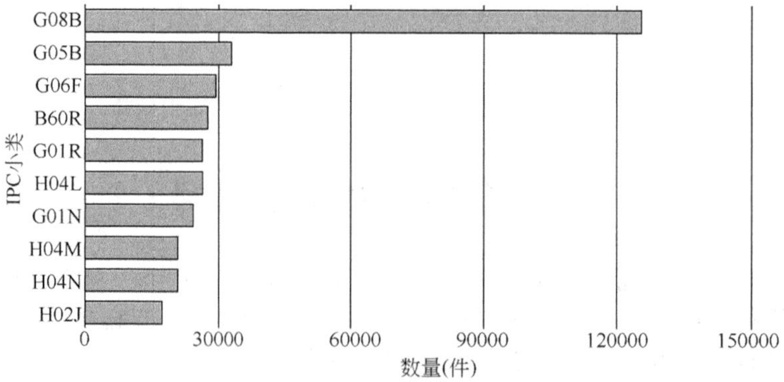


图 1-4-1 报警行业 IPC 小类分布情况

达到 44.89%，另外还有电学类 H04L［数字信息的传输，例如电报通信（电报和电话通信的公用设备入 H04M）(4)：26，221］、H04M［电话通信（通过电话电缆控制其他设备，但不包括电话交换设备的电路入 G08)：20，991］等。

## 1.5 竞争态势分析

根据报警行业专利的检索结果进行专利权人竞争态势分析，如表 1-5-1 和图 1-5-1 所示，全球相关专利的申请企业和个人数量达 349452，综合实力排名前 20 家企业的专利总量为 16531 件，占行业专利总量的 4.73%，其中日本企业优势明显，占了 11 家，中国 4 家，韩国 3 家，美国 1 家，德国 1 家。

从竞争态势上分析，中国国家电网公司的专利拥有量最多达 9432 件，超过第二位的日本电气股份有限公司（NEC）近一倍，在表 1-5-1 位置处于最上方，可见国家电网在报警领域拥有较大的技术竞争优势。同时在图 1-5-1 中显示出较强技术竞争力（排名靠前）的公司还有日本国报知机株式会社、能美防灾株式会社、松下电工株式会社等公司，专利的具体数量如表 1-5-1。

**表 1-5-1 报警行业全球主要专利权人竞争态势表** 单位/件

| 申请（专利权）人/IPC 小类 | G08G | B60Q | G04G | H04N | B60R | H04L | G06F | H04B | G01R | G08B |
|---|---|---|---|---|---|---|---|---|---|---|
| 松下电工株式会社（PANASONIC ELECTRIC WORKS） | 0 | 0 | 0 | 0 | 0 | 0 | 0 | 0 | 0 | 1957 |
| 日本国报知机株式会社（ホーチキ） | 0 | 0 | 0 | 0 | 0 | 0 | 0 | 0 | 0 | 1738 |
| 能美防灾株式会社 | 0 | 0 | 0 | 0 | 0 | 0 | 0 | 0 | | 1706 |
| 中国国家电网公司（STATE GRID CORPORATION OF CHINA） | 0 | 0 | 0 | 0 | 0 | 0 | 0 | 0 | 2309 | 1270 |
| 西门子（SIEMENS） | 0 | 0 | 0 | 0 | 0 | 449 | 0 | 0 | 168 | 1171 |
| 三菱电机（MITSUBISHI ELECTRIC） | 0 | 0 | 0 | 0 | 0 | 0 | 0 | 0 | 176 | 0 |
| 东芝（TOSHIBA） | 0 | 0 | 0 | 0 | 0 | 0 | 0 | 0 | 164 | 0 |
| 江苏省电力公司 | 0 | 0 | 0 | 0 | 0 | 0 | 0 | 0 | 149 | 0 |
| 日本电气股份有限公司（NEC） | 0 | 0 | 0 | 0 | 0 | 1015 | 739 | 1150 | 0 | 0 |
| 三星电子（SAMSUNG ELECTRONICS） | 0 | 0 | 0 | 379 | 0 | 0 | 455 | 763 | 0 | 0 |
| LG 电子（LG ELECTRONICS） | 0 | 0 | 0 | 427 | 0 | 0 | 515 | 662 | 0 | 0 |
| 富士通（FUJITSU） | 0 | 0 | 0 | 0 | 0 | 719 | 633 | 489 | 0 | 0 |
| 松下（PANASONIC） | 0 | 0 | 0 | 348 | 0 | 0 | 0 | 274 | 0 | 0 |
| 国际商业机器公司（IBM） | 0 | 0 | 0 | 0 | 0 | 0 | 492 | 0 | 0 | 0 |
| 华为（HUAWEI） | 0 | 0 | 0 | 0 | 0 | 645 | 0 | 0 | 0 | 0 |

续表

| 申请（专利权）人/IPC 小类 | G08G | B60Q | G04G | H04N | B60R | H04L | G06F | H04B | G01R | G08B |
|---|---|---|---|---|---|---|---|---|---|---|
| 中兴（ZTE） | 0 | 0 | 0 | 0 | 0 | 524 | 0 | 0 | 0 | 0 |
| 日产汽车公司（NISSAN） | 379 | 0 | 0 | 0 | 594 | 0 | 0 | 0 | 0 | 0 |
| 丰田（TOYOTA） | 481 | 0 | 0 | 0 | 572 | 0 | 0 | 0 | 0 | 0 |
| 日本株式会社电装（DENSO） | 391 | 216 | 0 | 0 | 570 | 0 | 0 | 0 | 0 | 0 |
| 现代自动车株式会社（HYUNDAI MOTOR COMPANY） | 0 | 597 | 0 | 0 | 461 | 0 | 0 | 0 | 0 | 0 |

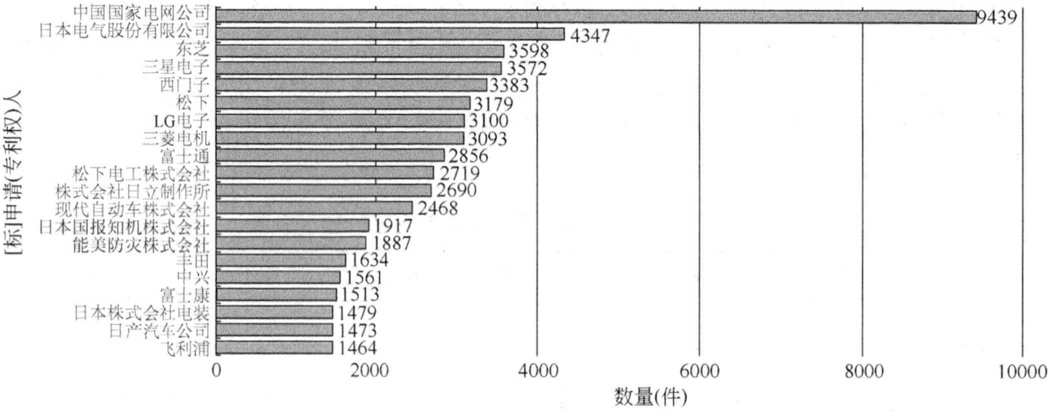


图 1-5-1　报警行业全球专利前 20 位的专利权人情况

# 1.6　重要专利申请人分析

报警行业全球主要专利权人竞争态势表最前面的四家企业综合实力雄厚、专利质量高并且涉及了较多的专利纠纷，而中国国家电网公司专利拥有量最多，现对这 4 家企业的专利情况进行分析。

## 1.6.1　中国国家电网公司

中国国家电网公司（以下简称“国家电网”）专利主要授权地是在中国。国家电网是经过国务院同意进行国家授权投资的机构和国家控股公司的试点单位，以建设和运营电网为核心业务，承担着保障更安全、更经济、更清洁、可持续的电力供应的基本使命，经营区域覆盖全国 26 个省、自治区、直辖市，覆盖国土面积的 88%，供电人口超过 11 亿，公司员工总量超过 186 万人。相关专利经同族扩展后达到 9432 件，专利申请的国家地区主要包括中国与世界知识产权组织。

图 1-6-1 反映了国家电网在全球主要市场上的历年专利申请分布状况，自 2008 年起，呈逐年上升趋势，2011 年以后呈爆炸上升趋势。

图 1-6-2 显示：国家电网在报警行业的专利按照国际专利分类号（IPC）进行统计，结果最多的物理类 G08B 专利为重点研究方向，包括保证人身安全的报警器、未列入其他类目的相应一种指定的意外或异常情况的报警器等。

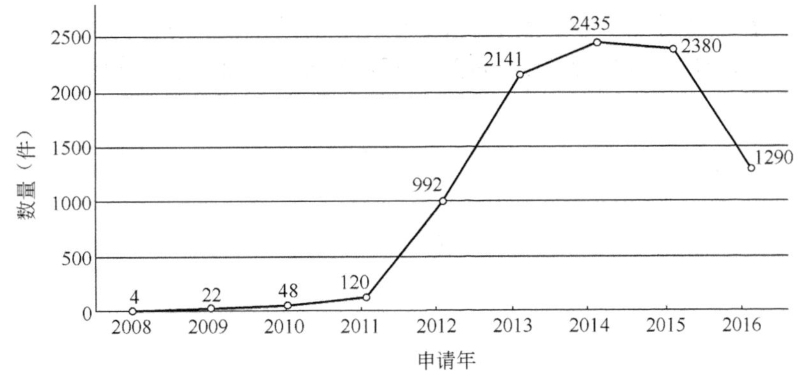


图 1-6-1 国家电网的专利申请趋势

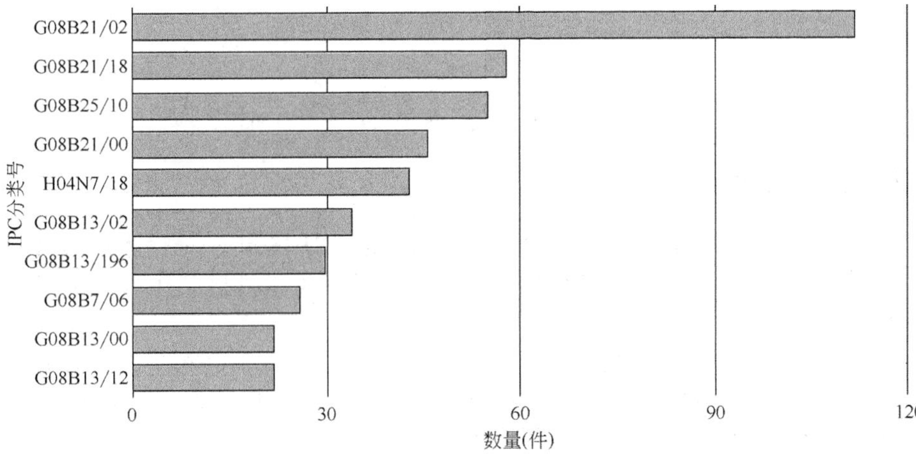


图 1-6-2 国家电网的物理类 IPC 小类分析图

## 1.6.2 松下电工株式会社

松下电工株式会社（以下简称“松下电工”）是日本企业，1918 年创立，1997 年 9 月在中国成立了松下电工（中国）有限公司。

松下电工的专利经同族扩展后达到 1237 项，专利申请的国家（地区）主要包括日本与世界知识产权组织。

图 1-6-3 反映了松下电工在全球主要市场上的历年专利申请分布状况。松下电工的专利申请整体呈倒 V 趋势，2002 年专利申请量最高达 82 件，2006 年以后申请量呈震荡下行趋势。

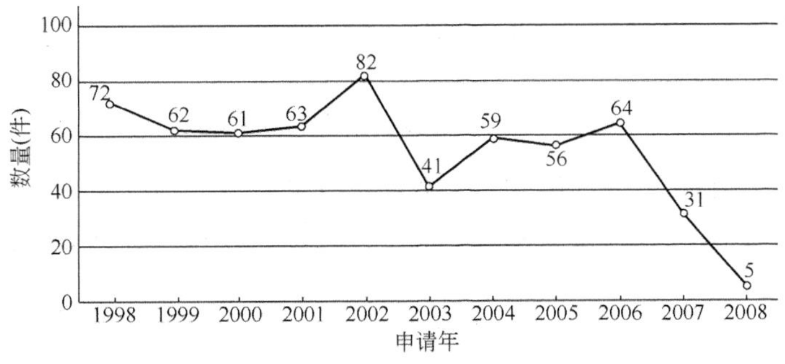


图 1-6-3 松下电工的专利申请趋势

图 1-6-4 显示：松下电工在报警行业的专利按照国际专利分类号（IPC）进行统计，结果最多的物理类 G08B 专利为其重点研究方向，包括信号装置、呼叫装置、指令发信装置等方面。

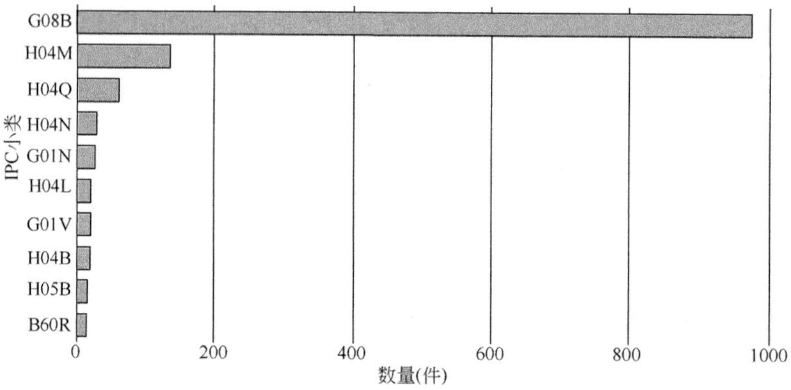


图 1-6-4 松下电工的物理类 IPC 小类分析图

### 1.6.3 国报知机株式会社

国报知机株式会社（以下简称“国报知机”）创建于 1918 年，是日本消防公司之一。国报知机的专利经同族扩展后达到 1215 项，专利申请的国家（地区）主要包括日本与世界知识产权组织。

图 1-6-5 反映了国报知机在全球主要市场上的历年专利申请分布状况。其专利申请整体呈倒 V 趋势，1998 年到 2006 年平稳发展，2006 年到 2009 年迅速增加，2009 年专利申请量最高达 130 件，2009 年以后申请量呈震荡下行趋势。

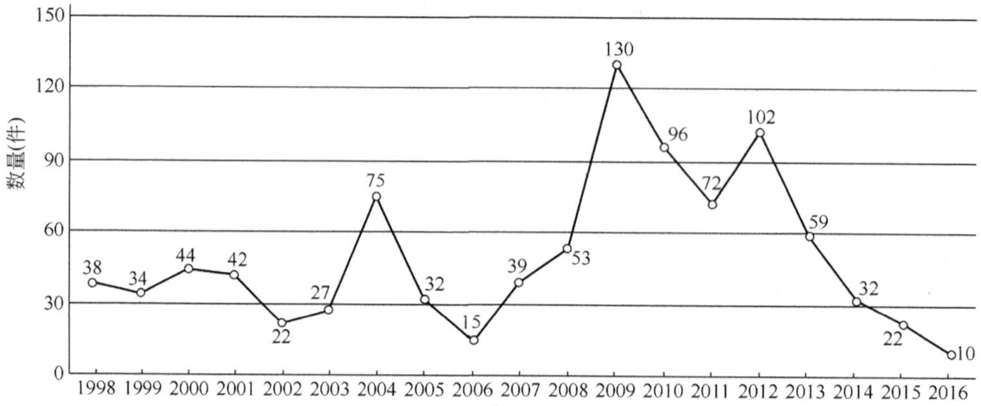


图 1-6-5 国报知机的专利申请趋势

图 1-6-6 显示：国报知机在报警行业的专利按照国际专利分类号（IPC）进行统计，结果最多的物理类 G08B 专利为重点研究方向，包括信号装置或呼叫装置、指令发信装置等方面。

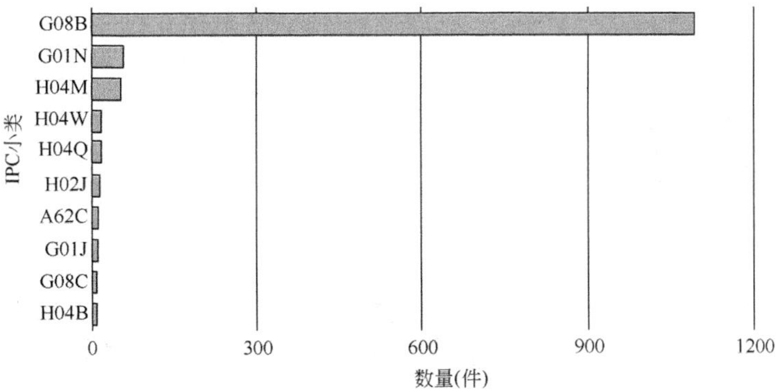


图 1-6-6　国报知机的物理类 IPC 小类分析图

## 1.6.4　能美防灾株式会社

能美防灾株式会社（以下简称“能美防灾”）是日本的一家消防公司，本部在日本东京。

能美防灾的专利经同族扩展后达到 1302 项，专利申请的国家主要在日本。

图 1-6-7 反映了能美防灾在全球主要市场上的历年专利申请分布状况。能美防灾的专利申请整体呈稳定发展趋势，2011 年专利申请量最高达 74 件，2011 年以后申请量下滑趋势明显。

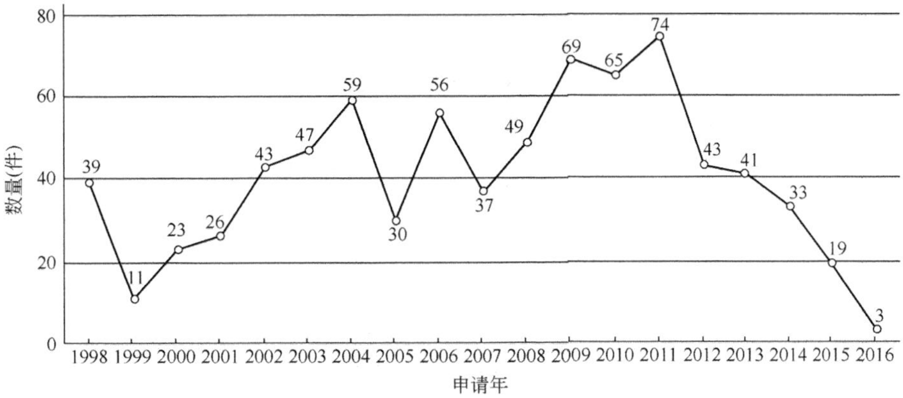


图 1-6-7　能美防灾的专利申请趋势

图 1-6-8 显示：能美防灾在报警行业的专利按照国际专利分类号（IPC）进行统计，结果最多的物理类 G08B 专利为重点研究方向，有信令和呼叫系统，有电报、报警系统。

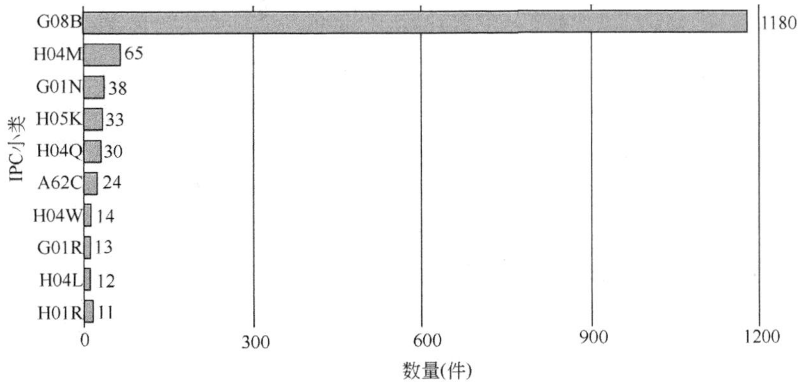


图 1-6-8　能美防灾的物理类 IPC 小类分析图

# 第2章 报警行业国内专利情况

## 2.1 国内专利概况

在国内专利中，经过检索获得报警行业专利共441273件。如图2-1-1所示，其中发明专利达220906件，占总数的49.45%，实用新型221461件，占总数的49.57%，外观专利4356件，占总数的0.98%。

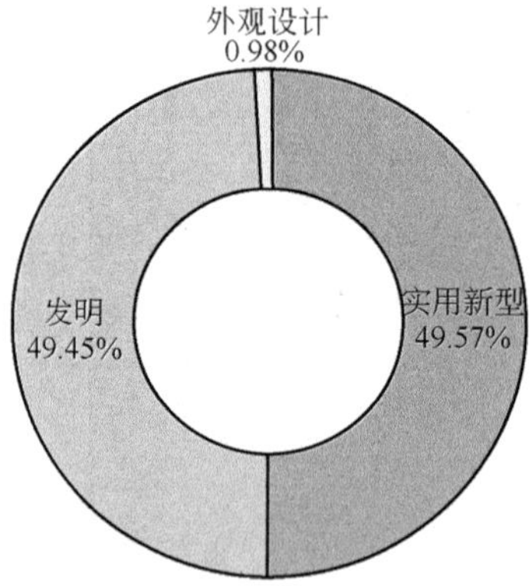


图2-1-1 报警行业国内专利类型分布情况

## 2.2 国内专利申请趋势

由图2-2-1可以看到，国内报警行业的专利技术研发整体还处于上升趋势，其中，2007年之前发展趋势较为平缓，而从2007年开始，总体发展趋势增长迅速，2015年申请量达到70938件。这表明我国报警行业还处于技术发展期，整个报警行业的技术创新意识和能力在不断提高。鉴于我国专利的审查程序，实用新型和外观设计专利从提出申请到授权公告一般需要8个月左右，发明专利从提出申请到公开一般需要18个月的时间，因此图中2015—2016年的申请量并不是最终的数据，从而出现了2015年之后专利申请回落明显的现象。

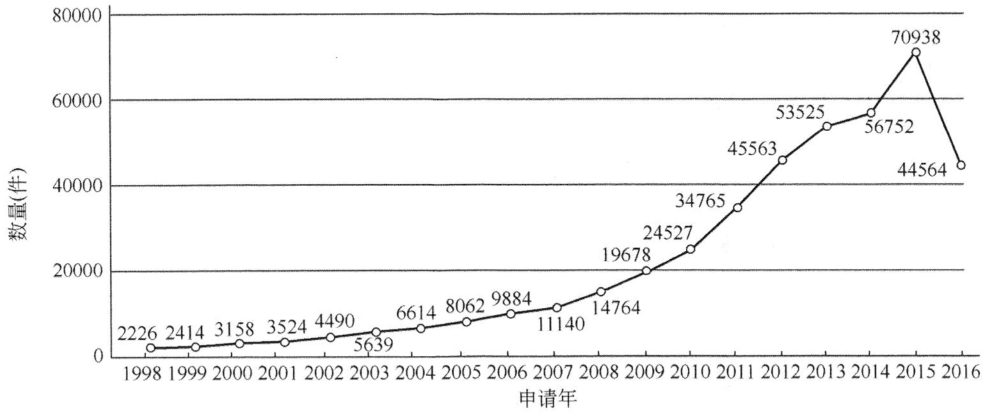


图 2-2-1 国内专利申请趋势图

## 2.3 专利 IPC 分布

图 2-3-1 给出了国内报警行业专利排名前 10 位的技术领域分布及其专利数量情况。从图中可以看出，我国报警行业的专利目前主要集中在物理类 G08B 信号装置或呼叫装置、指令发信装置，专利量达 46639 件。

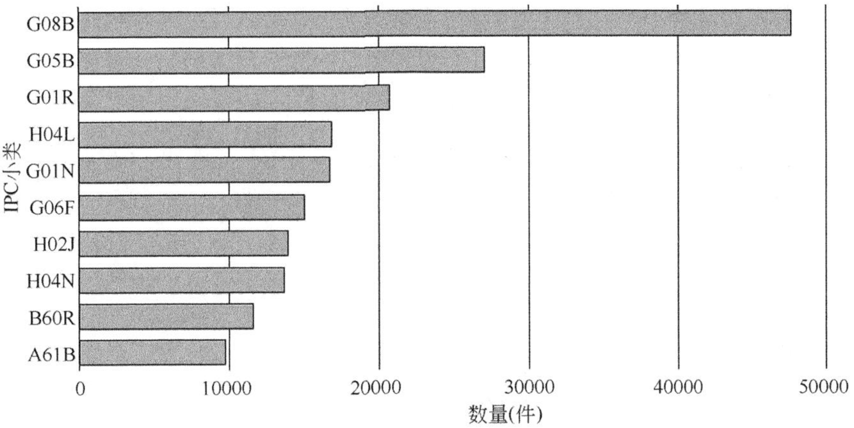


图 2-3-1 国内专利前 10 位技术领域情况

## 2.4 申请人分布分析

由报警行业主要申请人国家情况图 2-4-1 可见，中国申请人申请的专利数量最多，达到了 384319 件，占总数的 92.19%，其他申请人来源地还有美国、日本、德国、韩国等。

我国主要省市报警行业专利的申请状况见图 2-4-2，其中江苏省申请量达到 50912 件，居首位，而浙江省专利申请量列第 4 位，作为一个科技发展迅速的大省，数量普通。

图 2-4-3 给出了国内报警行业专利申请量前十位的申请人情况。可以看出，报警行业的专利申请量前十位中有六家是国内企业，三家院校，一家国外企业。国内企业中做的最好的

是国家电网，它的活动年期为 9 年。这表明这家企业的研发积累比较深，相关专利有必要加强关注和跟踪。国内院校中综合实力最强的是东南大学，专利数量达 1390 件，专利活动年期 29 年。而通过 2007—2008 年防盗报警系统进出口分析数据发现，相关企业缺乏相关专利布局。

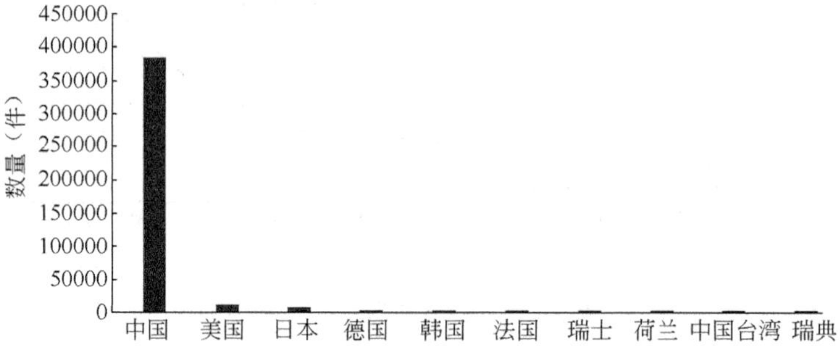


图 2-4-1　报警行业专利主要申请人国家（地区）情况图

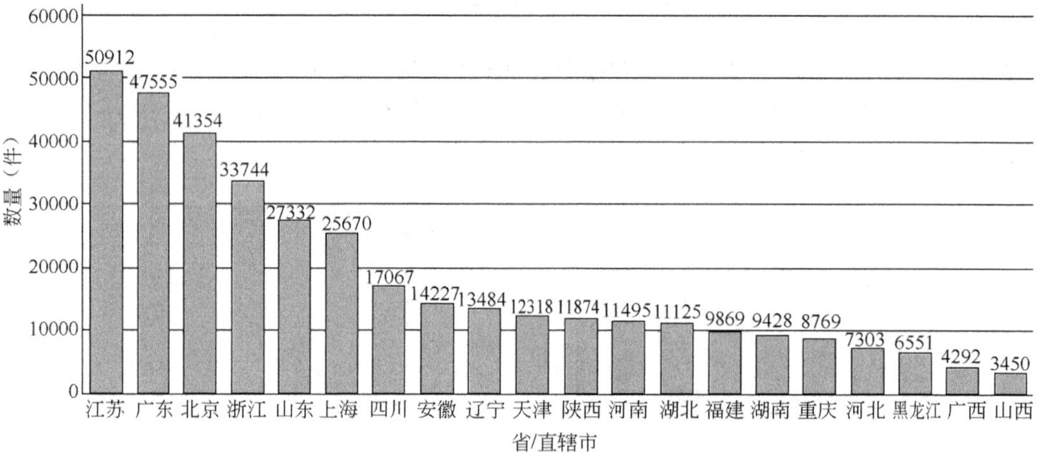


图 2-4-2　主要省市报警行业专利申请综合状况图

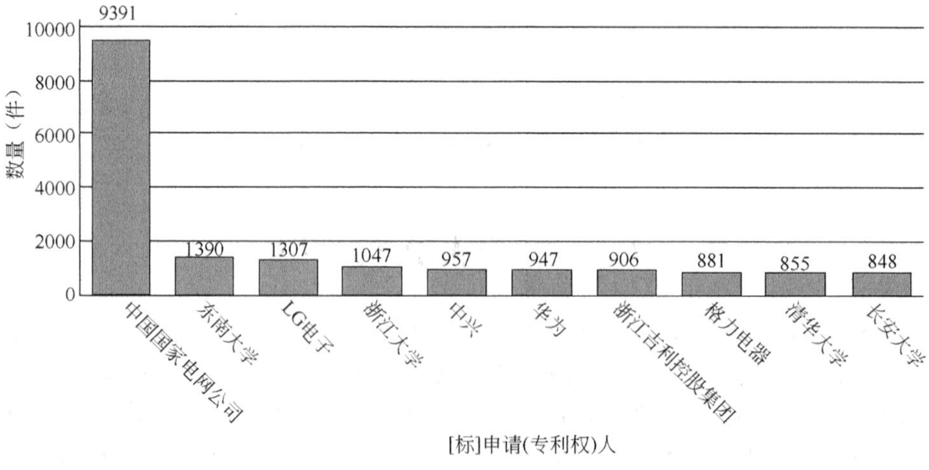


图 2-4-3　国内报警行业专利申请人分布分析

## 2.5 主要结论

近年来，随着国际市场对报警行业的热捧，报警技术逐渐完善。专利分析的结果显示我国报警行业的专利技术储备不足。物理类 G08B 专利为重点研究方向，在信号装置、呼叫装置、指令发信装置等方面的应用研究得不多，国内相关专利相对于国外相关专利数量少，可以借鉴国外专利技术，国内相关目标市场尚有待开发，且潜力巨大。

# 第3章 重点企业（部分）核心专利简介

以下专利摘要信息数据来自智慧芽专利数据分析平台，部分内容涉及专业词汇，为防止因翻译而产生理解偏差，请读者按照专利号检索并下载全文解读。

## 3.1 授权部分

表 3-1-1 中国国家电网公司

| 公开（公告）号 | 申请日 | 申请人 | 专利名称 | 技术领域 |
| --- | --- | --- | --- | --- |
| CN105245015A | 2015-11-12 | 国家电网公司、国网山东省电力公司枣庄供电公司、山东大学 | 基于多 AGENT 的分层扩展电网故障信息处理系统及方法 | 本发明涉及一种电网故障信息融合处理系统，特别涉及一种基于多 AGENT 的分层扩展电网故障信息处理系统及方法 |
| CN104849533A | 2015-06-08 | 国家电网公司、国网山东平原县供电公司 | 一种高压验电器 | 本发明主要涉及电力工具领域，具体是一种高压验电器 |
| CN104793130A | 2015-03-25 | 国家电网公司、国网浙江省电力公司金华供电公司、国网浙江兰溪市供电公司 | 一种熔断器在线监测系统 | 本发明涉及一种熔断器在线监测系统 |
| CN104600575A | 2015-01-07 | 国家电网公司、国网河北省电力公司邯郸供电分公司、国网河北邯郸市峰峰矿区供电公司 | 防带电安装接地线的接地装置 | 本发明涉及一种变电站中高压开关柜的接地装置，尤其是一种能够避免带电安装接地线的接地装置，属于电力行业安全设备领域 |
| CN104459303A | 2014-12-24 | 国家电网公司、国网福建省电力有限公司、国网福建省电力有限公司龙岩供电公司 | 一种双母线自适应采样选线装置 | 本发明涉及一种母线自适应采样选线装置，特别是涉及一种计算双母线无功功率的自适应采样选线装置 |
| CN104409232A | 2014-12-24 | 国家电网公司、国网黑龙江省电力有限公司黑河供电公司 | 用于高压开关分合刀闸的感电语音提示绝缘拉杆装置及其使用方法 | 本发明涉及高压开关操作领域 |
| CN104376913A | 2014-12-05 | 国家电网公司、江苏省电力公司、江苏省电力公司连云港供电公司 | 高压电力电缆 | 本发明涉及一种高压电力电缆，属于高压输电技术领域 |
| CN104409974A | 2014-10-27 | 国家电网公司、国网河北省电力公司邯郸供电分公司、国网河北省电力公司邯郸供电分公司 | 一种带语音警报装置的高压开关柜 | 本发明涉及一种电力行业变电站中的高压设备 |

续表

| 公开（公告）号 | 申请日 | 申请人 | 专利名称 | 技术领域 |
| --- | --- | --- | --- | --- |
| CN104280715A | 2014-10-17 | 国家电网公司、国网四川省电力公司电力科学研究院、千江（上海）信息科技有限公司、成都市乾江科技有限公司 | 一种关口电能表在线监控系统 | 本发明涉及电力电网监控和维护领域，具体涉及一种关口电能表在线监控系统 |
| CN104280071A | 2014-10-16 | 国家电网公司、国网湖北省电力公司咸宁供电公司 | 一种油浸式电力变压器故障报警装置的故障检测方法 | 本发明涉及一种电力线路故障报警装置的故障检测方法。具体地说涉及一种油浸式电力变压器故障报警装置的故障检测方法 |
| CN104280632A | 2014-09-28 | 国家电网公司、国网天津市电力公司 | 一种继电保护装置和故障录波器自动检测预警方法 | 本发明属于电力保护装置自动检测预警技术领域，特别是涉及 一种继电保护装置和故障录波器自动检测预警方法 |
| CN104360697A | 2014-09-24 | 国家电网公司、国网新源张家口风光储示范电站有限公司、河北工业大学 | 一种三相逆变系统IGBT 模块功率-温度控制及检测装置 | 本发明属于电力电子器件领域内的一种检测试验装置，特别涉及可以完成模拟 IGBT（绝缘栅双极型晶体管）功率模块实际工作条件的检测试验装置 |
| CN104215930A | 2014-08-21 | 国家电网公司、国网山东省电力公司电力科学研究院 | 一种三合一采集终端检测装置 | 本发明涉及一种电能表采集终端检测装置，尤其涉及一种三合一采集终端检测装置 |
| CN104142452A | 2014-07-28 | 国家电网公司、国网吉林省电力有限公司辽源供电公司 | 基于两个单相电压互感器提取配电网单相接地时的零序电压的方法 | 本发明涉及配电网络的接地检测技术，特别是一种基于两个单相电压互感器提取配电网单相接地时的零序电压的方法 |
| CN104111373A | 2014-07-23 | 国家电网公司、国网陕西省电力公司电力科学研究院、西安交通大学 | 一种用于智能变电站数字化电能的计量方法 | 本发明涉及电力系统设备的监测领域，用于智能变电站的电能计量，具体为一种用于智能变电站数字化电能的计量方法 |

**专利名称：基于多 AGENT 的分层扩展电网故障信息处理系统及方法**

公开（公告）号：CN105245015A　　公开（公告）日：2016-01-13

申请号：CN201510772790.X　　申请日：2015-11-12

申请（专利权）人：国家电网公司　国网山东省电力公司枣庄供电公司　山东大学

国际专利分类号：IPC（8）：H02J13/00 H02J3/00 G01R31/08

其他公开文献：CN105245015B

摘要：本发明公开了一种基于多 AGENT 的分层扩展电网故障信息处理系统，包括：多 AGENT 系统，所述多 AGENT 系统与电网差流越限边界设备的保信系统、故录系统及 SCADA 系统分别通信；所述多 AGENT 系统通过采集各个电网差动分区边界点电流，进行数据归一化处理后，进行以设备为最小划分单元的差流计算，当监测到有设备单元差流越限时，启动相关故障分析诊断程序，进行故障区域以及故障点位置的判定。本发明有益效果：通过引入区域故障电流的差流这一维度，通过来自于不同变电站端的不同信息源信息融合，向上可以扩展至跨区域级联故障区域的判断，向下可细化及故障性质判断、线路上故障点的准确测距。

**专利名称：一种高压验电器**

公开（公告）号：CN104849533A　　公开（公告）日：2015-08-19

申请号：CN201510308426.8　　申请日：2015-06-08

申请（专利权）人：国家电网公司　国网山东平原县供电公司

国际专利分类号：IPC（8）：G01R19/155

其他公开文献：CN104849533B

**摘要**：本发明公开了一种高压验电器，包括验电器本体，所述验电器本体内设置信号采集模块、信号处理模块、信号检测和分析模块和电源；所述信号采集模块包括测距装置、紫外传感器，所述紫外传感器上设置电容、驱动电路、整流器和滤波仪；所述信号处理模块包括数字和信号处理装置和信号传输器，所述数字和信号处理装置设置信号转换器、储存器、报警装置、显示装置和温湿采集器，所述信号检测和分析模块包括在线检测装置和远程传输装置；所述验电器本体上设置开关按钮、安装口和操作把手。本发明的有益效果在于：紫外线传感器不仅能够将紫外线信号转换成可测量的电信号，可以长距离的检测电路，不需要接触高压电缆或带电设备，而且验电结果准确。

**专利名称：一种熔断器在线监测系统**

公开（公告）号：CN104793130A　　公开（公告）日：2015-07-22

申请号：CN201510133334.0　　申请日：2015-03-25

申请（专利权）人：国家电网公司　国网浙江省电力公司金华供电公司　国网浙江兰溪市供电公司

国际专利分类号：IPC（8）：G01R31/327

其他公开文献：CN104793130B

**摘要**：本发明提供了一种智能型熔断器在线监测系统，包括安装于熔断器上的检测装置和与检测装置信号连接的系统主站，检测装置设有向系统主站发送信息的发送端，系统主站具有用于接收微处理器发送的信息的接收端，检测装置和熔断器均设于检测箱内，检测装置包括电流传感器、检测终端电压传感器、位置传感器、计时器以及温湿度传感器，系统主站内设有处理器、显示器以及存储器，系统主站设有查询装置。

**专利名称：防带电安装接地线的接地装置**

公开（公告）号：CN104600575A　　公开（公告）日：2015-05-06

申请号：CN201510006046.9　　申请日：2015-01-07

申请（专利权）人：国家电网公司　国网河北省电力公司邯郸供电分公司　国网河北邯郸市峰峰矿区供电公司

国际专利分类号：IPC（8）：H02B1/16 G01R19/155 H01R13/639 H01R4/64

联合专利分类号：H02B1/16 G01R19/155 H01R4/64 H01R13/639

其他公开文献：CN104600575B

**摘要**：本发明公开了防带电安装接地线的接地装置，属于电力行业安全设备领域，主要包括连接在高压开关柜上的接地外壳、与接地外壳连接的电磁锁、连接接地外壳及接地线的接地棒；接地外壳上设置蜂鸣报警器、高压报警灯、供接地棒进出的接地棒孔，接地外壳内设置与安装在高压开关柜线路侧的高压检测探头相连的高压检测电路、与高压检测电路相连的高压继电保护电路、电磁锁电源控制电路、与交流电源相连的电源处理电路，接地棒主要包括中空的柱体、安装在柱体内部的磁铁、与柱体连接为一体的连线板；本发明接地稳定，能防止带电挂接接地线，规范接地操作，提高安全性。

**专利名称：一种双母线自适应采样选线装置**

公开（公告）号：CN104459303A　　公开（公告）日：2015-03-25

申请号：CN201410818364.0　　　　　　申请日：2014-12-24

申请（专利权）人：国家电网公司　国网福建省电力有限公司　国网福建省电力有限公司龙岩供电公司

国际专利分类号：IPC（8）：G01R21/133 G01R19/25

其他公开文献：CN104459303B

**摘要**：本发明公开了一种双母线自适应采样选线装置，包括第一母线、第二母线、第一电压互感器、第二电压互感器、第一开关电路、第二开关电路、电流互感器、第一模拟信号采集电路、第二模拟信号采集电路、第三模拟信号采集电路、主控制器和主变压器；通过开关电路和主控制器的控制能够自动采集和计算无功功率。本发明的双母线自适应采样选线装置能够正确、可靠地实现主变压器的无功功率采集计算，保证了后续电能质量治理的正确性和有效性，为有效降低输电线路的损耗提供准确的辅助计算与测量。

**专利名称：用于高压开关分合刀闸的感电语音提示绝缘拉杆装置及其使用方法**

公开（公告）号：CN104409232A　　　　　　公开（公告）日：2015-03-11

申请号：CN201410818517.1　　　　　　申请日：2014-12-24

申请（专利权）人：国家电网公司　国网黑龙江省电力有限公司黑河供电公司

国际专利分类号：IPC（8）：H01H3/02 G01R19/145

其他公开文献：CN104409232B

**摘要**：用于高压开关分合刀闸的感电语音提示绝缘拉杆装置及其使用方法，涉及高压开关操作领域。解决了在进行高压开关分合刀闸的操作过程中，往往需要技术人员亲自对刀闸进行验电，容易出现人员伤亡以及经济受损的情况。本发明提出的用于高压开关分合刀闸的感电语音提示绝缘拉杆装置结构简单，使用方便，通过挂杆对高压开关分合刀闸进行操作，保证拉杆与人体绝缘，保障人身安全。感应探头检测挂杆是否带电，如果带电，通过信号放大触发电路、继电器电路、控制电路和驱动电路的一系列动作，将会发出报警提示，如果没有带电，那么整个电路都不会发生动作，将不会发出报警提示。本发明适用于检测高压开关刀闸是否带电。

**专利名称：高压电力电缆**

公开（公告）号：CN104376913A　　　　　　公开（公告）日：2015-02-25

申请号：CN201410736988.8　　　　　　申请日：2014-12-05

申请（专利权）人：国家电网公司　江苏省电力公司　江苏省电力公司连云港供电公司

国际专利分类号：IPC（8）：H01B9/02 G01R31/08

其他公开文献：CN104376913B

**摘要**：本发明公开了一种高压电力电缆，包括线芯、绝缘层、屏蔽层、保护层；绝缘层设置于线芯的外部，屏蔽层设置于绝缘层的外部，保护层设置于屏蔽层的外部；其特征在于，还包括第一导线、第二导线、第三导线；所述的第一导线、第二导线、第三导线两两相切；所述的第一导线、第二导线、第三导线设置于保护层内；所述的第一导线、第二导线、第三导线分别与线芯平行；还包括第一电阻、第二电阻、第三电阻、第一 AD 单元、第二 AD 单元、第三 AD 单元、控制器、显示单元、报警单元、第一直流电源、第二直流电源；本发明提供的高压电力电缆，当盗贼盗窃电力电缆防护层的那一刻就能够立马知道盗窃的地点，有效地保护了输电线路的安全。

**专利名称：一种带语音警报装置的高压开关柜**

公开（公告）号：CN104409974A　　　　公开（公告）日：2015-03-11

申请号：CN201410580370.7　　　　　申请日：2014-10-27

申请（专利权）人：国家电网公司　国网河北省电力公司邯郸供电分公司　国网河北邯郸市峰峰矿区供电公司

国际专利分类号：IPC（8）：H02B1/24 G01V8/10 G01R19/145

其他公开文献：CN104409974B

**摘要**：本发明公开了一种带语音警报装置的高压开关柜，是一种电力行业变电站中的高压设备，包括语音警报装置和安装在高压配电室外的断路器，断路器包括操作机构及辅助接点和开关接点；语音警报装置包括电源、电源开关、红外感应模块、与红外感应模块相连的安全告知模块和高压警报模块、高压检测模块，断路器的辅助接点与语音警报装置的电源开关相连；高压检测模块通过开关线路与断路器的开关接点相连，高压检测模块与高压警报模块、安全告知模块相连，安全告知模块、高压警报模块分别与扬声器相连。本发明能防止操作人员走错间隔，且对设备在断电器断开后是否带电进行检测，若带电则给出警报以防止操作人员带负荷拉合刀闸。

**专利名称：一种关口电能表在线监控系统**

公开（公告）号：CN104280715A　　　　公开（公告）日：2015-01-14

申请号：CN201410558559.6　　　　　申请日：2014-10-17

申请（专利权）人：国家电网公司　国网四川省电力公司电力科学研究院　千江（上海）信息科技有限公司　成都市乾江科技有限公司

国际专利分类号：IPC（8）：G01R35/04

其他公开文献：CN104280715B

**摘要**：本发明公开了一种关口电能表在线监控系统，涉及电力电网监控和维护领域，包括 EM 采集系统、电能表和远程后台；EM 采集系统包括 CPU 和计量电路，电能表通过 485 通信设备连接到 CPU，进入电能表的电流、电压信号源分别传给计量电路，计量电路直接连接 CPU，CPU 通过无线通信设备连接到远程后台；还包括 PT 采集系统和 CT 采集系统，PT 采集系统通过 485 通信设备连接 EM 采集系统，CT 采集系统通过 433M 通信设备连接 PT 采集系统。本发明实现了关口电能表的在线监测，同时，也对二次侧的压降和负荷进行监控。

**专利名称：一种油浸式电力变压器故障报警装置的故障检测方法**

公开（公告）号：CN104280071A　　　　公开（公告）日：2015-01-14

申请号：CN201410549897.3　　　　　申请日：2014-10-16

申请（专利权）人：国家电网公司　国网湖北省电力公司咸宁供电公司

国际专利分类号：IPC（8）：G01D21/02 G01R31/02

其他公开文献：CN104280071B

**摘要**：一种油浸式电力变压器故障报警装置，包括：数据库服务器、报警终端、应用服务器和手持终端。数据库服务器存储有各电力变压器的位置信息和维修记录，方便调取和存储。设置在油浸式电压器端的报警终端可实时监测到电力变压器的故障信息，并通过无线网络第一时间传回主控室的应用服务器中。应用服务器在收到报警终端的故障信息后查询发生故障的电力变压器的位置信息，并将信息发送至指定的手持终端上，持有手持终端的技术人员可第一时间掌握故障发生位置。手持终端可在维修完毕后，通过扫描二维码信息及时准确地向主控室的应用服务器提交维修记录。

表 3-1-2 松下电工株式会社

| 公开（公告）号 | 申请日 | 申请人 | 专利名称 |
|---|---|---|---|
| JP2012053914A | 2011-11-16 | 松下电工株式会社 | 无线式火灾报警系统 |
| JP2011170870A | 2011-04-01 | 松下电工株式会社 | 住宅情报管理系统 |
| JP2010218587A | 2010-07-09 | 松下电工株式会社 | 火灾检测站 |
| JP2010092503A | 2010-01-15 | 松下电工株式会社 | 火灾警报系统 |
| JP2010049717A | 2009-12-01 | 松下电工株式会社 | 火灾警报器，火灾报警系统 |
| JP2010027080A | 2009-11-02 | 松下电工株式会社 | 火灾警报系统 |
| JP2010086545A | 2009-11-02 | 松下电工株式会社 | 火灾警报系统 |
| JP2010033597A | 2009-11-02 | 松下电工株式会社 | 火灾警报系统 |
| JP2010027081A | 2009-11-02 | 松下电工株式会社 | 火灾警报系统 |
| JP2010027079A | 2009-11-02 | 松下电工株式会社 | 火灾警报系统 |
| JP2010055626A | 2009-11-02 | 松下电工株式会社 | 火灾警报系统 |
| JP2010027084A | 2009-11-02 | 松下电工株式会社 | 火灾警报系统 |
| JP2009213182A | 2009-06-24 | 松下电工株式会社 | 对讲机系统 |
| CN101978400A | 2009-03-18 | 松下电工株式会社 | 探测器 |
| JP2010055845A | 2008-08-26 | 松下电工株式会社 | 插座装置及安全系统 |

表 3-1-3 国报知机株式会社

| 公开（公告）号 | 申请日 | 申请人 | 专利名称 | 技术领域 |
|---|---|---|---|---|
| JP2015084225A | 2014-10-24 | 国报知机株式会社 | 照明装置及紧急照明系统 | 警报器和遥控器等信号灯照明的联动型的照明装置及紧急照明系统 |
| JP2015043228A | 2014-10-24 | 国报知机株式会社 | 紧急照明系统 | 警报器和遥控器的信号灯照明的联动型的紧急照明系统 |
| JP2015038772A | 2014-10-24 | 国报知机株式会社 | 报警系统及地震速报装置 | 检测火灾、煤气泄漏等异常警报，及地震速报装置 |
| JP2014149866A | 2014-04-24 | 国报知机株式会社 | 多机能操作装置及警报器 | 检测火灾、煤气泄漏等异常警报，并显示输出检查结果的多功能操作装置及警报机关 |
| JP2014139828A | 2014-03-27 | 国报知机株式会社 | 警报器 | 电池驱动式的警报装置，用于一般住宅的火灾报警 |
| JP2014112415A | 2014-02-05 | 国报知机株式会社 | 火灾报警系统 | 从接收系统的传感线路连接多个火灾的警报，接收关于电路单元火灾发出警报的火灾报警系统 |
| JP2014112409A | 2014-01-22 | 国报知机株式会社 | 无线防灾系统及传感器节点 | 无线式感知器等，传感器从无线节点发送电文接收器，无线传输警报的防灾系统及传感器节点 |
| JP2014041627A | 2013-09-30 | 国报知机株式会社 | 警报系统 | 在与其他的警报器之间构成集团警报系统，特别是在集团相互之间发出警报的警报系统 |

续表

| 公开（公告）号 | 申请日 | 申请人 | 专利名称 | 技术领域 |
|---|---|---|---|---|
| JP2013211051A | 2013-06-12 | 国报知机株式会社 | 警报器 | 检测火灾等异常的警报，并对其他的警报信号输出发出警报信号的警报器 |
| JP2013149283A | 2013-04-19 | 国报知机株式会社 | 警报器 | 检测火灾等异常的警报，并对其他的警报信号输出发出警报信号的警报器 |
| JP2013157020A | 2013-04-16 | 国报知机株式会社 | 警报系统 | 检测火灾等异常警报，并发出警报信号的警报系统 |
| JP2013175215A | 2013-04-16 | 国报知机株式会社 | 警报系统 | 检测火灾等异常警报，并发出警报信号的警报系统 |
| JP2014178936A | 2013-03-15 | 国报知机株式会社 | 火灾报警设备的感知仪试验系统 | 采用试验夹具试验关于火灾感知器的火灾报警设备的感知器试验系统 |
| JP2013109783A | 2013-03-11 | 国报知机株式会社 | 警报器 | 监视火灾发生和煤气泄漏等异常的警报器 |
| JP2013140617A | 2013-03-11 | 国报知机株式会社 | 警报器 | 监视火灾发生和煤气泄漏等异常的警报器 |

**表 3-1-4　能美防灾株式会社**

| 公开（公告）号 | 申请日 | 申请人 | 专利名称 |
|---|---|---|---|
| JP2015228232A | 2015-07-13 | 能美防灾株式会社 | 火灾报警设备 |
| JP2015092419A | 2015-02-16 | 能美防灾株式会社 | 火灾报警设备及利用的终端器 |
| JP2014067437A | 2013-12-10 | 能美防灾株式会社 | 火灾报知装置 |
| JP2014017023A | 2013-10-30 | 能美防灾株式会社 | 火灾警报系统 |
| JP2014119820A | 2012-12-13 | 能美防灾株式会社 | 火灾报警设备用设备 |
| JP2014071659A | 2012-09-28 | 能美防灾株式会社 | 检查支援系统 |
| JP2014071661A | 2012-09-28 | 能美防灾株式会社 | 检查支援系统 |
| JP2014071660A | 2012-09-28 | 能美防灾株式会社 | 检查支援系统 |
| JP2014063370A | 2012-09-21 | 能美防灾株式会社 | 报警系统和报警装置 |
| JP2014063207A | 2012-09-19 | 能美防灾株式会社 | 报警系统和报警装置 |
| JP2014032509A | 2012-08-02 | 能美防灾株式会社 | 警报器 |
| JP2014016683A | 2012-07-05 | 能美防灾株式会社 | 火灾受信机 |
| JP2014013550A | 2012-07-05 | 能美防灾株式会社 | 火灾报警设备 |
| JP2014016681A | 2012-07-05 | 能美防灾株式会社 | 火灾受信机 |
| JP2013228784A | 2012-04-24 | 能美防灾株式会社 | 火灾报警设备 |

## 3.2　实审部分

以下专利摘要信息数据截至 2017 年 2 月 1 日，该部分专利法律状态为审查中。

**表 3-2-1　中国国家电网公司**

| 公开（公告）号 | 申请日 | 申请人 | 专利名称 | 技术领域 |
|---|---|---|---|---|
| CN106324373A | 2016-11-28 | 国家电网公司、国网山东省电力公司济宁供电公司 | 手持式相序检测装置及相序检测系统 | 本发明涉及测量装置领域，具体而言，涉及一种手持式相序检测装置及系统 |

续表

| 公开（公告）号 | 申请日 | 申请人 | 专利名称 | 技术领域 |
|---|---|---|---|---|
| CN106324409A | 2016-11-28 | 国家电网公司、国网山东省电力公司济宁供电公司 | 一种变压器分接头在线显示装置及系统 | 本发明涉及电网配变电技术领域，具体而言，涉及一种变压器分接头在线显示装置及系统 |
| CN106324461A | 2016-11-23 | 国家电网公司、国网四川省电力公司成都供电公司 | 一种 GIS 间隔交流耐压试验绝缘监测系统和监测方法 | 本发明涉及高压电试验技术领域，具体涉及一种母线不停电方式下 GIS 间隔交流耐压试验绝缘监测系统和监测方法 |
| CN106291071A | 2016-11-04 | 国家电网公司、国网安徽省电力公司马鞍山供电公司 | 智能机械锁式开关柜防误闭锁装置的带电报警电路 | 本发明属于输电技术领域，特别是一种开关柜防误闭锁装置的报警电路 |
| CN106291260A | 2016-10-31 | 国家电网公司、国网山东省电力公司济南市长清区供电公司 | 配电网停电分析、预警系统 | 本发明涉及配电系统技术领域，具体地说是一种配电网停电分析、预警系统 |
| CN106235500A | 2016-10-10 | 国家电网公司、国网北京市电力公司 | 绝缘鞋 | 本发明涉及绝缘鞋的技术领域，具体而言，涉及一种绝缘系 |
| CN106324459A | 2016-09-30 | 国家电网公司、国网河南省电力公司检修公司 | 基于声电一体传感器的 GIS 局部放电检测系统及方法 | 本发明涉及涉及电子技术和控制领域，具体涉及一种基于声电一体传感器的 GIS 局部放电检测系统及方法 |
| CN106253486A | 2016-09-28 | 国家电网公司、国网山东省电力公司梁山县供电公司 | 一种供电系统故障智能辅助分析系统 | 本发明涉及供电系统领域，尤其涉及一种供电系统故障智能辅助分析系统 |
| CN106291030A | 2016-09-27 | 国家电网公司、国网山东省电力公司济南供电公司 | 一种配电网计量防护系统 | 本发明涉及配电领域，尤其涉及一种配电网计量防护系统 |
| CN106249032A | 2016-09-26 | 国家电网公司、国网浙江省电力公司温州供电公司<br>国网浙江省电力公司、国网浙江省电力公司、河北金河电力器具有限公司 | 一种近电报警器 | 本发明涉及报警器技术领域，具体为一种近电报警器 |
| CN106249087A | 2016-09-18 | 国家电网公司、国网山东省电力公司德州供电公司、常州石松电力科技有限公司、德州华德电力勘察设计有限公司 | 一种电缆金属护套接地线的在线实时监测系统及方法 | 本发明涉及电力系统中的电缆运行监测系统，特别涉及一种电缆金属护套接地线的在线实时监测系统 |
| CN106226642A | 2016-09-09 | 国家电网公司、国网冀北电力有限公司唐山供电公司 | 一种避雷器接地无线告知器及避雷器接地无线告知方法 | 本发明涉及一种避雷器接地无线告知器及避雷器接地无线告知方法，属于电力系统巡检技术领域 |
| CN106291430A | 2016-09-08 | 国家电网公司、国网浙江省电力公司绍兴供电公司、国网浙江省电力公司 | 直流系统绝缘监测装置试验系统及试验方法 | 本发明涉及一种直流系统绝缘监测装置试验系统及试验方法，属于电网测试领域 |
| CN106291429A | 2016-08-31 | 国家电网公司、国网北京市电力公司 | 局部放电仪灵敏度的检测系统 | 本发明涉及电缆局部放电检测领域，具体而言，涉及一种局部放电仪灵敏度的检测系统 |
| CN106324530A | 2016-08-25 | 国家电网公司、国网新疆电力公司信息通信公司 | 电源检测方法和装置 | 本发明涉及电源领域，具体而言，涉及一种电源检测方法和装置 |

**专利名称：手持式相序检测装置及相序检测系统**
公开（公告）号：CN106324373A　　公开（公告）日：2017-01-11
申请号：CN201611069728.5　　申请日：2016-11-28
申请（专利权）人：国网山东省电力公司济宁供电公司　国家电网公司
国际专利分类号：IPC（8）：G01R29/18

**摘要：**本发明实施例提供的手持式相序检测装置以及相序检测系统包括机体、转轴以及检测探头。检测探头与转轴固定连接，转轴与机体转动连接。检测探头包括三个接触探头以及连接部，转轴为空心柱状转轴，机体设置有相序检测模块，相序检测模块通过穿过空心柱状转轴的导线与三个接触探头连接。相序检测模块通过顺相序与逆相序对应发光的指示灯不同来表明测量结果。检测探头的三个接触探头能够随着转轴的转动而转动，与现有的相序检测器相比，本发明实施例提供的手持式相序检测装置可以变换检测探头的角度以适应不同的三相电路，使用更加便捷。

**专利名称：一种变压器分接头在线显示装置及系统**
公开（公告）号：CN106324409A　　公开（公告）日：2017-01-11
申请号：CN201611069726.6　　申请日：2016-11-28
申请（专利权）人：国网山东省电力公司济宁供电公司　国家电网公司
国际专利分类号：IPC（8）：G01R31/00

**摘要：**本发明实施例提供变压器分接头在线显示装置及系统，涉及电网配变电技术领域。本发明的变压器分接头在线显示装置包括电压互感器、开启式电流互感器、信号调理电路、模数转换采集芯片、多个电磁继电器以及处理器，处理器还连接有显示器。通过对变压器的电压和电流进行检测，计算变压器的分接头位置，通过多个电磁继电器的输出状态，对计算的分接头位置进行验证，将分接头的位置在显示器上进行显示，用户能够实时获取分接头的位置。主站和变压器分接头在线显示装置通信连接，可实现远程监测变压器分接头当前档位状态，现场分接头的档位状态发生异常时，产生报警，发送处理的指令至变压器分接头在线显示装置，告知工程人员进行现场维修。

**专利名称：一种 GIS 间隔交流耐压试验绝缘监测系统和监测方法**
公开（公告）号：CN106324461A　　公开（公告）日：2017-01-11
申请号：CN201611061799.0　　申请日：2016-11-23
申请（专利权）人：国网四川省电力公司成都供电公司　国家电网公司
国际专利分类号：IPC（8）：G01R31/12

**摘要：**本发明公开了一种 GIS 间隔交流耐压试验绝缘监测系统，包括隔离开关分合闸位置可视化检测模块、隔离开关气室六氟化硫气体绝缘状态检测模块、隔离开关局部放电检测模块、信号处理模块、数据分析模块以及报警模块，还公开了一种监测方法：（1）收集隔离开关分合闸位置的图像信号，将图像信号进行分析判断；（2）收集耐压试验前后隔离开关气室的六氟化硫状态参数信号，将六氟化硫状态参数信号进行分析判断；（3）收集耐压试验过程中实时监控隔离开关气室局部放电信号，将隔离开关气室局部放电信号进行处理后进行分析判断；（4）综合判定 GIS 间隔交流隔离开关气室绝缘状态。本发明能有效降低母线不停电方式下 GIS 交流耐压试验过程中的风险。

**专利名称：配电网停电分析、预警系统**

公开（公告）号：CN106291260A　　公开（公告）日：2017-01-04

申请号：CN201610934575.X　　申请日：2016-10-31

申请（专利权）人：国网山东省电力公司济南市长清区供电公司　国家电网公司

国际专利分类号：IPC（8）：G01R31/08

**摘要：**本发明公开的一种配电网停电分析、预警系统，包括信息收集分析系统、过电压预警系统和配电网监控系统，信息收集分析系统、过电压预警系统和配电网监控系统并联连接，所述信息收集分析系统包括电网调度 OMS 系统、调度自动化系统、用电信息采集系统、数据分析系统、阈值判定主机和报警装置，所述过电压预警系统包括电压检测专用分压器、过电压数据采集系统和过电压检测服务器，所述配电网监控系统包括监控终端和监控服务器。本发明提供的配电网停电分析、预警系统能够实时测量配电网过电压，对配电网故障进行分析，监控外部因素对配电网的影响并且进行预警。

**专利名称：绝缘鞋**

公开（公告）号：CN106235500A　　公开（公告）日：2016-12-21

申请号：CN201610884633.2　　申请日：2016-10-10

申请（专利权）人：国网北京市电力公司　国家电网公司

国际专利分类号：IPC（8）：A43B3/00 A43B13/00 A43B23/02 G01R19/00

**摘要：**本发明提供了一种绝缘鞋，包括：绝缘鞋本体，绝缘鞋本体包括鞋底和鞋帮；电势检测组件，电势检测组件包括第一触点、第二触点、中间触点、第一报警单元和第二报警单元，第一触点和中间触点通过第一导线相连通，第二触点和中间触点通过第二导线相连通，第一报警单元设置在第一导线上，第二报警单元设置在第二导线上，第一触点、第二触点和中间触点设置在鞋底以使鞋底在接触地面时第一触点、第二触点和中间触点可与地面相接触，第一触点位于鞋底的前部，第二触点位于鞋底的后部，中间触点位于第一触点和第二触点之间。本发明的技术方案有效地解决了现有技术中的绝缘鞋不能判断哪个方向的电势差比较大的问题。

**专利名称：基于声电一体传感器的 GIS 局部放电检测系统及方法**

公开（公告）号：CN106324459A　　公开（公告）日：2017-01-11

申请号：CN201610875708.0　　申请日：2016-09-30

申请（专利权）人：国家电网公司　国网河南省电力公司检修公司

国际专利分类号：IPC（8）：G01R31/12 G01R31/14

**摘要：**本发明公开了一种基于声电一体传感器的 GIS 局部放电检测系统及方法，包括声电一体传感器、BP 神经网络融合模块、DS 决策模块和显示模块；声电一体传感器用于对局部放电发生超声波和超高频信号同时检测；BP 神经网络融合模块由 BP 神经网络对声电一体传感器检测的放电信息进行过滤和融合，并输出给 DS 决策模块；DS 决策模块用于根据获取的放电信息运用 DS 证据理论对故障类型判别结果进行决策融合，并输出给显示模块；显示模块用于对获取的数据进行分析处理后进行显示。本发明用以采用新型的声电一体传感器进行 GIS 局部放电检测，在检测是否发生局放的同时进行局放定位。

**专利名称：一种电缆金属护套接地线的在线实时监测系统及方法**

公开（公告）号：CN106249087A　　公开（公告）日：2016-12-21

申请号：CN201610827408.5　　　　　申请日：2016-09-18
申请（专利权）人：国网山东省电力公司德州供电公司　国家电网公司　常州石松电力科技有限公司　德州华德电力勘察设计有限公司
国际专利分类号：IPC（8）：G01R31/00 G01D21/02
**摘要：**本发明公开了一种电缆金属护套接地线的在线实时监测系统，包括采集装置包括采集模块与外围电力设备，采集模块包括主控制芯片、AC/DC 转换模块与运放功能模块；外围电力设备包括电压互感器、电流传感器与温度传感器，采集装置是对电路的集成状态的采集以及通过外围电力设备对外围电力设备状态进行数据采集，电压互感器用来传送电压并且起到隔离的作用；电流传感器用来传输变化后的电流；温度传感器用来采集三相电接地线的温度。本发明其利用无线传输技术，方便工作人员实时了解电缆运行状态，及时得到报警，提高实施效率；同时有效的阻止了一些电缆盗窃行为，将损失减低，确保了电缆运行的安全状态。

**专利名称：一种避雷器接地无线告知器及避雷器接地无线告知方法**
公开（公告）号：CN106226642A　　　　公开（公告）日：2016-12-14
申请号：CN201610811303.0　　　　　申请日：2016-09-09
申请（专利权）人：国网冀北电力有限公司唐山供电公司　国家电网公司
国际专利分类号：IPC（8）：G01R31/02 G08C17/02
**摘要：**本发明涉及一种避雷器接地指示器及避雷器接地指示方法，属于电力系统巡检技术领域。技术方案是：通过感应器（25）对避雷器接地引线的磁场感应电流的强度和持续时间进行检测，确定接地电流，然后通过无线发射器（14）发射无线信号报警；巡查工作人员用无线接收器（15）接收，十分容易直接找到具体接地点。本发明积极效果是：避雷器内部击穿造成线路接地事故后，能在具体接地点处发射无线报警信号，巡查人员用接收器查找，十分容易找到具体接地点，使艰辛的排查工作变得简易，为快速恢复送电打下了基础。

**专利名称：局部放电仪灵敏度的检测系统**
公开（公告）号：CN106291429A　　　　公开（公告）日：2017-01-04
申请号：CN201610792059.8　　　　　申请日：2016-08-31
申请（专利权）人：国家电网公司　国网北京市电力公司
国际专利分类号：IPC（8）：G01R35/00
**摘要：**本发明公开了一种局部放电仪灵敏度的检测系统。该系统包括：同轴扬声器；信号发生器，用于生成正弦波信号；功率放大器，连接于信号发生器和同轴扬声器之间，用于按照正弦波信号驱动同轴扬声器运行；声发射传感器，用于根据同轴扬声器运行时输出的音频信号输出第一响应信号；局部放电仪，用于根据同轴扬声器运行时输出的音频信号输出第二响应信号；检测设备，分别与声发射传感器和局部放电仪连接，用于基于声发射传感器的第一响应信号和局部放电仪的第二响应信号确定局部放电仪的灵敏度。本发明解决了相关技术中不能准确检测局部放电仪的灵敏度的技术问题。

**专利名称：电源检测方法和装置**
公开（公告）号：CN106324530A　　　　公开（公告）日：2017-01-11
申请号：CN201610726453.1　　　　　申请日：2016-08-25
申请（专利权）人：国网新疆电力公司信息通信公司　国家电网公司
国际专利分类号：IPC（8）：G01R31/40

**摘要：**本发明公开了一种电源检测方法和装置。该电源检测方法包括：采集目标电源的电源信号，其中，目标电源为待检测的电源；对电源信号执行模数转换，得到目标电源的数字信号，其中，数字信号携带目标电源在运行过程中的运行数据；在运行数据超过预设阈值的情况下，确定目标电源出现故障；以及通过与预设移动终端建立的通信连接向预设移动终端发送用于指示目标电源出现故障的故障信息。通过本发明，达到了提高电源检测效率的效果。

**表 3-2-2 国报知机株式会社**

| 公开（公告）号 | 申请日 | 申请人 | 专利名称 |
|---|---|---|---|
| JP2016219027A | 2016-07-14 | 国报知机株式会社 | 警报系统 |
| JP2016170829A | 2016-07-01 | 国报知机株式会社 | 光警报系统 |
| JP2016212896A | 2016-07-01 | 国报知机株式会社 | 防灾警报系统 |
| JP2016212892A | 2016-06-27 | 国报知机株式会社 | 温度测定晶片 |
| JP2016173848A | 2016-05-26 | 国报知机株式会社 | 警报系统，紧急警报装置及警报系统 |
| JP2016186790A | 2016-05-23 | 国报知机株式会社 | 警报系统 |
| JP2016173846A | 2016-05-19 | 国报知机株式会社 | 光警报装置及光警报系统 |
| JP2016167287A | 2016-04-22 | 国报知机株式会社 | 警报系统 |
| JP2016054000A | 2016-01-04 | 国报知机株式会社 | 警报系统和转播节点和电波转播节点 |
| JP2016053999A | 2016-01-04 | 国报知机株式会社 | 光警报系统 |
| JP2016076238A | 2015-11-25 | 国报知机株式会社 | 联合系统 |
| JP2016213640A | 2015-05-07 | 国报知机株式会社 | 警报装置的放置台 |
| JP2016212508A | 2015-04-30 | 国报知机株式会社 | 防灾系统 |
| JP2016200847A | 2015-04-07 | 国报知机株式会社 | 光警报装置 |
| JP2016194838A | 2015-04-01 | 国报知机株式会社 | 警报系统 |

**表 3-2-3 能美防灾株式会社**

| 公开（公告）号 | 申请日 | 申请人 | 专利名称 |
|---|---|---|---|
| CN103530971A | 2013-07-04 | 能美防灾株式会社 | 火灾报警设备 |
| JP2014186430A | 2013-03-22 | 能美防灾株式会社 | 警报系统 |
| JP2015162143A | 2014-02-28 | 能美防灾株式会社 | 光警报装置 |
| JP2014182709A | 2013-03-21 | 能美防灾株式会社 | 报警系统和报警装置 |
| JP2015172918A | 2014-03-12 | 能美防灾株式会社 | 火灾受信机 |
| JP2014170261A | 2013-03-01 | 能美防灾株式会社 | 报警系统和报警装置 |
| JP2014135008A | 2013-01-11 | 能美防灾株式会社 | 报警系统和报警装置 |
| JP2014178819A | 2013-03-14 | 能美防灾株式会社 | 报警系统和报警装置 |
| JP2015069304A | 2013-09-27 | 能美防灾株式会社 | 警报系统 |
| JP2016126545A | 2015-01-05 | 能美防灾株式会社 | 光警报装置 |
| JP2016151807A | 2015-02-16 | 能美防灾株式会社 | 光警报装置 |
| JP2015176154A | 2014-03-12 | 能美防灾株式会社 | 火灾报知设备 |
| JP2016071463A | 2014-09-26 | 能美防灾株式会社 | 光报警装置及光报警系统 |
| JP2015102968A | 2013-11-22 | 能美防灾株式会社 | 火灾报知设备 |
| JP2014157435A | 2013-02-15 | 能美防灾株式会社 | 火灾报知设备 |

# 关键领域二
# 高质量显示技术

现代显示技术的发展经历了从阴极射线管（CRT）到各种平板显示器件的历程。伴随着CRT 显示技术的逐渐衰落，平板显示技术经历了一个飞速发展的时期。尽管 LCD 技术仍然在不断地发展，但发展空间已越来越小，研发人员已经将更多的研究力量向新型平板显示器方向转移。

与 LCD 相比，OLED 的温度特性、发光效率、功耗、发光颜色、响应时间和视角特性均超过了 LCD。因此，OLED 显示器因其诸多优点将是未来的发展方向。[1]

---

[1] 李炜. OLED 显示技术专利申请状况分析[J]. 甘肃科技，2015（8）.

# 第4章 高质量显示技术全球专利情况

## 4.1 高质量显示技术全球专利申请态势

### 4.1.1 LCD 显示技术全球专利申请态势

将 LCD 显示技术的全球专利申请量按照年份进行统计分析，得到全球专利申请趋势图（图 4-1-1），从 1998 年到 2016 年 LCD 显示技术全球专利整体呈上升态势。中国的专利申请趋势从 2007 年开始快速发展，呈现了爆炸式的增长势头，反映了国内企业对 LCD 显示的相关技术日益重视。

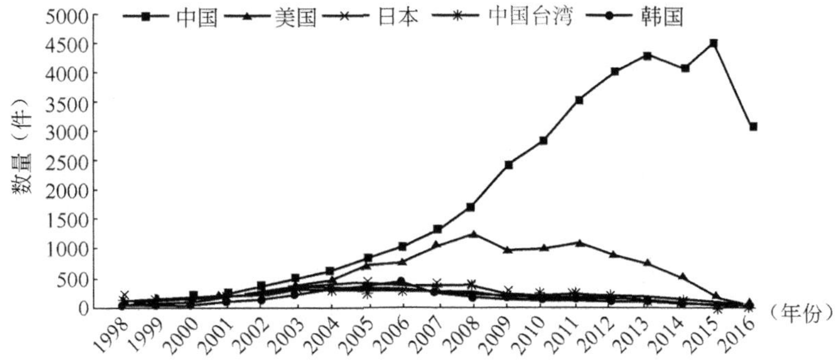


图 4-1-1　LCD 显示技术全球的专利申请趋势

### 4.1.2 OLED 显示技术全球专利申请态势

将 OLED 显示技术的全球专利申请量按照年份进行统计分析，得到全球专利申请趋势图（图 4-1-2）。从 1998 年到 2016 年 OLED 显示技术的专利申请整体呈现不稳定的趋势，日本虽然一直很稳定，但是数量很少，而中国的 OLED 专利申请从 1998 年开始到 2008 年一直很稳定，从 2008 年开始快速发展。

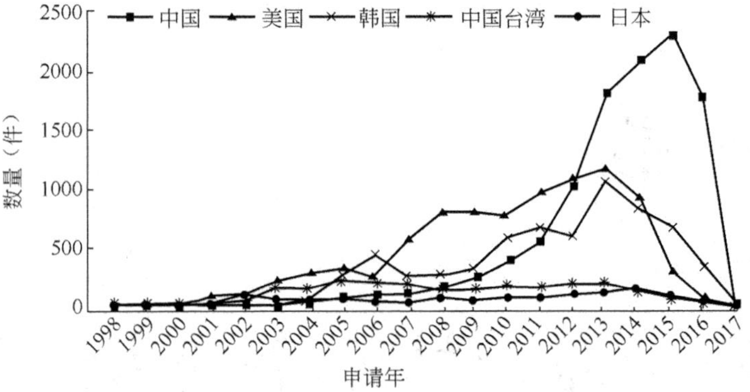


图 4-1-2　OLED 显示技术全球的专利申请态势

# 4.2　专利申请国分布情况

## 4.2.1　LCD 显示技术的专利国分布情况

专利申请国可以体现专利权人想在哪些国家或地区保护该发明。这一参数也反映了该发明未来可能的实施国家或地区。通过 LCD 显示技术专利申请国家（地区）分布情况的统计（图 4-2-1）可以发现，中、美、日三国为 LCD 显示技术专利重点申请国家或地区，数量分布为中国 34834 件（51.84%）美国 11319 件（16.84%）日本 4753 件（7.07%），三个国家占了总数的 75.75%。

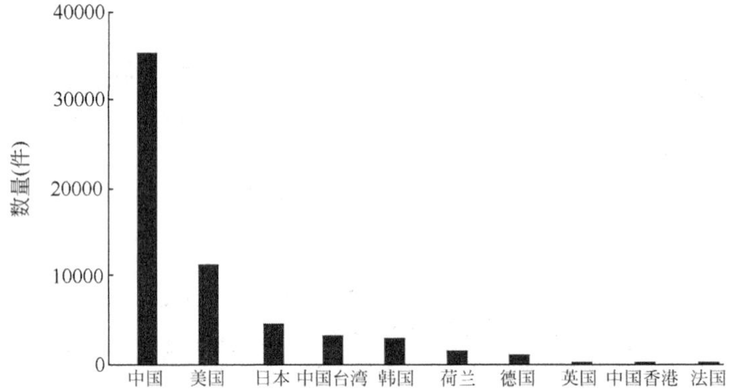


图 4-2-1　LCD 显示技术的专利申请国家（地区）分布情况

专利的国家分布情况表明，日本和美国两个国家是国外 LCD 显示技术专利布局的主要地区，企业可以跟踪、引进和消化相关领域技术，在此基础上实现技术突破。

## 4.2.2　OLED 显示技术的专利国分布情况

专利申请国可以体现专利权人想在哪些国家或地区保护该发明。这一参数也反映了该发明未来可能的实施国家或地区。通过 OLED 显示技术专利受理国家分布情况的统计（图 4-2-2）可以发现，中国、美国、韩国为 OLED 显示技术专利重点申请国家，数量分布为中国 10148 件（28.66%），美国 8715 件（24.61%），韩国 6278 件（17.73%），三个国家占了总数的 71%。

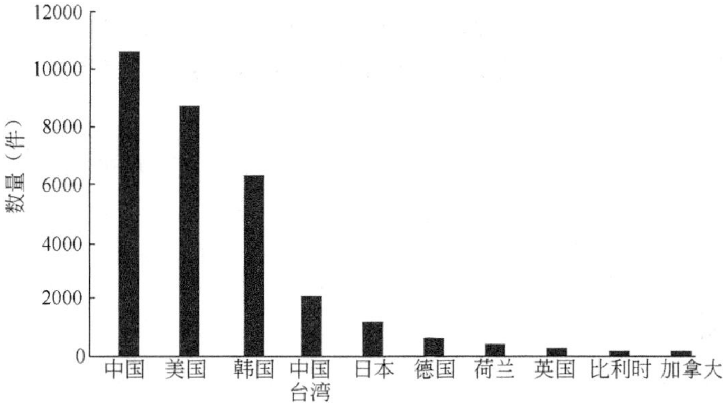


图 4-2-2 OLED 显示技术的专利申请国家（地区）分布情况

专利的申请国家分布情况表明，韩国和美国两个国家是国外 OLED 显示技术专利布局的主要地区，企业可以跟踪、引进和消化相关领域技术，在此基础上实现技术突破。

# 4.3 专利 IPC 分布

## 4.3.1 LCD 显示技术的 IPC 分布

LCD 显示技术专利按照国际专利分类号（IPC）进行统计，结果如图 4-3-1。LCD 显示技术 IPC 分布中，物理类 G09G3/36（……采用液晶〔3〕）的专利数量最多达 2862 件，其次是物理类 G02F1/1335（……与液晶单元结构相连的光学装置，例如偏振器、反射器〔5〕），另外还有物理类 G02F1/133[构造上的设备；液晶单元的工作；电路装置（用于控制矩阵中液晶元件并且在结构上不与这些元件相连的装置或电路入 G09G3/36）〔3，7〕]、G02F1/13357（……照明装置〔7〕）、G09G3/20（用于显示许多字符的组合，例如用排列成矩阵的单个元件组成系统构成的页面〔3〕）等多项技术。

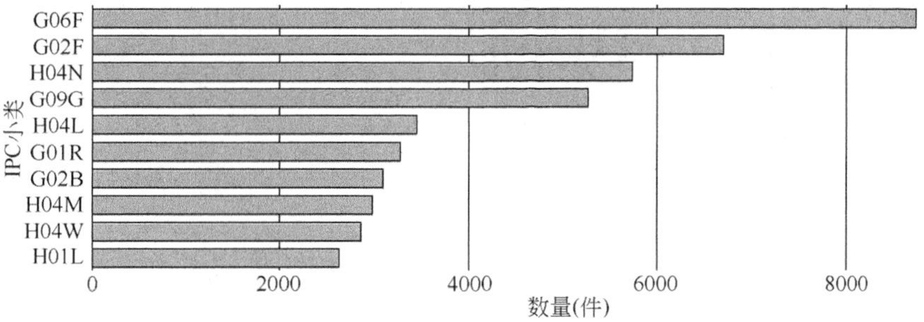


图 4-3-1 LCD 显示技术的 IPC 小类分布

## 4.3.2 OLED 显示技术的 IPC 分布

OLED 显示技术专利按照国际专利分类号（IPC）进行统计，结果如图 4-3-2。OLED 显示技术 IPC 分布中，电学类 H01L27/32（具有专门适用于光发射的组件，例如使用有机发光二极管的平板显示器〔8〕）专利件数多达 5135 件，其次是物理类 G09G3/32（……半导体的，例如二极管〔3〕）、电学类 H01L51/52（……器件的零部件〔8〕），另外还有电学类 H01L51/50（专门适用于光发射的，如有机发光二极管（OLED）或聚合物发光器件（PLED）（有机半导体激光器入 H01S5/36）〔8〕）、H01L51/56（……专门适用于制造或处理这种器件或其部件的方法或设备〔8〕）、H01L51/52（……器件的零部件〔8〕）等多项技术。

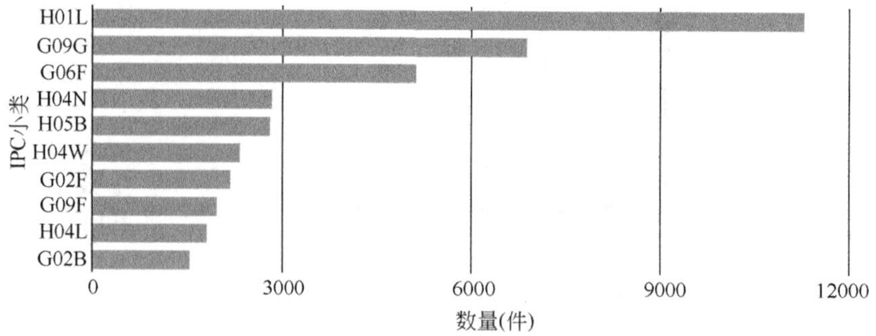


图 4-3-2　OLED 显示技术的 IPC 分布

# 4.4　主要竞争态势分析

## 4.4.1　LCD 显示技术主要竞争态势分析

如图 4-4-1 所示，在 LCD 显示技术全球相关专利综合实力排名前 20 的企业中，以三星电子（SAMSUNG ELECTRONICS）、INTERDIGITA PATENT HLDG 和飞利浦（PHILIPS）为首的三个公司是主要的专利申请公司，从图表上能看出这三家公司的专利申请数量最多，三家公司的数量差距并不大，相差 20～200 件之间。而且在图上最突出的就是这三家公司。

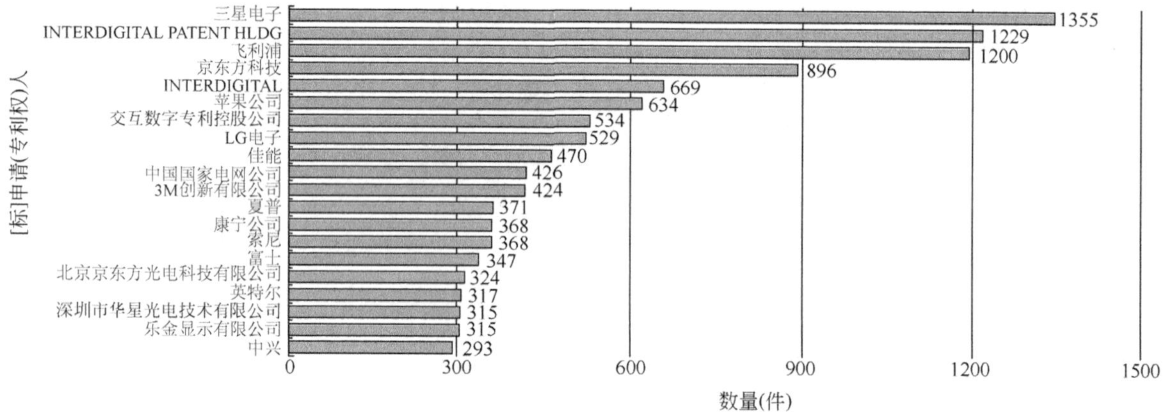


图 4-4-1　LCD 显示技术专利主要竞争态势

## 4.4.2　OLED 显示技术主要竞争态势分析

图 4-4-2 是 OLED 显示技术全球相关专利综合实力排名前 20 的企业。京东方科技、三星 SDI 和努比亚技术这三家公司是主要的 OLED 显示技术专利申请公司。从图表中能看出这三家专利的申请数量差距不是很大。但排名第四的 LG 公司与这三家公司相比，差距显而易见。

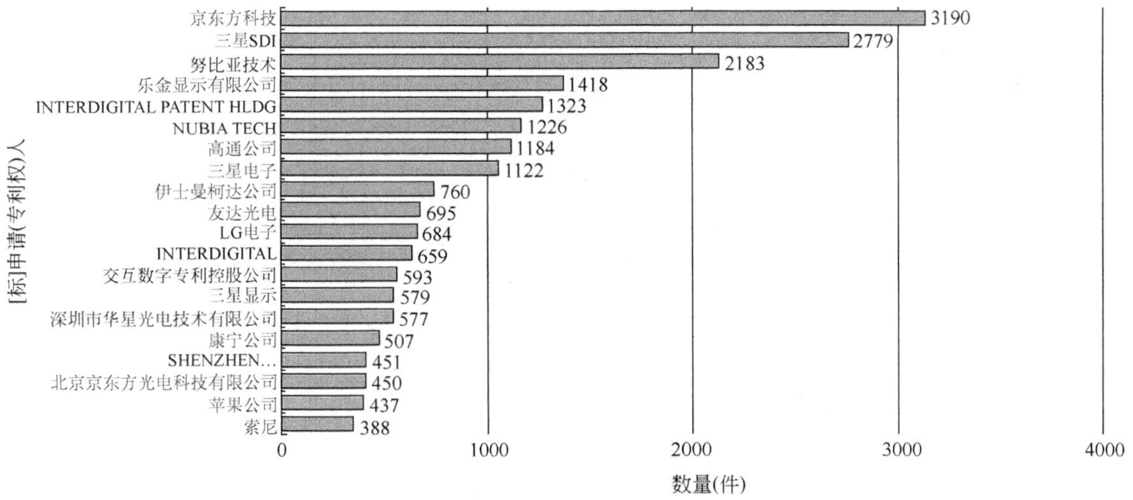


图 4-4-2 OLED 显示技术专利主要竞争态势

# 4.5 主要申请人分析

## 4.5.1 LCD 显示技术主要申请人分析

**1. 三星电子**

三星电子（SAMSUNG ELECTRONICS）是韩国最大的电子工业公司，同时也是三星集团旗下最大的子公司。三星电子于 1938 年 3 月在韩国大邱成立，创始人是李秉喆。在世界上最有名的 100 个商标的列表中，三星电子是唯一的一个韩国商标，是韩国民族工业的象征。图 4-5-1 反映了在全球主要市场上的相关专利申请分布状况，可以看出，三星电子 LCD 显示技术专利主要授权地区是在中国，其次是韩国、美国。

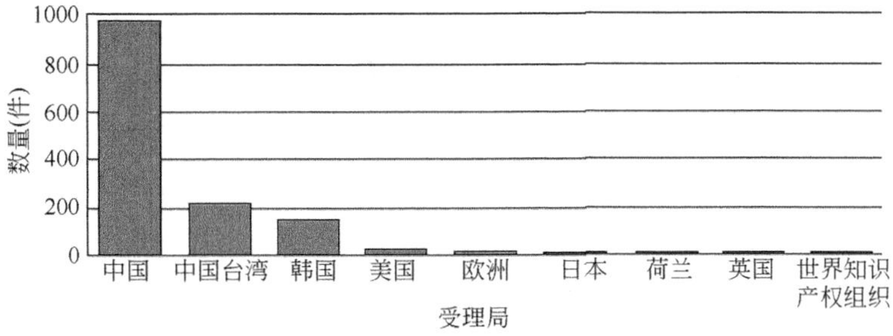


图 4-5-1 三星电子 LCD 显示技术专利主要受理国（地区）分布

图 4-5-2 反映了三星电子在全球主要市场上的历年专利申请分布状况，呈现一种不稳定的趋势，从 2000 年到 2006 年呈爆炸上升趋势，2007 年之后一直处于急速下降的趋势。

三星电子的电学类和物理类专利的排名结果（图 4-5-3）显示：三星电子的 LCD 显示技术专利按照国际专利分类号（IPC）进行统计，结果最多的物理类 G02F 为专利重点研究方向。

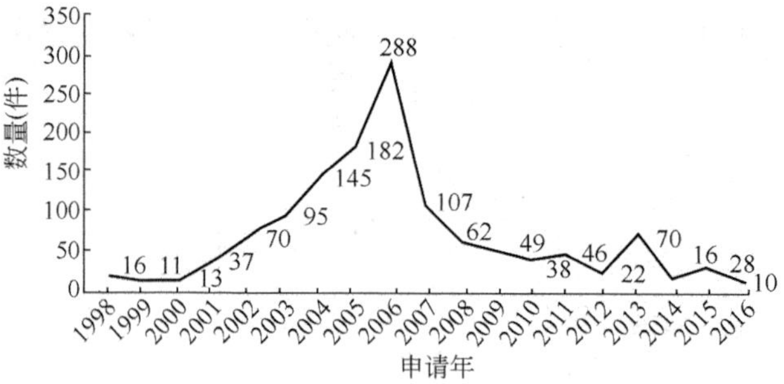


图 4-5-2　三星电子历年来的专利申请趋势

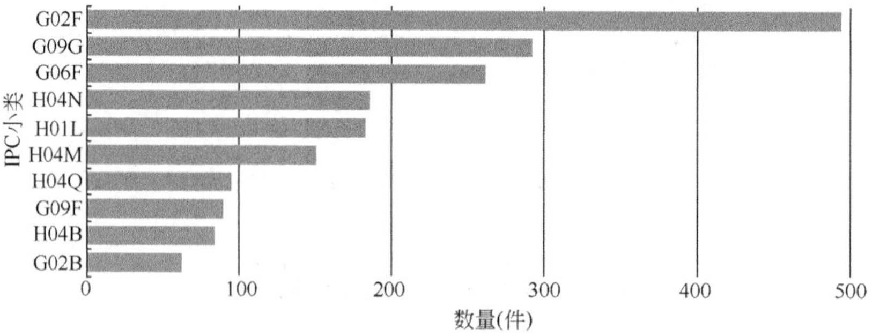


图 4-5-3　三星电子 IPC 分类号分布

**2．INTERDIGITAL PATENT HLDG**

图 4-5-4～图 4-5-6 分别是 INTERDIGITAL PATENT HLDG 的相关专利受理国家分布情况、专利申请趋势和 IPC 技术构成图。这家公司只申请专利，不做技术上的开发，以拥有更多的专利数量为主要业务。

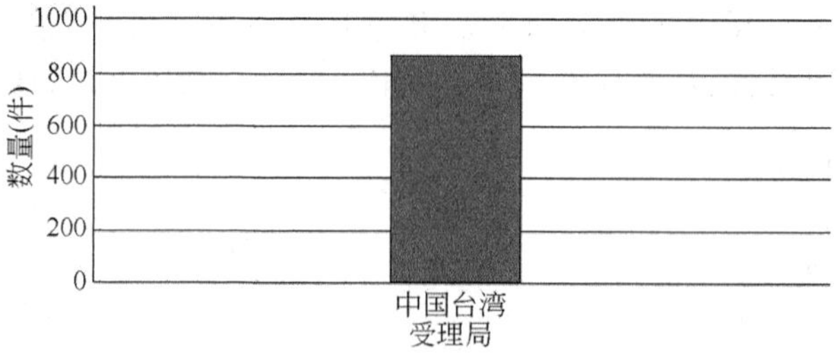


图 4-5-4　INTERDIGITAL PATENT HLDG 主要专利受理国（地区）分布

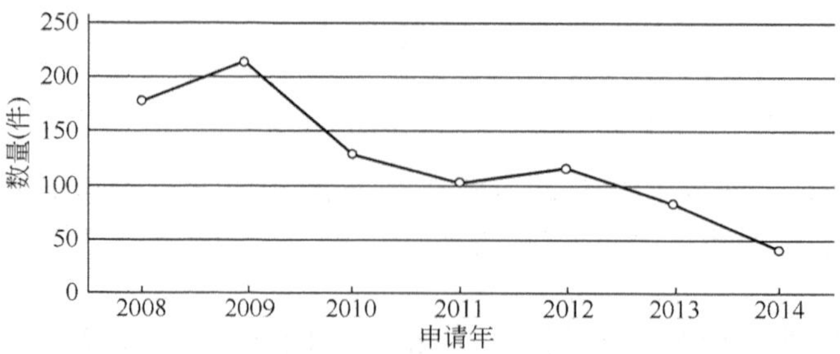


图 4-5-5　INTERDIGITAL PATENT HLDG 历年来专利申请趋势

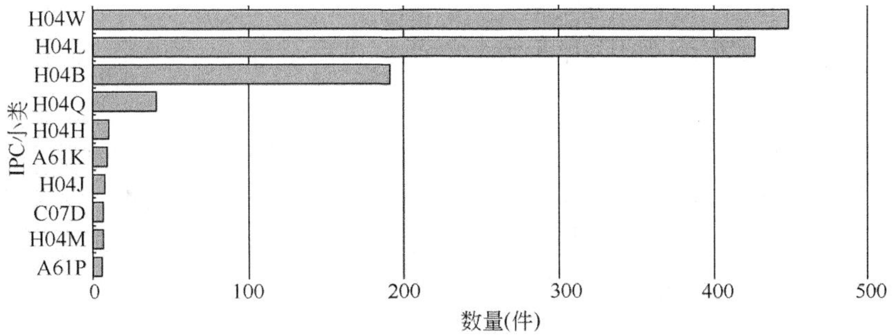


图 4-5-6 INTERDIGITAL PATENT HLDG IPC 分类号分类

**3．京东方科技集团股份有限公司**

京东方科技集团股份有限公司（BOE TECH GROUP，BOE，以下简称“京东方”）创立于 1993 年 4 月。目前，京东方正由半导体显示技术、产品与服务提供商向物联网技术、产品与服务提供商转型。核心事业包括显示器件、智慧系统和健康服务。产品广泛应用于手机、平板电脑、笔记本电脑、显示器、电视、车载、数字信息显示、健康医疗、金融应用、可穿戴设备等领域。京东方的专利受理局分布如图 4-5-7 所示。

图 4-5-8 反映了京东方在全球主要市场上的历年专利申请分布状况，可以看出，从 2006 年到 2011 年发展趋势一直很平稳，从 2011 年到 2016 年，呈爆炸趋势发展。

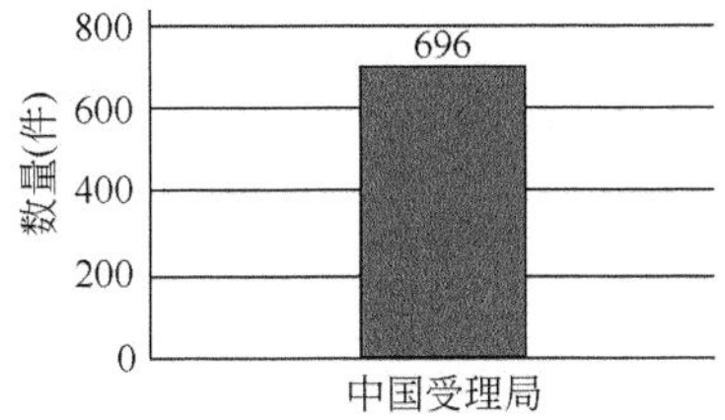


图 4-5-7 京东方的主要专利受理国分布

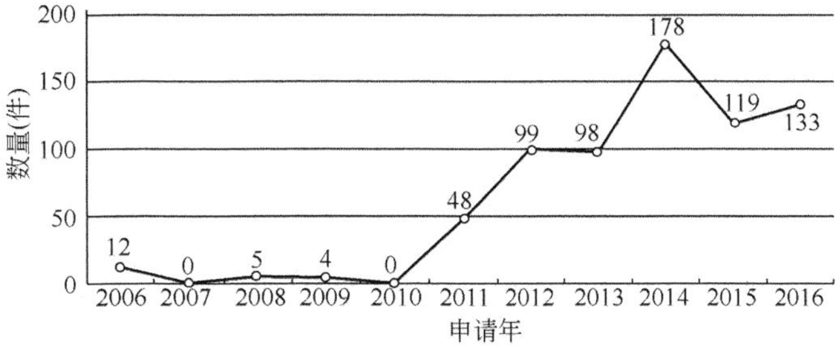


图 4-5-8 京东方历年来的专利申请趋势

图 4-5-9 显示：京东方在 LCD 显示技术专利按照国际专利分类号（IPC）进行统计，结果最多的物理类 G02F 为专利重点研究方向。

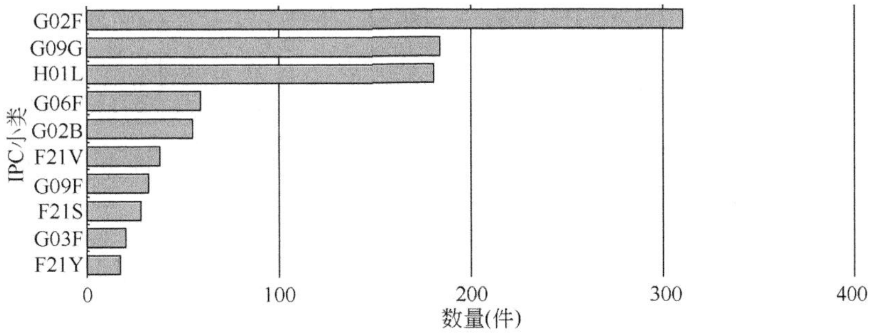


图 4-5-9 京东方的物理类 IPC 小类分析图

## 4.5.2 OLED 显示技术主要申请人分析

### 1. 三星 SDI

三星 SDI（SAMSUNG SDI）是指中国三星的显像管生产部门，由于显示技术液晶化，目前转行生产锂电池包（Battery pack），主要应用于笔记本等移动设备。三星 SDI 分别在天津、上海、深圳、东莞建立了 4 个生产工厂。是目前世界上最大的显像管生产基地。从图中可以看出三星 SDI 专利的主要受理的国家在中国。

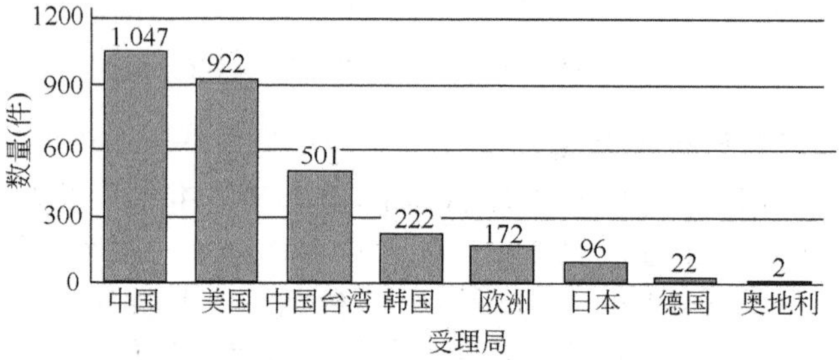


图 4-5-10　三星 SDI 的主要专利受理国（地区）分布

图 4-5-11 反映了三星 SDI 在全球主要市场上的历年专利申请分布状况，图中从 1998 年到 2003 年趋势一直很平稳，从 2004 年到 2006 年，发展趋势呈爆炸式，从 2007 年开始急速下降。

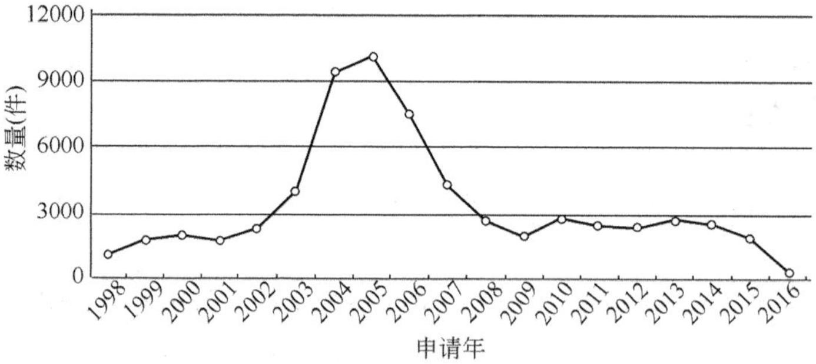


图 4-5-11　三星 SDI 历年来的专利申请趋势

图 4-5-12 是三星 SDI 的 IPC 技术构成图，从该图表上能看出，这家公司的主要技术方向是电学类为主，物理类为辅。从图 4-5-12 中可以很明显的看出电学类 H01L 遥遥领先，物理类中以 G09G3/28（……采用发光的气体放电面版，例如等离子体面版{3，2013.01}）稳居第二。

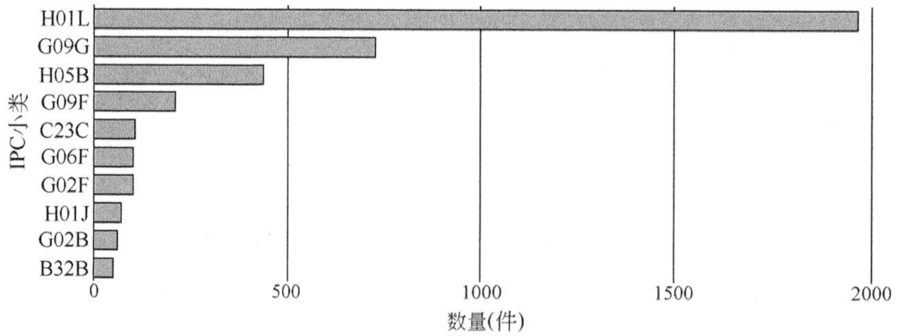


图 4-5-12　三星 SDI 的 IPC 分类号分类

**2．努比亚技术有限公司**

努比亚技术有限公司于 2001 年 9 月 12 日在深圳成立。公司经营范围包括通讯产品、手机的研发、销售、维护及提供相关咨询业务。图 4-5-13 为努比亚技术有限公司的相关专利受理国家分布情况，努比亚技术有限公司的主要发展地区是在中国。

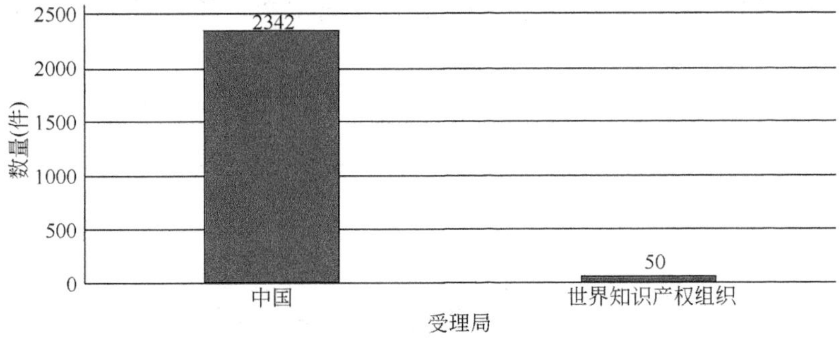


图 4-5-13 努比亚技术有限公司的专利主要受理国分布

图 4-5-14 为努比亚技术有限公司的专利申请趋势，从图中可以看出，这家公司从 2010 年发展至今，专利的申请数量在 2014—2015 年突飞猛进，从 2014 年的 138 件飙升到 2015 年的 1621 件。这一年是努比亚技术有限公司的一个非常重要的发展期。

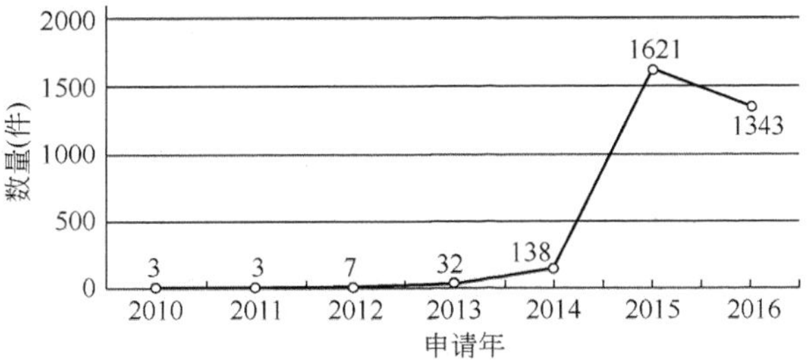


图 4-5-14 努比亚技术有限公司历年来的专利申请趋势

图 4-5-15 是努比亚技术有限公司 IPC 技术构成图，从图中可以看出其主要技术方向是物理类，以电学类为辅。物理类中，以 G06F3/0488（实用触摸屏或数字转换器例如通过手势输入命令的{2013.01}）为主要技术。在电学类中以 H04M1/725（……无限电话机{7}）为主要技术。

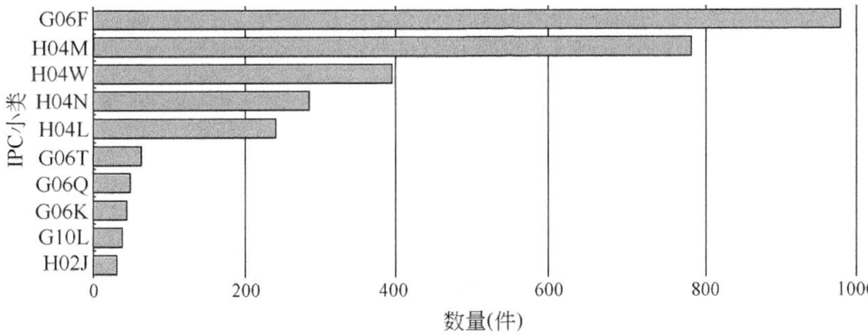


图 4-5-15 努比亚技术有限公司 IPC 分类号分类

3．乐金显示

乐金显示（LG DISPLAY）是目前世界排名第一的液晶面板制造商，隶属于 LG 集团，总部位于韩国首尔，在韩国、中国、美国、日本和欧洲设有研发、生产和贸易机构。

图 4-5-17 是乐金显示的专利申请趋势，从图中可以看出，这家公司从 2003 年开始申请这个领域的专利，直到 2008 年，呈现一种迅速发展的趋势，2013 年是一个至高点，2015 年以后缓慢下降。

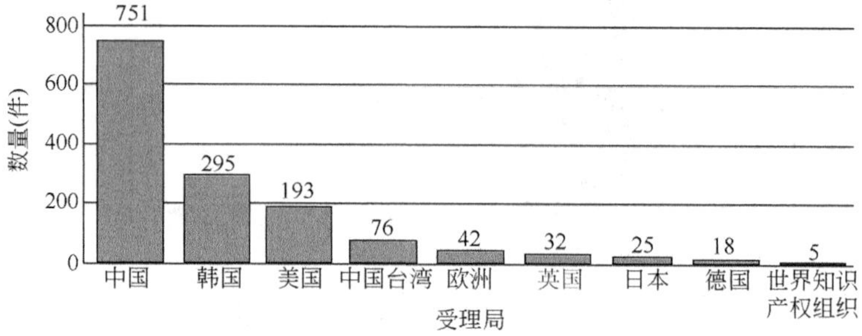


图 4-5-16　乐金显示主要受理国（地区）分布

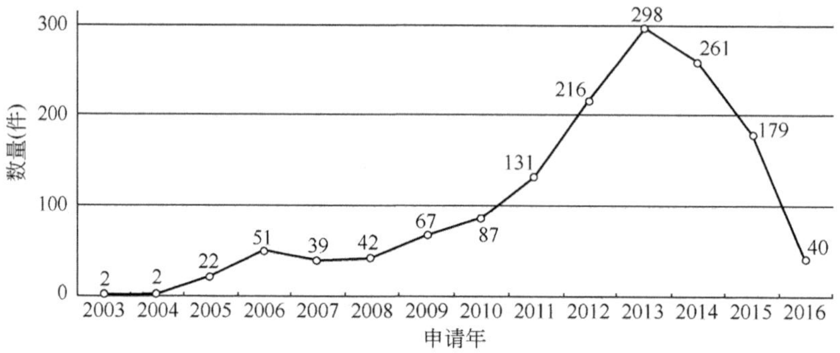


图 4-5-17　乐金显示历年来的申请趋势

图 4-5-18 是乐金显示技术构成图，该技术构成图能够明显的看出这家公司的主要技术分别是物理类 G09G、电学类 H01L，该公司的主要精力都放在这两个技术上。

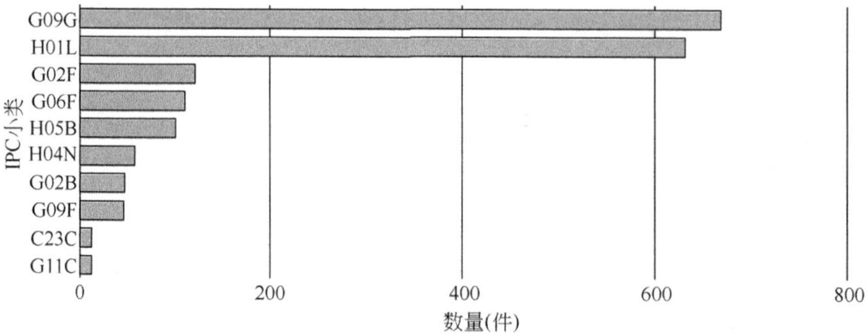


图 4-5-18　乐金显示的 IPC 小类分析图

# 第5章 高质量显示技术国内专利情况

## 5.1 国内专利的概况

### 5.1.1 LCD 显示技术的概况

在中国专利中，经过检索获得 LCD 显示技术行业总共有 54938 件专利，其中发明专利占 63.76%，实用新型占 35.82%，其余部分便是外观设计的专利。

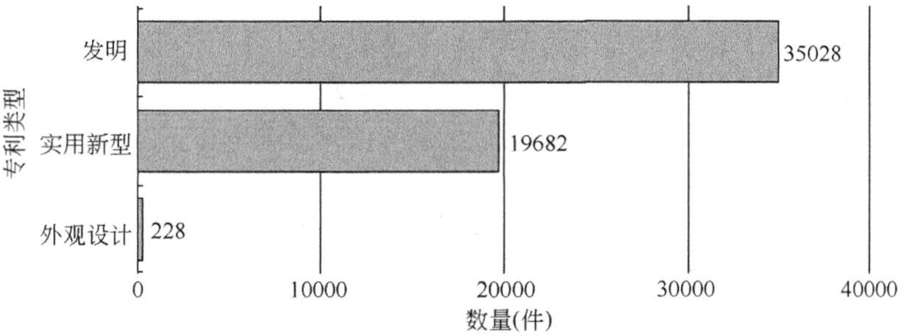


图 5-1-1 LCD 显示技术的专利类型

### 5.1.2 OLED 显示技术的概况

在中国专利中，经过检索获得 OLED 显示技术行业总共有 23417 件专利，其中发明专利占 88%，其余部分是实用新型。

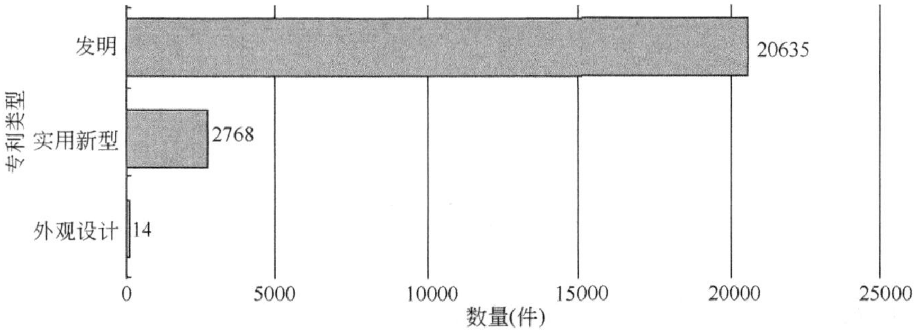


图 5-1-2 OLED 显示技术的专利类型

## 5.2 国内专利申请趋势

### 5.2.1 LCD 显示技术的国内专利申请趋势

由图 5-2-1 的 LCD 显示技术国内专利申请趋势可以看到，国内 LCD 显示技术的专利技术研发整体还处于上升趋势，从 1998 年开始到 2014 年，呈现爆炸性的快速增长。直到 2016 年开始迅速下降。从这张图中可以看出，LCD 显示技术在国内处于成熟期。

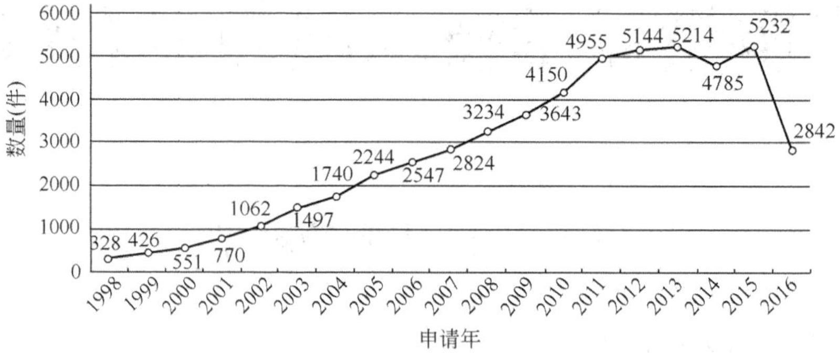


图 5-2-1　LCD 显示技术的国内专利申请趋势

### 5.2.2 OLED 显示技术的国内专利申请趋势

由图 5-2-2 的 OLED 显示技术国内专利申请趋势可以看到，专利数量从 1998 年的 6 件到 2015 年的 3847 件，表明我国 OLED 显示技术还处于技术发展期，整个 OLED 显示技术的技术创新意识和能力在不断提高。鉴于我国专利的审查程序，实用新型和外观设计专利从提出申请到授权公告一般需要 8 个月的时间，发明专利从提出申请到公开一般需要 18 个月的时间，因此图中 2015 年至 2016 年的申请量并不是最终的数据，从而出现了 2015 年之后专利申请发展回落明显的现象。

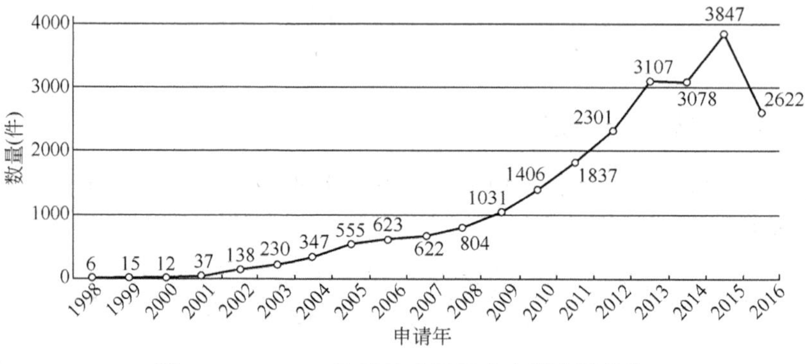


图 5-2-2　OLED 显示技术的国内专利申请趋势

## 5.3 国内专利 IPC 的分布

### 5.3.1 LCD 显示技术国内专利 IPC 分布

图 5-3-1 给出了国内 LCD 显示技术行业专利排名前 10 位的技术领域分布及其专利数量

情况。从表中可以看出，我国 LCD 显示技术的专利目前主要集中在物理类 G06F，专利量达 6846 件。

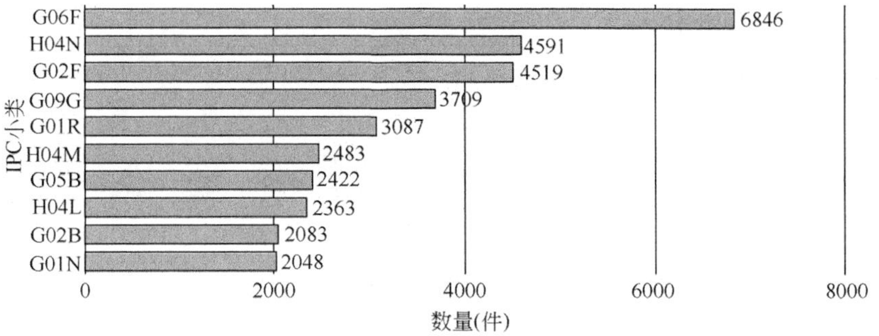


图 5-3-1 LCD 显示技术国内专利 IPC 小类分布

### 5.3.2 OLED 显示技术国内专利 IPC 分布

图 5-3-2 给出了国内 OLED 显示技术行业专利排名前 10 位的技术领域分布及其专利数量情况。从图中可以看出，我国 OLED 显示技术的专利目前主要集中在电学类 H01L，专利量达 5911 件。

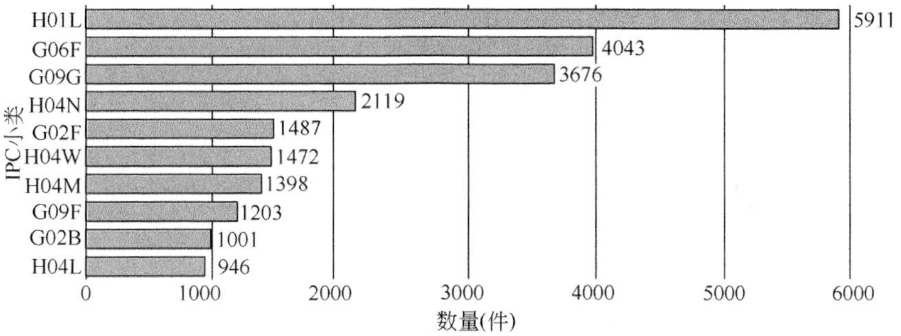


图 5-3-2 OLED 显示技术国内专利 IPC 小类分布

## 5.4 国内申请人分布分析

### 5.4.1 LCD 显示技术国内申请人分布分析

由 LCD 显示技术的主要申请人国家和地区情况（图 5-4-1）可见，国内申请人申请的专利数量最多达到了 34752 件，占总数的 63.2%，其他申请人来源国家还有美国、日本、韩国等。

主要省市 LCD 显示技术专利的申请状况见图 5-4-2，其中广东省申请量达到 8108 件，独居首位，其次是江苏省和北京市。我国国内 LCD 主要的技术点还是在广东省。

图 5-4-3 给出了国内 LCD 显示技术专利申请量前十位的申请人情况。可以看出，三星电子株式会社在我国国内的专利申请数量最多，以 941 件的专利数量占据我国国内 LCD 显示技术的顶端。京东方科技集团股份有限公司和皇家飞利浦电子股份有限公司的专利申请量紧随其后。

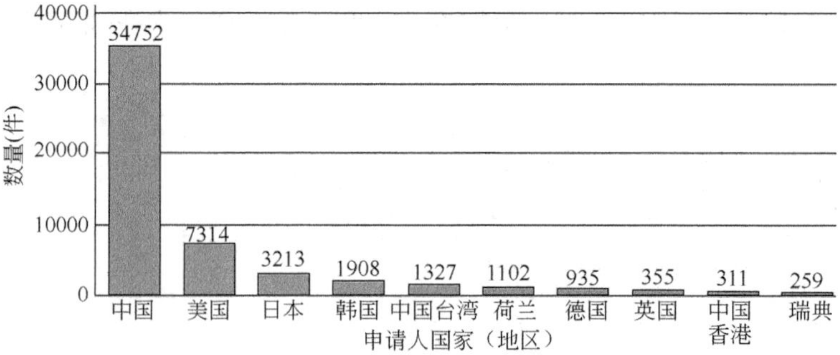


图 5-4-1　LCD 显示技术国内专利申请人分布

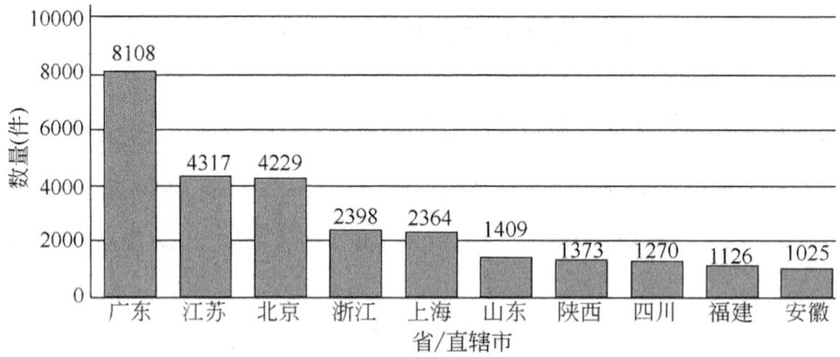


图 5-4-2　主要省市 LCD 显示技术专利的申请状况

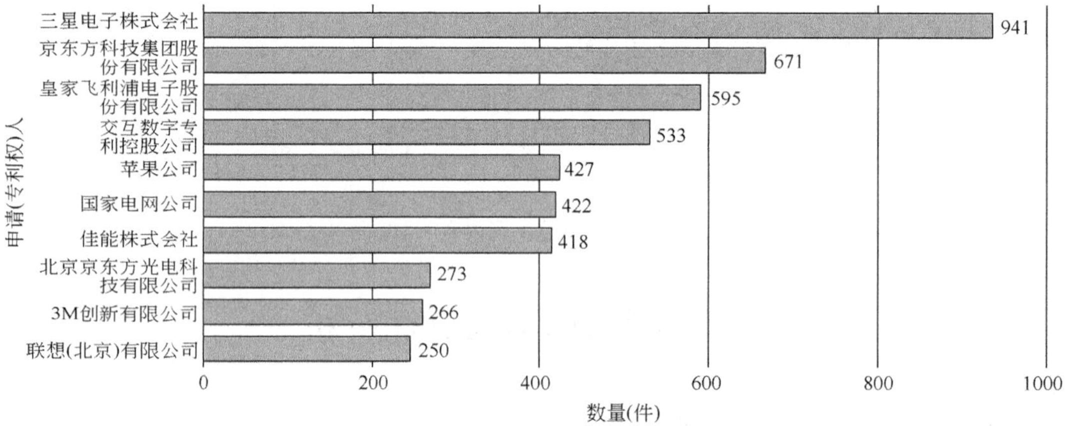


图 5-4-3　LCD 显示技术国内申请人排名

## 5.4.2　OLED 显示技术国内申请人分布分析

由 OLED 显示技术的主要申请人国家和地区情况（图 5-4-4）可见，国内申请人申请的专利数量最多，达到了 9230 件，占总数的 39.41%，其他申请人来源国家和地区还有美国、中国台湾、韩国等。

主要省市 OLED 显示技术专利的申请状况见图 5-4-5，其中北京市申请量达到 2814 件占总申请量的 34.45%，独居首位，其次是广东省 2222 件，占总申请量的 27.2%。从图中可以看出我国国内 OLED 显示技术主要的技术点在北京市和广东省。

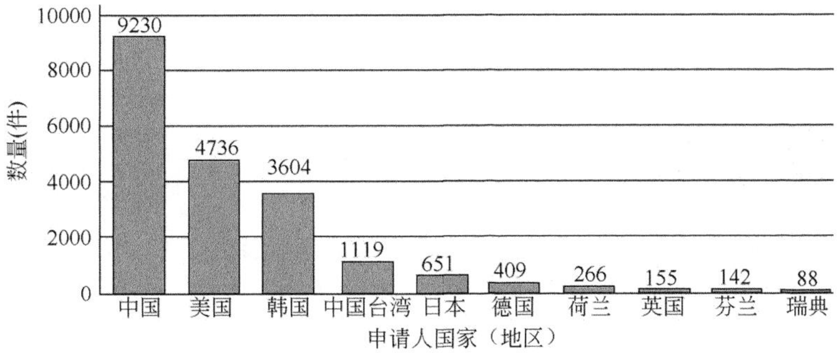


图 5-4-4 OLED 显示技术的主要申请人国家

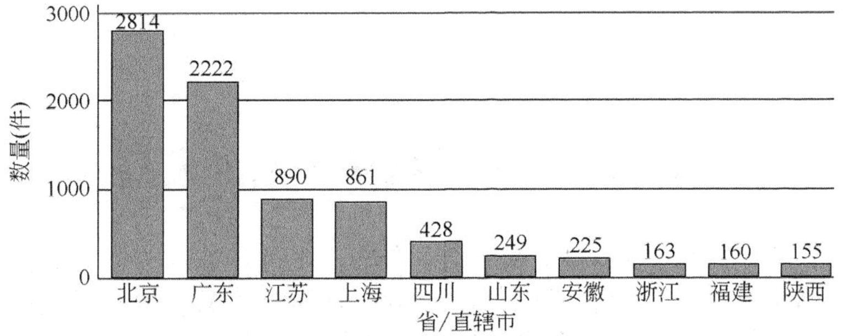


图 5-4-5 国内主要省市 OLED 显示技术专利的申请状况

图 5-4-6 给出了国内 OLED 显示技术专利申请量前十位的申请人情况。可以看出，京东方科技集团股份有限公司和努比亚技术有限公司的申请量在国内是遥遥领先，第二名领先第三名 1200 多件的专利申请量。

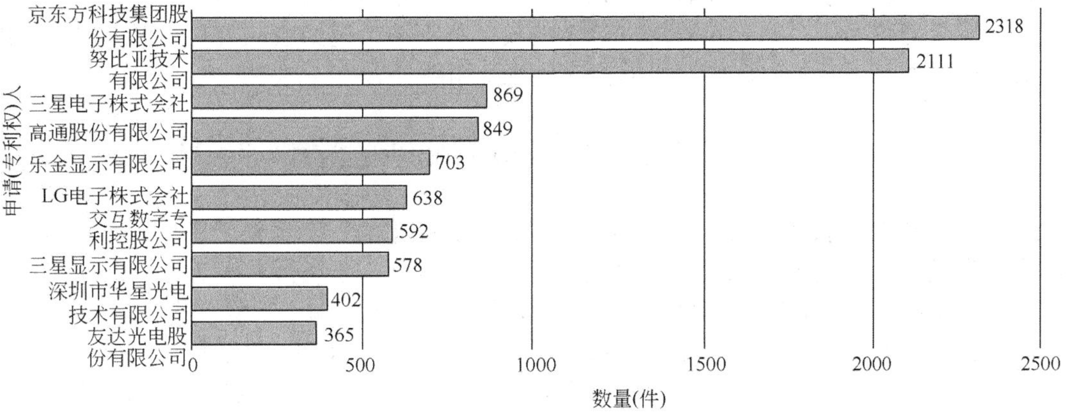


图 5-4-6 OLED 显示技术国内专利申请人排名

# 第6章 结论

## 6.1 LCD显示技术今后的发展

根据以上专利数据的分析，可以得出的结论是：在未来的几年里，想要发展 LCD 显示技术的行业比较困难，技术已经相当成熟，但是没有创新意识。想要提高创新意识，就要企业优势互补，因为优势互补企业的合作是提高企业创新能力的重要途径。

## 6.2 OLED显示技术今后的发展

根据以上的分析，可以得出的结论是：在未来的几年里，OLED 显示技术行业是重点的发展对象。因为这个技术比较新颖，近几年来，国内外都很热门。但国内企业在这个技术上比较缺乏核心竞争力，有些公司对这项技术的投入并不多，例如京东方科技集团股份有限公司和努比亚技术有限公司对这项技术的投入差距非常明显。

## 6.3 OLED显示技术的发展趋势与情况

对于 OLED 显示技术来说，柔性显示可以说是其应用的一个重要手段，随着智能穿戴设备的进一步发展，OLED 的柔性技术可能会在其中得到进一步发展，并为相关的应用设备带来根本性的质的变革。韩国的三星、LG 都将技术研发指向了 OLED 柔性技术。

尽管现阶段的大尺寸 OLED 显示设备并不完美，但是 OLED 显示技术的出现确实为传统的液晶派带来了极大程度的冲击。无论曲面电视还是 4K 超高清电视的出现都有 OLED 的身影。

但是当电视热过去之后，量子点技术再次成为了 OLED 的挑战者。[1]

[1] 吴啸．高质量显示技术发展趋势研究［J］．科技展望，2017（8）．

# 第7章 重点企业（部分）核心专利简介

以下专利摘要信息数据来自智慧芽专利数据分析平台，部分涉及专业词汇，未防止因翻译原因而产生理解偏差，请读者按照专利号检索并下载全文解读。

## 7.1 授权部分

表 7-1-1 三星电子株式会社

| 申请号 | 申请日 | 申请人 | 发明名称 | 技术领域 |
|---|---|---|---|---|
| CN201310534853.9 | 2013-11-01 | 三星电子株式会社 | 医学成像设备和提供包括在其中的台架的操作信息的方法 | 本发明涉及一种医学成像设备和提供包括在该医学成像设备中的台架的操作信息的方法 |
| CN201210272789.7 | 2012-08-02 | 三星电子株式会社 | 处理医学影像的方法和装置、及影像引导机器人手术系统 | 一个或多个实施例涉及用于处理医学影像的方法和装置、以及使用影像引导的机器人手术系统 |
| CN201210060447.9 | 2012-03-09 | 三星电子株式会社 | 遥控装置 | 实施例涉及遥控装置，在该遥控装置的两个表面上都具有按键 |
| CN201180067611.2 | 2011-12-15 | 三星电子株式会社 | 显示控制装置以及显示控制方法 | 本发明涉及显示控制装置、程序以及显示控制方法 |
| CN201110438944.3 | 2011-12-12 | 三星电子株式会社 | 用于改进多待机终端的辐射杂散发射性能的设备和方法 | 本发明涉及多待机终端的辐射杂散发射（RSE）性能增强设备和方法。更具体地讲，本发明涉及一种改进支持第三代（3G）和/或第四代（4G）服务的多待机终端的 RSE 性能的设备和方法 |
| CN201180050887.X | 2011-10-24 | 三星电子株式会社 | 立体显示系统、用于该系统的镜片及其显示方法 | 本发明构思总体而言涉及立体显示系统、用于观看立体图像的眼镜片、及其显示方法，更具体地，涉及显示立体图像同时保持分辨率的立体显示系统、用于观看立体图像的眼镜片及其显示方法 |
| CN201110289613.8 | 2011-09-20 | 三星电子株式会社 | 带式封装件 | 本发明的构思涉及一种带式封装件（tape package），更具体地讲，涉及一种在薄带上安装有半导体芯片的带式封装件 |
| CN201110263641.2 | 2011-09-02 | 三星电子株式会社 | 洗衣机和控制该洗衣机的方法 | 本公开的实施例涉及一种洗衣机以及一种控制该洗衣机的方法，该洗衣机使用全触摸液晶显示器（LCD）提供用户接口环境，以经由网络执行通信 |

续表

| 申请号 | 年份 | 申请人 | 发明名称 | 技术领域 |
| --- | --- | --- | --- | --- |
| CN201110244211.6 | 2011-08-22 | 三星电子株式会社 | 用于控制外部装置的设备和方法 | 本发明总体涉及一种用于控制外部装置的设备和方法，更具体地讲，涉及一种用于控制与便携式终端通信的外部装置的设备和方法 |
| CN201110186456.8 | 2011-06-30 | 三星半导体（中国）研究开发有限公司、三星电子株式会社 | 支持多种显示屏的SOC芯片及其配置方法 | 本发明涉及一种电子书阅读器片上系统SOC芯片。更具体地讲，本发明涉及一种支持多种显示屏的SOC芯片及其配置方法 |
| CN201110118818.X | 2011-05-09 | 三星电子株式会社 | 片上系统、具有其的设备以及该片上系统的电力控制方法 | 本发明构思的示例性实施例涉及电力管理技术，更具体地，涉及可以根据在每个有限状态机中设置的配置寄存器值独立地控制每个电力域的电力状态和工作状态的片上系统（SOC）、具有该SOC的设备和用于该SOC的电力控制方法 |
| CN201110086499.9 | 2011-03-28 | 三星电子株式会社 | 复合结晶磷光体、发光器件、光源装置、显示和照明装置 | 本发明涉及一种磷光体，更具体地讲，涉及一种具有高发光特性以及优良的热稳定性和化学稳定性的复合结晶磷光体、利用该磷光体的发光器件、面光源装置、显示装置和照明装置（a lighting device） |
| CN201110050605.8 | 2011-03-03 | 三星电子株式会社 | 用于增强字符的可读性的装置和方法 | 本发明一般涉及一种用于增强移动终端中的字符的可读性的装置和方法，并且更加具体来说，涉及一种用于当用户观看移动终端的屏幕上的字符时在增强可见度的同时最小化电流消耗的装置和方法 |
| CN201180008671.7 | 2011-02-11 | 三星电子株式会社 | 用于执行多任务的设备和方法 | 本发明涉及用于执行多任务的设备和方法，并且尤其涉及能够容易地在被执行的多个应用之间切换并且切换到最初应用的多任务设备和方法 |
| CN201180018736.6 | 2011-02-11 | 三星电子株式会社 | 荧光物质、发光装置、表面光源装置、显示装置和照明装置 | 本发明涉及磷光体，更具体而言，本发明涉及具有高发光特性和优异的热稳定性和化学稳定性的β-赛隆磷光体，以及使用所述磷光体的发光装置、表面光源设备、显示设备和照明装置 |

**专利名称：医学成像设备和提供包括在其中的台架的操作信息的方法**

公开（公告）号：CN103800030B　　公开（公告）日：2017-01-04

申请号：CN201310534853.9　　申请日：2013-11-01

申请（专利权）人：三星电子株式会社

国际专利分类号：IPC（8）：A61B6/03A61B6/04A61B5/055A61B8/00

其他公开文献：CN103800030A

**摘要**：一种医学成像设备和/或方法包括台架、控制单元和显示单元。台架具有用于产生 X 射线的源和用于检测穿过对象的 X 射线的检测器。台架允许源和检测器围绕对象旋转。控制单元获得台架的操作信息。显示单元输出所获得的台架的操作信息。

**专利名称：处理医学影像的方法和装置、及影像引导机器人手术系统**

公开（公告）号：CN102908158B　　公开（公告）日：2016-06-01

申请号：CN201210272789.7　　申请日：2012-08-02

申请（专利权）人：三星电子株式会社

国际专利分类号：IPC（8）：A61B6/03A61B5/055A61B90/35A61B34/30G06T7/00

其他公开文献：CN102908158A

**摘要**：通过将使用不同的医学影像捕获装置捕获的医学影像映射到彼此来产生在其中将医学影像对齐的合成影像。该合成影像可以在执行患者的诊断或机器人手术的同时用于影像引导。

**专利名称：遥控装置**

公开（公告）号：CN102682584B　　公开（公告）日：2015-11-04

申请号：CN201210060447.9　　申请日：2012-03-09

申请（专利权）人：三星电子株式会社

国际专利分类号：IPC（8）：G08C17/02G08C23/04H04N21/422

其他公开文献：CN102682584A

**摘要**：本发明提供一种遥控装置，该遥控装置包括：第一操作单元，包括第一按键部、第一控制单元以及第一发射单元，第一按键部具有当遥控装置处于第一模式时可操作的多个按键，第一控制单元产生与通过第一按键部的键输入对应的按键信号，第一发射单元向图像装置发射按键信号；及第二操作单元，包括第二按键部、第二控制单元以及第二发射单元，第二按键部设置在遥控装置的不同于第一按键部的表面上，并具有当遥控装置处于第二模式时将被操纵的多个按键，第二控制单元产生与通过第二按键部的键输入对应的按键信号，第二发射单元向图像装置发射按键信号。

**专利名称：显示控制装置以及显示控制方法**

公开（公告）号：CN103380452B　　公开（公告）日：2016-06-29

申请号：CN201180067611.2　　申请日：2011-12-15

申请（专利权）人：三星电子株式会社

国际专利分类号：IPC（8）：G09G5/36G06F3/00H04N21/43

其他公开文献：CN103380452A

**摘要**：提供一种显示控制装置，包括：操作检测单元，用于检测指示移动方向的操作；对象分析单元，将由用户操作的显示在屏幕上的对象当中的被所执行的单次操作移动焦点到其上的对象规定为第一组的对象；以及显示属性设置单元，用于设置第一组的对象的显示属性，使得用户能够区分第一组的对象和其他对象。本发明的显示控制装置减少关于用户界面中的焦点的移动的用户不便。

**专利名称：用于改进多待机终端的辐射杂散发射性能的设备和方法**

公开（公告）号：CN102573132B　　公开（公告）日：2016-05-11

申请号：CN201110438944.3　　申请日：2011-12-12

申请（专利权）人：三星电子株式会社

国际专利分类号：IPC（8）：H04W88/06H04B1/40H04B1/00H04B15/02

其他公开文献：CN102573132A

**摘要**：提供了一种用于改进多待机终端的辐射杂散发射性能的设备和方法，所述多待机终端支持第三代（3G）和/或第四代（4G）服务。其中，所述多待机终端包括：天线，用于发送和接收第二代（2G）和 3G 频带信号；射频（RF）开关，用于在 2G 和 3G 频带信号之间进行切换；2G 通信单元，连接到 RF 开关，用于发送和接收 2G 频带信号；3G 通信单元，连接到 RF 开关，用于发送和接收 3G 频带信号；收发器，用于处理 2G 和 3G 频带无线电信号，所述用于增强多待机终端的 RSE 性能的方法包括：通过检查用户识别卡来确定频带；当识别的频带是 3G 频带时，对 RF 开关进行切换以在天线和 3G 通信单元之间建立连接；使 2G 通信单元停用。

**专利名称：立体显示系统、用于该系统的镜片及其显示方法**

公开（公告）号：CN103189781B　　公开（公告）日：2016-03-16

申请号：CN201180050887.X　　申请日：2011-10-24

申请（专利权）人：三星电子株式会社

国际专利分类号：IPC（8）：G02B27/26H04N13/00

其他公开文献：CN103189781A

**摘要**：本发明提供了一种立体显示系统。该系统包括：显示装置，在其中交替布置第一像素元件和第二像素元件，其中该第一像素元件发射在第一偏振方向上的左眼图像的光线，第二像素元件发射在第二偏振方向上的右眼图像的光线；以及镜片，其包括左眼滤光器和右眼滤光器。镜片包括：偏振器、偏振开关、双折射单元和控制单元，双折射单元根据光的偏振态而偏移像素的可见位置；控制单元，与显示装置的操作同步地控制偏振开关。根据本发明，使用者可以观看具有全分辨率的立体图像。

**专利名称：带式封装件**

公开（公告）号：CN102412222B　　公开（公告）日：2016-02-10

申请号：CN201110289613.8　　申请日：2011-09-20

申请（专利权）人：三星电子株式会社

国际专利分类号：IPC（8）：H01L23/488H01L23/498

其他公开文献：CN102412222A

**摘要**：本发明公开了一种带式封装件。带式封装件提供了均具有最小间距的多个输入部分和多个输出部分。带式封装件包括：带式布线基底，包括第一布线和第二布线；半导体芯片，安装在带式布线基底上，并且包括第一边缘、与第一边缘相邻设置的第一焊盘以及与第一边缘分隔得比第一焊盘与第一边缘分隔得远的第二焊盘，其中，第一布线连接到第一焊盘的与第一边缘分隔开第一距离的部分，其中，第二布线连接到第二焊盘的与第一边缘分隔开第二距离的部分，所述第二距离比所述第一距离大。

**专利名称：洗衣机和控制该洗衣机的方法**

公开（公告）号：CN102409508B　　公开（公告）日：2015-06-10

申请号：CN201110263641.2　　申请日：2011-09-02

申请（专利权）人：三星电子株式会社

国际专利分类号：IPC（8）：D06F33/00D06F39/00

其他公开文献：CN102409508A

**摘要**：一种洗衣机以及控制该洗衣机的方法，该洗衣机使用全触摸液晶显示器（LCD）提供用户接口环境，以经由网络执行通信。可通过简单方便的触摸操纵提供用户接口，并根据多种视觉/触觉喜好显示关于用户操纵状态和洗衣机的操作状态的信息。

**专利名称：用于控制外部装置的设备和方法**

公开（公告）号：CN102375785B　　公开（公告）日：　2016-08-10

申请号：CN201110244211.6　　　　　申请日：2011-08-22
申请（专利权）人：三星电子株式会社
国际专利分类号：IPC（8）：G06F13/10H04M1/725
其他公开文献：CN102375785A

**摘要**：一种用于控制外部装置的设备和方法。提供了一种用于控制外部装置的便携式终端，该外部装置没有配备自己的存储器或控制器，并连接到所述便携式终端。当连接到至少一个外部装置时，便携式终端使用与连接的外部装置匹配的提取的设置数据改变其设置。因此，处于与便携式终端连接状态下的连接的外部装置在便携式终端的控制下执行对应的操作。

**专利名称：支持多种显示屏的SOC芯片及其配置方法**
公开（公告）号：CN102306090B　　　　公开（公告）日：2014-11-26
申请号：CN201110186456.8　　　　　申请日：2011-06-30
申请（专利权）人：三星半导体（中国）研究开发有限公司　三星电子株式会社
国际专利分类号：IPC（8）：G06F3/14G09B5/02
其他公开文献：CN102306090A

**摘要**：本发明提供了一种支持多种显示屏的SOC芯片及其配置方法。所述SOC芯片包括微处理器控制器模块和电子书显示屏控制模块，其中，所述电子书显示屏控制模块包括用于控制不同模式的电子书显示屏EPD面板的至少两个电子书显示屏控制器。通过本发明的支持多种显示屏的SOC芯片及其配置方法，可以将该SOC芯片配置成不同显示模式，可支持LCD和EPD同时显示及单独显示，EPD显示时可支持多种不同的电子书显示屏，具有兼容性，从而显著降低电子书阅读器的系统成本。

**表7-1-2　INTERDIGITAL PATENT HLDG**

| 申请号 | 申请日 | 申请人 | 专利名称 | 技术领域 |
|---|---|---|---|---|
| TW102120700 | 2013-06-11 | INTERDIGITAL PATENT HLDG | 控制上链多输入多输出（MIMO）传输方法及装置 | 本发明揭露了一种用于控制上链（UL）多输入多输出（MIMO）传输参数和传输的方法和装置 |
| TW101135947 | 2012-09-28 | INTERDIGITAL PATENT HLDG | 管理通讯网路中的内容储存子系统之方法及装置 | 提供了一种用于促进内容递送的方法和装置 |
| TW101119966 | 2012-06-04 | INTERDIGITAL PATENT HLDG | 管理融合闸道通讯方法、装置及系统 | 在这里可以提供的是用于路由资料讯务和/或资料流的系统、方法和/或技术 |
| TW101101226 | 2012-01-12 | INTERDIGITAL PATENT HLDG | 在电路交换后馈及交接期间区域网际网路协定存取连接处理方法、装置及系统 | 在一种代表性实施方式中，一种用于管理到无线发射/接收单元（WTRU）的本地网际网路协定存取（LIPA）封包资料网路（PDN）连接的方法 |
| TW101100636 | 2012-01-06 | INTERDIGITAL PATENT HLDG | 协同多点传输下链共享频道接收方法、系统及装置 | 本申请系关于无线通信 |
| TW101100635 | 2012-01-06 | INTERDIGITAL PATENT HLDG | 处理额外功率后移方法、装置及系统 | 在无线通信系统中使用功率控制来满足政府管制以及限制无线通信装置之间的干扰 |
| TW100143125 | 2011-11-24 | INTERDIGITAL PATENT HLDG | 无线传输/接收单元（WTRU）及管理用于WTRU的载波聚合的方法 | 描述了一种用于执行多无线电存取技术（RAT）载波聚合（CA）的方法和装置 |

续表

| 申请号 | 申请日 | 申请人 | 专利名称 | 技术领域 |
|---|---|---|---|---|
| TW100141804 | 2011-11-16 | INTERDIGITAL PATENT HLDG | 无线直接链结操作方法及装置 | 在家庭或办公室中的无线通信环境典型地包括若干独立开发的无线电存取技术和标准 |
| TW100136733 | 2011-10-11 | INTERDIGITAL PATENT HLDG | 电视闲置频段频道选择及网路配置以服务为基础之方法 | 一种用于在动态频谱管理网路中管理频道选择的方法 |
| TW100136732 | 2011-10-11 | INTERDIGITAL PATENT HLDG | 认知无线电网路频宽配置方法及装置 | 这里描述了用于为认知无线电分配频宽的方法、度量和装置 |
| TW100135717 | 2011-10-03 | INTERDIGITAL PATENT HLDG | 高速下链封包存取（HSDPA）上链反馈系统及方法 | 用于高速下链封包存取的多点传输（MP-HSDPA）的上链反馈的系统和方法 |
| TW100115907 | 2011-05-06 | INTERDIGITAL PATENT HLDG | 动态空白频谱管理系统及方法 | 本申请与无线通信有关 |
| TW100114797 | 2011-04-28 | INTERDIGITAL PATENT HLDG | 网路通讯中轻量级协定及代理 | 提供了在网路通讯系统中使用轻量级协定（LWP）和协定代理的系统和方法 |
| TW100113381 | 2011-04-18 | INTERDIGITAL PATENT HLDG | 使用行动网际网路协定的单元间流转移之方法及系统 | 网际协定（IP）多媒体子系统（IMS）是用于传递基于 IP 的多媒体服务的基础架构 |
| TW100112201 | 2011-04-08 | INTERDIGITAL PATENT HLDG | 在上链中闭环传送分集及 MIMO 之功率控制的方法及 WTRU | 本申请案揭露了用于动态控制经由多个天线传送的传输流的发射功率的方法和系统 |

**专利名称：控制上链多输入多输出（MIMO）传输方法及装置**

公开（公告）号：TWI549443B　　公开（公告）日：2016-09-11

申请号：TW102120700　　申请日：2013-06-11

申请（专利权）人：INTERDIGITAL PATENT HLDG

国际专利分类号：IPC（8）：H04B7/04

其他公开文献：TW201407989A

**摘要**：揭露一种用于控制上链（UL）多输入多输出（MIMO）传输参数和传输的方法和装置。无线传输/接收单元（WTRU）可确定多个流的传输的诸如区块大小或传输格式组合这样的参数。WTRU 可调整传输功率以确保在辅流上使用 WTRU 计算的虚拟授权时在两个流上以相同的等级传输专用实体资料通道。

**专利名称：管理通讯网路中的内容储存子系统之方法及装置**

公开（公告）号：TWI559758B　　公开（公告）日：2016-11-21

申请号：TW101135947　　申请日：2012-09-28

申请（专利权）人：INTERDIGITAL PATENT HLDG

国际专利分类号：IPC（8）：H04N21/433

其他公开文献：TW201322744A

**摘要**：揭露了用于管理通信网路中内容储存子系统的方法和装置。通信网路被配备多个内容储存子系统。内容储存子系统储存内容的本地副本以促进内容递送和分布到无线传输/接收单元（WTRU）。配备有代理伺服器和进入伺服器的网路接收对内容或注明内容的通用资料的请求，并确定内容是否被储存在储存子系统中。此外，网路亦执行内容植入以将内容的副本储存在储存子系统中，以及执行内容修改以将内容从一个储存位置移动到另一个储存位置，从而实现最佳内容储存和分布。

**专利名称：管理融合闸道通讯方法、装置及系统**

公开（公告）号：TWI544827B 公开（公告）日：2016-08-01

申请号：TW101119966 申请日：2012-06-04

申请（专利权）人：INTERDIGITAL PATENT HLDG

国际专利分类号：IPC（8）：H04W88/10H04W88/16

其他公开文献：TW201313052A

**摘要**：所公开的是用于提供汇聚闸道（CGW）的系统和方法。一个策略可以是由 CGW 来为包含在 LAN、装置和/或通信系统中的不同介面和/或无线电存取技术（RAT）做出路由决定（例如与资料相关联的流或讯务的分离和/或聚合）。该策略可以本地储存在 CGW 内部。在 CGW 中还可以提供和/或实施动态流管理、负载平衡、卸载、PDP 上下文建立、优先化、装置检测等，并且这些可以用于路由与资料相关联的流和/或讯务。

**专利名称：在电路交换后馈及交接期间区域网际网路协定存取连接处理方法、装置及系统**

公开（公告）号：TWI558116B 公开（公告）日：2016-11-11

申请号：TW101101226 申请日：2012-01-12

申请（专利权）人：INTERDIGITAL PATENT HLDG

国际专利分类号：IPC（8）：H04B1/38H04W36/00

其他公开文献：TW201236386A

**摘要**：描述了用于在电路交换后馈（CSFB）和交接（HO）期间处理本地网际网路协定（IP）存取（LIPA）连接的方法和装置。一种用于管理到无线发射/接收单元（WTRU）的本地网际网路协定存取（LIPA）封包资料网路（PDN）连接的方法，包括：执行从所述 LIPAPDN 连接切换到非 LIPAPDN 连接的切换操作以进行与所述 WTRU 的通信；以及回应于所述切换操作而暂停所述 LIPAPDN 连接。

**专利名称：协同多点传输下链共享频道接收方法、系统及装置**

公开（公告）号：TWI554046B 公开（公告）日：2016-10-11

申请号：TW101100636 申请日：2012-01-06

申请（专利权）人：INTERDIGITAL PATENT HLDG

国际专利分类号：IPC（8）：H04B1/38H04W72/04

其他公开文献：TW201234790A

**摘要**：一种方法和装置，可用来智能协同多点传输（CoMP）中的下行链路（DL）共用通道的接收。该方法和装置可确定 CoMP 是否被应用于传输。该方法和装置可获取其他 CoMP 相关的资讯。该方法和装置可应用于非透明 CoMP 场景。

**专利名称：处理额外功率后移方法、装置及系统**

公开（公告）号：TWI549440B 公开（公告）日：2016-09-11

申请号：TW101100635 申请日：2012-01-06

申请（专利权）人：INTERDIGITAL PATENT HLDG

国际专利分类号：IPC（8）：H04B1/38H04W52/04

其他公开文献：TW201234789A

**摘要**：所描述的是供无线发射/接收单元（WTRU）管理其传输功率的方法、装置和系统。基于后移变化或后移影响，可以触发功率余量报告（PHR）。通过使用额外后移，可以计算 WTRU 的最大输出功率，并且可以用支配地位指示符向网路资源指示所述额外后移。WTRU 可以被配置成消除虚拟 PHR 引发的触发。此外，WTRU 可以被配置成对快速的后移变化做出回应。

**专利名称：无线传输/接收单元（WTRU）及管理用于 WTRU 的载波聚合的方法**
公开（公告）号：TWI561100B　　公开（公告）日：2016-12-01
申请号：TW100143125　　申请日：2011-11-24
申请（专利权）人：INTERDIGITAL PATENT HLDG
国际专利分类号：IPC（8）：H04W72/04H04W72/12
其他公开文献：TW201225716A
**摘要**：揭露了一种管理用于多无线电存取技术（RAT）无线传输/接收单元（WTRU）的载波聚合的方法。该方法可以包括：WTRU 经由与第一类型的 RAT 相关联的主频道接收供应资讯，以用于配置与第二类型的 RAT 相关联的辅助频道；根据接收到的供应资讯建立与第二类型的 RAT 相关联的辅助频道；以及 WTRU 经由第一类型的 RAT 于主频道上无线地交换与通信相关联的第一资料，同时经由第二类型的 RAT 于辅助频道上无线地交换与通信相关联的第二资料。

**专利名称：无线直接链结操作方法及装置**
公开（公告）号：TWI526020B　　公开（公告）日：2016-03-11
申请号：TW100141804　　申请日：2011-11-16
申请（专利权）人：INTERDIGITAL PATENT HLDG
国际专利分类号：IPC（8）：H04L12/24H04L29/02
其他公开文献：TW201244418A
**摘要**：动态频谱管理（DSM）系统包括多个站台和中央实体。多个不同的无线电存取技术在该 DSM 系统中被使用，且中央实体协调和管理网路中的无线通信。直接链结站台从存取点（AP）周期性地接收信标。直接链结站台可从 AP 接收指示随后的目标信标传输时间（TBTT）是同步 TBTT（STBTT）的直接链结同步消息。直接链结站台可在 STBTT 期间使直接链结频道无声。直接链结站台可在直接链结的主频道上进行载波感测多重存取（CSMA）以获得对所有直接链结频道的存取。可进行连接性映射过程来建立网路中装置的连接性、服务或能力的映射。

**专利名称：电视闲置频段频道选择及网路配置以服务为基础之方法**
公开（公告）号：TWI524799B　　公开（公告）日：2016-03-01
申请号：TW100136733　　申请日：2011-10-11
申请（专利权）人：INTERDIGITAL PATENT HLDG
国际专利分类号：IPC（8）：H04W72/02
其他公开文献：TW201233219A
**摘要**：一种用于在动态频谱管理网路中管理频道选择的方法，包括接收频谱分配请求；基于频谱分配请求的来源检查可用频道；基于频谱分配请求的源来收集可用频道的感测和使用资料；将频道使用资料提供给传送该频谱分配请求的实体。

**专利名称：认知无线电网路频宽配置方法及装置**

公开（公告）号：TWI521919B　　公开（公告）日：2016-02-11

申请号：TW100136732　　申请日：2011-10-11

申请（专利权）人：INTERDIGITAL PATENT HLDG

国际专利分类号：IPC（8）：H04L12/24H04L29/02

其他公开文献：TW201223193A

**摘要：**揭露了用于对认知无线电进行频宽分配的方法、度量和装置。还指出了需要在动态频谱管理（DSM）系统的不同元件之间所发送的用于进行动态频宽分配的资讯以及相应介面。提供了用于测量网路性能、评估频道感测结果和处理各种频宽分配情况的方法和相关度量。还提供了用于支援服务品质的许可控制机制。可在后台进行替代频道监视，这样，当需要新的频道时，就可以立刻分配替代频道，并减少对 DSM 系统的服务中断。可在多种频道情况中将频道动态地指派为主频道，以支援例如确认讯框传输之类的任务。还描述了混合模式装置，其可存取电视白空间（TVWS）资料库，并进行频谱感测。

**表 7-1-3　京东方科技集团股份有限公司**

| 申请号 | 申请日 | 申请人 | 专利名称 | 技术领域 |
|---|---|---|---|---|
| CN201510498034.2 | 2015-08-13 | 京东方科技集团股份有限公司 | 一种阵列基板、触摸显示屏、显示装置、驱动方法 | 本发明涉及通信技术领域，尤其涉及一种阵列基板、触摸显示屏、显示装置、驱动方法 |
| CN201510303229.7 | 2015-06-05 | 京东方科技集团股份有限公司 | 一种防反射膜、其制作方法、显示面板及显示装置 | 本发明涉及显示技术领域，尤其涉及一种防反射膜、其制作方法、显示面板及显示装置 |
| CN201510266842.6 | 2015-05-22 | 京东方科技集团股份有限公司 | 移位寄存器单元及其控制方法、栅极驱动电路、显示装置 | 本发明涉及显示技术领域，尤其涉及一种移位寄存器单元及其控制方法、栅极驱动电路、显示装置 |
| CN201510181258.0 | 2015-04-16 | 京东方科技集团股份有限公司 | 薄膜晶体管及制作方法、阵列基板、显示装置 | 本发明涉及显示技术领域，尤其是涉及一种薄膜晶体管及制作方法、阵列基板、显示装置 |
| CN201510182184.2 | 2015-04-16 | 京东方科技集团股份有限公司 | 一种多晶硅薄膜晶体管及其制作方法和显示装置 | 本发明涉及显示技术领域，尤其涉及一种多晶硅薄膜晶体管及其制作方法和显示装置 |
| CN201410799222.4 | 2014-12-18 | 合肥鑫晟光电科技有限公司、京东方科技集团股份有限公司 | 像素驱动电路、像素驱动方法和显示装置 | 本发明涉及显示技术，更具体地，涉及像素驱动电路、像素驱动方法和显示装置，能够通过对发光元件的驱动电路的阈值电压进行补偿，提高显示质量 |
| CN201410757772.X | 2014-12-10 | 合肥鑫晟光电科技有限公司、京东方科技集团股份有限公司 | 像素电路及其驱动方法、阵列基板、显示装置 | 本发明属于显示技术领域，具体涉及一种像素电路及其驱动方法、阵列基板、显示装置 |
| CN201410738074.5 | 2014-12-05 | 京东方科技集团股份有限公司、成都京东方光电科技有限公司 | 像素驱动电路和像素驱动方法、显示装置 | 本公开涉及显示技术，更具体地，涉及像素驱动电路和像素驱动方法、显示装置，能够缩短数据电压写入时间，并保证对发光元件的驱动单元的阈值电压进行补偿，提高显示质量 |
| CN201410561541.1 | 2014-10-21 | 京东方科技集团股份有限公司、重庆京东方光电科技有限公司 | 一种移位寄存器单元、栅极驱动电路及显示装置 | 本发明涉及液晶显示技术领域，具体地，涉及一种移位寄存器单元、包括上述移位寄存器单元的栅极驱动电路以及包括上述栅极驱动电路的显示装置 |
| CN201410422719.4 | 2014-08-25 | 京东方科技集团股份有限公司、北京京东方光电科技有限公司 | 一种液晶显示面板及其调校方法 | 本发明涉及显示技术领域，尤其涉及一种液晶显示面板及其调校方法 |

续表

| 申请号 | 申请日 | 申请人 | 专利名称 | 技术领域 |
|---|---|---|---|---|
| CN201410419203.4 | 2014-08-22 | 京东方科技集团股份有限公司 | 一种像素电路、有机电致发光显示面板及显示装置 | 本发明涉及有机电致发光技术领域，尤其涉及一种像素电路、有机电致发光显示面板及显示装置 |
| CN201410376926.0 | 2014-08-01 | 京东方科技集团股份有限公司 | 一种触控黑白板及其驱动方法、触控装置 | 本发明涉及显示、触控技术领域，尤其涉及一种触控黑白板及其驱动方法、触控装置 |
| CN201410374797.1 | 2014-07-31 | 京东方科技集团股份有限公司 | 聚合物染料、光阻组合物及其制备方法和应用 | 本发明涉及显示技术领域，特别是涉及一种聚合物染料及其制备方法，一种光阻组合物及其制备方法，以及在彩色光阻、彩膜基板和显示装置中的应用 |
| CN201410371059.1 | 2014-07-30 | 京东方科技集团股份有限公司 | 触控显示电路及显示装置 | 本发明涉及显示器制造领域，尤其涉及一种触控显示电路及显示装置 |
| CN201410346368.3 | 2014-07-21 | 京东方科技集团股份有限公司 | 一种拼接屏的驱动方法 | 本发明涉及显示技术领域，尤其涉及一种拼接屏的驱动方法 |

**专利名称：一种阵列基板、触摸显示屏、显示装置、驱动方法**

公开（公告）号：CN105183252B　　公开（公告）日：2016-11-02

申请号：CN201510498034.2　　申请日：2015-08-13

申请（专利权）人：京东方科技集团股份有限公司

国际专利分类号：IPC（8）：G06F3/044G02F1/1333G09G3/36

其他公开文献：CN105183252A

**摘要**：本发明公开了一种阵列基板、触摸显示屏、显示装置、驱动方法，用以将触摸感应的感应电极制作到显示屏内部，并且是以亚像素单元为单位进行设置，实现更加高解析度的阵列基板，从而实现更高解析度的 InCell 触摸显示屏。本发明提供的一种阵列基板，包括数据线和栅极线，以及由所述数据线和栅极线围成的亚像素单元，每一个亚像素单元中包括一个薄膜晶体管，每一个亚像素单元中还包括一个像素电极和一个公共电极。

**专利名称：一种防反射膜、其制作方法、显示面板及显示装置**

公开（公告）号：CN104865619B　　公开（公告）日：2016-08-24

申请号：CN201510303229.7　　申请日：2015-06-05

申请（专利权）人：京东方科技集团股份有限公司

国际专利分类号：IPC（8）：G02B1/115

其他公开文献：CN104865619A

**摘要**：本发明公开了一种防反射膜、其制作方法、显示面板及显示装置，该防反射膜的制作方法包括：形成氮氧化锌薄膜；对氮氧化锌薄膜依次进行退火处理和刻蚀处理，使氮氧化锌薄膜的表面形成呈微透镜结构排列的多个球形或半球形的氮氧化锌颗粒；将表面形成有呈微透镜结构排列的多个球形或半球形的氮氧化锌颗粒的氮氧化锌薄膜作为防反射膜，形成的防反射膜中的氮氧化锌颗粒的形状易于控制，制作工艺易于实现；并且，该防反射膜可以集成于显示面板中，无需贴合工艺，这样，不仅不会增加显示面板的整体厚度和制作成本，还可以避免显示面板在贴合工艺过程中产生不良。

**专利名称：移位寄存器单元及其控制方法、栅极驱动电路、显示装置**
公开（公告）号：CN104835450B　　公开（公告）日：2017-01-25
申请号：CN201510266842.6　　申请日：2015-05-22
申请（专利权）人：京东方科技集团股份有限公司
国际专利分类号：IPC（8）：G09G3/3208G11C19/28
其他公开文献：CN104835450A

**摘要：**本发明实施例提供一种移位寄存器单元及其控制方法、栅极驱动电路、显示装置，涉及显示技术领域，能够解决由于驱动电路尺寸的增大，通过绑定工艺难以实现显示器窄边框化的问题。所述移位寄存器单元包括信号输入模块、下拉模块、上拉模块、第一上拉控制模块以及第二上拉控制模块。信号输入模块分别连接信号输入端、第一时钟信号端以及控制节点；下拉模块分别连接控制节点、第一电压端以及信号输出端；第一上拉控制模块分别连接控制节点、上拉模块以及第二电压端；第二上拉控制模块分别连接控制节点、上拉模块、第一时钟信号端、第一电压端以及第二时钟信号端；上拉模块还连接信号输出端以及第二电压端。

**专利名称：薄膜晶体管及制作方法、阵列基板、显示装置**
公开（公告）号：CN104795449B　　公开（公告）日：2016-04-27
申请号：CN201510181258.0　　申请日：2015-04-16
申请（专利权）人：京东方科技集团股份有限公司
国际专利分类号：IPC（8）：H01L29/786H01L29/47H01L21/34H01L21/44H01L27/32
其他公开文献：CN104795449A

**摘要：**本发明公开了一种薄膜晶体管及制作方法、阵列基板、显示装置。其中，该薄膜晶体管的制作方法包括：形成薄膜晶体管的源极和漏极；在所述源极和所述漏极上，形成能够与金属氮氧化物半导体层中的氧离子发生氧化反应的金属层；在所述金属层上，或在所述源极、所述漏极和所述金属层上形成所述金属氮氧化物半导体层。本发明可以形成良好的欧姆接触，避免降低 TFT 的 SS 性能。

**专利名称：一种多晶硅薄膜晶体管及其制作方法和显示装置**
公开（公告）号：CN104779300B　　公开（公告）日：2016-05-25
申请号：CN201510182184.2　　申请日：2015-04-16
申请（专利权）人：京东方科技集团股份有限公司
国际专利分类号：IPC（8）：H01L29/786H01L21/336
其他公开文献：CN104779300A

**摘要：**本发明提供一种多晶硅薄膜晶体管及制作方法和显示装置。所述多晶硅薄膜晶体管包括：衬底；形成于所述衬底上的隔离层；形成于所述衬底和所述隔离层上的多晶硅有源层，在所述有源层的两侧形成两个源漏离子注入区，其中，所述隔离层的两端边缘在所述有源层的两端边缘内。在本发明提供的多晶硅薄膜晶体管及其制作方法中，能够增大有源层的晶粒尺寸，提高其沟道区的晶粒均匀性，有效避免有源层受背光照射特性恶化，提高了器件的可靠性。

**专利名称：像素驱动电路、像素驱动方法和显示装置**
公开（公告）号：CN104409047B　　公开（公告）日：2017-01-18

申请号：CN201410799222.4　　　　　申请日：2014-12-18
申请（专利权）人：合肥鑫晟光电科技有限公司 京东方科技集团股份有限公司
国际专利分类号：IPC（8）：G09G3/3266G09G3/3275
其他公开文献：CN104409047A

**摘要**：本发明涉及像素驱动电路、像素驱动方法和显示装置。利用充电控制单元在像素驱动电路的补偿阶段将与驱动单元的阈值电压有关的电压存储在存储单元中，从而在像素驱动电路的驱动阶段由存储单元对驱动单元进行补偿，使得驱动单元的工作电流不再受阈值电压的影响，从而消除了驱动单元的阈值电压对其工作电流的影响，解决了由于阈值电压不一致而导致发光元件的显示亮度不均匀的问题，提高了显示装置的显示质量。

**专利名称：像素电路及其驱动方法、阵列基板、显示装置**
公开（公告）号：CN104464625B　　　　　公开（公告）日：2016-09-21
申请号：CN201410757772.X　　　　　申请日：2014-12-10
申请（专利权）人：合肥鑫晟光电科技有限公司　京东方科技集团股份有限公司
国际专利分类号：IPC（8）：G09G3/3258
其他公开文献：CN104464625A

**摘要**：本发明提供一种像素电路及其驱动方法、阵列基板、显示装置，属于显示技术领域，其可解决现有的像素电路将阈值补偿功能和触控功能整合在一起较为困难的问题。本发明的像素电路包括：第一开关晶体管、驱动晶体管、存储电容、有机电致发光器件、发光控制单元、写入补偿单元和触控单元，在本发明的像素电路中将阈值电压补偿与触控功能整合在一起，可减少触控显示产品在生产过程中的制作工艺，节约成本，提高产品的生产效率，同时由于具有阈值电压补偿的功能，故提高了 AMOLED 面板的显示效果。

**专利名称：像素驱动电路和像素驱动方法、显示装置**
公开（公告）号：CN104409043B　　　　　公开（公告）日：2016-08-24
申请号：CN201410738074.5　　　　　申请日：2014-12-05
申请（专利权）人：京东方科技集团股份有限公司　成都京东方光电科技有限公司
国际专利分类号：IPC（8）：G09G3/3258
其他公开文献：CN104409043A

**摘要**：本公开涉及像素驱动电路和像素驱动方法、显示装置。除了一般像素驱动电路中的存储单元之外，所述像素驱动电路还包括辅助存储单元，用于在充电阶段充电至数据电压，并在阈值电压补偿阶段，在数据电压写入开关关闭的情况下稳定驱动单元的栅极电位，从而使得驱动单元的存储单元拥有充足的时间通过自放电获得数据电压和驱动单元阈值电压，并在驱动阶段由驱动单元的存储单元对驱动单元进行补偿，使得驱动单元的工作电流不再受阈值电压的影响。

**专利名称：一种移位寄存器单元、栅极驱动电路及显示装置**
公开（公告）号：CN104282283B　　　　　公开（公告）日：2016-09-28
申请号：CN201410561541.1　　　　　申请日：2014-10-21
申请（专利权）人：重庆京东方光电科技有限公司　京东方科技集团股份有限公司
国际专利分类号：IPC（8）：G09G3/36G11C19/28

其他公开文献：CN104282283A

**摘要：**本发明涉及一种移位寄存器单元、栅极驱动电路及显示装置，所述移位寄存器单元包括上拉模块、输出模块和下拉模块，所述上拉模块用于导通输出模块，所述输出模块用于在导通时将第一时钟信号作为栅极驱动信号输出，所述下拉模块用于关闭所述上拉模块和/或输出模块，所述输出模块包括多个输出线路，每个输出线路上设有一个驱动晶体管，所述驱动晶体管的栅极与所述上拉模块连接，第一极用于输入第一时钟信号，第二极用于输出栅极驱动信号；至少一个输出线路上设有开关器件，用于使所述输出线路导通或关闭。上述移位寄存器单元可以避免栅极驱动信号的驱动能力不足或驱动能力较大，以及由此而产生的显示装置显示异常的问题。

**专利名称：一种液晶显示面板及其调校方法**

公开（公告）号：CN104298032B　　　　公开（公告）日：2017-01-18

申请号：CN201410422719.4　　　　申请日：2014-08-25

申请（专利权）人：京东方科技集团股份有限公司　北京京东方光电科技有限公司

国际专利分类号：IPC（8）：G02F1/1362G02F1/1368G02F1/133

其他公开文献：CN104298032A

**摘要：**本发明实施例提供一种液晶显示面板及其调校方法，涉及显示技术领域，可实时监控像素单元中电容比值的变化，以及根据环境变化的情况实时调整公共电极的基准电压值，以使液晶显示面板上画面闪烁的现象维持为最低的程度。该液晶显示面板包括，阵列基板，阵列基板包括呈矩阵排列的多个像素单元；像素单元包括，第一晶体管、第二晶体管、第一数据线、第二数据线、第一数据线连接线、第一栅极线、第二栅极线、第二栅极线连接线、像素电极；该液晶显示面板还包括公共电极。用于能够使画面闪烁显示维持为最小程度的液晶显示面板的制备。

**表 7-1-4　三星移动显示器株式会社**

| 申请号 | 申请日 | 申请人 | 专利名称 | 技术领域 |
|---|---|---|---|---|
| CN201010227430.9 | 2010-07-12 | 三星移动显示器株式会社 | 有机发光二极管显示器及其制造方法 | 本发明涉及一种提高耐久性并抑制缺陷的产生的有机发光二极管（OLED）显示器及其制造方法 |
| CN201010198661.1 | 2010-06-04 | 三星移动显示器株式会社 | 有机发光二极管显示器及其制造方法 | 实施例涉及一种有机发光二极管（OLED）显示器及其制造方法 |
| CN201010142578.2 | 2010-03-18 | 三星移动显示器株式会社 | 有机发光二极管显示器 | 本发明涉及一种有机发光二极管（OLED）显示器 |
| CN201010128599.9 | 2010-03-03 | 三星移动显示器株式会社 | 基板处理设备 | 本教导的一方面涉及一种基板处理设备，以便热处理基板和/或在基板上形成薄膜 |
| CN201010123974.0 | 2010-02-26 | 三星移动显示器株式会社 | 有机发光二极管显示装置及其制造方法 | 本发明的方面涉及一种有机发光二极管（OLED）显示装置及其制造方法，更具体地讲，本发明的方面涉及这样一种 OLED 显示装置及其制造方法，其中，该 OLED 显示装置包括通过利用金属催化剂制造多晶硅层的方法增加了电容的电容器 |
| CN201010105368.6 | 2010-01-28 | 三星移动显示器株式会社 | 有机发光二极管显示器及其制造方法 | 本发明涉及一种有机发光二极管（OLED）显示器及其制造方法。更具体地，涉及一种薄膜封装的 OLED 显示器及其制造方法 |

续表

| 申请号 | 申请日 | 申请人 | 专利名称 | 技术领域 |
|---|---|---|---|---|
| CN201010003997.8 | 2010-01-18 | 三星移动显示器株式会社 | 有机发光二极管显示器及光学构件 | 实施例涉及一种有机发光二极管（OLED）显示器。更具体地讲，实施例涉及一种通过有效地抑制外部光的反射来改善可视性的OLED显示器 |
| CN201010001529.7 | 2010-01-06 | 三星移动显示器株式会社 | 有机发光二极管显示器 | 本发明涉及一种有机发光二极管（OLED）显示器。更具体地说，本发明涉及一种具有改善的可视性的OLED |
| CN201010001404.4 | 2010-01-04 | 三星移动显示器株式会社 | 有机发光二极管显示器及其制造方法 | 示例实施例涉及一种有机发光二极管（OLED）显示器及其制造方法。具体地讲，示例实施例涉及一种通过抑制外部光反射而实现显示特性改进的OLED显示器及其制造方法 |
| CN200910258925.5 | 2009-12-30 | 三星移动显示器株式会社 | 薄膜晶体管、其制备方法及有机发光二极管显示设备 | 本发明涉及薄膜晶体管、制备薄膜晶体管的方法以及包括薄膜晶体管的有机发光二极管显示设备 |
| CN200910212167.3 | 2009-11-11 | 三星移动显示器株式会社 | 有机发光二极管显示器和显示器阵列 | 本领域涉及有机发光二极管（OLED）显示器。更具体地，本领域涉及增强用于粘合相邻基板的室密封件的粘合力的OLED显示器 |
| CN200910174069.5 | 2009-10-22 | 三星移动显示器株式会社 | 有机发光二极管显示装置及其制造方法 | 本发明涉及一种有机发光二极管（OLED）显示装置及其制造方法，更具体地说，涉及这样一种有机发光二极管（OLED）显示装置及其制造方法，即所述有机发光二极管显示装置能够补偿因使用玻璃料的包封基底和包封基底引起的不良机械强度，并能够防止根据亮度的发射效率的降低 |
| CN200910176310.8 | 2009-09-14 | 三星移动显示器株式会社 | 有机发光二极管显示器 | 本发明涉及一种有机发光二极管（OLED）显示器。更具体地讲，本发明涉及一种具有改善的机械强度的OLED显示器 |
| CN200910159095.0 | 2009-08-06 | 三星移动显示器株式会社 | 驱动器集成电路和使用其的有机发光显示装置 | 本发明涉及一种驱动器IC和一种使用该驱动器IC的有机发光显示装置 |
| CN200910160315.1 | 2009-08-05 | 三星移动显示器株式会社 | 有机发光显示装置 | 本发明涉及一种有机发光显示装置 |

**专利名称：有机发光二极管显示器及其制造方法**

公开（公告）号：CN101908555B　　公开（公告）日：2012-10-24

申请号：CN201010198661.1　　申请日：2010-06-04

申请（专利权）人：三星移动显示器株式会社

国际专利分类号：IPC（8）：H01L27/32H01L51/52H01L51/56

其他公开文献：CN101908555A

**摘要**：本发明提供了一种有机发光二极管（OLED）显示器及其制造方法，所述OLED显示器包括：柔性基底；驱动电路单元，位于所述柔性基底上，所述驱动电路单元包括薄膜晶体管（TFT）；有机发光元件，位于所述柔性基底上，所述有机发光元件连接到所述驱动电路单元；包封薄膜，位于所述柔性基底上，所述包封薄膜覆盖所述有机发光元件和所述驱动电路单元；第一保护膜，面对所述包封薄膜；第二保护膜，面对所述柔性基底；第一密封剂，设置在所述包封薄膜和所述第一保护膜之间；第二密封剂，设置在所述柔性基底和所述第二保护膜之间。

**专利名称：有机发光二极管显示器**
公开（公告）号：CN101840930B　　公开（公告）日：2012-05-09
申请号：CN201010142578.2　　申请日：2010-03-18
申请（专利权）人：三星移动显示器株式会社
国际专利分类号：IPC（8）：H01L27/32H01L51/52G09F9/33
其他公开文献：CN101840930A
**摘要：**本发明提供了一种有机发光二极管显示器。该有机发光二极管显示器包括具有多个子像素的像素。所述多个子像素包括具有第一阳极和第一有机发射层的第一子像素、具有第二阳极和第二有机发射层的第二子像素以及具有第三阳极和第三有机发射层的第三子像素。第一阳极、第二阳极和第三阳极满足以下条件：$W_1+W_2<2W_3<2/3P$，其中，$W_1$、$W_2$ 和 $W_3$ 分别表示沿着横跨第一子像素、第二子像素和第三子像素的方向测量的第一阳极的宽度、第二阳极的宽度和第三阳极的宽度，$P$ 表示沿着横跨第一子像素、第二子像素和第三子像素的方向测量的像素的宽度。

**专利名称：基板处理设备**
公开（公告）号：CN101866853B　　公开（公告）日：2012-07-18
申请号：CN201010128599.9　　申请日：2010-03-03
申请（专利权）人：三星移动显示器株式会社
国际专利分类号：IPC（8）：H01L21/324H01L21/00
其他公开文献：CN101866853A
**摘要：**本发明公开一种基板处理设备，其通过均匀地加热基板，在多个基板上形成薄膜和热处理基板。该基板处理设备包括处理室、其中堆叠基板的船形器皿、位于处理室外部的外部加热器、将船形器皿移进和移出处理室的输送器、位于输送器下方的下部加热器和位于船形器皿中间的中间加热器。

**专利名称：有机发光二极管显示装置及其制造方法**
公开（公告）号：CN101826548B　　公开（公告）日：2012-10-24
申请号：CN201010123974.0　　申请日：2010-02-26
申请（专利权）人：三星移动显示器株式会社
国际专利分类号：IPC（8）：H01L27/32H01L21/82H01L29/92H01L21/02
其他公开文献：CN101826548A
**摘要：**本发明提供了一种有机发光二极管（OLED）显示装置及其制造方法。所述OLED 显示装置包括：基底，具有薄膜晶体管区域和电容器区域；缓冲层，设置在所述基底上；栅极绝缘层，设置在基底上；下电容器电极，设置在电容器区域中的栅极绝缘层上；层间绝缘层，设置在基底上；上电容器电极，设置在层间绝缘层上并且面对下电容器电极，其中，缓冲层、栅极绝缘层、层间绝缘层、下电容器电极和上电容器电极中的每个区域具有这样的表面，在这些表面中形成形状与半导体层的晶界的形状相同的凸起。所得电容器具有增加的表面面积，因此增大了电容。

**专利名称：有机发光二极管显示器及其制造方法**
公开（公告）号：CN101859792B　　公开（公告）日：2012-07-04
申请号：CN201010105368.6　　申请日：2010-01-28
申请（专利权）人：三星移动显示器株式会社
国际专利分类号：IPC（8）：H01L27/32H01L51/52H01L21/82H01L51/56
**摘要**：本发明公开了一种有机发光二极管（OLED）显示器，所述 OLED 显示器包括基板主体、在所述基板主体上形成的 OLED、在所述基板主体上形成并覆盖所述 OLED 的湿气吸收层、在所述基板主体上形成并覆盖所述湿气吸收层的第一阻挡层、在所述湿气吸收层和所述第一阻挡层之间形成的第一辅助阻挡层、在所述基板主体上形成并覆盖所述第一阻挡层的第二阻挡层，和在所述第一阻挡层和所述第二阻挡层之间形成的第二辅助阻挡层。本发明还公开了有机发光二极管显示器的制造方法。

**专利名称：有机发光二极管显示器及光学构件**
公开（公告）号：CN101783360B　　公开（公告）日：2012-03-21
申请号：CN201010003997.8　　申请日：2010-01-18
申请（专利权）人：三星移动显示器株式会社
国际专利分类号：IPC（8）：H01L27/32H01L51/52G09F9/33
其他公开文献：CN101783360A
**摘要**：本发明提供一种 OLED 显示器及光学构件。OLED 显示器包括在基底上的像素电极、在像素电极上的有机发射层、在有机发射层上的第一共电极、在第一共电极上的透射层、在透射层上的第二共电极、在第二共电极上的选择反射层、在选择反射层上的偏振板、在偏振板和第二共电极之间的相位延迟板。

**专利名称：有机发光二极管显示器**
公开（公告）号：CN101783359B　　公开（公告）日：2012-10-24
申请号：CN201010001529.7　　申请日：2010-01-06
申请（专利权）人：三星移动显示器株式会社
国际专利分类号：IPC（8）：H01L27/32
其他公开文献：CN101783359A
**摘要**：本发明提供了一种有机发光二极管显示器，该有机发光二极管显示器包括：基底；薄膜晶体管，在所述基底上并包括栅电极、源电极和漏电极；平坦化层，在所述薄膜晶体管上并具有暴露所述漏电极或所述源电极的一部分的接触孔；像素电极，在所述平坦化层上并通过所述接触孔结合到所述漏电极或所述源电极；有色的像素限定层，在所述平坦化层上并包括暴露所述像素电极的至少一部分的开口；有色层，在所述像素电极和所述像素限定层上并具有与所述像素限定层的彩色不同的彩色。

**专利名称：有机发光二极管显示器及其制造方法**
公开（公告）号：CN101777575B　　公开（公告）日：2012-02-22
申请号：CN201010001404.4　　申请日：2010-01-04
申请（专利权）人：三星移动显示器株式会社
国际专利分类号：IPC（8）：H01L27/32H01L21/84
其他公开文献：CN101777575A

**摘要**：本发明公开了一种有机发光二极管显示器及其制造方法。一种 OLED 显示器包括：基底构件；多个像素电极，位于基底构件上；像素限定层，位于基底构件上，像素限定层包括像素限定部分和多个光散射隔离部分，像素限定层包括与像素电极对应并且暴露像素电极的多个开口，光散射隔离部分从像素限定部分远离基底构件向上突出；有机发光层，位于像素电极上；第一共电极，位于有机发光层上，第一共电极的至少一部分位于像素限定层上以与光散射隔离部分叠置；透射膜，位于第一共电极上；第二共电极，位于透射膜上。

**专利名称：薄膜晶体管、其制备方法及有机发光二极管显示设备**

公开（公告）号：CN101771087B　　公开（公告）日：2012-07-18

申请号：CN200910258925.5　　申请日：2009-12-30

申请（专利权）人：三星移动显示器株式会社

国际专利分类号：IPC（8）：H01L29/786H01L29/38H01L21/336H01L21/322H01L27/32

其他公开文献：CN101771087A

**摘要**：一种薄膜晶体管、制备该薄膜晶体管的方法以及装备有该薄膜晶体管的有机发光二极管（OLED）显示设备。其中该薄膜晶体管包括：基板、置于所述基板上的缓冲层、置于所述缓冲层上的第一半导体层和第二半导体层、与所述第一半导体层和所述第二半导体层绝缘的栅极电极、将所述栅极电极与所述第一半导体层和所述第二半导体层绝缘的栅极绝缘层、以及与所述栅极电极绝缘并且部分连接到所述第二半导体层的源极和漏极电极，其中所述第二半导体层置于所述第一半导体层上。

**表 7-1-5　努比亚技术有限公司**

| 申请号 | 申请日 | 申请人 | 专利名称 | 技术领域 |
|---|---|---|---|---|
| CN201510543698.6 | 2015-08-31 | 努比亚技术有限公司 | 移动终端切换 SIM 卡的方法及装置 | 本发明涉及通信技术领域，尤其涉及一种移动终端切换 SIM 卡的方法及装置 |
| CN201510548770.4 | 2015-08-31 | 努比亚技术有限公司 | 一种终端语音播报方法、装置及终端语音操作方法 | 本发明涉及语音识别技术领域，更具体地说，涉及一种终端语音播报方法、装置及终端语音操作方法 |
| CN201510549072.6 | 2015-08-31 | 努比亚技术有限公司 | 一种缝隙天线及终端 | 本发明涉及通信领域中的天线技术，尤其涉及一种缝隙天线及终端 |
| CN201510541334.4 | 2015-08-28 | 努比亚技术有限公司 | 一种手机金属外壳 | 本发明涉及通信领域的手机制造技术，尤其涉及一种手机金属外壳 |
| CN201510541658.8 | 2015-08-28 | 努比亚技术有限公司 | 锁屏与解锁装置及方法 | 本发明涉及移动终端技术领域，尤其涉及一种锁屏与解锁装置及方法 |
| CN201510546017.1 | 2015-08-28 | 努比亚技术有限公司 | 连拍照片的处理装置及方法 | 本发明涉及拍照领域，尤其涉及一种连拍照片的处理装置及方法 |
| CN201510535147.5 | 2015-08-27 | 努比亚技术有限公司 | 一种移动终端及其桌面图标显示装置和方法 | 本发明涉及终端显示技术，尤其涉及一种移动终端及其桌面图标显示装置和方法 |
| CN201510528992.X | 2015-08-25 | 努比亚技术有限公司 | 一种录制方法、装置及移动终端 | 本发明涉及通信技术领域，尤其涉及一种录制方法、装置及移动终端 |
| CN201510528261.5 | 2015-08-25 | 努比亚技术有限公司 | 一种基于移动终端的备份装置和方法 | 本发明涉及智能终端技术，尤指一种基于移动终端的备份装置和方法 |
| CN201510511118.5 | 2015-08-19 | 努比亚技术有限公司 | 一种动态显示联系人属性的装置和方法 | 本发明涉及智能终端技术，尤指一种动态显示联系人属性的装置和方法 |

续表

| 申请号 | 申请日 | 申请人 | 专利名称 | 技术领域 |
|---|---|---|---|---|
| CN201510481876.7 | 2015-08-03 | 努比亚技术有限公司 | 一种搜索热点的装置和方法 | 本发明涉及智能终端技术，尤指一种搜索热点的装置和方法 |
| CN201510451842.3 | 2015-07-28 | 努比亚技术有限公司 | 信息推送装置及方法 | 本发明涉及数据处理技术领域，尤其涉及信息推送装置及方法 |
| CN201510419047.6 | 2015-07-16 | 努比亚技术有限公司 | 终端滑动距离的获取装置及方法 | 本发明涉及终端领域，尤其涉及终端滑动距离的获取装置及方法 |
| CN201510407627.3 | 2015-07-10 | 努比亚技术有限公司 | 终端 SIM 卡切换装置及方法 | 本发明涉及移动终端技术领域，尤其涉及一种终端 SIM 卡切换装置及方法 |
| CN201510408833.6 | 2015-07-10 | 努比亚技术有限公司 | 网络连接控制方法和装置 | 本发明涉及通信领域，尤其涉及网络连接控制方法和装置 |

**专利名称：移动终端切换 SIM 卡的方法及装置**

公开（公告）号：CN105101175B　　公开（公告）日：2017-02-01

申请号：CN201510543698.6　　申请日：2015-08-31

申请（专利权）人：努比亚技术有限公司

国际专利分类号：IPC（8）：H04W8/24H04W8/26

其他公开文献：CN105101175A

**摘要**：本发明公开了一种移动终端切换 SIM 卡的方法及装置，属于通信技术领域。移动终端包括第一 SIM 卡和至少一个第二 SIM 卡。装置包括：通话单元，用于使用第一 SIM 卡执行呼叫指令并建立与联系人的通话连接；判断单元，用于判断第一 SIM 卡的剩余语音套餐是否达到预设的最低语音时间阀值；切换单元，用于当第一 SIM 卡的剩余语音套餐达到预设的最低语音时间阀值时，通过第二 SIM 卡对联系人进行拨号，并通过通话单元建立通话连接后，断开第一 SIM 卡与联系人的通话连接。从而使移动终端在与联系人保持通话的情况下，由使用第一 SIM 卡切换为使用第二 SIM 卡与联系人进行通话，保障了通话的实时性，提高了用户体验。

**专利名称：一种终端语音播报方法、装置及终端语音操作方法**

公开（公告）号：CN105206260B　　公开（公告）日：2016-09-28

申请号：CN201510548770.4　　申请日：2015-08-31

申请（专利权）人：努比亚技术有限公司

国际专利分类号：IPC（8）：G10L15/00G10L15/26H04M1/725

其他公开文献：CN105206260A

**摘要**：本发明公开了一种终端语音播报方法、装置及终端语音操作方法。所述终端语音播报方法包括步骤：终端通过麦克风接收第一语音信号；进行语音识别，得出第一语音识别结果，播报所述第一语音识别结果；在语音播报过程中，检测麦克风是否接收到用户输入的纠错语音信号，若接收到所述纠错语音信号，则暂停本次语音播报；识别纠错语音信号，得出纠错语音识别结果；利用所述纠错语音替换识别错误的语音，纠正后生成第二语音识别结果；播报所述第二语音识别结果。在语音播报的过程中，对于产生的错误语音识别，用户能够通过输入纠错语音中断语音播报，并根据所述纠错语音对语音识别结果纠正后再继续语音播报，从而避免因语音识别错误导致错误的命令被执行。

**专利名称：一种缝隙天线及终端**

公开（公告）号：CN105098369B　　公开（公告）日：2016-12-07

申请号：CN201510549072.6　　申请日：2015-08-31

申请（专利权）人：努比亚技术有限公司

国际专利分类号：IPC（8）：H01Q13/10H01Q1/24H01Q1/38H01Q23/00

其他公开文献：CN105098369A

**摘要：**本发明实施例公开了一种缝隙天线，应用于全金属边界的终端中，包括：金属底板、位于金属中框内的介质基板、设置在该金属底板上端的第一单口开路直缝和第二单口开路直缝、设置在该第一单口开路直缝和该第二单口开路直缝之间的接地片、设置在该介质基板上端的馈电模块和匹配电路；其中，第一单口开路直缝的开路方向和第二单口开路直缝的开路方向相对，且延伸至金属底板的边缘，金属中框与金属底板之间存在间隙，第一单口开路直缝与接地片形成第一耦合辐射缝，该第二单口开路直缝与该接地片形成第二耦合辐射缝。本发明实施例还同时公开了一种终端。

**专利名称：一种手机金属外壳**

公开（公告）号：CN105208148B　　公开（公告）日：2016-09-14

申请号：CN201510541334.4　　申请日：2015-08-28

申请（专利权）人：努比亚技术有限公司

国际专利分类号：IPC（8）：H04M1/02H01Q1/24

其他公开文献：CN105208148A

**摘要：**本发明实施例公开了一种手机金属外壳。包括：天线馈电点，所述手机金属外壳包括所述天线馈电点的第一边设置有第一槽，所述第一槽的长度方向垂直于所述第一边，所述第一槽具有开口和第一盲端，所述开口位于所述第一边，所述第一盲端延伸至所述手机金属外壳的内部。

**专利名称：锁屏与解锁装置及方法**

公开（公告）号：CN105120094B　　公开（公告）日：2016-11-09

申请号：CN201510541658.8　　申请日：2015-08-28

申请（专利权）人：努比亚技术有限公司

国际专利分类号：IPC（8）：H04M1/725H04L29/08

其他公开文献：CN105120094A

**摘要：**本发明公开了一种锁屏与解锁装置，包括：确定模块，用于确定受控终端，并将所述受控终端加入控制队列；发送模块，用于向所述受控终端发送锁屏指令，以使得所述受控终端根据所述锁屏指令进行锁屏；处理模块，用于在满足预置条件时将所述受控终端移出控制队列，使得所述受控终端根据用户在所述受控终端触发的解锁命令进行解锁。本发明还公开了一种锁屏与解锁方法。本发明锁屏与解锁装置将受控终端加入控制队列中，控制控制队列中的受控终端进行锁屏，控制控制队列中的受控终端锁屏后，满足预置条件才能进行解锁，从而减少受控终端的用户对受控终端的依赖性。

**专利名称：连拍照片的处理装置及方法**

公开（公告）号：CN105120164B　　公开（公告）日：2016-10-19

申请号：CN201510546017.1　　申请日：2015-08-28

申请（专利权）人：努比亚技术有限公司
国际专利分类号：IPC（8）：H04N5/232
其他公开文献：CN105120164A

**摘要**：本发明公开了一种连拍照片的处理装置及方法。该装置包括：第一获取模块，用于在侦测到相机连拍指令时，获取连拍照片；选取模块，用于选取连拍照片中的一张照片作为基础照片，并将基础照片作为第一次合成的合成照片；处理模块，用于依次提取其他连拍照片，每提取到一张其他连拍照片，将当前提取的连拍照片与上一次合成的合成照片进行合成以生成新的合成照片，并进行存储；该新的合成照片包括上一次合成的合成照片与当前提取的连拍照片的叠加部分；确定模块，用于确定当前提取的连拍照片的叠加部分与上一次合成的合成照片的叠加部分中的差异区域，并将当前提取的连拍照片的叠加部分的差异区域存储到差异照片中。采用本发明可节省终端的存储空间。

**专利名称：一种移动终端及其桌面图标显示装置和方法**
公开（公告）号：CN105120092B　　公开（公告）日：2016-10-26
申请号：CN201510535147.5　　申请日：2015-08-27
申请（专利权）人：努比亚技术有限公司
其他公开文献：CN105120092A

**摘要**：本发明实施例公开了一种移动终端桌面图标显示装置。包括：第一显示模块和第二显示模块；其中，第一显示模块，用于在接收到图标绘制开始指令时，在移动终端的桌面上控制显示绘制区域；第二显示模块，用于在所述绘制区域上控制显示用户绘制的桌面图标。本发明实施例同时公开了一种移动终端和一种移动终端桌面图标显示方法。

**专利名称：一种录制方法、装置及移动终端**
公开（公告）号：CN105227743B　　公开（公告）日：2016-12-21
申请号：CN201510528992.X　　申请日：2015-08-25
申请（专利权）人：努比亚技术有限公司
国际专利分类号：IPC（8）：H04M1/65H04M1/725
其他公开文献：CN105227743A

**摘要**：本发明公开了一种录制方法、装置及移动终端，属于通信技术领域。该方法包括：采集声波信号，获取所述声波信号的音源角度数据；根据所述音源角度数据对所述声波信号进行实时修正，得到修正后的声音波形；将所述修正后的声音波形按照预置的文件格式保存在存储器中，本发明利用移动终端麦克风阵列采集声波信号，确定发出声波信号的音源所在的位置，然后对声波信号进行实时修正，从而使录制效果更加接近人耳听到的实际声场，定位效果更强，真正达到“可视音场”“昨日再现”的效果。

**专利名称：一种基于移动终端的备份装置和方法**
公开（公告）号：CN105072279B　　公开（公告）日：2016-09-21
申请号：CN201510528261.5　　申请日：2015-08-25
申请（专利权）人：努比亚技术有限公司
国际专利分类号：IPC（8）：H04M1/725G06F11/14
其他公开文献：CN105072279A

**摘要**：本发明公开了一种基于移动终端的备份装置和方法。包括：判断模块、获取模块和备份模块；其中，判断模块，用于当用户选择删除应用中的信息时，判断该应用是否有备份接口；当判断该应用没有备份接口时，向获取模块发送第一通知；获取模块，用于接收第一通知，获取用户选择删除的应用中的信息；备份模块，用于备份获得的用户选择删除的应用中的信息。本发明技术方案实现了对没有备份接口的应用中删除数据的备份以及恢复，增强了用户体验。

**专利名称：一种动态显示联系人属性的装置和方法**

公开（公告）号：CN105162974B　　公开（公告）日：2016-09-07

申请号：CN201510511118.5　　申请日：2015-08-19

申请（专利权）人：努比亚技术有限公司

国际专利分类号：IPC（8）：H04M1/725

其他公开文献：CN105162974A

**摘要**：本发明公开了一种动态显示联系人属性的装置和方法。包括：获取模块、判断模块、确定模块和显示模块；其中，获取模块，用于获取感应区域的压力值和按压位置；判断模块，用于当判断获得的压力值大于或等于预先设置的压力阈值时，向确定模块发送第一通知；确定模块，用于接收到第一通知，确定与获得的压力值对应的预先设置的属性范围；获取与获得的按压位置对应的联系人的确定的属性范围内的各个属性；显示模块，用于显示获得的属性范围内的各个属性。本发明技术方案实现了更加直观地、便捷地显示联系人的属性，提升了用户的体验。

**表 7-1-6　乐金显示有限公司**

| 申请号 | 申请日 | 申请人 | 专利名称 | 技术领域 |
|---|---|---|---|---|
| CN201410705200.7 | 2014-11-27 | 乐金显示有限公司 | 用于显示装置的阵列基板及其制造方法 | 本发明涉及显示装置，并且更具体地，涉及一种用于包括没有减小孔径比的存储电容器的显示装置的阵列基板和一种通过减少掩模工艺的数量来制造阵列基板的方法 |
| CN201410610703.6 | 2014-11-03 | 乐金显示有限公司 | 制造柔性显示设备的方法 | 本申请涉及一种制造柔性显示设备的方法。更具体地，本申请涉及一种适合于增强可靠性并减少在从支撑基板分离（剥离）柔性基板的工艺期间产生的故障的柔性显示设备的制造方法 |
| CN201410291293.3 | 2014-06-25 | 乐金显示有限公司 | 有机发光二极管显示设备 | 本申请涉及有机发光二极管显示设备 |
| CN201410168336.9 | 2014-04-24 | 乐金显示有限公司 | 伽马补偿方法及使用该伽马补偿方法的显示装置 | 本发明的实施方式涉及一种伽马补偿方法及使用该伽马补偿方法的显示装置 |
| CN201310727275.0 | 2013-12-25 | 乐金显示有限公司 | 有机发光显示器件及其制造方法 | 本发明涉及有机发光显示器件及其制造方法，具体地，涉及一种具有提高的发光效率和颜色视角的有机发光显示器件及其制造方法 |
| CN201310728508.9 | 2013-12-25 | 乐金显示有限公司 | 有机发光二极管显示装置及其驱动方法 | 本发明涉及有机发光二极管（OLED）显示装置及其驱动方法 |
| CN201310714199.X | 2013-12-20 | 乐金显示有限公司 | 立体图像显示器及其驱动方法 | 本发明的实施方式涉及立体图像显示器及其驱动方法 |
| CN201310703719.7 | 2013-12-19 | 乐金显示有限公司 | 弯曲的显示装置和控制其曲率的方法 | 本发明涉及弯曲的显示装置和控制其曲率的方法 |
| CN201310705392.7 | 2013-12-19 | 乐金显示有限公司 | 有机发光二极管显示装置及其驱动方法 | 本发明涉及显示装置，更具体地，涉及有机发光二极管（OLED）显示装置及其驱动方法 |

续表

| 申请号 | 申请日 | 申请人 | 专利名称 | 技术领域 |
|---|---|---|---|---|
| CN201310704676.4 | 2013-12-19 | 乐金显示有限公司 | 有机发光显示装置及其制造方法 | 以下说明涉及有机发光显示装置及其制造方法，并且更具体地，涉及具有高分辨率的有机发光显示装置及其制造方法 |
| CN201310704646.3 | 2013-12-19 | 乐金显示有限公司 | 有机发光二极管显示装置 | 本发明涉及具有增强可靠性的有机发光二极管显示装置 |
| CN201310674628.5 | 2013-12-11 | 乐金显示有限公司 | 双栅型薄膜晶体管和包括其的有机发光二极管显示器 | 本发明涉及双栅型薄膜晶体管，更具体地，涉及一种包括第二栅极的双栅型薄膜晶体管以及包括该双栅型薄膜晶体管的有机发光二极管显示装置，该第二栅极为半透明以防止光线进入晶体管 |
| CN201310698441.9 | 2013-12-18 | 乐金显示有限公司 | 薄膜晶体管阵列基板及其制造方法 | 本发明涉及具有板内选通驱动器（GIP）的薄膜晶体管阵列基板及其制造方法，更具体地，涉及可以增强GIP的可靠性的薄膜晶体管阵列基板及其制造方法 |
| CN201310655755.0 | 2013-12-06 | 乐金显示有限公司 | 包括触摸板的有机发光二极管显示设备 | 本发明涉及包括内置触摸板的有机发光二极管显示设备，更具体而言，涉及包括内置触摸板的有机发光二极管显示设备，其中，可以防止触摸板和有机发光二极管阵列之间的连接缺陷且可以减小边框区域 |
| CN201310631456.3 | 2013-11-29 | 乐金显示有限公司 | 有机发光二极管显示设备及其驱动方法 | 本发明涉及一种有机发光二极管显示设备以及驱动该有机发光二极管显示设备的方法 |

**专利名称：用于显示装置的阵列基板及其制造方法**

公开（公告）号：CN104681566B　　公开（公告）日：2017-02-08

申请号：CN201410705200.7　　申请日：2014-11-27

申请（专利权）人：乐金显示有限公司

国际专利分类号：IPC（8）：H01L27/12H01L27/32H01L21/77

其他公开文献：CN104681566A

**摘要**：用于显示装置的阵列基板及其制造方法。一种用于显示装置的阵列基板包括：第一薄膜晶体管（TFT），其包括第一半导体层、与该第一半导体层对应的第一栅电极、第一源电极和第一漏电极；第二 TFT，其包括第二半导体层、与该第二半导体层对应的第二栅电极、第二源电极和第二漏电极；第一透明电容器电极，其连接至该第一漏电极；第一钝化层，其位于该第一透明电容器电极上；第二透明电容器电极，其位于该第一钝化层上并连接至该第二漏电极，该第二透明电容器电极与该第一透明电容器电极交叠；第二钝化层，其位于该第一钝化层和该第二透明电容器电极上或上方；以及第一电极，其位于该第二钝化层上并连接至该第二透明电容器电极。

**专利名称：制造柔性显示设备的方法**

公开（公告）号：CN104616596B　　公开（公告）日：2016-10-19

申请号：CN201410610703.6　　申请日：2014-11-03

申请（专利权）人：乐金显示有限公司

国际专利分类号：IPC（8）：G09F9/00

其他公开文献：CN104616596A

**摘要**：公开了一种制造柔性显示设备的方法，其包括：形成牺牲层，该牺牲层在支撑基板上形成且被配置成包括至少一个阻挡层和分离层；在具有牺牲层的支撑基板上形成第一基板；在第一基板上形成元件层；在元件层上形成第二基板；和经由支撑基板照射激光束至牺牲层上并将支撑基板自第一基板分离。阻挡层与分离层相比具有较高氢含量。

**专利名称：有机发光二极管显示设备**
公开（公告）号：CN104252836B　　公开（公告）日：2016-11-02
申请号：CN201410291293.3　　申请日：2014-06-25
申请（专利权）人：乐金显示有限公司
国际专利分类号：IPC（8）：G09G3/3208
其他公开文献：CN104252836A
**摘要：**公开了一种有机发光二极管显示设备，其包括多条参考电压线。一条参考电压线向红色、绿色和蓝色子像素提供参考电压。另一参考电压线向白色子像素提供不同的参考电压。参考电压可以彼此独立地得到控制，以控制显示设备的亮度。

**专利名称：伽马补偿方法及使用该伽马补偿方法的显示装置**
公开（公告）号：CN104123926B　　公开（公告）日：2016-08-31
申请号：CN201410168336.9　　申请日：2014-04-24
申请（专利权）人：乐金显示有限公司
国际专利分类号：IPC（8）：G09G5/10
其他公开文献：CN104123926A
**摘要：**公开了一种伽马补偿方法及使用该伽马补偿方法的显示装置。所述显示装置包括：显示面板驱动器，所述显示面板驱动器配置成当显示面板的辉度降低至小于等于先前确定的最佳辉度时，根据第一伽马曲线调制将要在该显示面板的像素上写入的输入图像的数据。所述第一伽马曲线包括设置在低灰度级区域中的凹曲线和设置在高灰度级区域中的凸曲线，所述凹曲线和所述凸曲线通过拐点连接。

**专利名称：有机发光显示器件及其制造方法**
公开（公告）号：CN103915577B　　公开（公告）日：2016-04-06
申请号：CN201310727275.0　　申请日：2013-12-25
申请（专利权）人：乐金显示有限公司
国际专利分类号：IPC（8）：H01L51/56H01L51/52H01L27/32
其他公开文献：CN103915577A
**摘要：**本发明涉及有机发光显示器件及其制造方法。该发光显示器件具有提高的发光效率和颜色视角。该方法包括以下步骤：在基板上形成红色子像素、绿色子像素、蓝色子像素和白色子像素中每一个的第一电极；在所述第一电极上形成白色有机公共层；以及在所述白色有机公共层上形成第二电极，其中，所述第一电极包括多个透明导电层并且被形成为使得所述红色子像素、所述绿色子像素、所述蓝色子像素和所述白色子像素当中的两个子像素中的每一个的所述第一电极的厚度大于另外两个子像素中的每一个的所述第一电极的厚度，并且所述第一电极的所述多个透明导电层当中不包括最低层的至少两个层被形成为覆盖所述最低层的相对侧。

专利名称：有机发光二极管显示装置及其驱动方法
公开（公告）号：CN103915061B　　公开（公告）日：2016-06-01
申请号：CN201310728508.9　　申请日：2013-12-25
申请（专利权）人：乐金显示有限公司
国际专利分类号：IPC（8）：G09G3/3233
其他公开文献：CN103915061A
**摘要**：公开了一种有机发光二极管显示装置及其驱动方法。有机发光二极管显示装置包括像素，每个像素均包括发光元件和用于驱动发光元件的像素驱动电路。像素驱动电路包括：驱动开关元件，与所述发光元件一同串联连接在高电平电压电源线和低电平电压电源线之间；第一开关元件，用于响应于第一扫描信号对数据线和连接到所述驱动开关元件的栅极的第一节点进行连接；第二开关元件，用于响应于第二扫描信号对初始化电压电源线和连接到所述驱动开关元件的源极的第二节点进行连接；第三开关元件，用于响应于发光信号对高电平电压电源线和驱动开关元件的漏极进行连接；以及第一电容器，连接在所述第一节点和所述第二节点之间。

专利名称：立体图像显示器及其驱动方法
公开（公告）号：CN104253987B　　公开（公告）日：2016-07-06
申请号：CN201310714199.X　　申请日：2013-12-20
申请（专利权）人：乐金显示有限公司
国际专利分类号：IPC（8）：H04N13/00
其他公开文献：CN104253987A
**摘要**：公开了一种立体图像显示器及其驱动方法。该立体图像显示器包括：数据驱动电路，用于向显示面板的数据线提供数据电压；栅极驱动电路，用于向显示面板的栅极线提供栅极脉冲；以及时序控制器，用于控制所述数据驱动电路和栅极驱动电路的操作时序，其中在该时序控制器的控制下，该栅极驱动电路在用于在该显示面板上显示 3D 图像的 3D 模式中将栅极脉冲的上升时间延迟到位于数据电压的上升沿时间之后的时间点。

专利名称：弯曲的显示装置和控制其曲率的方法
公开（公告）号：CN104347005B　　公开（公告）日：2017-01-04
申请号：CN201310703719.7　　申请日：2013-12-19
申请（专利权）人：乐金显示有限公司
国际专利分类号：IPC（8）：G09F9/30
其他公开文献：CN104347005A
**摘要**：公开一种弯曲的显示装置及其驱动方法。弯曲的显示装置包括：柔性显示面板；底盖，用作显示面板的后表面壳；至少一个曲率控制单元，设置在底盖的后表面上，通过沿底盖的长度方向对底盖的后表面施加拉力来控制底盖的曲率。底盖由波纹板形成，该波纹板包括第一覆盖层、第二覆盖层和提供褶皱的中间层，第一覆盖层用作中间层的上表面的涂层，第二覆盖层用作中间层的下表面的涂层。第一覆盖层具有开口，开口构造为暴露中间层，以与曲率控制单元对应。

专利名称：有机发光二极管显示装置及其驱动方法
公开（公告）号：CN103886833B　　公开（公告）日：2016-05-25

申请号：CN201310705392.7　　　　　申请日：2013-12-19
申请（专利权）人：乐金显示有限公司
国际专利分类号：IPC（8）：G09G3/3208
其他公开文献：CN103886833A
**摘要：**公开了一种有机发光二极管显示装置及其驱动方法。所述方法包括：由数据驱动器在测量模式下使用连接到每个像素的感测线来感测包括在每个像素中的驱动薄膜晶体管（TFT）的阈值电压和迁移率，并且将阈值电压和迁移率供应至定时控制器；以及由所述定时控制器将从外部源输入的图像数据提供给所述数据驱动器，所述定时控制器将与由所述数据驱动器在测量模式下所感测的所述驱动 TFT 的所述阈值电压和所述迁移率相对应的偏移值和增益值与所述图像数据相加并且相乘，以补偿所述图像数据，其中，所述图像数据的补偿包括根据所述图像数据的亮度改变所述增益值的权重。

**专利名称：有机发光显示装置及其制造方法**
公开（公告）号：CN104009186B　　　　公开（公告）日：2016-08-17
申请号：CN201310704676.4　　　　　申请日：2013-12-19
申请（专利权）人：乐金显示有限公司
国际专利分类号：IPC（8）：H01L51/52H01L51/56
其他公开文献：CN104009186A
**摘要：**有机发光显示装置及其制造方法。该有机发光显示装置包括：基板，其包括红子像素区域、绿子像素区域和蓝子像素区域；反射电极，其位于基板上；反射保护膜，其位于基板上并包围各个反射电极的侧表面和前表面，反射电极位于反射保护膜上；第一电极，其位于基板上，反射保护膜位于第一电极上，第一电极在相应的红子像素区域、绿子像素区域和蓝子像素区域中包括不同的相应厚度；第二电极，其面对第一电极；以及白色有机公共层，其在第一电极与第二电极之间。

## 7.2 实审部分

以下专利摘要信息数据截至 2017 年 2 月 1 日，该部分专利法律状态为审查中。

**表 7-2-1　三星电子株式会社**

| 申请号 | 申请日 | 申请人 | 专利名称 | 技术领域 |
|---|---|---|---|---|
| CN201610357748.6 | 2016-05-26 | 三星电子株式会社 | 半导体发光器件 | 发明构思的示例性实施例一致的设备和方法涉及一种半导体发光器件 |
| CN201610127441.7 | 2016-03-07 | 三星电子株式会社 | 冰箱和其控制方法 | 本公开涉及一种冰箱和其控制方法 |
| CN201610037145.8 | 2016-01-20 | 三星电子株式会社 | 显示装置、控制装置及其操作方法 | 本公开涉及显示装置、控制装置及其操作方法，并且更具体地，涉及包括显示单元的控制装置、可以使用控制装置有效控制的显示装置及其操作方法 |
| CN201510679955.9 | 2015-10-19 | 三星电子株式会社 | 显示设备及其显示方法 | 根据示例实施例的设备和方法涉及显示技术，并且更具体地涉及能够根据用户的个数自动改变观看条件的显示设备和方法 |
| CN201510553065.3 | 2015-09-01 | 三星电子株式会社 | 曲面显示器以及包括该曲面显示器的可移动电子设备 | 示范性实施方式的方面涉及一种具有弯曲的显示区域的电子设备 |

续表

| 申请号 | 申请日 | 申请人 | 专利名称 | 技术领域 |
|---|---|---|---|---|
| CN201510376967.4 | 2015-06-30 | 广州三星通信技术研究有限公司、三星电子株式会社 | 控制拍摄显示的电子终端及其控制方法 | 本发明总体说来涉及电子终端技术领域，更具体地讲，涉及一种控制拍摄显示的电子终端及其控制方法 |
| CN201510076061.0 | 2015-02-12 | 三星电子株式会社 | 电子装置及其索引显示方法 | 本公开涉及一种包括柔性显示器的电子装置及其索引显示方法 |
| CN201580007989.1 | 2015-02-10 | 三星电子株式会社 | 用户终端装置及其显示方法 | 与示例性实施例一致的设备和方法涉及一种用户终端装置及其显示方法，更具体地，涉及一种显示器可参照折叠线被不对称地折叠以便暴露显示器的部分的用户终端装置及其显示方法 |
| CN201510004108.2 | 2015-01-04 | 三星电子株式会社 | 显示装置及其控制方法 | 与实施例相一致的装置和方法涉及一种显示装置及其控制方法，更具体地，涉及使用白色光源和蓝色光源中的至少一个来显示图像的显示装置及其控制方法 |
| CN201480057942.1 | 2014-10-24 | 三星电子株式会社 | 电子设备和通过电子设备提供广告数据的方法 | 本公开涉及电子设备和提供广告数据的方法 |
| CN201410558866.4 | 2014-10-20 | 三星电子株式会社 | 一种信息处理方法及电子设备 | 本发明涉及电子技术领域，尤其涉及一种信息处理方法及电子设备 |
| CN201480063299.3 | 2014-10-10 | 三星电子株式会社 | 显示驱动电路、显示设备及包括显示驱动电路和显示设备的便携式终端 | 本公开涉及一种显示驱动电路、显示设备以及包括显示驱动电路和显示设备的便携式终端。更特别地，本公开涉及一种可以防止闪烁的发生的显示驱动电路、显示设备以及包括显示驱动电路和显示设备的便携式终端 |
| CN201480055440.5 | 2014-10-06 | 三星电子株式会社 | 用于获得对象的弹性特征的方法和设备 | 一个或更多个示例性实施例涉及医学诊断领域，更具体地，涉及一种用于通过使用超声设备来获得对象的弹性特征的方法和设备 |
| CN201480072081.4 | 2014-09-04 | 三星电子株式会社 | 图像处理装置、图像处理方法和计算机可读记录介质 | 本发明的一个或更多个实施例涉及图像处理装置、图像处理方法和计算机可读记录介质 |
| CN201480048434.7 | 2014-09-02 | 三星电子株式会社 | 电子装置以及用于控制电子装置的锁定的方法 | 本发明涉及电子装置以及用于控制该电子装置的锁定的方法，例如，涉及这样的电子装置以及用于控制该电子装置的锁定的方法，所述方法可方便地锁定或解锁电子装置 |

**专利名称：半导体发光器件**

公开（公告）号：CN106206862A　　公开（公告）日：2016-12-07

申请号：CN201610357748.6　　申请日：2016-05-26

申请（专利权）人：三星电子株式会社

国际专利分类号：IPC（8）：H01L33/00H01L33/22H01L33/50H01L33/58

**摘要：**本发明提供了一种半导体发光器件，该半导体发光器件包括：发光结构，其包括分别提供发光结构的彼此面对的第一表面和第二表面的第一导电类型的半导体层和第二导电类型的半导体层以及介于第一导电类型的半导体层与第二导电类型的半导体层之间的有源层，第一导电类型的半导体层的一个区朝着第二表面敞开，并且第一表面具有布置于其上的凹凸部分；第一电极和第二电极，它们分别布置在第一导电类型的半导体层的所述一个区和第二导电类型的半导体层的一个区中；透明支承衬底，其布置在第一表面上；以及透明粘合剂层，其布置在发光结构的第一表面与透明支承衬底之间。

**专利名称：冰箱和其控制方法**

公开（公告）号：CN105937825A　　公开（公告）日：2016-09-14
申请号：CN201610127441.7　　申请日：2016-03-07
申请（专利权）人：三星电子株式会社
国际专利分类号：IPC（8）：F25D11/00A47J31/00A47J31/44F25D29/00

**摘要：**本发明公开一种冰箱和其控制方法。所述冰箱包括：净化水泵，用于提高水的压力；二氧化碳调压器，用于降低二氧化碳的压力；混合管，用于把从所述净化水泵引来的水与从所述二氧化碳调压器引来的二氧化碳混合，并制备苏打水；用户界面，用于从用户接收制备苏打水的条件；以及控制器，用于控制所述净化水泵和所述二氧化碳调压器，使得水的压力和二氧化碳的压力达到与输入的制备条件对应的目标压力。

**专利名称：显示装置、控制装置及其操作方法**

公开（公告）号：CN105828152A　　公开（公告）日：2016-08-03
申请号：CN201610037145.8　　申请日：2016-01-20
申请（专利权）人：三星电子株式会社
国际专利分类号：IPC（8）：H04N21/431H04N21/482H04N21/422H04N21/443

**摘要：**提供了包括显示单元在内的显示装置、控制装置和方法。显示装置包括控制器，该控制器被配置为从控制装置获得状态信号，基于获得的状态信号从用户界面（UI）显示限制模式和 UI 显示模式中选择模式，其中，UI 显示限制模式对在显示单元上显示用于控制来自显示装置的输出的 UI 进行限制，以及 UI 显示模式不对在显示单元上显示 UI 进行限制，以及在所选择的模式下操作显示单元。

**专利名称：显示设备及其显示方法**

公开（公告）号：CN105306983A　　公开（公告）日：2016-02-03
申请号：CN201510679955.9　　申请日：2015-10-19
申请（专利权）人：三星电子株式会社
国际专利分类号：IPC（8）：H04N21/41H04N21/442H04N21/485H04N21/439

**摘要：**提出了一种显示设备及其方法。所述显示设备包括可弯曲显示器和控制器，所述控制器配置为基于所述显示设备的用户个数控制所述显示器弯曲为预定角度。

**专利名称：曲面显示器以及包括该曲面显示器的可移动电子设备**

公开（公告）号：CN105551383A　　公开（公告）日：2016-05-04
申请号：CN201510553065.3　　申请日：2015-09-01
申请（专利权）人：三星电子株式会社
国际专利分类号：IPC（8）：G09F9/30G06F3/041

**摘要：**本公开提供了一种曲面显示器以及包括该曲面显示器的可移动电子设备。一种曲面显示器包括：外部保护层，包含至少一部分具有某一曲率的边缘；不透明层，设置在外部保护层的边缘处；以及在不透明层下面排列的面板模块层，包括电极迹线区。

**专利名称：控制拍摄显示的电子终端及其控制方法**

公开（公告）号：CN104980659A　　公开（公告）日：2015-10-14

申请号：CN201510376967.4　　申请日：2015-06-30

申请（专利权）人：广州三星通信技术研究有限公司　三星电子株式会社

国际专利分类号：IPC（8）：H04N5/232

**摘要：** 提供一种控制拍摄显示的电子终端及其控制方法。所述电子终端包括：相机拍摄装置，在相机应用启动后的运行期间，捕获被摄体的拍摄预览图像，并根据用户的拍摄指示来执行照片拍摄操作；显示控制装置，在执行了照片拍摄操作的情况下，控制第一显示界面继续显示拍摄预览图像，并同时控制第二显示界面显示通过所述照片拍摄操作而获取的照片。根据所述电子装置及其控制方法，在照片拍摄过程中无需来回切换拍摄预览界面和照片查看界面，提升了用户体验。

**专利名称：电子装置及其索引显示方法**

公开（公告）号：CN104850181A　　公开（公告）日：2015-08-19

申请号：CN201510076061.0　　申请日：2015-02-12

申请（专利权）人：三星电子株式会社

国际专利分类号：IPC（8）：G06F1/16G06F3/0482

**摘要：** 提供一种电子装置及其索引显示方法。所述电子装置包括柔性显示器、检测器和控制器。所述检测器检测柔性显示器的弯曲。所述控制器将内容显示在柔性显示器上，并基于从检测器输出的信号将与内容相关的第一内容显示在已检测到弯曲的弯曲区域上。

**专利名称：用户终端装置及其显示方法**

公开（公告）号：CN105980954A　　公开（公告）日：2016-09-28

申请号：CN201580007989.1　　申请日：2015-02-10

申请（专利权）人：三星电子株式会社

国际专利分类号：IPC（8）：G06F1/16H04M1/02H04M1/725G06F3/0488G06F3/0484

**摘要：** 提供了一种用户终端装置及其显示方法。所述用户终端装置包括：显示器，其中，显示器通过折叠线被划分为第一区域和第二区域，其中，第二区域大于第一区域并包括在显示器沿着折叠线被折叠而使得第一区域面向第二区域时所暴露的暴露区域；检测器，被配置为检测以下交互中的至少一个：沿着暴露区域的长边移动的第一用户交互以及沿着暴露区域的短边移动的第二用户交互；和控制器，被配置为：响应于检测到第一用户交互，在暴露区域上显示第一功能执行屏幕，并且响应于检测到第二用户交互，在暴露区域上显示第二功能执行屏幕。

**专利名称：显示装置及其控制方法**

公开（公告）号：CN104766572A　　公开（公告）日：2015-07-08

申请号：CN201510004108.2　　申请日：2015-01-04

申请（专利权）人：三星电子株式会社

国际专利分类号：IPC（8）：G09G3/36G09G5/10

**摘要：** 提供了一种控制包括被配置为包括红（R）、绿（G）和白色（W）子像素的面板，以及被配置成使用白色光源和蓝色光源中的至少一个提供背光给面板的背光的显示装置的控制方法，所述方法包括：将图像数据转换为红（R），绿（G）和蓝（B）子帧数据；根据 R，G 和 B 子帧数据来导通 R，G 和 W 子像素；以及导通 W 子像素，将白色光源的亮度设置为 R，G 和 B 子帧数据的亮度值，向面板提供处于设定亮度的白光，导通对应于剩余子帧数据的子像素，设置白色光源的亮度和蓝色光源的亮度中的至少一个，并且向面板提供处于设定亮度的光。

**专利名称：电子设备和通过电子设备提供广告数据的方法**

公开（公告）号：CN105659273A　　公开（公告）日：2016-06-08

申请号：CN201480057942.1　　申请日：2014-10-24

申请（专利权）人：三星电子株式会社

国际专利分类号：IPC（8）：G06Q30/02

**摘要**：提供了一种电子设备。所述电子设备包括：显示单元，在预览模式下显示包括一条或多条广告数据的广告数据列表；以及控制器，在预览模式下在从广告服务器接收的多条广告数据之中，根据在预览模式下接收的图像中识别的对象的类型来检测一条或多条广告数据，并显示包括检测到的一条或多条广告数据的广告数据列表。

**表 7-2-2　交互数字专利控股公司**

| 申请号 | 申请日 | 申请人 | 专利名称 | 技术领域 |
|---|---|---|---|---|
| TW102134966 | 2013-09-27 | 交互数字专利控股公司 | 在虚拟网路中端对端架构、API 框架、发现及存取 | 公开了系统、方法和装置，使得 WTRU 为服务获得网路营运商不可知的无线存取 |
| TW102135028 | 2013-09-27 | 交互数字专利控股公司 | 使用多维天线组态无线通讯 | 可以在无线通讯系统中使用多个天线来进行通讯 |
| TW102134273 | 2013-09-24 | 交互数字专利控股公司 | 在动态频谱管理系统中频道品质测量及传送功率分配 | 当封包不在频道上发送时，动态频谱管理（DSM）引擎可确定与 DSM 引擎相关联的一个或多个频道的频道品质 |
| TW102134093 | 2013-09-23 | 交互数字专利控股公司 | 用于共用存取系统的方法和装置 | 用于共用存取系统的方法和装置可以用于允许三层共用频谱架构中的操作 |
| TW102134092 | 2013-09-23 | 交互数字专利控股公司 | 分层认证 | 为存取来自服务提供者和行动网路操作者的服务，通常行动装置将其平台的信任保证（trustassurance）提供给操作者和服务服务者 |
| TW102133644 | 2013-09-17 | 交互数字专利控股公司 | 回载无线电资源及小胞元回载延迟估计自我最佳化 | 可以在一个或者多个无线回载链路和各自相关联的存取和/或核心网路之间实现控制及/或管理平面互动 |
| TW102133342 | 2013-09-14 | 交互数字专利控股公司 | 在无线系统中 Wi-Fi 卸载行动性控制方法 | 提供了系统、方法和工具来实现无线卸载 |
| TW102133167 | 2013-09-13 | 交互数字专利控股公司 | 传输小封包方法、无线传送/接收单元（WTRU）及基地台 | 描述了一种用于传输小封包的方法、无线传送/接收单元（WTRU）以及基地台 |
| TW102130824 | 2013-08-28 | 交互数字专利控股公司 | 毫米波束追踪方法 | 揭露了用于改进和执行 mmW 波束追踪的方法和装置 |
| TW102130826 | 2013-08-28 | 交互数字专利控股公司 | 动态点对点频谱授权 | 提供系统、方法和手段以实现对无线网路中的毫米波基地台（mB）授予许可证 |
| TW102130268 | 2013-08-23 | 交互数字专利控股公司 | 在无线系统中多层操作之实体层操作 | 公开了向多个与进行独立排程的不同服务站点相关联的媒体存取控制（MAC）实例提供实体层资源的方法和系统 |
| TW102130267 | 2013-08-23 | 交互数字专利控股公司 | 在无线系统中以多排程器操作 | 揭露的是供 WTRU 使用多个排程器进行操作的系统和方法 |

续表

| 申请号 | 申请日 | 申请人 | 专利名称 | 技术领域 |
|---|---|---|---|---|
| TW102129986 | 2013-08-22 | 交互数字专利控股公司 | 近区服务增强较高层发现方法 | 公开了用于建立无线连接的系统、方法以及设施 |
| TW102126837 | 2013-07-26 | 交互数字专利控股公司 | 在行动网路中 IP 层装置对装置通讯 | 一种无线传输接收单元（WTRU）可被配置为如闸道一样操作，例如如远端移动性锚 |
| TW102125682 | 2013-07-18 | 交互数字专利控股公司 | 检测及管理使用者平面壅塞方法及装置 | 公开了用于管理网路中的使用者平面壅塞的方法和装置 |

**专利名称：在虚拟网路中端对端架构、API 框架、发现及存取**

公开（公告）号：TW201429173A　　公开（公告）日：2014-07-16

申请号：TW102134966　　申请日：2013-09-27

申请（专利权）人：交互数字专利控股公司

国际专利分类号：IPC（8）：H04B1/38H04L29/02

**摘要：**公开了系统、方法和装置，使得 WTRU 为服务获得网路营运商不可知的无线存取。所述 WTRU 可以接收来自无线电存取网路（RAN）节点的系统资讯（SI）广播。所述 SI 广播可以指示 RAN 节点的营运商支援基于服务的网路存取。所述 WTRU 可以向虚拟服务供应商发送服务请求，以请求该服务。WTRU 可以接收来自虚拟服务供应商的服务回应。所述 WTRU 可以接收来自虚拟服务供应商的服务回应，所述服务回应指示用于获得服务的移动网路营运商（MNO）以及用于存取该 MNO 的预订资讯，其中所述 MNO 不同于 RAN 节点的营运商。WTRU 可以存取所述 MNO 来获得服务。

**专利名称：使用多维天线组态无线通讯**

公开（公告）号：TW201429182A　　公开（公告）日：2014-07-16

申请号：TW102135028　　申请日：2013-09-27

申请（专利权）人：交互数字专利控股公司

国际专利分类号：IPC（8）：H04B7/04H04L1/00

**摘要：**可以使用多维天线组态在通信系统中进行通信。WTRU 可以通过一个或者多个通道从基地台接收通信。可以使用多分量码本来进行通信。WTRU 可以向基地台发送每个分量码本的通道状态资讯（CSI）回馈，用于考虑何时与 WTRU 进行通讯。WTRU 可以根据通道测量来确定每个分量码本的 CSI 回馈。分量码本可以包括水平分量码本和/或垂直分量码本。WTRU 可以独立地或者以复合码本的形式向基地台发送每个分量码本的 CSI 回馈。WTRU 可以确定分量码本的复合码本函数。

**专利名称：在动态频谱管理系统中频道品质测量及传送功率分配**

公开（公告）号：TW201429276A　　公开（公告）日：2014-07-16

申请号：TW102134273　　申请日：2013-09-24

申请（专利权）人：交互数字专利控股公司

国际专利分类号：IPC（8）：H04W16/10H04W16/06

**摘要：**当封包不在频道上发送时，动态频谱管理（DSM）引擎可确定与 DSM 引擎相关联的一个或多个频道的频道品质。例如，如果从与非主频道相关联的上一个活动起已经经过了预定的时间段，则 DSM 引擎可触发非主频道上的频道品质测量。频道品质测量可经由非主频道上的资料发送事件触发，例如在非主频道上发送资料讯框。DSM 引擎可在多个频道上执行各自的品质测量，并在资料库中储存各自的品质值。频道的时间平均频道品质可基于储存的品质值来计算，以用于计算频道上的传送功率分配。

**专利名称：用于共用存取系统的方法和装置**

公开（公告）号：TW201427444A　　公开（公告）日：2014-07-01

申请号：TW102134093　　申请日：2013-09-23

申请（专利权）人：交互数字专利控股公司

国际专利分类号：IPC（8）：H04W16/14H04W72/04

**摘要：**用于共用存取系统的方法和装置可以用于允许三层共用频谱架构中的操作。例如，共用频谱管理器（SSM）可以组织频谱分段。SSM 可以与具有不同优先顺序的存取用户通讯，并可以使用讯息交换来请求频谱、竞标频谱、管理频谱等等。SSM 可以管理存取用户的许可（向用户分配频谱）和用频谱请求进行的操作，其可以作为最小（承诺的）和最大运作品质之间的范围来提供。SSM 还可以管理存取用户可以使用分配的频谱的方式。SSM 间通讯可以用于多个 SSM 存在的区域（例如，国家边界）。因此，还在此公开了这个 SSM 间通讯的触发和对应的动作。

**专利名称：分层认证**

公开（公告）号：TW201421960A　　公开（公告）日：2014-06-01

申请号：TW102134092　　申请日：2013-09-23

申请（专利权）人：交互数字专利控股公司

国际专利分类号：IPC（8）：H04L9/32

**摘要：**认证起源树（CPT）结构可提供关于装置的分层认证的资讯，该装置包括元件的层级。CPT 结构可包括安全认证起源文件（SCPD）结构的层级。层级中的每一个 SCPD 结构可表示装置的元件的层级中的给定级上的给定元件。每一个 SCPD 结构可包括储存认证证据的栏位，该认证证据用于表明给定元件的安全属性已被认证机构认证。SCPD 结构还可包括认可资讯栏位，该认可资讯栏位储存指向装置的元件的层级中的下一层上的元件的 SCPD 结构的指标。该指标可提供关于下一层上的元件将在该给定层上的此元件中安全地执行的保证指示。

**专利名称：回载无线电资源及小胞元回载延迟估计自我最佳化**

公开（公告）号：TW201427447A　　公开（公告）日：2014-07-01

申请号：TW102133644　　申请日：2013-09-17

申请（专利权）人：交互数字专利控股公司

国际专利分类号：IPC（8）：H04W24/02

**摘要：**可以在一个或者多个无线回载链路和各自相关联的存取和/或核心网路之间实现控制及/或管理平面互动。控制及/或管理平面互动可以根据自我最佳化功能来实现，并可以被实现以执行一个或者多个无线回载链路的无线电资源管理（RRM）。可以实现基于封包的同步化和/或延迟测量技术来确定无线回载导致的延迟的估计值。延迟估计资讯可以由无线通讯网路中的一个或者多个设备使用，例如，封包资料网路闸道（PGW）、小胞元闸道（SCGW）、或者存取点（AP），例如，小胞元存取点（SCAP）。可以根据 PTP 消息复制和/或侧沟信令、与 GPS 和 PTP 信令的双同步、及/或时间戳记来实现无线回载链路的延迟估计。

**专利名称：在无线系统中 Wi-Fi 卸载行动性控制方法**

公开（公告）号：TW201427340A　　公开（公告）日：2014-07-01

申请号：TW102133342　　申请日：2013-09-14

申请（专利权）人：交互数字专利控股公司

国际专利分类号：IPC（8）：H04L12/70H04W24/00

**摘要**：提供了系统、方法和工具来实现无线卸载。WTRU 可以向行动通信网路发送第一 Wi-Fi 测量报告。第一 Wi-Fi 测量报告可以包括 Wi-Fi 节点身份、信号强度值、负载状态中的一个或者多个。WTRU 可以从行动通信网路接收 Wi-Fi 连接命令。Wi-Fi 连接命令可以包括候选 AP 身份、候选 AP 的安全资讯、优先顺序值、通道值、以及延迟计时器中的一个或者多个。WTRU 可以选择接收的 Wi-Fi 网路身份中的一个 Wi-Fi 网路身份用于关联，并尝试与所选择的 Wi-Fi 网路身份关联。WTRU 可以进一步接收发起预先认证的请求。WTRU 可以发起与 Wi-Fi 节点的预先认证。WTRU 可以向行动通信网路发送第二 Wi-Fi 测量报告。

**专利名称：传输小封包方法、无线传送/接收单元（WTRU）及基地台**

公开（公告）号：TW201427339A　　公开（公告）日：2014-07-01

申请号：TW102133167　　申请日：2013-09-13

申请（专利权）人：交互数字专利控股公司

国际专利分类号：IPC（8）：H04L12/70H04B1/38H04W88/08

**摘要**：描述了一种用于传输小封包的方法、无线传送/接收单元（WTRU）以及基地台。WTRU 产生具有媒体存取存取控制（MAC）或实体层汇聚协定（PLCP）标头中的一者或多者的封包，所述 MAC 或所述 PLCP 标头中的一者或多者包括栏位。在所述 WTRU 具有为传输缓冲的资料的情况下，所述 WTRU 在所述栏位中包括指示传送所述 WTRU 已为传输缓冲的资料的至少一个封包所需的时间或传输时机（TXOP）的资讯。所述 WTRU 向所述无线网路中的另一 WTRU 传送所述封包。所述 WTRU 基于传送所述 WTRU 已为传输缓冲的资料的至少一个封包所需的时间而接收来自具有授权的 TXOP 的其他 WTRU 的另一封包。

**专利名称：毫米波束追踪方法**

公开（公告）号：TW201424419A　　公开（公告）日：2014-06-16

申请号：TW102130824　　申请日：2013-08-28

申请（专利权）人：交互数字专利控股公司

国际专利分类号：IPC（8）：H04W36/00H04W36/30H04W16/28

**摘要**：揭露了用于改进和执行 mmW 波束追踪的方法和装置。描述了改进 WTRU 位置预测的定位方法，其可允许毫米波基地台（mB）适当选择修改的波束并执行更有效的交递。WTRU 可以向 mB 报告方向性信号强度测量，mB 然后可以产生方向性无线电环境地图（DREM）以用于当主链路失败时识别要使用的辅助链路。描述了使用内部/外部资讯来预测的附加定位技术。亦描述了历史资料使用以及从 mB-mB 合作获取的包括回馈资讯和参考传讯资讯的资料的使用。同时描述了用于方向性中继波束追踪和初始波束训练最佳化的方法。最后亦描述了 WTRU 定位精确度提高、波束宽度自适应以及辅助波束追踪和交递方法。

**专利名称：动态点对点频谱授权**

公开（公告）号：TW201424415A　　公开（公告）日：2014-06-16

申请号：TW102130826　　　　　　　申请日：2013-08-28

申请（专利权）人：交互数字专利控股公司

国际专利分类号：IPC（8）：H04W24/00H04B17/00

**摘要：**提供系统、方法和手段以实现对无线网路中的毫米波基地台（mB）授予许可证。mB 可以发送许可证请求。许可证请求可以与频带中的波束方向相关联。mB 可以接收测量排程。mB 可以例如根据测量排程进行干扰测量。干扰测量可以与所述波束方向、所述频带和分派的时间周期中的一者或多者相关联。mB 可以发送干扰测量至许可证协调器。mB 可以接收针对所述频带中的所述波束方向的临时许可证。临时许可证可以包括第一传输功率限制。mB 可以接收指令以发送信号从发。mB 可以接收非临时许可证。非临时许可证可以包括第二传输功率限制。

**表 7-2-3　京东方科技集团股份有限公司**

| 申请号 | 申请日 | 申请人 | 专利名称 | 技术领域 |
|---|---|---|---|---|
| CN201610941354.5 | 2016-11-01 | 合肥鑫晟光电科技有限公司、京东方科技集团股份有限公司 | 一种彩膜基板及其制备方法、显示面板和显示装置 | 本发明涉及显示技术领域，具体地，涉及一种彩膜基板及其制备方法、显示面板和显示装置 |
| CN201610943113.4 | 2016-10-31 | 京东方科技集团股份有限公司、合肥鑫晟光电科技有限公司 | 一种薄膜晶体管、其制作方法、阵列基板及显示面板 | 本发明涉及显示技术领域，尤其涉及一种薄膜晶体管、其制作方法、阵列基板及显示面板 |
| CN201610966325.4 | 2016-10-31 | 京东方科技集团股份有限公司 | 薄膜晶体管及其制作方法、阵列基板和显示装置 | 本发明涉及显示技术领域，特别是指一种薄膜晶体管及其制作方法、阵列基板和显示装置 |
| CN201610970742.6 | 2016-10-28 | 京东方科技集团股份有限公司、成都京东方光电科技有限公司 | 反射型显示装置 | 本发明的实施例涉及反射型显示装置 |
| CN201610916498.5 | 2016-10-20 | 京东方科技集团股份有限公司 | 显示面板、显示面板制作方法及驱动方法、显示装置 | 本发明涉及显示器领域，特别涉及一种显示面板、显示面板制作方法及驱动方法、显示装置 |
| CN201610851918.6 | 2016-09-26 | 合肥鑫晟光电科技有限公司、京东方科技集团股份有限公司 | 一种显示基板、其制作方法、显示面板及显示装置 | 本发明涉及显示技术领域，尤其涉及一种显示基板、其制作方法、显示面板及显示装置 |
| CN201610852431.X | 2016-09-26 | 京东方科技集团股份有限公司、合肥鑫晟光电科技有限公司 | 阵列基板、显示面板、显示装置及显示面板的设计方法 | 本发明涉及显示技术领域，尤其涉及一种阵列基板、显示面板、显示装置及显示面板的设计方法 |
| CN201610842193.4 | 2016-09-22 | 京东方科技集团股份有限公司、成都京东方光电科技有限公司 | 一种像素电路、其驱动方法及相关装置 | 本发明涉及显示技术领域，特别涉及一种像素电路、其驱动方法、有机电致发光显示面板及显示装置 |
| CN201610839200.5 | 2016-09-21 | 京东方科技集团股份有限公司 | 显示面板、显示装置及显示面板的制造方法 | 本发明涉及显示技术领域。更具体地，涉及一种显示面板、显示装置及显示面板的制造方法 |
| CN201610836170.2 | 2016-09-20 | 合肥京东方光电科技有限公司、京东方科技集团股份有限公司 | 一种显示基板、其制作方法、显示面板及镀膜装置 | 本发明涉及显示技术领域，尤其涉及一种显示基板、其制作方法、显示面板及镀膜装置 |

续表

| 申请号 | 申请日 | 申请人 | 专利名称 | 技术领域 |
| --- | --- | --- | --- | --- |
| CN201610830007.5 | 2016-09-19 | 京东方科技集团股份有限公司 | 像素驱动电路及其驱动方法和显示装置 | 本发明涉及显示技术领域，尤其涉及一种像素驱动电路及其驱动方法和显示装置 |
| CN201610830211.7 | 2016-09-19 | 京东方科技集团股份有限公司 | 像素驱动电路及其驱动方法和显示装置 | 本发明涉及显示技术领域，尤其涉及一种像素驱动电路及其驱动方法和显示装置 |
| CN201610822759.7 | 2016-09-13 | 京东方科技集团股份有限公司 | 一种掩膜板、显示基板及其制作方法、显示器件 | 本发明涉及显示技术领域，特别是涉及一种掩膜板、显示基板及其制作方法、显示器件 |
| CN201610817625.6 | 2016-09-12 | 京东方科技集团股份有限公司 | 一种背光模组及显示装置 | 本发明涉及液晶显示设备制造技术领域，具体涉及一种背光模组及显示装置 |
| CN201610812667.0 | 2016-09-09 | 京东方科技集团股份有限公司 | 面板结构及其制作方法、投影系统 | 本发明涉及显示技术领域，尤其涉及一种面板结构及其制作方法、投影系统 |

**专利名称：一种彩膜基板及其制备方法、显示面板和显示装置**

公开（公告）号：CN106249468A　　公开（公告）日：2016-12-21

申请号：CN201610941354.5　　申请日：2016-11-01

申请（专利权）人：合肥鑫晟光电科技有限公司　京东方科技集团股份有限公司

国际专利分类号：IPC（8）：G02F1/1335

**摘要**：本发明提供一种彩膜基板及其制备方法、显示面板和显示装置。该彩膜基板包括衬底和设置在衬底上的彩膜层，彩膜基板包括多个区域，多个区域相拼接；沿区域的拼接方向，各个区域均包括对应拼缝处的拼接区域和远离拼缝处的中心区域；对应分布在中心区域的彩膜层至少局部厚度大于对应分布在拼接区域的彩膜层的厚度，且其厚度差小于等于用于与彩膜基板对盒的阵列基板上对应拼接区域的金属膜层和对应中心区域的金属膜层的厚度差。该彩膜基板能够相对减小拼接区域和中心区域各自与阵列基板的对盒间隙差异，从而相对减小对应拼接区域和对应中心区域的光线透过率偏差，进而减小两个区域的色差，改善了盒间隙不均所导致的画质不良。

**专利名称：一种薄膜晶体管、其制作方法、阵列基板及显示面板**

公开（公告）号：CN106298546A　　公开（公告）日：2017-01-04

申请号：CN201610943113.4　　申请日：2016-10-31

申请（专利权）人：京东方科技集团股份有限公司　合肥鑫晟光电科技有限公司

国际专利分类号：IPC（8）：H01L21/34H01L29/786H01L27/12

**摘要**：本发明实施例公开了一种薄膜晶体管、其制作方法、阵列基板及显示面板。该制作方法包括：在衬底基板上依次形成含有金属元素的半导体薄膜、刻蚀阻挡薄膜、金属薄膜；通过一次构图工艺形成有源层的图形，以及在有源层的图形上相对而置的源极和漏极的图形。由于在含有金属元素的半导体薄膜上形成刻蚀阻挡薄膜，在构图工艺中，该刻蚀阻挡薄膜可以保护含有金属元素的半导体薄膜不被刻蚀，保证了形成的有源层的性能。

**专利名称：薄膜晶体管及其制作方法、阵列基板和显示装置**

公开（公告）号：CN106298815A　　公开（公告）日：2017-01-04

申请号：CN201610966325.4　　申请日：2016-10-31
申请（专利权）人：京东方科技集团股份有限公司
国际专利分类号：IPC（8）：H01L27/12H01L29/786H01L21/336
**摘要：**本发明提供了一种薄膜晶体管及其制作方法、阵列基板和显示装置，属于显示技术领域。其中，所述薄膜晶体管包括位于衬底基板上的栅极、栅绝缘层、源极、漏极和有源层，在所述有源层和所述漏极之间形成单向导通器件，以使电信号经所述单向导通器件由所述有源层传递至所述漏极。本发明的技术方案能够有效降低薄膜晶体管的关态电流，改善显示装置的显示效果。

**专利名称：反射型显示装置**
公开（公告）号：CN106292092A　　公开（公告）日：2017-01-04
申请号：CN201610970742.6　　申请日：2016-10-28
申请（专利权）人：京东方科技集团股份有限公司　成都京东方光电科技有限公司
国际专利分类号：IPC（8）：G02F1/1343G02F1/13357G02F1/167G02F1/155
**摘要：**本申请公开了一种反射型显示装置，包括：相对设置的第一电极和第二电极，所述第一电极和第二电极构造成通过改变施加到第一电极和第二电极之间的电场来改变像素单元的亮态或暗态；反射构件，构造成将入射光朝向显示装置的出光侧反射；反射补偿构件，沿入射光方向位于所述反射构件的下方，以对反射构件的光反射效率进行补偿，其中，所述反射补偿构件的光反射效率设置为在像素单元为亮态时比在像素单元为暗态时大。根据本申请的反射型显示装置，能够提高反射型显示装置亮度和对比度。

**专利名称：显示面板、显示面板制作方法及驱动方法、显示装置**
公开（公告）号：CN106324877A　　公开（公告）日：2017-01-11
申请号：CN201610916498.5　　申请日：2016-10-20
申请（专利权）人：京东方科技集团股份有限公司
国际专利分类号：IPC（8）：G02F1/133H01L27/32G02F1/1362G09G3/3225G09G3/36
**摘要：**本发明公开了一种显示面板、显示面板制作方法及驱动方法、显示装置，属于显示器领域。所述显示面板包括：有机发光二极管 OLED 面板、设置在 OLED 面板上的反射式液晶显示器 LCD 面板以及驱动电路；所述驱动电路用于根据控制信号驱动所述 OLED 面板或所述反射式 LCD 面板进行显示。本发明通过将 OLED 面板和反射式 LCD 面板设置在一起，并通过驱动电路控制 OLED 面板或反射式 LCD 面板进行显示，解决了现有显示器件显示方式较为单一的问题。

**专利名称：一种显示基板、其制作方法、显示面板及显示装置**
公开（公告）号：CN106206623A　　公开（公告）日：2016-12-07
申请号：CN201610851918.6　　申请日：2016-09-26
申请（专利权）人：京东方科技集团股份有限公司　合肥鑫晟光电科技有限公司
国际专利分类号：IPC（8）：H01L27/12H01L21/77G02F1/1362
**摘要：**本发明实施例公开了一种显示基板、其制作方法、显示面板及显示装置。该方案中，由于制作显示基板的过程中，光刻胶薄膜中的完全去除区域距离像素电极的图形与漏极的图形的交叠区域有一定距离，这样，可以限制刻蚀范围无法到达像素电极的图形与漏极的图形的交叠区域对应的绝缘层薄膜，起到了阻挡作用，保护了该区域的绝缘层薄膜不被刻蚀，避免了像素电极的图形与漏极的图形的交叠区域对应的绝缘层薄膜出现孔洞，降低了底切不良的风险，提高了产品良率。

**专利名称：阵列基板、显示面板、显示装置及显示面板的设计方法**

公开（公告）号：CN106154658A　　公开（公告）日：2016-11-23

申请号：CN201610852431.X　　申请日：2016-09-26

申请（专利权）人：合肥鑫晟光电科技有限公司　京东方科技集团股份有限公司

国际专利分类号：IPC（8）：G02F1/1343G02F1/1362

**摘要**：本发明提供一种阵列基板、显示面板、显示装置及显示面板的设计方法，该阵列基板包括多个像素单元，每一像素单元包括多个子像素，其中，每一子像素包括一像素电极，每一所述像素电极包括呈梳齿状的多个条状子像素电极，一个所述像素单元的多个子像素中，存在至少两个子像素，所述至少两个子像素的条状子像素电极的宽度不同，和/或，所述至少两个子像素的条状子像素电极的间距不同，即针对像素单元中的不同子像素，可以设计不同的条状子像素电极的宽度和/或所述条状子像素电极的间距，以根据需要提高子像素的透过率，增加色彩调节的动态范围，提高色彩饱和度，使得包含该阵列基板的显示装置画质更佳。

**专利名称：一种像素电路、其驱动方法及相关装置**

公开（公告）号：CN106297663A　　公开（公告）日：2017-01-04

申请号：CN201610842193.4　　申请日：2016-09-22

申请（专利权）人：京东方科技集团股份有限公司　成都京东方光电科技有限公司

国际专利分类号：IPC（8）：G09G3/3225G09G3/3233

**摘要**：本发明公开了一种像素电路、其驱动方法、有机电致发光显示面板及显示装置，包括：数据写入模块、重置模块、第一存储模块、第二存储模块、发光控制模块、驱动晶体管以及发光器件；其中，通过上述五个模块的相互配合，可以使像素电路中的驱动晶体管驱动发光器件发光的工作电流仅与数据信号端的电压和参考信号端的电压有关，而与驱动晶体管的阈值电压无关，可以避免驱动晶体管的阈值电压对流过发光器件的工作电流的影响，从而使驱动发光器件发光的工作电流保持稳定，进而提高显示面板中显示区域画面亮度的均匀性。

**专利名称：显示面板、显示装置及显示面板的制造方法**

公开（公告）号：CN106154633A　　公开（公告）日：2016-11-23

申请号：CN201610839200.5　　申请日：2016-09-21

申请（专利权）人：京东方科技集团股份有限公司

国际专利分类号：IPC（8）：G02F1/1335G02F1/1333

**摘要**：本发明涉及一种显示面板、显示装置及显示面板的制造方法。所述显示面板包括相对设置的第一基板和第二基板，所述第二基板具有透光区域和邻近所述透光区域的遮光区域，其中，所述显示面板还包括：设置在所述第一基板的远离所述第二基板的入光侧上的光学元件，所述光学元件在所述第一基板上的投影与所述遮光区域在所述第一基板上的投影至少部分重合，且所述光学元件被配置为将从所述第一基板的所述入光侧朝向所述遮光区入射的光向所述透光区域偏转。

**专利名称：一种显示基板、其制作方法、显示面板及镀膜装置**
公开（公告）号：CN106129103A　　公开（公告）日：2016-11-16
申请号：CN201610836170.2　　申请日：2016-09-20
申请（专利权）人：合肥京东方光电科技有限公司　京东方科技集团股份有限公司
国际专利分类号：IPC（8）：H01L27/32G02F1/136C23C14/34C23C14/35

**摘要**：本发明实施例公开了一种显示基板、其制作方法、显示面板及镀膜装置。该方法包括：在形成有第一膜层的衬底基板上溅射保护膜层，所述保护膜层的结晶温度低于所述第一膜层的材料的沸点；在形成有所述保护膜层的衬底基板上溅射第二膜层，所述第二膜层的结晶温度高于所述第一膜层的材料的沸点；其中，所述第二膜层的材料的沸点高于所述第一膜层的材料的沸点，所述保护膜层的材料的沸点不低于所述第二膜层的材料的沸点。在该方案中，保护膜层可以阻止第一膜层的材料蒸发出来污染第二膜层，保证了第二膜层的成膜质量。

**表 7-2-4　三星 SDI 株式会社**

| 申请号 | 申请日 | 申请人 | 专利名称 | 技术领域 |
|---|---|---|---|---|
| CN201610235830.1 | 2016-04-14 | 三星 SDI 株式会社 | 光学膜、有机发光二极管显示器及其制造方法 | 本发明涉及光学膜、具有其的有机发光二极管（organiclight-emittingdiode，OLED）显示器及制造 OLED 显示器的方法 |
| CN201510744559.X | 2015-11-04 | 三星 SDI 株式会社 | 用于有机光电子装置的化合物及其应用 | 本发明揭示一种用于有机光电子装置的化合物及其应用 |
| CN201510671555.3 | 2015-10-16 | 三星 SDI 株式会社 | 用于有机光电装置的化合物和用于有机光电装置的组成物以及有机光电装置和显示装置 | 本发明公开用于有机光电装置的化合物、用于有机光电装置的组成物、有机光电装置以及显示装置 |
| CN201510673136.3 | 2015-10-16 | 三星 SDI 株式会社 | 有机光电装置及显示装置 | 本发明揭示一种有机光电装置及显示装置 |
| CN201510434124.5 | 2015-07-22 | 三星 SDI 株式会社 | 偏振片和包含偏振片的光学显示器 | 本发明涉及偏振片和包含偏振片的光学显示器 |
| CN201510320226.4 | 2015-06-11 | 三星 SDI 株式会社 | 封装发光二极管器件的组合物及用其的发光二极管显示器 | 本发明涉及用于封装有机发光二极管器件的组合物及使用其的有机发光二极管显示器（organiclightemittingdiodedisplay） |
| CN201580020568.2 | 2015-04-28 | 三星 SDI 株式会社 | 有机光电元件及显示元件 | 有机光电元件为将电能转换成光能的元件，且亦为将光能转换成电能的元件 |
| CN201580019167.5 | 2015-04-13 | 三星 SDI 株式会社 | 化合物、有机光电装置及显示装置 | 本发明揭示一种化合物、一种有机光电装置、以及一种显示装置 |
| CN201580015585.7 | 2015-04-08 | 三星 SDI 株式会社 | 有机化合物、有机光电装置及显示装置 | 本发明揭示一种有机化合物、一种有机光电装置以及一种显示装置 |
| CN201510142313.5 | 2015-03-27 | 三星 SDI 株式会社 | 封装有机发光二极管用的组成物和使用其制造的显示器 | 本申请要求 2014 年 3 月 28 日在韩国知识产权局提交的韩国专利申请第 10-2014-0037105 号的权益，所述专利申请的全部公开内容以引用的方式并入本文中 |
| CN201510124926.6 | 2015-03-20 | 三星 SDI 株式会社 | 有机化合物和组合物以及有机光电装置和显示装置 | 公开了一种有机化合物、一种组合物、一种有机光电装置以及一种显示装置 |
| CN201510086471.3 | 2015-02-17 | 三星 SDI 株式会社 | 粘着剂组成物、包含其的偏光板以及包含其的光学显示器 | 本发明涉及一种用于偏光板的粘着剂组成物；一种偏光板，其包含由所述粘着剂组成物形成的粘着剂层；以及一种光学显示器，其包含所述偏光板 |

续表

| 申请号 | 申请日 | 申请人 | 专利名称 | 技术领域 |
| --- | --- | --- | --- | --- |
| CN201510080349.5 | 2015-02-13 | 三星 SDI 株式会社 | 显示设备 | 本发明涉及一种显示设备 |
| CN201410841117.2 | 2014-12-30 | 三星 SDI 株式会社 | 偏光器及其制造方法、包括其的偏光板以及光学显示器 | 本发明涉及一种偏光器、制造所述偏光器的方法、包含所述偏光器的偏光板以及包含所述偏光器的光学显示器 |

**专利名称：光学膜、有机发光二极管显示器及其制造方法**

公开（公告）号：CN106058070A　　公开（公告）日：2016-10-26

申请号：CN201610235830.1　　申请日：2016-04-14

申请（专利权）人：三星 SDI 株式会社

国际专利分类号：IPC（8）：H01L51/52H01L51/50H01L51/56B32B27/08B32B27/30B32B27/32B32B27/ 36B32B7/12

**摘要**：本发明提供一种光学膜、有机发光二极管显示器及其制造方法。光学膜包括偏光器；以及形成于所述偏光器的至少一个表面上的保护膜，其中所述保护膜的平面内延迟 Re 在 0～300nm 的范围内，并且所述光学膜的反射率在 0%～5%范围。本发明提供的光学膜，其能够通过防止光在显示面板的界面处反射而呈现极佳色彩并且还能够防止出现彩晕效应。

**专利名称：用于有机光电子装置的化合物及其应用**

公开（公告）号：CN105884803A　　公开（公告）日：2016-08-24

申请号：CN201510744559.X　　申请日：2015-11-04

申请（专利权）人：三星 SDI 株式会社

国际专利分类号：IPC（8）：C07D519/00H01L51/54

**摘要**：本发明揭示一种由化学式 I 表示的用于有机光电子装置的化合物及其应用。化学式 I 与详细描述中所定义相同。所述用于有机光电子装置的化合物具有高效率和长寿命。

**专利名称：用于有机光电装置的化合物和用于有机光电装置的组成物以及有机光电装置和显示装置**

公开（公告）号：CN105566200A　　公开（公告）日：2016-05-11

申请号：CN201510671555.3　　申请日：2015-10-16

申请（专利权）人：三星 SDI 株式会社

国际专利分类号：IPC（8）：C07D209/86C07D239/26C07D251/24C07D403/10C07D401/10C09K11/ 06H01L51/54H01L51/50H01L27/32

**摘要**：本发明公开一种用于有机光电装置的化合物和用于有机光电装置的组成物以及有机光电装置和显示装置。用于有机光电装置的化合物由化学式 I-1 和化学式 I-2 的组合表示，所述组成物包含用于有机光电装置的化合物作为第一化合物和至少一种具有由化学式 II 表示的部分用于有机光电装置的第二化合物，化学式 I-1、化学式 I-2 以及化学式 II 的详细描述与具体实施方式中所述相同。本发明可以获得具有高效率和长寿命的有机光电装置。

**专利名称：有机光电装置及显示装置**

公开（公告）号：CN105576137A　　公开（公告）日：2016-05-11

申请号：CN201510673136.3　　申请日：2015-10-16

申请（专利权）人：三星 SDI 株式会社

国际专利分类号：IPC（8）：H01L51/50H01L51/54H01L27/32

**摘要：**本发明提供一种有机光电装置及显示装置。有机光电装置包含面向彼此的阳极和阴极、在所述阳极与所述阴极之间的发射层、在所述阳极与所述发射层之间的空穴传输层、在所述空穴传输层与所述发射层之间的空穴传输辅助层、在所述阴极与所述发射层之间的电子传输层，以及在所述电子传输层与所述发射层之间的电子传输辅助层，其中所述电子传输辅助层包含由以下化学式 1 表示的第一化合物，且所述空穴传输辅助层包含由以下化学式 2 表示的第二化合物。本发明的有机光电装置能够实现高效率。

**专利名称：偏振片和包含偏振片的光学显示器**

公开（公告）号：CN105301688A　　公开（公告）日：2016-02-03

申请号：CN201510434124.5　　申请日：2015-07-22

申请（专利权）人：三星 SDI 株式会社

国际专利分类号：IPC（8）：G02B5/30G02F1/1335G09F9/33

**摘要：**本发明的实施例涉及一种偏振片以及包含偏振片的光学显示器。偏振片包含：偏振器；第一延迟膜，其形成于偏振器的下表面，并且在 550nm 的波长处具有从 180～220nm 的平面内延迟（$R_o$）；以及第二延迟膜，其形成于第一延迟膜的下表面，并且在 550nm 的波长处具有从 50～80nm 的平面内延迟（$R_o$），其中第一延迟膜和第二延迟膜在 550nm 的波长处具有异号厚度方向延迟（$R_{th}$）。本发明的偏振片不管入射光的波长如何都呈现极佳抗反射能力。

**专利名称：封装发光二极管器件的组合物及用其的发光二极管显示器**

公开（公告）号：CN105273136A　　公开（公告）日：2016-01-27

申请号：CN201510320226.4　　申请日：2015-06-11

申请（专利权）人：三星 SDI 株式会社

国际专利分类号：IPC（8）：C08F222/14C08F220/18H01L51/52

**摘要：**本发明公开了封装发光二极管器件的组合物及用其的发光二极管显示器，所述组合物包含（A）具有未取代的亚烷基基团的二（甲基）丙烯酸酯，（B）具有取代或未取代的亚烷基基团或者取代或未取代的烷基基团的三（甲基）丙烯酸酯，以及（D）光引发剂，其中，用于封装有机发光二极管器件的组合物具有 200ppm 或更低的氯含量。

**专利名称：有机光电元件及显示元件**

公开（公告）号：CN106232768A　　公开（公告）日：2016-12-14

申请号：CN201580020568.2　　申请日：2015-04-28

申请（专利权）人：三星 SDI 株式会社

国际专利分类号：IPC（8）：C09K11/06H01L51/50

**摘要：**本发明涉及一种有机光电元件以及显示元件，有机光电元件包含：彼此面对的阳极及阴极；所述阳极与所述阴极之间的发射层；所述阳极与所述发射层之间的空穴传输层；以及所述空穴传输层与所述发射层之间的空穴传输辅助层，其中所述空穴传输辅助层包含由化学式 1 表示的第一化合物及由化学式 2 或化学式 3 表示的第二化合物。化学式 1 至化学式 3 的解释与说明书中所描述相同。

**专利名称：化合物、有机光电装置及显示装置**
公开（公告）号：CN106164061A　　公开（公告）日：2016-11-23
申请号：CN201580019167.5　　申请日：2015-04-13
申请（专利权）人：三星 SDI 株式会社
国际专利分类号：IPC（8）：C07D307/91C07D333/76C09K11/06H01L51/50
**摘要**：一种由化学式 1 表示的化合物、一种包含所述化合物的有机光电装置、以及一种包括所述有机光电装置的显示器。

**专利名称：有机化合物、有机光电装置及显示装置**
公开（公告）号：CN106132944A　　公开（公告）日：2016-11-16
申请号：CN201580015585.7　　申请日：2015-04-08
申请（专利权）人：三星 SDI 株式会社
国际专利分类号：IPC（8）：C07D307/91C09K11/06H01L51/50
**摘要**：本发明提供一种由以下化学式 1 表示的有机化合物、一种包含所述有机化合物的有机光电装置、以及一种包含所述有机光电装置的显示装置。

**专利名称：封装有机发光二极管用的组成物和使用其制造的显示器**
公开（公告）号：CN104953042A　　公开（公告）日：2015-09-30
申请号：CN201510142313.5　　申请日：2015-03-27
申请（专利权）人：三星 SDI 株式会社
国际专利分类号：IPC（8）：H01L51/54H01L27/32
**摘要**：本发明公开一种用于封装有机发光二极管的组成物，其包含光可固化单体、含硅单体以及引发剂。并且，本发明公开一种有机发光二极管显示器。所述组成物可以降低水蒸汽透过性并且减少可能在薄膜封装层的制造之后由等离子体引起的除气，同时实现具有低等离子体蚀刻率的有机阻挡层。

**专利名称：有机化合物和组合物以及有机光电装置和显示装置**
公开（公告）号：CN105085412A　　公开（公告）日：2015-11-25
申请号：CN201510124926.6　　申请日：2015-03-20
申请（专利权）人：三星 SDI 株式会社
国际专利分类号：IPC（8）：C07D239/70H01L51/54
**摘要**：本发明公开一种有机化合物、一种用于包含所述有机化合物的有机光电装置的组合物、一种包含所述有机化合物或所述组合物的有机光电装置以及一种包含所述有机光电装置的显示装置。根据本发明可以获得具有高效率和长寿命的有机光电装置。

**专利名称：粘着剂组成物、包含其的偏光板以及包含其的光学显示器**
公开（公告）号：CN104877607A　　公开（公告）日：2015-09-02
申请号：CN201510086471.3　　申请日：2015-02-17
申请（专利权）人：三星 SDI 株式会社
国际专利分类号：IPC（8）：C09J133/08C09J11/06G02B5/30G02F1/1335
**摘要**：本发明提供一种用于偏光板的黏着剂组成物，其包含（甲基）丙烯酸共聚物和含联苯基的光固化剂；一种偏光板，其包含由所述黏着剂组成物形成的黏着剂层；以及一种光学显示器，其包含所述偏光板。所述用于偏光板的黏着剂组成物能够实现一种黏着剂层，其可以最小化漏光并且提供高耐久性，由此防止偏光板遭受剥落、拖曳、起泡、开裂、收缩等。

**专利名称：显示设备**

公开（公告）号：CN104867462A　　公开（公告）日：2015-08-26

申请号：CN201510080349.5　　申请日：2015-02-13

申请（专利权）人：三星显示有限公司

国际专利分类号：IPC（8）：G09G3/36G09G3/20

**摘要**：本发明提供一种显示设备。显示设备包括被划分成显示区域和非显示区域的显示面板，并且显示区域具有数据线、扫描线、以及连接至数据线和扫描线的像素。显示设备包括将数据电压输出至数据线的数据驱动器和将扫描信号顺次输出至扫描线的扫描驱动器。显示区域被划分成第一区域和第二区域。扫描驱动器的第一部分形成在非显示区域中，而扫描驱动器的第二部分形成在第一区域中。形成在第一区域中的像素中的一个像素包括单个像素电极，并且形成在第二区域中的像素中的一个像素包括多个像素电极。

**专利名称：偏光器及其制造方法、包括其的偏光板以及光学显示器**

公开（公告）号：CN104749679A　　公开（公告）日：2015-07-01

申请号：CN201410841117.2　　申请日：2014-12-30

申请（专利权）人：三星 SDI 株式会社

国际专利分类号：IPC（8）：G02B5/30B32B27/36

**摘要**：本发明涉及一种对比率差值为 10 或小于 10 的偏光器，所述差值如由方程式 1 所定义：[方程式 1]$\Delta CR = CR_{max} - CR_{min}$，其中 $CR_{max}$ 是所述偏光器在厚度方向上的最大对比率，并且 $CR_{nin}$ 是其在厚度方向上的最小对比率。还公开了制造所述偏光器的方法、包含所述偏光器的偏光板以及包含所述偏光器的光学显示器。

**表 7-2-5　努比亚技术有限公司**

| 申请号 | 申请日 | 申请人 | 专利名称 | 技术领域 |
|---|---|---|---|---|
| CN201610877939.5 | 2016-10-01 | 努比亚技术有限公司 | 一种离线导航方法及设备 | 本发明涉及通信技术领域中的导航技术，尤其涉及一种离线导航方法及设备 |
| CN201610872581.7 | 2016-09-30 | 努比亚技术有限公司 | 一种多频天线结构及电子设备 | 本发明涉及电子技术，尤其涉及一种多频天线结构及电子设备 |
| CN201610873113.1 | 2016-09-30 | 努比亚技术有限公司 | 努比亚技术有限公司 | 本发明涉及移动终端技术领域，尤其涉及一种提示调节方法及移动终端 |
| CN201610879193.1 | 2016-09-30 | 努比亚技术有限公司 | 一种视频数据的生成方法和终端 | 本发明涉及终端应用领域，尤其涉及一种视频数据的生成方法和终端 |
| CN201610874830.6 | 2016-09-30 | 努比亚技术有限公司 | 一种移动终端及控制手电筒的方法 | 本发明涉及通信领域，更具体地说，涉及一种移动终端及控制手电筒的方法 |
| CN201610875106.5 | 2016-09-30 | 努比亚技术有限公司 | 一种图片处理方法及终端 | 本发明涉及电子应用领域中的图片处理技术，尤其涉及一种图片处理方法及终端 |
| CN201610875164.8 | 2016-09-30 | 努比亚技术有限公司 | 一种天线结构及电子设备 | 本发明涉及电子技术，尤其涉及一种天线结构及电子设备 |
| CN201610871346.8 | 2016-09-30 | 努比亚技术有限公司 | 一种商场信息推送终端及方法 | 本发明涉及通信技术领域，尤其涉及一种商场信息推送终端及方法 |
| CN201610866550.0 | 2016-09-29 | 努比亚技术有限公司 | 一种移动终端 | 本发明涉及终端技术，尤其涉及一种移动终端 |

续表

| 申请号 | 申请日 | 申请人 | 专利名称 | 技术领域 |
|---|---|---|---|---|
| CN201610870973.X | 2016-09-29 | 努比亚技术有限公司 | 一种导热部件的密封方法及移动终端 | 本发明涉及终端技术，尤其涉及一种导热部件的密封方法及移动终端 |
| CN201610870464.7 | 2016-09-29 | 努比亚技术有限公司 | 一种移动终端及控制方法 | 本发明涉及通信领域，更具体地说，涉及一种移动终端及控制方法 |
| CN201610857442.7 | 2016-09-28 | 努比亚技术有限公司 | 移动终端操作控制方法、装置及终端 | 本发明涉及智能终端领域，尤其涉及一种移动终端操作控制方法、装置及终端 |
| CN201610822867.4 | 2016-09-14 | 努比亚技术有限公司 | 一种语音交互的方法和系统 | 本发明涉及一种语音识别技术，更确切地说是一种语音交互的方法和系统 |
| CN201610826439.9 | 2016-09-14 | 努比亚技术有限公司 | 一种网络接入方法及终端 | 本发明涉及无线通信技术中网络接入技术，尤其涉及一种网络接入方法及终端 |
| CN201610825964.9 | 2016-09-14 | 努比亚技术有限公司 | 一种充电控制方法和装置 | 本发明涉及电子领域的充电技术，尤其涉及一种充电控制方法和装置 |

**专利名称：一种离线导航方法及设备**

公开（公告）号：CN106324641A　　公开（公告）日：2017-01-11

申请号：CN201610877939.5　　申请日：2016-10-01

申请（专利权）人：努比亚技术有限公司

国际专利分类号：IPC（8）：G01S19/46G01C21/34

**摘要**：本发明实施例公开了一种离线导航设备，所述设备包括：第一获取单元、第二获取单元、第一处理单元和第二处理单元，其中：所述第一获取单元，用于获取预设位置并将所述预设位置存储在终端中；所述第二获取单元，用于当检测到产生预设事件时，获取所述终端当前位置；所述预设事件包括威胁用户生命安全的紧急事件；所述第一处理单元，用于基于所述预设位置和所述终端当前位置，得到所述终端的目的地址；所述第二处理单元，用于根据所述终端当前位置、所述终端的目的地址和所述预设事件对应的位置信息，得到所述用户到达所述目的地址的行进方向和路线。本发明实施例同时还公开了一种离线导航方法。

**专利名称：种多频天线结构及电子设备**

公开（公告）号：CN106329062A　　公开（公告）日：2017-01-11

申请号：CN201610872581.7　　申请日：2016-09-30

申请（专利权）人：努比亚技术有限公司

国际专利分类号：IPC（8）：H01Q1/22H01Q1/50

**摘要**：本发明实施例公开了一种多频天线结构，包括：设置于电子设备中的天线本体、主板和天线协调电路；所述天线本体的馈入点设置于所述主板上；所述天线协调电路包括可变电容和主板延伸部分；其中，所述多频天线结构还包括：金属件；所述金属件用于设置在至少包覆所述电子设备的边缘区域的包覆件中；进一步地，所述金属件设置于所述包覆件中与所述电子设备的底部所述天线本体所处区域对应的目标位置上，并用于与所述天线本体的末端连接，或者与所述天线本体的末端近场耦合，以增加所述天线本体的有效长度。本发明实施例同时还公开了一种电子设备。

**专利名称：提示调节方法及移动终端**

公开（公告）号：CN106303088A　　公开（公告）日：2017-01-04

申请号：CN201610873113.1　　　　　　申请日：2016-09-30
申请（专利权）人：努比亚技术有限公司
国际专利分类号：IPC（8）：H04M1/725

**摘要：**本发明公开了一种移动终端，该移动终端包括侦测模块，用于侦测所述移动终端的使用状态信息；确认模块，用于根据所述使用状态信息确认所述移动终端的使用场景；及处理模块，用于根据所述移动终端的使用场景调节提示方式。本发明还公开了一种提示调节方法。利用本发明通过侦测移动终端的使用状态信息，并根据所述使用状态信息调节所述移动终端的提示方式，可以在用户操作所述移动终端或者注视所述移动终端时，减小所述移动提示铃声或者减小移动终端的震动强度或者开启静音模式，如此可以减少提示音对用户的打扰，提高了用户体验。

**专利名称：一种视频数据的生成方法和终端**
公开（公告）号：CN106303292A　　　　公开（公告）日：2017-01-04
申请号：CN201610879193.1　　　　　　申请日：2016-09-30
申请（专利权）人：努比亚技术有限公司
国际专利分类号：IPC（8）：H04N5/262H04N5/265

**摘要：**本发明实施例公开了一种视频数据的生成方法，终端的相机运行时，获取拍摄界面的目标区域，从所述目标区域的对象中确定出目标对象；在接收到拍照指令之后，以距离拍照时刻前预设时间处为起始时刻，以距离所述拍照时刻后所述预设时间处为结束时刻，按照预设步长获取各图片；从每个图片中，截取出包括所述目标对象且与所述目标区域大小相同的区域为每个子图片；将所述目标区域分别与所述每个子图片进行匹配，匹配成功时，保留子图片，匹配失败时，丢弃子图片；基于保留的各子图片生成视频数据，并将所述视频数据与所述拍照时刻所拍的照片保存。本发明实施例还同时公开了一种终端。

**专利名称：一种移动终端及控制手电筒的方法**
公开（公告）号：CN106303089A　　　　公开（公告）日：2017-01-04
申请号：CN201610874830.6　　　　　　申请日：2016-09-30
申请（专利权）人：努比亚技术有限公司
国际专利分类号：IPC（8）：H04M1/725H04M1/22

**摘要：**本发明提供的移动终端包括手电筒、光线检测模块、控制模块，光线检测模块用于检测周围环境的光线强度，控制模块用于判断检测到的光线强度是否小于第一预设光线强度，当小于第一预设光线强度时，自动打开手电筒，并将手电筒的亮度逐级调节到预设亮度。本发明还提供一种控制手电筒的方法。本发明提供的移动终端及控制手电筒的方法，能自动根据环境情况打开手电筒，并以逐渐增强亮度的方式将手电筒的灯光强度调节至相应的亮度，提供合适的照明光线，避免伤害用户的眼睛。

**专利名称：一种图片处理方法及终端**
公开（公告）号：CN106303291A　　　　公开（公告）日：2017-01-04
申请号：CN201610875106.5　　　　　　申请日：2016-09-30
申请（专利权）人：努比亚技术有限公司
国际专利分类号：IPC（8）：H04N5/262H04N5/265H04N5/232G06T13/80

**摘要：**本发明实施例公开了一种图片处理方法及终端，将拍摄的一个目标对象的过程特效化，实现拍摄画面的多样化处理，提高了拍摄效果，该方法包括：当接收到摄像指令时，检测是否开启摄像特效功能；当检测到开启摄像特效功能时，采集目标对象沿着第一方向运动的 $n$ 帧第一图片和目标对象沿着第二方向运动的 $m$ 帧第二图片，其中，$n$ 大于等于 2，$m$ 大于等于 2；在接收到结束摄像指令时，将 $n$ 帧第一图片和 $m$ 帧第二图片按照预设策略进行合成和拼接，形成目标对象同时从第一方向和第二方向进行运动的第一 flash 画面。本发明实施例还同时公开了一种终端。

**专利名称：一种天线结构及电子设备**

公开（公告）号：CN106252875A　　　　公开（公告）日：2016-12-21

申请号：CN201610875164.8　　　　申请日：2016-09-30

申请（专利权）人：努比亚技术有限公司

国际专利分类号：IPC（8）：H01Q1/48H01Q5/00H01Q21/00H01Q1/44H01Q1/ 24H04M1/02

**摘要：**本发明实施例公开了一种天线结构，包括：设置于电子设备中的主板和多输入多输出天线；多输入多输出天线设置于主板上；所述多输入多输出天线至少包括：第一天线和第二天线；所述第一天线和所述第二天线的接地端口处分别设置有开关，形成可切换的接地端口，以通过开关的通断调整所述多输入多输出天线的工作频段；所述天线结构还包括：与所述多输入多输出天线连接或不连接的金属件；所述金属件，用于设置在至少包覆所述电子设备的边缘区域的包覆件中；进一步设置于所述包覆件中与所述电子设备的一侧边缘区域中的至少部分区域对应的目标位置上，并用于与所述第一天线或第二天线的末端连接或者近场耦合，本发明实施例同时还公开了一种电子设备。

**专利名称：一种商场信息推送终端及方法**

公开（公告）号：CN106230996A　　　　公开（公告）日：2016-12-14

申请号：CN201610871346.8　　　　申请日：2016-09-30

申请（专利权）人：努比亚技术有限公司

国际专利分类号：IPC（8）：H04L29/08

**摘要：**本发明公开了一种商场信息推送终端及方法，属于通信技术领域，所述终端包括：感测单元，用于实时获取终端的垂直方向的运动信息；控制器，用于根据所述终端的垂直方向的运动信息确定所述终端所在的楼层信息；无线通信单元，用于将所述楼层信息发送给信息推送设备，并接收所述信息推送设备发送的推送信息；输出单元，用于输出所述推送信息。本发明能够解决不同楼层商户信息的无法及时推送到顾客终端设备的问题。在有效宣传商铺信息的同时节约用户的购物时间，提高用户体验。

**专利名称：一种移动终端**

公开（公告）号：CN106304797A　　　　公开（公告）日：2017-01-04

申请号：CN201610866550.0　　　　申请日：2016-09-29

申请（专利权）人：努比亚技术有限公司

国际专利分类号：IPC（8）：H05K7/20

**摘要：**本发明公开了一种移动终端，包括芯片和印制电路板（PCB）；所述芯片固定在所述 PCB 上，所述芯片在工作时能够产生热量；所述移动终端还包括：第一导热部件，所述第一导热部件为金属相变材料；绝缘的第二导热部件，所述第二导热部件包覆在所述第一导热部件表面；屏蔽罩，与所述 PCB 固定，所述芯片位于所述屏蔽罩与所述 PCB 形成的空间内；其中，所述第一导热部件以及所述第二导热部件填充在所述屏蔽罩、PCB 以及芯片所形成的空间内。

**专利名称：一种导热部件的密封方法及移动终端**
公开（公告）号：CN106304799A　　公开（公告）日：2017-01-04
申请号：CN201610870973.X　　申请日：2016-09-29
申请（专利权）人：努比亚技术有限公司
国际专利分类号：IPC（8）：H05K7/20
**摘要**：本发明公开了一种移动终端及导热部件的密封方法，包括芯片和印制电路板（PCB）；芯片固定在所述 PCB 上，所述芯片在工作时能够产生热量；所述移动终端还包括：密封部件，设置在所述芯片上面，且设置有通孔；导热部件，填充在所述通孔内；所述导热部件为金属相变材料；屏蔽罩，与所述 PCB 固定，并完全包围密封部件、导热部件及芯片；其中，所述屏蔽罩包围密封部件、导热部件及芯片后，所述导热部件的表面与所述芯片及屏蔽罩接触，且所述导热部件处在所述密封部件、芯片及屏蔽罩所形成的密封空间内。

**表 7-2-6　乐金显示有限公司**

| 申请号 | 申请日 | 申请人 | 专利名称 | 技术领域 |
|---|---|---|---|---|
| CN201610675610.0 | 2016-06-30 | 乐金显示有限公司 | 有机发光二极管显示装置 | 本公开涉及有机发光二极管显示装置，且更具体地，涉及防止由于通过可溶性工艺的颜色混合的发光层而导致的显示质量下降并且获得高分辨率的有机发光二极管显示装置 |
| CN201610506775.5 | 2016-06-30 | 乐金显示有限公司 | 操作选择性感测的时序控制器及含其的有机发光显示装置 | 本发明涉及操作选择性感测的时序控制器以及包括该时序控制器的有机发光显示装置 |
| CN201610507678.8 | 2016-06-30 | 乐金显示有限公司 | 顺序控制的时序控制器、桥式集成电路及其驱动方法 | 本发明涉及顺序控制的时序控制器、桥式集成电路及其驱动方法 |
| CN201610490626.4 | 2016-06-28 | 乐金显示有限公司 | 内置选通驱动器及使用该内置选通驱动器的显示装置 | 本发明的实施方式涉及一种内置选通驱动器，且更具体地，涉及一种能够通过降低时钟线的负载来改善选通驱动器的输出特性的内置选通驱动器及使用该内置选通驱动器的显示装置 |
| CN201610487526.6 | 2016-06-28 | 乐金显示有限公司 | 含峰值亮度控制单元的有机发光二极管显示装置及驱动法 | 本公开涉及一种有机发光二极管显示装置以及驱动所述有机发光二极管显示装置的方法，并且更具体地，涉及包括基于颜色变化和场景变化来控制峰值亮度的峰值亮度控制单元的有机发光二极管显示装置 |
| CN201610474927.8 | 2016-06-24 | 乐金显示有限公司 | 有机发光二极管显示装置及其制造方法 | 本公开内容涉及一种有机发光二极管显示装置，尤其涉及一种其中发光二极管的电极和辅助线通过发光辅助层彼此连接的有机发光二极管显示装置、以及制造该有机发光二极管显示装置的方法 |
| CN201610474133.1 | 2016-06-24 | 乐金显示有限公司 | 有机发光二极管显示装置 | 本发明涉及一种有机发光二极管（OLED）显示装置。特别是，本发明涉及一种有机发光层具有提高的厚度均匀性的 OLED 显示装置 |
| CN201610463881.X | 2016-06-23 | 乐金显示有限公司 | 有机发光二极管显示器及其驱动方法以及像素单元 | 本发明涉及有源矩阵有机发光二极管（OLED）显示器及其驱动方法 |
| CN201610425935.3 | 2016-06-16 | 乐金显示有限公司 | 薄膜晶体管基板和使用该薄膜晶体管基板的显示装置 | 公开了涉及薄膜晶体管（TFT）基板和使用该薄膜晶体管基板的显示装置 |
| CN201610370986.0 | 2016-05-30 | 乐金显示有限公司 | 栅极驱动电路及使用该栅极驱动电路的显示装置 | 本公开内容涉及一种栅极驱动电路以及使用该栅极驱动电路的显示装置，该栅极驱动电路用于使用移位寄存器来对栅极脉冲进行移位并且使用一个 Q 节点来控制多个上拉晶体管 |

续表

| 申请号 | 申请日 | 申请人 | 专利名称 | 技术领域 |
|---|---|---|---|---|
| CN201610366192.7 | 2016-05-27 | 乐金显示有限公司 | 有机发光二极管显示器 | 本公开内容涉及有机发光二极管（OLED）显示器 |
| CN201610365834.1 | 2016-05-27 | 乐金显示有限公司 | 用于改善画面质量的显示装置及驱动该显示装置的方法 | 本发明涉及一种显示装置以及用于驱动该显示装置的方法，其能够通过以关联的方式考虑观看环境、观看距离和图像特性为观众提供最佳亮度和可视性 |
| CN201610365798.9 | 2016-05-27 | 乐金显示有限公司 | 有机发光显示器及其电路 | 本公开内容涉及一种有源矩阵有机发光显示器及其电路 |
| CN201610365917.0 | 2016-05-27 | 乐金显示有限公司 | 面板缺陷检测方法和使用该方法的有机发光显示装置 | 本公开涉及一种面板缺陷检测方法和使用该面板缺陷检测方法的有机发光显示装置 |
| CN201610353205.7 | 2016-05-25 | 乐金显示有限公司 | 显示装置及测试显示装置的方法 | 本发明涉及允许自动探测测试（auto-probetest）的显示装置以及测试显示装置的方法 |

**专利名称：有机发光二极管显示装置**

公开（公告）号：CN106328679A　　公开（公告）日：2017-01-11

申请号：CN201610675610.0　　申请日：2016-06-30

申请（专利权）人：乐金显示有限公司

国际专利分类号：IPC（8）：H01L27/32

**摘要**：一种有机发光二极管显示装置（100）包括：多个像素（101，102，103），各自包括第一（101a，102a，103a）、第二（101b，102b，103b）和第三子像素（101c，102c，103c），其中，相邻像素（101，102，103）的第一子像素（101a，102a，103a）、相邻像素（101，102，103）的第二子像素（101b，102b，103b）和相邻像素（101，102，103）的第三子像素（101c，102c，103c）构成多个子像素组（150）；第一堤岸层（171），该第一堤岸层划分多个子像素组（150）并且划分第一（101a，102a，103a）、第二（101b，102b，103b）和第三子像素（101c，102c，103c）；以及第二堤岸层（173），该第二堤岸层位于第一堤岸层（171）上，该第二堤岸层（173）划分第一（101a，102a，103a）、第二（101b，102b，103b）和第三子像素（101c，102c，103c）。

**专利名称：操作选择性感测的时序控制器及含其的有机发光显示装置**

公开（公告）号：CN106328052A　　公开（公告）日：2017-01-11

申请号：CN201610506775.5　　申请日：2016-06-30

申请（专利权）人：乐金显示有限公司

国际专利分类号：IPC（8）：G09G3/3208

**摘要**：提供了一种操作选择性感测的时序控制器及含其的有机发光显示装置，该时序控制器被配置成当显示面板在开启状态下操作时选择性地执行感测。根据本发明的示例性实施方式的时序控制器基于显示面板的温度、显示面板的操作上的时间差和对感测代表性子像素的需求程度来执行对该显示面板的感测。

**专利名称：顺序控制的时序控制器、桥式集成电路及其驱动方法**

公开（公告）号：CN106328066A　　公开（公告）日：2017-01-11

申请号：CN201610507678.8　　申请日：2016-06-30

申请（专利权）人：乐金显示有限公司

国际专利分类号：IPC（8）：G09G3/3275G09G3/36

**摘要**：本发明提供了顺序控制的时序控制器、桥式集成电路及其驱动方法。能够提供控制接口单元、图像转换单元和收发器以在从时序控制器接收到加载完成信号时向时序控制器发送图像的桥式集成电路。另外，能够提供驱动桥式集成电路和时序控制器以发送和接收加载完成信号使得桥式集成电路转换图像数据并且向时序控制器发送经转换的图像数据的方法。

**专利名称：内置选通驱动器及使用该内置选通驱动器的显示装置**

公开（公告）号：CN106328063A　　公开（公告）日：2017-01-11

申请号：CN201610490626.4　　申请日：2016-06-28

申请（专利权）人：乐金显示有限公司

国际专利分类号：IPC（8）：G09G3/3266G09G3/36G11C19/28

**摘要**：讨论的是能够通过降低时钟线的负载来改善选通驱动器的输出特性的内置选通驱动器及使用该内置选通驱动器的显示装置。该内置选通驱动器可以包括位于显示面板的非显示区域中的移位寄存器、第一时钟组以及第二时钟组。移位寄存器包括用于分别驱动显示区域的选通线的多个级。第一时钟组包括被布置在移位寄存器的第一侧的时钟线。第二时钟组包括被布置在所述移位寄存器的第二侧的时钟线。每个时钟线均包括主线和从主线分支并被连接到对应的级的支线。属于第一时钟组和第二时钟组中的任何一个的对应的时钟组的支线与属于另一个时钟组的主线不交叠。

**专利名称：有机发光二极管显示装置及其制造方法**

公开（公告）号：CN106328676A　　公开（公告）日：2017-01-11

申请号：CN201610474927.8　　申请日：2016-06-24

申请（专利权）人：乐金显示有限公司

国际专利分类号：IPC（8）：H01L27/32H01L51/50

**摘要**：公开一种有机发光二极管显示装置及其制造方法。所述显示装置包括：包括像素区域的基板，所述像素区域包括第一部分和第二部分；位于所述像素区域的第二部分中的第一电极；堤层，将所述像素区域的第一部分和第二部分分开；发光层，位于所述像素区域的第二部分中，但不位于所述像素区域的第一部分中；发光辅助层，在所述像素区域的第一部分中、所述堤层的上方以及所述像素区域的第二部分中延伸，并且位于所述像素区域的第一部分中的发光辅助层比位于所述像素区域的第二部分中的发光辅助层导电性更强；和第二电极，在位于所述像素区域的第一部分中的、所述堤层上方的以及所述像素区域的第二部分中的发光辅助层上。

**专利名称：有机发光二极管显示装置**

公开（公告）号：CN106328675A　　公开（公告）日：2017-01-11

申请号：CN201610474133.1　　申请日：2016-06-24

申请（专利权）人：乐金显示有限公司

国际专利分类号：IPC（8）：H01L27/32H01L51/52

**摘要**：公开了一种有机发光二极管显示装置，包括像素区域以及在所述像素区域外部的边界区域，所述像素区域包括具有短边和长边的区域，所述像素区域包括发射光的像素的阵列，所述有机发光二极管显示装置包括：位于所述像素区域中和所述边界区域中的基板；位于所述像素区域中的基板上方的发光装置的第一电极；第一堤部，所述第一堤部覆盖所述像素区域中的第一电极的边缘并且所述第一堤部位于所述边界区域中的基板上，其中沿所述像素区域的短边的第一堤部的边缘的宽度不同于沿所述像素区域的长边的第一堤部的边缘的宽度；和第二堤部，所述第二堤部位于所述边界区域中的第一堤部的一部分上。

**专利名称：有机发光二极管显示器及其驱动方法以及像素单元**

公开（公告）号：CN106297659A　　公开（公告）日：2017-01-04

申请号：CN201610463881.X　　申请日：2016-06-23

申请（专利权）人：乐金显示有限公司

国际专利分类号：IPC（8）：G09G3/3225H01L27/32

**摘要**：提供了一种有机发光二极管（OLED）显示器及其驱动方法以及像素单元，其包括驱动电路和布置在像素行上的像素。在第（$j$+1）个水平阶段中，驱动电路对布置在第（$j$+1）个像素行上的每个像素的驱动晶体管（DT）的阈值电压进行采样，并且对布置在第 $j$ 个像素行上的每个像素的驱动 TFT 的栅电极的电压进行初始化。另外，在第 $j$ 个水平阶段中，驱动电路对布置在第 $j$ 个像素行上的每个像素的驱动 TFT 的阈值电压进行采样。

**专利名称：薄膜晶体管基板和使用该薄膜晶体管基板的显示装置**

公开（公告）号：CN106257677A　　公开（公告）日：2016-12-28

申请号：CN201610425935.3　　申请日：2016-06-16

申请（专利权）人：乐金显示有限公司

国际专利分类号：IPC（8）：H01L27/12H01L27/32G02F1/1362G02F1/1368

**摘要**：公开了一种薄膜晶体管（TFT）基板和使用该薄膜晶体管基板的显示装置。该 TFT 基板包括：第一 TFT，其包括沉积在基板上的多晶半导体层、第一栅电极、第一源电极、以及第一漏电极；与第一 TFT 隔离的第二 TFT，所述第二 TFT 包括沉积在第一栅电极上的第二栅电极、氧化物半导体层、第二源电极、以及第二漏电极；以及与第一 TFT 和第二 TFT 隔离的多个存储电容器，各个存储电容器包括：第一虚拟半导体层、在第一虚拟半导体层上的第一栅极绝缘层、在第一栅极绝缘层上的第一虚拟栅电极、以及在第一虚拟栅电极上的中间绝缘层。

**专利名称：栅极驱动电路及使用该栅极驱动电路的显示装置**

公开（公告）号：CN106297625A　　公开（公告）日：2017-01-04

申请号：CN201610370986.0　　申请日：2016-05-30

申请（专利权）人：乐金显示有限公司

国际专利分类号：IPC（8）：G09G3/20G09G3/36

**摘要**：公开了一种栅极驱动电路和使用该栅极驱动电路的显示装置。该栅极驱动电路包括配置成按顺序生成第一输出电压和第二输出电压的第一栅极驱动电路以及配置成按顺序生成第一输出电压和第二输出电压的第二栅极驱动电路。第一栅极驱动电路和第二栅极驱动电路不对称地连接至栅极线。第一栅极驱动电路的第一输出电压被提供给第 $n$ 个栅极线，并且第二栅极驱动电路的第二输出电压被提供给第 $n$ 个栅极线。

# 关键领域三
# 监控摄像机

随着传感器技术、图像处理技术、计算机技术、通信技术及人工智能技术等科学技术的发展及交叉使用，摄像机在工业、医疗、军事、民用等领域的应用得到空前的发展。摄像机在民用安全技术防范行业视频安防监控系统中的应用，更是空前的繁荣，为保护人身安全、财产安全，减少犯罪，维护社会稳定等提供了强有力的技术支持。在视频安防监控系统中，针对不同的应用环境，各摄像机制造商研发、生产了多种类型的摄像机。❶

摄像头安装数量的日益增多，以及智慧城市和公共安全需求的日益增长，采用人工的视频监控方式已经远远不能满足需要，因此智能视频监控技术应运而生并迅速成为一个研究热点。智能视频监控技术是一个跨领域的研究方向。20 世纪末以来，随着计算机视觉技术的发展，智能视频监控技术得到广泛的关注和研究，并随着对安全的日益重视，也成为当前的研究热点。智能视频监控包括在底层上对动态场景中的感兴趣目标进行检测、分类、跟踪和识别，在高层上对感兴趣目标的行为进行识别、分析和理解。智能视频监控技术可以广泛应用于公共安全监控、工业现场监控、居民小区监控、交通状态监控等各种监控场景中，实现犯罪预防、交通管制、意外防范和检测、老幼病残监护等功能，能够显著提高监控效率，降低监控成本，具有广泛的研究意义和应用前景。❷

---

❶ 臧胜．视频安防监控摄像机的选用［J］．建筑电气，2016（03）．

❷ 黄凯奇．智能视频监控技术综述［J］．计算机学报，2015，38（6）．

# 第8章 监控摄像机全球专利分析

## 8.1 全球专利申请数量分析

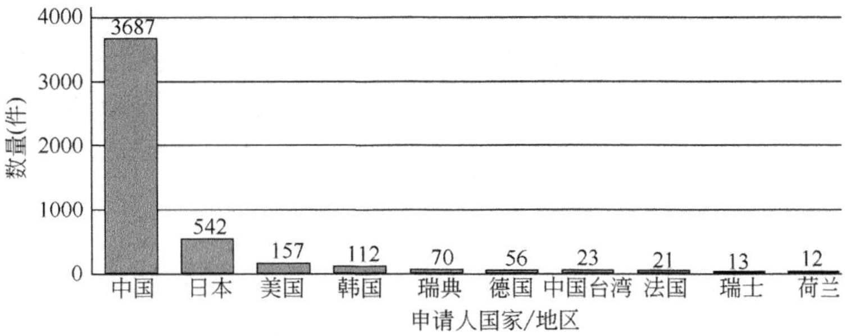


图 8-1-1　专利申请国家分布情况

专利申请国（图 8-1-1）可以体现专利权人想在哪些国家或地区保护该发明。这一参数也反映了该发明未来可能的实施国家或地区。从图 8-1-2 可以清楚的看出世界的绝大多数的监控摄像机专利都是在中国申请的，从此可以体现监控摄像机的技术发展大都在中国。

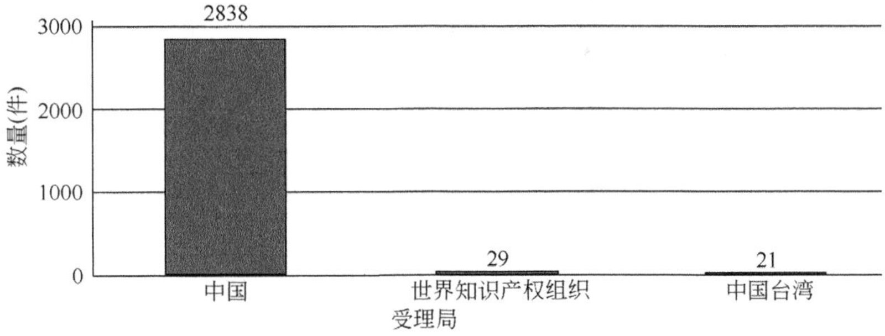


图 8-1-2　申请人国家（地区）情况

数据统计得出：监控摄像机专利从 1968 年开始申请，至今已有 14808 件，监控摄像机的专利虽然大多在中国办理，但申请数量多的公司却是索尼和松下公司，国内的浙江宇视科技以 94 件（包含外观专利）排在第三。所以，国内在这方面还是落后于世界先进水平，还有追赶的空间。

## 8.2　全球专利申请趋势

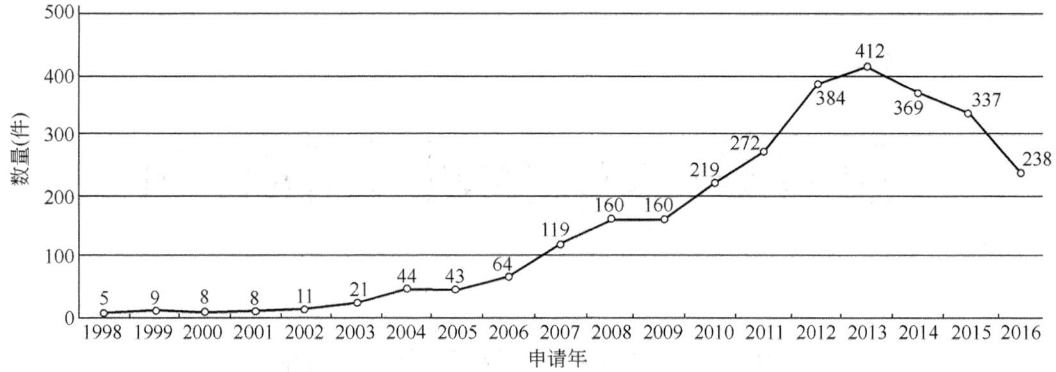


图 8-2-1　全球专利申请趋势图

将监控摄像机的全球专利申请量按照年份进行统计分析，得到全球专利申请趋势图（图 8-2-1），监控摄像机全球专利申请整体呈上升态势。专利申请数量从 2007 年开始快速增长，呈现了爆炸式的增长势头，反映了国内企业对监控摄像机的相关技术的开发的日益重视。

## 8.3　专利 IPC 分布

监控摄像机专利按照国际专利分类号（IPC）进行统计，结果如图 8-3-1。

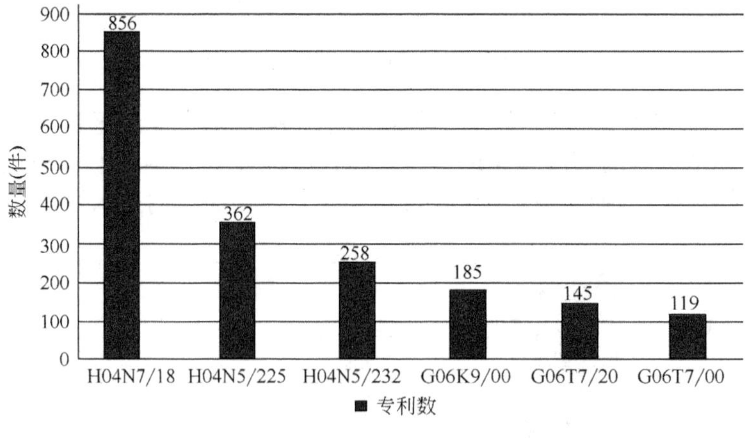


图 8-3-1　IPC 分类情况

# 第9章 监控摄像机国内专利分析

## 9.1 国内专利概况

在中国专利中，经过检索获得监控摄像机行业专利共1555件。

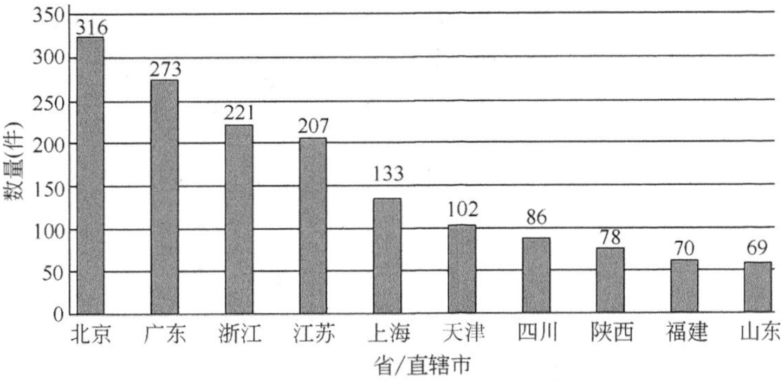


图9-1-1 监控摄像机行业专利国内分布情况

从图 9-1-1 看出：国内监控摄像机行业的发展差距还是很大的，专利申请主要在北京、广东、浙江，安防产业在这三地发展得较快，几家大型企业也大多在这三地。

## 9.2 申请趋势

由图9-2-1的监控摄像机行业是国内专利申请趋势可以看到，监控摄像机的专利技术研发整体处于上升趋势，从2008年开始，总体发展趋势增长迅速，2013年申请量达到 412件。这表明我国监控摄像机行业还处于技术发展期，整个行业的技术创新意识和能力在不断提高。鉴于我国专利的审查程序，实用新型和外观设计专利从提出申请到授权公告一般需要8个月时间，发明专利从提出申请到公开一般需要18个月的时间，因此图中2015年至2016年的申请量并不是最终的数据，从而出现了2015年之后专利申请发展回落明显的现象。

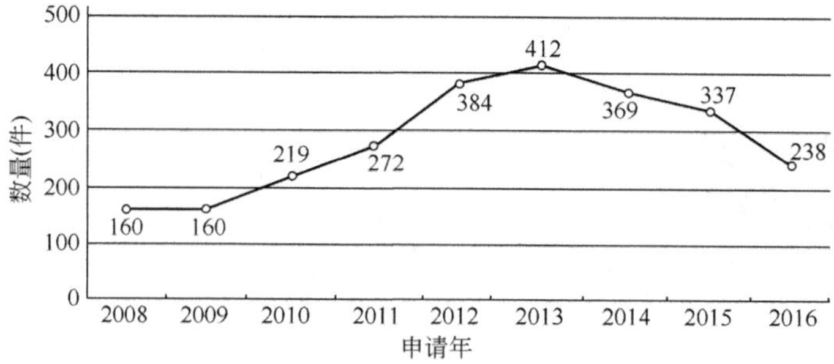

图 9-2-1　监控摄像机行业国内专利申请趋势图

## 9.3　国内申请人分布情况

国内主要省市监控摄像机行业的专利申请状况见图 9-3-1，其中北京市申请量达到 309 件，居首位，而浙江省专利申请量列第 3 位，作为一个科技发展迅速的大省数量普通。

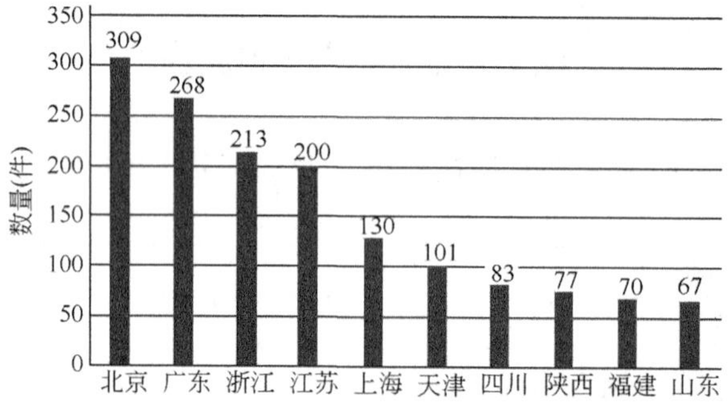

图 9-3-1　国内主要省市监控摄像机行业专利申请状况图

## 9.4　重点公司专利分析

### 9.4.1　索尼（中国）有限公司

索尼（中国）有限公司于 1996 年 10 月在北京设立，是索尼集团统一管理和协调索尼在华业务活动的全资子公司。作为在中国的地区总部，它在中国国内从事电子信息行业的投资、产品市场推广、顾客售后服务联络，并针对索尼在中国的各所属企业进行宏观管理及广泛的业务支持，推动索尼在中国市场的业务不断发展。索尼在华销售的产品包括平面特丽珑彩电、背投/等离子/液晶彩电、数码相机、笔记本电脑、家用摄录放一体机、家庭影院系统、DVD 播放机、数据投影机、记忆棒、聚合锂离子电池等。目前索尼在华的电子业务规模已经达到 50 亿美元，总投资额已超过 8 亿美元，包括六家工厂在内，在中国共有大约一万名员工。

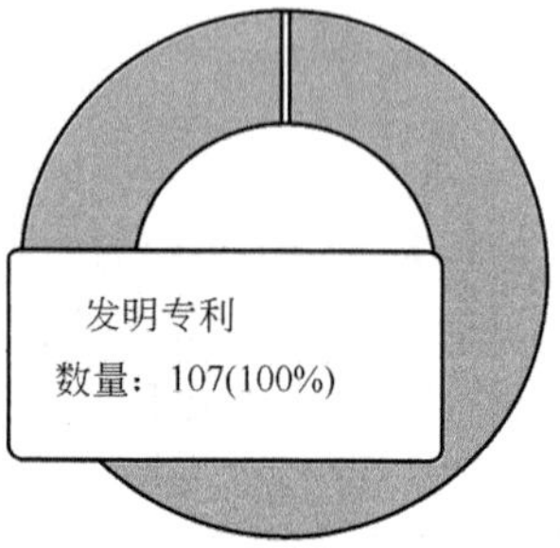

图 9-4-1　索尼（中国）专利数量表

如图 9-4-1 所示，索尼（中国）有限公司拥有 107 项专利，领先于其他公司，而其中都是发明专利。

图 9-4-2 反映了索尼（中国）有限公司在全球主要市场上的历年专利申请分布状况，整体成锯齿形，每年的数量大概在 10 件。

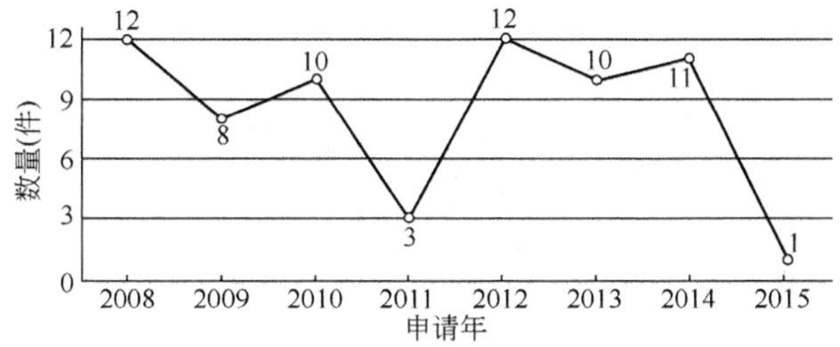


图 9-4-2 索尼（中国）有限公司近十年专利申请数量表

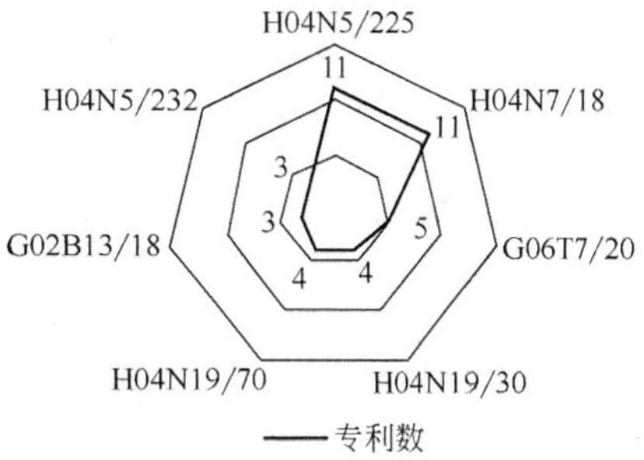


图 9-4-3 索尼（中国）有限公司 IPC 专利分析图

## 9.4.2 松下电器产业株式会社

日本松下电器产业株式会社以下简称“松下电器”)，原名松下电器产业公司，是日本的大型电器制造企业，总部设于日本大阪府门真市。松下电器成立于 1918 年，主要经营家电、电子产品。日本总公司名称为了与其主打英语商标 Panasonic 统一，于 2008 年 10 月 1 日起，改名为松下电器产业株式会社。2015 年 12 月 27 日，松下电器在中国大连兴建一座汽车锂电池工厂，投资 500 亿日元（约 4.12 亿美元）。

图 9-4-4 反映了松下电器在全球主要市场上的历年专利申请分布状况。松下电器的专利申请整体呈锯齿趋势，2007 年专利申请量最高达 18 件，但 2012 年以后申请量呈震荡下行趋势。

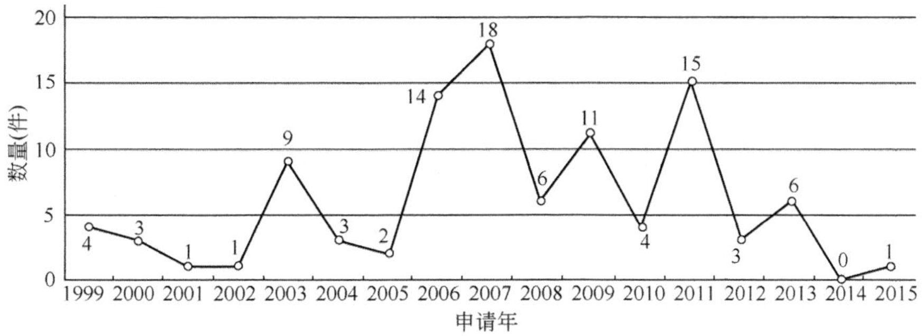


图 9-4-4 松下电器历年专利申请数量

根据图 9-4-5 显示，松下电器在监控摄像机领域的专利按照国际专利分类号（IPC）进行统计，结果最多的电学类 H04N 专利为重点研究方向，为电视摄像技术等。

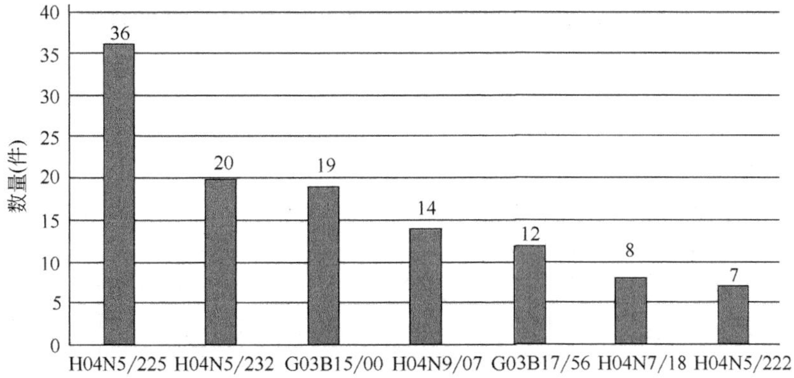


图 9-4-5 松下电器 IPC 分类分析图

### 9.4.3 浙江宇视科技有限公司

浙江宇视科技有限公司在中国31个省、市、自治区设立了办事机构，为客户提供近距离高品质的服务，为合作伙伴提供高效优质的支持。秉承华三公司IP监控方案在城域联网、大型园区、广域场所、智能楼宇等领域的领先优势，公司产品及解决方案已广泛应用于公安、政府、企业园区、智能交通、地铁、校园、高端智能建筑等各个领域。

图9-4-6反映了浙江宇视科技有限公司在中国主要市场上的历年专利申请分布状况。浙江宇视科技有限公司的专利申请整体呈山峰状趋势，在2014年到达最高点34件之后，数量又开始下降，这和世界的总体发展是一样的。

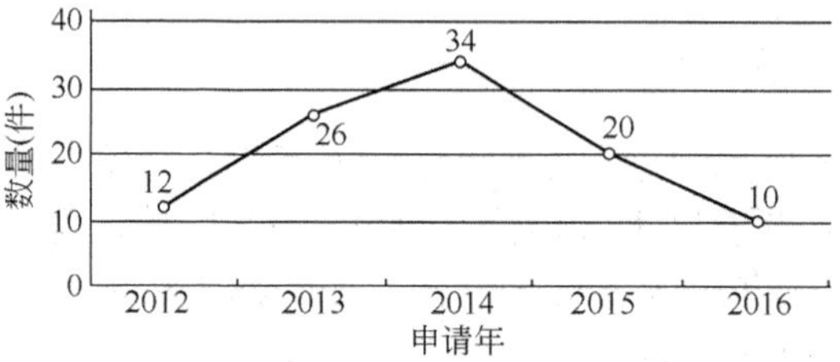


图9-4-6 浙江宇视科技有限公司专利申请数量

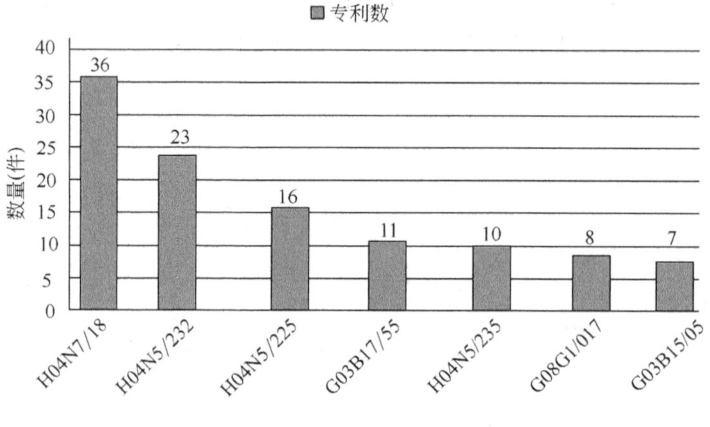


图9-4-7 浙江宇视科技有限公司IPC技术分布图

图9-4-7反映出浙江宇视科技有限公司的IPC技术主要在电学H04电通信技术、H04N图像通信，如电视H04N7/00电视系统（部件入H04N3/00，H04N5/00；用于数字视频信号编码、解码、压缩或解压缩的方法或装置可选的内容分发入H04N21/00）；H04N7/18闭路电视系统。

### 9.4.4 杭州海康威视数字技术股份有限公司

杭州海康威视数字技术股份有限公司（以下简称“海康威视”）拥有业内领先的自主核心技术和可持续研发能力，提供摄像机/智能球机、光端机、DVR/DVS/板卡、网络存储、视频综合平台、中心管理软件等安防产品，并针对金融、公安、电讯、交通、司法、教育、电力、水利、军队等众多行业提供合适的细分产品与专业的行业解决方案。这些产品和方案面向全球100多个国家和地区，在北京奥运会、大运会、亚运会、上海世博会等重大安保项目中得到广泛应用。

海康威视是中国领先的监控产品供应商，致力于不断提升视频处理技术和视频分析技术，面向全球提供领先的监控产品、技术解决方案与专业优质服务，为客户持续创造最大价值。

海康威视的营销及服务网络覆盖全球，目前在中国32个城市（包括香港）已设立分公司，在美国洛杉矶和印度也已设立了全资和合资子公司，并正在全球筹建更多的分支机构，为客户提供快捷、优质的服务。

海康威视作为中国安防产业较大的企业之一，从表9-4-1中看到，在监控摄像机领域并没有较大规模的技术研发，虽然拥有较多的专利申请，却以外观和实用新型为主。因此，海康威视应在监控摄像机领域中加大研发力量，跟上世界先进水平。

**表9-4-1 海康威视专利申请类型**

| 专利类型 | 数量（件） |
|---|---|
| 外观设计 | 18 |
| 实用新型 | 18 |
| 发明 | 16 |

图9-4-8反映了海康威视在中国主要市场上的历年专利申请IPC技术分布状况。

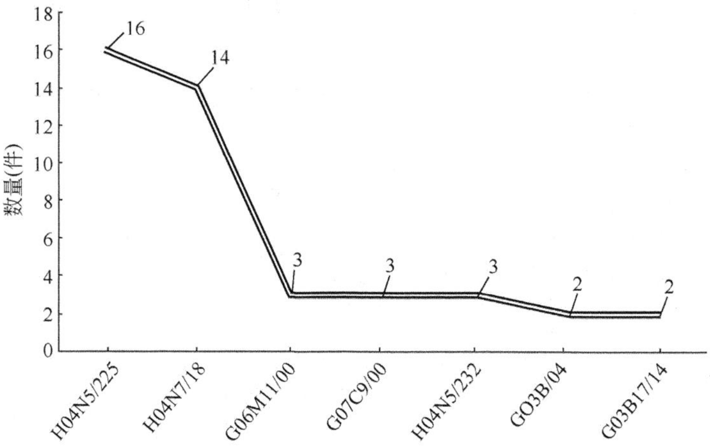


图9-4-8 海康威视IPC技术分布图

## 9.5 国内专利分析小结

为了更好地促进国内监控摄像机技术的发展，应当加强电学领域技术的力量。通过制定行业企业在知识产权保护中共同遵守的行为准则，加强企业间专利保护的联合协调，跟踪国内外光伏产业的专利发展动态，共同研究技术创新和专利保护的方向和重点，协调解决影响行业竞争能力的重大知识产权问题，实现企业间优势互补。

# 第10章 重点企业（部分）核心专利简介

以下专利摘要信息数据来自智慧芽专利数据分析平台，部分涉及专业词汇，为防止因翻译而产生理解偏差，请读者按照专利申请号检索并下载全文阅读。

## 10.1 授权部分

表 10-1-1 杭州海康威视数字技术股份有限公司

| 申请号 | 申请日 | 申请人 | 专利名称 | 技术领域 |
|---|---|---|---|---|
| CN201110204761.5 | 2011-07-20 | 杭州海康威视数字技术股份有限公司 | 夜晚车辆检测的方法及其系统 | 本发明涉及智能交通系统领域，特别涉及视频图像中车辆检测技术 |
| CCN201010200999.6 | 2010-06-09 | 杭州海康威视数字技术股份有限公司 | 扩展多通道解码和多通道智能视频处理功能的方法和装置 | 本发明涉及监控技术领域，特别涉及一种能够同时扩展多通道解码和多通道智能视频处理功能的方法和装置 |
| CN201010114826.2 | 2010-02-10 | 杭州海康威视数字技术股份有限公司 | 可精确辨别目标的人流量统计的方法及系统 | 本发明涉及视频监控及图像处理与分析技术领域，尤其涉及一种可精确辨别目标的人流量统计的方法及系统 |
| CN201010114830.9 | 2010-02-10 | 杭州海康威视数字技术股份有限公司 | 可适用多角度应用场景的人流量统计的方法及系统 | 本发明涉及视频监控及图像处理与分析技术领域，尤其涉及一种可适用多角度应用场景的人流量统计的方法及系统 |
| CN201010105232.5 | 2010-01-22 | 杭州海康威视数字技术股份有限公司 | 自动光圈调整方法及装置 | 本发明涉及自动光圈调整装置及其方法，更具体地说，涉及基于自适应调整的自动光圈调整装置及其方法 |

**专利名称：夜晚车辆检测的方法及其系统**

公开（公告）号：CN102280030B　　公开（公告）日：2013-09-25

申请号：CN201110204761.5　　申请日：2011-07-20

申请（专利权）人：杭州海康威视数字技术股份有限公司

国际专利分类号：IPC（8）：G08G1/01 G06K9/00

其他公开文献：CN102280030A

**摘要：**本发明涉及智能交通系统领域，公开了一种夜晚车辆检测的方法及其系统。本发明通过利用预先设置的车道信息，分析出车流方向，根据车道的流向选择不同的检测方法，对于图像中的下行车道，采用自适应阈值分割方法，自动提取出图像中的车头高亮区域，对于图像中的上行车道，采用尾灯红色特征方法，并结合背景信息，进一步过滤虚假目标的干扰，提高了系统的稳定性和鲁棒性，并且设置简单，操作方便，选取的特征提取便捷、速度快，有利于在实时系统中快速运行。

**专利名称：扩展多通道解码和多通道智能视频处理功能的方法和装置**

公开（公告）号：CN101964893B　　公开（公告）日：2012-09-05

申请号：CN201010200999.6　　申请日：2010-06-09

申请（专利权）人：杭州海康威视数字技术股份有限公司

国际专利分类号：IPC（8）：H04N5/91 H04N5/917 H04N5/907

其他公开文献：CN101964893A

**摘要**：本发明公开了一种同时扩展多通道解码和多通道智能视频处理功能的方法及装置，使得在原数字硬盘录像机的硬件资源设计不需更改或更改较少的情况下，通过 PCI 接口扩展一个带有多颗 DSP 芯片的子板进行多路解码和多路智能视频分析。为了使扩展板上的 DSP 达到最大利用率，采用扩展板解码功能和智能分析功能相切换的方法，使得在不同的操作状态下，扩展板的所有 DSP 只用于一种功能，从而增加了扩展板解码和智能分析所能支持的总通道数。总而言之，本发明实施例的硬件设计实现简单，经过扩展的普通数字硬盘录像机在不增加任何相关其他设备下，就可以同时最大限度地支持多路高分辨率的解码功能和多路视频分析处理功能。

**专利名称：可精确辨别目标的人流量统计的方法及系统**

公开（公告）号：CN101872422B　　公开（公告）日：2012-11-21

申请号：CN201010114826.2　　申请日：2010-02-10

申请（专利权）人：杭州海康威视数字技术股份有限公司

国际专利分类号：IPC（8）：G06K9/62 G06T7/20 G07C9/00

其他公开文献：CN101872422A

**摘要**：本发明公开了一种可精确辨别目标的人流量统计的方法及系统，其中的方法包括：采用分类器对当前图像进行人头粗检测，对粗检测结果进行边缘特征细筛选处理，确定当前图像中的各人头；对确定出的各人头进行跟踪，形成人头目标运动轨迹；在人头目标运动轨迹方向进行人流量计数。可见，本发明在粗检测后，再利用边缘特征对粗检测结果进行细筛选，更大程度得到真正的人头目标，提高人头检测的精度，从而提高人流量统计的准确性。

**专利名称：可适用多角度应用场景的人流量统计的方法及系统**

公开（公告）号：CN101872431B　　公开（公告）日：2014-04-09

申请号：CN201010114830.9　　申请日：2010-02-10

申请（专利权）人：杭州海康威视数字技术股份有限公司

国际专利分类号：IPC（8）：G06M11/00 G06K9/00 G06T7/20 G07C9/00

其他公开文献：CN101872431A

**摘要**：本发明公开了一种可适用多角度应用场景的人流量统计的方法及系统，其中的方法包括：对图像中的检测区域进行场景标定，从而将检测区域划分为若干个子区域；在子区域内，采用分类器对当前图像进行头像检测，确定当前图像中的各头像；对确定的各头像进行跟踪，形成人头像目标运动轨迹；在人头像目标运动轨迹方向进行人流量计数。可见，本发明在检测前通过场景标定自动选择检测窗口的尺寸，使本发明能自适应各种摄像机角度，拓宽了应用范围。

**专利名称：自动光圈调整方法及装置**

公开（公告）号：CN102135700B　　　　公开（公告）日：2013-06-12

申请号：CN201010105232.5　　　　申请日：2010-01-22

申请（专利权）人：杭州海康威视数字技术股份有限公司

国际专利分类号：IPC（8）：G03B7/00 H04N5/232

其他公开文献：CN102135700A

**摘要**：提供基于自适应调整的自动光圈调整装置及其方法。该自动光圈调整装置包含：自动光圈镜头，用于采集图像；平均亮度计算单元，用于计算自动光圈镜头所采集的图像的平均亮度；自动光圈控制单元，用于根据平均亮度计算单元所计算出来的平均亮度与目标亮度之差产生控制光圈大小的控制信号；以及自动光圈电机，用于根据自动光圈控制单元输出的控制信号控制自动光圈镜头的光圈大小。通过分析光圈的当前状态来自适应地控制光圈大小，从而可以应用于各种自动光圈镜头，并避免手动调整参数等问题。

**表 10-1-2　松下电器产业株式会社**

| 申请号 | 申请日 | 申请人 | 专利名称 | 技术领域 |
|---|---|---|---|---|
| CN201280008473.5 | 2012-01-23 | 松下电器产业株式会社 | 显示装置以及计算机实施方法 | 本发明涉及显示影像的显示装置，尤其是涉及显示由全方位摄像机拍摄到的影像的显示装置 |
| CN201180004365.6 | 2011-08-19 | 松下电器产业株式会社 | 三维摄像装置 | 本发明涉及生成具有视差的多个图像的单眼的三维摄像技术 |
| CN201180030985.7 | 2011-06-06 | 松下电器产业株式会社 | 半球型摄像机 | 本发明涉及具备覆盖摄像机镜头的半球形罩的半球型摄像机，尤其是涉及通过手动来设定摄像机镜头的方向的固定型的半球型摄像机 |
| CN201180003054.8 | 2011-05-31 | 松下电器产业株式会社 | 中继装置 | 本发明涉及在具备分布式的总线的半导体的集成电路中，对在连接总 线间的多个中继器间流过的多个业务的发送调度进行调整的技术 |
| CN201180002963.X | 2011-05-11 | 松下电器产业株式会社 | 近距离无线通信装置 | 本发明涉及近距离无线通信装置，尤其涉及具备固定框体、和相对于 该固定框体进行履带式回旋［以下也称为“无限（endless）旋转”］的可动框体的近距离无线通信装置 |
| CN201180003155.5 | 2011-02-01 | 松下电器产业株式会社 | 变焦透镜系统、可更换镜头装置及相机系统 | 本发明涉及一种变焦透镜系统，特别涉及适用于所谓可更换镜头式数码相机系统的拍摄镜头系统的变焦透镜系统。此外，本发明还涉及使用该变焦透镜系统的可更换镜头装置及相机系统 |
| CN201080012155.7 | 2010-10-27 | 松下电器产业株式会社 | 图像处理装置及图像处理方法 | 本发明涉及具有自动变焦功能的图像处理装置，其能够生成比由成像元件可以取得的原本的1像素有着更高清晰度的高分辨率图像 |
| CN200980130653.9 | 2009-12-16 | 松下电器产业株式会社 | 图像处理装置和模拟立体图像生成装置 | 本发明涉及图像处理装置和模拟立体图像生成装置。特别涉及根据屋 外等拍摄的通常的二维静止图像或动态图像等、没有给出进深方向信息的 图像（二维图像），推定出三维形状，制成模拟立体图像的模拟立体图像 生成装置 |
| CN200980106570.6 | 2009-07-23 | 松下电器产业株式会社 | 中继器以及中继方法 | 本发明涉及在无线网状网络系统中进行高品质传送的中继器，固定终 端或移动终端连接于所述无线网状网络系统 |

续表

| 申请号 | 申请日 | 申请人 | 专利名称 | 技术领域 |
|---|---|---|---|---|
| CN200980106416.9 | 2009-05-15 | 松下电器产业株式会社 | 图像处理方法、图像处理装置、图像合成方法和图像合成装置 | 本发明涉及图像处理技术，尤其是涉及用于提高在被摄体的形状信息获取和图像合成时所需要的图像分割的精度的技术 |
| CN201310075540.1 | 2008-11-28 | 松下电器产业株式会社 | 图像处理装置、图像处理方法 | 本发明涉及可以同时获取被摄体的彩色信息和偏振光信息的图像处理装置以及方法。另外，本发明涉及可以很合适地应用于这种图像处理的拍摄装置 |
| CN200880117230.9 | 2008-11-28 | 松下电器产业株式会社 | 拍摄装置 | 本发明涉及能很合适地应用于可同时获取被摄体的彩色信息和偏振光信息的图像处理的拍摄装置 |
| CN200880108139.0 | 2008-09-04 | 松下电器产业株式会社 | 摄像装置 | 本发明涉及一种摄像装置，其能够安装在顶棚面或墙面等角度不同的摄像机设置面上 |
| CN200710153121.X | 2007-09-21 | 松下电器产业株式会社 | 固体摄像装置、其驱动方法以及摄像机 | 本发明涉及输出图像信号的固体摄像装置、固体摄像元件的驱动方法以及摄像机，所述固体摄像装置具备排列为二维状的多个受光元件、多个垂直传送部以及一个水平传送部，尤其涉及具备静态图像拍摄模式和像素混合模式的固体摄像装置、固体摄像元件的驱动方法以及摄像机 |
| CN200780031555.0 | 2007-09-04 | 松下电器产业株式会社 | 图像记录/再生设备 | 本发明涉及用于在可移除式硬盘上记录图像的图像记录/再生设备，更具体地涉及用于检测与可移除式硬盘相关的错误的技术 |

**专利名称：显示装置以及计算机实施方法**

公开（公告）号：CN103354996B　　公开（公告）日：2016-12-14

申请号：CN201280008473.5　　申请日：2012-01-23

申请（专利权）人：松下电器产业株式会社

国际专利分类号：IPC（8）：H04N5/225 H04N5/232

其他公开文献：CN103354996A

**摘要：**提供一种通过直观的使用者接口，以简单的操作能够进行全方位图像与畸变校正图像的显示的切换的显示装置。作为显示装置的观察终端（1）具备：全方位图像取得部（16），其取得全方位图像；图像显示部（19），其具备面板接口（11）；畸变校正图像生成部（15），其对于全方位图像的一部分或全部进行畸变校正而生成畸变校正图像；操作检测部（12），其在图像显示部（19）上显示全方位图像或畸变校正图像时，使用面板接口（11），检测对于显示的图像直接进行的、全方位图像的显示与畸变校正图像的显示之间的切换用的操作；图像校正定序器（13），其使全方位图像或畸变校正图像显示在图像显示部（19）上，并按照由操作检测部（12）检测到的操作，进行全方位图像的显示与畸变校正图像的显示之间的切换。

**专利名称：三维摄像装置**

公开（公告）号：CN102598682B　　公开（公告）日：2015-06-03

申请号：CN201180004365.6　　申请日：2011-08-19

申请（专利权）人：松下电器产业株式会社

国际专利分类号：IPC（8）：H04N13/02 G03B35/26

其他公开文献：CN102598682A

**摘要：**三维摄像装置具备摄像部（100）和信号处理部（200）。摄像部（100）具有如下：具有透射波长范围互不相同的第一、第二和第三透射区域的光透射部（2）；以接收透过光透射部的光的方式所配置的固体摄像元件（1）；使像在固体摄像元件的摄像面上形成的光学系统（3）。信号处理部（200）具有如下：基于从固体摄像元件（1）输出的信号，生成与分别入射第一、第二和第三透射区域的光的量所相应的 3 个图像信号的图像生成部（7）；根据 3 个图像信号推定视差的视差推定部（40）。

**专利名称：半球型摄像机**
公开（公告）号：CN102985873B　　公开（公告）日：2015-09-02
申请号：CN201180030985.7　　申请日：2011-06-06
申请（专利权）人：松下电器产业株式会社
国际专利分类号：IPC（8）：H04N5/225 G03B17/56 G03B15/00
其他公开文献：CN102985873A
**摘要**：半球型摄像机（1）是通过手动来设定摄像机镜头（6）的方向的固定型的半球型摄像机（1）。内罩（3）支承在基体（2）的平行支承部（7）上。半球形罩（4）以倾斜了倾斜角 $\theta_1$ 的状态支承在内罩（3）的倾斜台阶部（10）上。决定摄像机镜头（6）的摇摄方向的应设定的目标方向，内罩（3）相对于基体（2）沿着摇摄方向转动而朝向目标方向。摄像机镜头（6）的光轴 X 通过半球形罩（4）的球中心，半球形罩（4）的倾斜极限角度为 $\theta_2$。由于半球形罩（4）倾斜了倾斜角 $\theta_1$，因此摄像机镜头（6）的俯仰方向能够设定至扩大倾斜极限角度（倾斜角 $\theta_1$+半球形罩（4）的倾斜极限角度 $\theta_2$）。如此，提供一种能够将摄像机镜头的俯仰方向在大角度范围内设定并能够实现高的摄像机画质的半球型摄像机。

**专利名称：中继装置**
公开（公告）号：CN102523764B　　公开（公告）日：2015-02-18
申请号：CN201180003054.8　　申请日：2011-05-31
申请（专利权）人：松下电器产业株式会社
国际专利分类号：IPC（8）：H04L12/927 G06F13/36 H04L12/801 H04L12/701 H04L12/811 H04L12/875 H04L12/911 H04L12/937
其他公开文献：CN102523764A
**摘要**：在 NoC 上的中继装置中，若全部的虚拟信道由向着同一目的地的分组占有，则向着其他目的地的分组将不能通过中继装置，从而分组的传输性能（吞吐量或延迟时间）下降。本发明的中继装置具备：输入缓冲器，其接收数据单位，该数据单位包含附加了多个目的地的信息的报头、以及与报头关联的数据；多个虚拟信道，它们容纳与目的地的信息对应的数据单位；目的地比较部，其根据目的地是否相同，来决定在多个虚拟信道的每一个中所容纳的数据单位的发送目的地的中继装置的虚拟信道的分配顺序；和输出部，其从决定了发送目的地的中继装置的虚拟信道的分配后的虚拟信道，输出所容纳的数据单位。

**专利名称：近距离无线通信装置**
公开（公告）号：CN102474308B　　公开（公告）日：2014-06-25
申请号：CN201180002963.X　　申请日：2011-05-11
申请（专利权）人：松下电器产业株式会社
国际专利分类号：IPC（8）：H04B5/02 H04N5/225
其他公开文献：CN102474308A

**摘要**：在固定框体（2）的应用集成电路（25）中形成具备 3 个感应线圈的 1 个阵列天线，在可动框体（4）的拍摄处理集成电路（46）中在旋转轴（21）的周围以 45 度间隔形成分别与应用集成电路（25）的阵列天线同样地配置的 8 个阵列天线。控制器（47）基于可动框体（3）的旋转角，按照可动框体（3）的旋转角和可动框体（4）的旋转角之间的差的大小为 22.5° 以下选择拍摄处理集成电路（46）的 8 个阵列天线中的一个，并且控制步进电动机（43）使得所选择的阵列天线与应用集成电路（25）的阵列天线对置。

**专利名称：变焦透镜系统、可更换镜头装置及相机系统**
公开（公告）号：CN102597844B　　公开（公告）日：2014-12-24
申请号：CN201180003155.5　　申请日：2011-02-01
申请（专利权）人：松下电器产业株式会社
国际专利分类号：IPC（8）：G02B15/163 G02B15/22 G02B15/04 G03B17/14
其他公开文献：CN102597844A

**摘要**：本发明提供一种变焦透镜系统、可更换镜头装置及相机系统，该变焦透镜系统适用于可更换镜头式数码相机系统，紧凑轻量，且具有良好的成像性能。本发明所涉及的变焦透镜系统从物方到像方依次包括：由 2 个以下的透镜元件构成且具有正光焦度的第一透镜组；具有负光焦度的第二透镜组；具有负光焦度的第三透镜组；及具有正光焦度的第四透镜组。在从广角端变焦到远摄端时，第四透镜组沿光轴移动。该变焦透镜系统满足以下条件（9）：$1.50<n_{d1}<1.72$，条件（10）：$50<v_{d1}<75$（其中，$n_{d1}$：构成第一透镜组的正透镜元件相对于 d 线的折射率，$v_{d1}$：构成第一透镜组的正透镜元件的阿贝数）。

**专利名称：图像处理装置及图像处理方法**
公开（公告）号：CN102356628B　　公开（公告）日：2015-03-11
申请号：CN201080012155.7　　申请日：2010-10-27
申请（专利权）人：松下电器产业株式会社
国际专利分类号：IPC（8）：H04N5/225 H04N5/238
其他公开文献：CN102356628A

**摘要**：本发明的实施方式的图像处理装置（101），具有偏振光光源（102）、偏振照相机（103）。在拍摄被摄物体（104）时，使偏振面旋转的偏振照明光（105）被照射到被摄物体上。由被摄物体表面反射的偏振反射光（106）会到达偏振照相机（103），而图像被记录。偏振照相机（103）具有偏振成像元件（201）、亮度偏振信息处理部（202）、偏振面控制部（204）、成像控制部（205）。通过每次由偏振面控制部（204）使偏振照明光变化而对图像进行拍摄，能够对应各偏振状态而得到多个亮度图像（Y）和偏振相位图像（P）。由此，通过高分辨率化图像处理部（203），高分辨率法线图像（208）、高分辨率亮度图像（209）得以生成。

**专利名称：图像处理装置和模拟立体图像生成装置**
公开（公告）号：CN102113021B　　公开（公告）日：2013-11-27
申请号：CN200980130653.9　　申请日：2009-12-16
申请（专利权）人：松下电器产业株式会社
国际专利分类号：IPC（8）：H04N13/02 G06T7/00 G06T15/20
其他公开文献：CN102113021A

**摘要**：本发明提供一种图像处理装置和模拟立体图像生成装置，由以下各部构成：彩色偏光图像取得部（201）、全天空偏光映射图取得部（202）、天气判定部（203）、晴天天空区域分离部（204）、阴天时法线推定部（207）和模拟立体化部（208）。该图像处理装置通过上述构成，考虑屋外天空的偏光状态，取得偏光信息，推定二维图像的被摄物体表面的面法线信息，生成表面的法线图像。利用该法线图像，对被摄物体进行区域分割，抽出三维信息，生成视点转换图像，生成模拟的三维立体图像。

**专利名称：中继器以及中继方法**

公开（公告）号：CN101960908B　　　　公开（公告）日：2014-04-23

申请号：CN200980106570.6　　　　申请日：2009-07-23

申请（专利权）人：松下电器产业株式会社

国际专利分类号： IPC（8）：H04W84/18 H04B7/15 H04W16/14 H04W16/26 H04W52/18 H04W72/08 H04W84/12

其他公开文献：CN101960908A

**摘要**：即使在中继器被密集地配置，互相引起无线数据包的干扰的无线网状网络中，也能以高通信品质来进行通信的中继器，在自身中继器的通信品质不满足规定的品质，且近邻节点中不包含代表节点的情况下，将在自身集群的集群内通信中使用的信道，决定为与在邻接的集群的集群内通信中使用的信道不同的信道，从而具备代表节点化决定部（605），自身中继器成为代表节点；参加脱离通知部（607），使不属于任何集群的近邻节点参加自身集群；以及频率信道转换部（609），将在集群内通信中使用的信道变更为代表节点的由代表节点化决定部（605）决定的信道。

**专利名称：图像处理方法、图像处理装置、图像合成方法和图像合成装置**

公开（公告）号：CN101960859B　　　　公开（公告）日：2013-04-10

申请号：CN200980106416.9　　　　申请日：2009-05-15

申请（专利权）人：松下电器产业株式会社

国际专利分类号：IPC（8）：H04N9/07

其他公开文献：CN101960859A

**摘要**：一种图像处理装置，通过拍摄被摄体，进行所述被摄体的图像的分量分离，包括：投射部（101），向被摄体投射从光源发出的光；彩色偏振获取部（102），获取被摄体的彩色偏振图像；偏振信息处理部（104），对于各个构成彩色偏振图像的单位像素，基于透过偏振主轴方向为 3 个以上的偏振片的光的亮度与偏振主轴方向的对应关系，生成彩色偏振信息；光源颜色信息获取部（105），获取光源的颜色信息；和图像分量分离部（106），基于偏振信息和光源的颜色信息，进行彩色图像的分量分离。

**专利名称：图像处理装置、图像处理方法**

公开（公告）号：CN103152582B　　　　公开（公告）日：2015-02-25

申请号：CN201310075540.1　　　　申请日：2008-11-28

申请（专利权）人：松下电器产业株式会社

国际专利分类号：IPC（8）：H04N9/04 H01L27/146 H04N9/07

其他公开文献：CN103152582A

**摘要**：本发明提供一种图像处理装置、图像处理方法以及摄影装置。所述图像处理装置具有：单板彩色拍摄元件，其具有：彩色拼接滤波器（201），以及具有不同的至少 3 种角度的透射偏振面的多个偏振器单位设置在彩色拼接滤波器（201）内的同一颜色（G）的多个像素中的图形化偏振器（202）。另外，该装置还包括：具有上述结构的单板彩色拍摄元件的彩色偏振光获取部（101）；偏振光信息处理部（103），其用正弦函数，对在 G 像素中透射了偏振器单位的光的亮度与偏振器单位的透射偏振面的角度的关系进行近似；彩色拼接内插部（102），其通过进行色彩亮度的内插，获得用关注像素所得不到的色彩亮度，生成色彩亮度图像。

**专利名称：摄像装置**

公开（公告）号：CN101803365B　　公开（公告）日：2012-07-04

申请号：CN200880108139.0　　申请日：2008-09-04

申请（专利权）人：松下电器产业株式会社

国际专利分类号：IPC（8）：H04N5/225 G03B15/00 G03B17/56 H04N5/222

其他公开文献：CN101803365A

**摘要**：本发明的摄像装置（1）包括摄像机（2）和具有用于将摄像机（2）安装到摄像机设置面上的安装面的安装部（9）。安装部（9）的安装面能够相对于摄像机（2）以预定的旋转轴（$X$）为中心相对旋转，旋转轴（$X$）在摄像机（2）的俯仰旋转面上相对于摄像机（2）的摇摄轴（$P$）以第一角度（$\alpha$）设置。并且，安装部（9）的安装面相对于旋转轴（$X$）的垂直面以第二角度（$\beta$）设置。由此，提供能够容易地改换摄像机设置面以应对各种摄像机设置面的摄像装置。

**专利名称：固体摄像装置、其驱动方法以及摄像机**

公开（公告）号：CN101150672B　　公开（公告）日：2011-05-11

申请号：CN200710153121.X　　申请日：2007-09-21

申请（专利权）人：松下电器产业株式会社

国际专利分类号：IPC（1-7）：H04N5/347 H04N5/359

IPC（8）：H04N5/355 H04N5/335 H04N5/359 H04N5/341 H04N9/07 H01L27/148 H04N5/3728 H04N5/376 H04N5/347

其他公开文献：CN101150672A

**摘要**：本发明提供一种固体摄像装置，包括多个受光元件；垂直传送部，设置为与受光元件的列相对应，垂直传送部传送虚拟数据包；保存部，位于垂直传送部每 $N$ 个列中 $M$ 个列以外列最末段，对信号数据包及虚拟数据包的信号电荷混合、保存垂直传送；水平传送部，从保存部或从与所述 $M$ 个列对应的垂直传送部被传送的信号电荷混合、保存以及水平传送；驱动部，驱动垂直传送部、保存部及水平传送部，驱动部驱动保存部及水平传送部，生成第一混合数据包及第二混合数据包，第一混合数据包包含同一行的同色的最接近的列中的信号数据包以及与该信号数据包属于同一列的虚拟数据包。该固体摄像装置可以防止由动态图像模式下的拖影所导致的画质恶化并防止拖影呈锯齿状。

**专利名称：图像记录/再生设备**

公开（公告）号：CN101512651B　　公开（公告）日：2011-06-22

申请号：CN200780031555.0　　申请日：2007-09-04

申请（专利权）人：

国际专利分类号：IPC（8）：G06F3/06

其他公开文献：CN101512651A

**摘要：** 提供一种图像记录/再生设备，其能够辨别可移除式硬盘所特有的盘分离错误。盘错误检测器（51）根据可移除式硬盘（15）能否被识别，检测盘错误的发生。安装状态检测器（55）检测可移除式硬盘（15）的存在或不存在作为盘安装状态。安装状态检测器（55）可以基于可移除式硬盘（15）的写保护开关（19）的检测结果检测盘安装状态。错误类型辨别器（57）基于检测到的盘安装状态辨别盘错误的错误类型，并且如果该可移除式硬盘（15）已经不存在，确定该错误类型为盘分离。错误处理器（59）根据错误类型辨别器（57）所辨别的错误类型执行错误处理。

**表 10-1-3　浙江宇视科技有限公司**

| 申请号 | 申请日 | 申请人 | 专利名称 | 技术领域 |
|---|---|---|---|---|
| CN201410341066.7 | 2014-07-17 | 浙江宇视科技有限公司 | 车辆位置的检测方法和检测装置 | 本发明涉及视频监控技术领域，尤其涉及车辆位置的检测方法和检测装置 |
| CN201410176243.0 | 2014-04-28 | 浙江宇视科技有限公司 | 一种车牌识别比对方法及装置 | 本发明属于交通监控技术领域，尤其涉及一种车牌识别比对方法及装置 |
| CN201410133477.7 | 2014-04-03 | 浙江宇视科技有限公司 | 一种电子警察抓拍方法及装置 | 本发明属于道路监控技术领域，尤其涉及一种电子警察抓拍方法及装置 |
| CN201410025700.6 | 2014-01-20 | 浙江宇视科技有限公司 | 一种具有防雾和除雾功能的摄像机 | 本发明涉及监控用摄像机领域，尤其涉及一种摄像机除雾防雾的方法和装置 |
| CN201310367597.9 | 2013-08-21 | 浙江宇视科技有限公司 | 一种色彩诊断装置和方法 | 本发明涉及视频监控技术领域，尤其涉及一种色彩诊断装置和方法 |
| CN201310328764.9 | 2013-07-31 | 浙江宇视科技有限公司 | 一种带有减光调节的摄像机曝光调节方法及装置 | 本发明涉及视频监控领域，尤其涉及一种带有减光调节的摄像机曝光调节方法及装置 |
| CN201310318378.1 | 2013-07-24 | 浙江宇视科技有限公司 | 一种应用于动光源场景的自动聚焦方法和装置 | 本发明涉及视频监控摄像机领域，尤其涉及一种对于动光源场景的自动聚焦方法和装置 |
| CN201310158121.4 | 2013-04-27 | 浙江宇视科技有限公司 | 一种电源反送装置 | 本发明涉及电子设备供电技术领域，尤其涉及一种电源反送的装置 |
| CN201310089525.2 | 2013-03-19 | 浙江宇视科技有限公司 | 一种 CCD 驱动时序处理装置 | 本发明涉及成像技术，尤其涉及一种 CCD 驱动时序处理装置 |
| CN201310074054.8 | 2013-03-08 | 浙江宇视科技有限公司 | 一种移动目标智能跟踪装置 | 本发明涉及视频监控领域，尤其涉及一种在视频监控系统中智能追踪移动目标的装置 |
| CN201310069062.3 | 2013-03-05 | 浙江宇视科技有限公司 | 一种网络摄像机 | 本发明涉及监控技术领域，尤其涉及一种具有 AP 模块的网络摄像机 |
| CN201310056258.9 | 2013-02-20 | 浙江宇视科技有限公司 | 一种辅助对焦方法及装置 | 本发明涉及监控技术领域，尤其涉及一种摄像机的辅助对焦方法方法及装置 |
| CN201210570443.5 | 2012-12-25 | 浙江宇视科技有限公司 | 一种补光控制方法及装置 | 本发明涉及视频监控技术，尤其涉及一种监控摄像机的补光控制方法及装置 |
| CN201210538931.8 | 2012-12-11 | 浙江宇视科技有限公司 | 一种基于块存储的索引恢复方法和装置 | 本发明涉及视频监控技术领域，尤其涉及一种基于块存储的索引恢复方法和装置 |
| CN201210424828.0 | 2012-10-30 | 浙江宇视科技有限公司 | 一种移动目标追踪方法及装置 | 本发明涉及视频监控领域，尤其涉及一种在视频监控系统中追踪移动目标的方法及装置 |

**专利名称：车辆位置的检测方法和检测装置**

公开（公告）号：CN104167109B　　公开（公告）日：2016-08-24

申请号：CN201410341066.7　　申请日：2014-07-17

申请（专利权）人：浙江宇视科技有限公司

国际专利分类号：IPC（8）：G08G1/123 G08G1/017

其他公开文献：CN104167109A

**摘要**：本发明提供一种车辆位置的检测方法和检测装置，该方法包括：识别监控摄像机在全景状态下采集到的全景监控画面中的待检测车辆，记录每台待检测车辆的车牌区域的边框特征点在特写监控画面中的坐标信息，基于坐标信息与经纬度信息的关系，转换得到理论边框特征点的坐标信息，选取满足预设条件的预标定特征点，并利用对应的误差修正值来修正待检测车辆的坐标信息。通过本发明的技术方案，可以准确地实现对监控画面中的车辆的识别，以及对车辆的坐标信息的获取。

**专利名称：一种车牌识别比对方法及装置**

公开（公告）号：CN103927880B　　公开（公告）日：2016-11-16

申请号：CN201410176243.0　　申请日：2014-04-28

申请（专利权）人：浙江宇视科技有限公司

国际专利分类号：IPC（8）：G08G1/017 G06K9/20

其他公开文献：CN103927880A

**摘要**：本发明公开了一种车牌识别比对方法及装置，接收前端设备发送的待比对车牌，根据待比对车牌的字符及其对应的置信度信息；选择待比对车牌中置信度高于或等于设定的第一置信度阈值的字符，与车牌名单进行精确比对，比对命中的车牌名单形成第一列表；对于待比对车牌中置信度低于设定的第一置信度阈值，但高于设定的第二置信度阈值的字符，采用模糊比对，在第一列表中搜索所有可能识别为待比对车牌的车牌名单，形成第二列表上报。本发明同时公开了对应该方法的装置，本发明的方法及装置增加了后续比对的效率和比对成功率，有效地减少违章车辆信息漏报的情形。

**专利名称：一种电子警察抓拍方法及装置**

公开（公告）号：CN103903440B　　公开（公告）日：2016-06-08

申请号：CN201410133477.7　　申请日：2014-04-03

申请（专利权）人：浙江宇视科技有限公司

国际专利分类号： IPC（8）：G08G1/01 G08G1/017

其他公开文献：CN103903440A

**摘要**：本发明公开了一种电子警察抓拍方法及装置。该方法首先接收前拍相机和后拍相机发送的带有触发信号编码的抓拍信息，触发信号编码是感应装置感应到车辆经过时发出的触发信号对应的编码；并查找前拍相机与后拍相机抓拍的具有相同触发信号编码的一组抓拍信息；将查找到的一组抓拍信息进行合成，生成违章信息供后续的违章处理。本发明同时公开了对应该方法的装置，该装置包括接收模块、查询模块和合成模块。本发明的方法及装置能够准确的建立违法车辆前后抓怕信息的对应关系，同时在违章信息中提供车辆前后的抓拍照片，便于在违章处理时，可以看出当时违章的驾驶人面貌，有利于加强交通秩序管理。

**专利名称：一种摄像机除雾防雾的方法和装置**
公开（公告）号：CN103777439B　　公开（公告）日：2016-09-14
申请号：CN201410025700.6　　申请日：2014-01-20
申请（专利权）人：浙江宇视科技有限公司
国际专利分类号：IPC（8）：G03B17/55 H04N5/232
其他公开文献：CN103777439A

**摘要：**本发明提供一种专门针对红外摄像机的除雾防雾方法。该除雾防雾的方法通过对红外摄像机进行恒温控制来实现。在进行恒温控制的时候，充分利用摄像机本身的红外灯来进行温度调节，从而无需单独设置加热模块，节约摄像机整体的成本，并且实际应用中的效果非常好。

**专利名称：一种色彩诊断装置和方法**
公开（公告）号：CN103414914B　　公开（公告）日：2016-02-03
申请号：CN201310367597.9　　申请日：2013-08-21
申请（专利权）人：浙江宇视科技有限公司
国际专利分类号：IPC（8）：H04N17/00 H04N17/02
其他公开文献：CN103414914A

**摘要：**本发明提供一种色彩诊断装置，该色彩诊断装置包括数据接收处理单元、BAYER 数据恢复单元和第一色彩诊断单元，其中，数据接收处理单元，用于接收视频图像数据以及白平衡增益值；该白平衡增益值是监控前端设备对采集的视频图像数据进行白平衡处理时所使用 RGB 增益值；BAYER 数据恢复单元，用于对经处理后的视频图像数据施行白平衡逆运算以得到 BAYER 数据；第一色彩诊断单元，用于根据所述 BAYER 数据确定是否存在由监控前端设备光学故障而导致的图像色彩异常。本发明有效地解决了色彩诊断漏报的问题。

**专利名称：一种带有减光调节的摄像机曝光调节方法及装置**
公开（公告）号：CN103354600B　　公开（公告）日：2016-06-08
申请号：CN201310328764.9　　申请日：2013-07-31
申请（专利权）人：浙江宇视科技有限公司
国际专利分类号：IPC（8）：H04N5/235 G03B7/00
其他公开文献：CN103354600A

**摘要：**本发明提供一种带有减光调节的摄像机曝光调节方法及对应装置，其中该方法包括：计算当前图像的整体亮度 curYA；如果 curYA 大于预设的 Yexp，判断摄像机的内置控制参数是否已经调整到了下限，如果否，则调整摄像机内置参数以降低 curYA；如果是，进一步判断减光滤片是否使能，如果使能则返回，如果没有使能则将减光滤片使能；如果 curYA 小于 Yexp，判断摄像机的内置控制参数是否已经调整到了上限，如果否，则调整摄像机内置参数以提升 curYA，如果是，则进一步判断 curYA 是否大于预设的 Yexp′；如果大于则返回，如果不大于则将减光滤片去使能。相对于现有技术，本发明实现更广范围的曝光调节，保证摄像机在各种复杂环境下仍然能够取得较好的图像采集表现。

**专利名称：一种应用于动光源场景的自动聚焦方法和装置**
公开（公告）号：CN103354599B　　公开（公告）日：2016-08-10

申请号：CN201310318378.1　　　　　申请日：2013-07-24
申请（专利权）人：浙江宇视科技有限公司
国际专利分类号：IPC（8）：H04N5/232 H04N5/235
其他公开文献：CN103354599A

**摘要**：本发明提供一种应用于动光源场景的自动聚焦方法：A．将图像区域划分成若干个图像子区域；B．利用聚焦评价函数计算每个图像子区域当前的聚焦评价值 FCVcur，并且根据前一帧的聚焦评价值 FVpre 计算每个图像子区域的聚焦评价值变化率 $\delta$；C．根据聚焦评价值变化率确定该图像子区域是否存在动光源，如果存在转 D，否则转 E；D．按照聚焦评价值变化率 $\delta$ 从大到小依次修正所述存在动光源的图像子区域的 $FVcur'=FVpre(1+\delta')$，其中 $\delta'$为当前被修正区域聚焦评价值变化率和其相邻子区域当前的聚焦评价值变化率的均值；E．根据每个图像子区域的评价值 FVcur 计算整个图像的聚焦评价值。本发明实现了具有动光源场景的自动聚焦，实际效果非常理想。

**专利名称：一种电源反送装置**
公开（公告）号：CN103268075B　　　　　公开（公告）日：2016-03-02
申请号：CN201310158121.4　　　　　申请日：2013-04-27
申请（专利权）人：浙江宇视科技有限公司
国际专利分类号：IPC（8）：G05B19/04
其他公开文献：CN103268075A

**摘要**：本发明提供一种电源反送装置，该反送装置用于一电子设备，该电子设备包括第一电源输入端口、第二电源输入端口，所述电源反送装置包括：电源输入判断模块，用于判断该电子设备的第一电源输入端口是否有电源输入，第二电源输入端口是否无电源输入，如果判断结果为：第一电源输入端口有电源输入且第二电源输入端口无电源输入，则发送控制信号给开关控制模块；开关控制模块，用于根据所述控制信号控制开关装置，使得第一电源输入端口输入的电源能量反向从第二电源输入端口输出，给另一电子设备供电。通过本发明技术，实现了给电子设备直接给另一电子设备供电，一来节省成本，二来简单方便。

**专利名称：一种辅助对焦方法及装置**
公开（公告）号：CN103096124B　　　　　公开（公告）日：2015-01-21
申请号：CN201310056258.9　　　　　申请日：2013-02-20
申请（专利权）人：浙江宇视科技有限公司
国际专利分类号：IPC（8）：H04N17/00 H04N5/14 H04N5/232
其他公开文献：CN103096124A

**摘要**：本发明提供一种辅助对焦方法及装置。该装置应用于摄像机上，包括：模式检测单元，用于在检测到辅助对焦启动事件时通知清晰度评价单元；清晰度评价单元，用于在收到该通知后，按照预定时间间隔获取摄像机输出的图像的清晰度值；列表整理单元，用于将该当前图像的清晰度值与清晰度列表中保存的清晰度值进行对比，根据对比结果获取该清晰度值在列表中对应的清晰等级；并判断该清晰度值是否符合预定的插入条件，如果是，则将该清晰度值插入该清晰度列表中；提示输出单元，用于根据该清晰等级输出对应的提示信号。本发明采用智能化的处理机制来辅助用户的手动对焦操作过程，使用户手动对焦操作变得更加简单，并且对焦结果的可靠性更高。

**专利名称：一种补光控制方法及装置**

公开（公告）号：CN102984510B　　公开（公告）日：2015-10-14

申请号：CN201210570443.5　　申请日：2012-12-25

申请（专利权）人：浙江宇视科技有限公司

国际专利分类号：IPC（8）：H04N7/18 G03B15/05

其他公开文献：CN102984510A

**摘要**：本发明提供一种补光控制装置，应用于监控摄像机上，其中该监控摄像机至少包括一个主用补光灯，该装置包括：移动检测模块，用于检测监控画面中的移动物体，当检测到移动物体时通知图像处理模块进行处理；图像处理模块，用于确定移动物体在监控画面的占据参数；计算匹配模块，用于根据所述占据参数以及摄像机视场参数计算出理想补光角度，并根据理想补光角度确定并输出补光调整命令；补光控制模块，用于根据补光调整命令对至少一个主用补光灯进行控制以实现对移动物体的补光。本发明检测移动物体，然后为移动物体计算出理想补光角度，据此实现非常有针对性的补光方案，补光效率相对于现有技术而言有了极大的提高。

**专利名称：一种基于块存储的索引恢复方法和装置**

公开（公告）号：CN103037203B　　公开（公告）日：2016-06-08

申请号：CN201210538931.8　　申请日：2012-12-11

申请（专利权）人：浙江宇视科技有限公司

国际专利分类号：IPC（8）：H04N7/18 H04N21/8547 G06F17/30

其他公开文献：CN103037203A

**摘要**：本发明提供一种基于块存储的索引恢复方法和装置，属于视频监控技术领域。所述方法包括：当满足索引恢复条件时，从待进行索引恢复的视频编码设备对应的存储资源的超级块中获取数据的结束时间；根据所述存储资源的索引获取所述结束时间对应的 $I$ 帧组，并从所述 $I$ 帧组中获取时间戳信息 $T_{M\_Last}$；从所述存储资源中获取所述 $I$ 帧组的后续 $I$ 帧组，每获取一个 $I$ 帧组，从该 $I$ 帧组中获取时间戳信息 $T_M$，当 $0<T_M-T_{M\_Last}\leqslant T_c$ 时，根据该 $I$ 帧组的信息对所述存储资源的索引进行更新，其中，$T_c$ 为所述视频编码设备对应的索引缓存时间。本发明能够在视频编码设备离线后，对相应的索引数据进行及时的恢复，从而保证索引数据的完整性。

**专利名称：一种移动目标追踪方法及装置**

公开（公告）号：CN102891992B　　公开（公告）日：2016-03-02

申请号：CN201210424828.0　　申请日：2012-10-30

申请（专利权）人：浙江宇视科技有限公司

国际专利分类号：IPC（8）：H04N7/18 G09G5/14

其他公开文献：CN102891992A

**摘要**：本发明提供一种移动目标追踪装置及对应方法，其中该方法包括以下步骤：步骤A、在接收到来自用户的中心切换指令时，根据用户的中心切换指令将用户指定的摄像机设置为当前中心摄像机，并根据预先保存的该中心摄像机的邻居关系获取邻居摄像机标识；步骤 B、根据摄像机标识获取来自摄像机的视频图像，并将来自中心摄像机的视频图像呈现在所述终端设备的显示界面上预定区域的中心窗格中，将来自每一邻居摄像机的视频图像呈现在显示界面上预定区域的且与所述邻居关系对应的周边窗格中，以实现多窗格显示。本发明对于用户对移动目标的追踪来说非常形象直观，操作非常简洁，体验更佳。

表 10-1-4 索尼株式会社

| 申请号 | 申请日 | 申请人 | 专利名称 | 技术领域 |
| --- | --- | --- | --- | --- |
| CN200910174553.8 | 2009-09-28 | 索尼株式会社 | 快速的相机自动聚焦 | 本发明一般地涉及图像（image）获取，更具体地涉及快速的相机自动聚焦 |
| CN200910132602.1 | 2009-03-27 | 索尼株式会社 | 一种成像装置、成像方法和程 | 本发明涉及一种成像装置、成像方法和程序 |
| CN200910005842.5 | 2009-02-05 | 索尼株式会社 | 图像处理装置和方法 | 本发明涉及一种图像处理装置、方法和程序。具体地，本发明涉及一种可以容易地提高图像识别性能的图像处理装置、方法和程序 |
| CN200810129990.3 | 2008-07-30 | 索尼株式会社 | 光学调焦装置 | 本发明涉及一种光学调焦装置 |
| CN200810127588.1 | 2008-07-04 | 索尼株式会社、日产自动车株式会社 | 摄像系统和校正摄像机装配误差的方法 | 本发明涉及一种摄像系统和用于校正摄像机（camera）装配误差的方法 |
| CN200810099255.2 | 2008-05-15 | 索尼株式会社 | 处理视频信号的设备和方法、成像设备 | 本发明涉及图像处理设备、图像传感器、视频信号处理方法和计算机程序。更具体地，本发明涉及视频信号处理设备和每个都包含由长通（long-pass）滤光器的组合构成的颜色滤光器的图像传感器、以及视频信号处理方法和计算机程序 |
| CN200710196556.2 | 2007-11-29 | 索尼株式会社 | 具有可转动镜筒的成像设备 | 本发明涉及具有容纳光学模组及成像模组的可转动镜筒的成像设备，具体涉及当光学模组包含较大透镜时防止成像设备的尺寸增大的技术 |
| CN200910221890.8 | 2007-11-29 | 索尼株式会社 | 具有可转动镜筒的成像设备 | 本发明涉及具有容纳光学模组及成像模组的可转动镜筒的成像设备，具体涉及当光学模组包含较大透镜时防止成像设备的尺寸增大的技术 |
| CN200710137611.0 | 2007-07-19 | 索尼株式会社 | 信息处理装置和方法 | 本发明涉及一种信息处理装置和方法、程序以及记录介质，特别是涉及将像质劣化抑制到最小限度、并且能够低延迟且有效地进行处理的信息处理装置和方法、程序以及记录介质 |
| CN200480018012.1 | 2004-06-23 | 索尼株式会社 | 成像装置、图像记录装置及图像记录方法 | 发明涉及用于摄取和记录图像的成像装置、图像记录装置及图像记录方法，尤其涉及适于当多个成像装置分别摄取图像时使用的成像装置、图像记录装置及图像记录方法 |
| CN200810213785.5 | 2004-06-23 | 索尼株式会社 | 成像装置、图像记录装置及图像记录方法 | 本发明涉及用于摄取和记录图像的成像装置、图像记录装置及图像记录方法，尤其涉及适于当多个成像装置分别摄取图像时使用的成像装置、图像记录装置及图像记录方法 |
| CN200380100269.7 | 2003-12-11 | 索尼株式会社 | 摄像机控制系统、摄像机服务器、客户机和控制方法 | 本发明涉及一种适当地管理连接到摄像机服务器的多个客户机的摄像机控制系统、摄像机服务器、客户机、控制方法和记录介质，所述摄像机服务器用于控制单个摄像机的诸如摇镜头、倾斜和调焦的功能。 |

**专利名称：快速的相机自动聚焦**

公开（公告）号：CN101713902B　　公开（公告）日：2012-07-04

申请号：CN200910174553.8　　申请日：2009-09-28

申请（专利权）人：索尼株式会社　索尼电子有限公司：SONY KABUSHIKI KAISHA

国际专利分类号：IPC（8）：G03B13/36

其他公开文献：CN101713902A

**摘要**：本发明提供了快速的相机自动聚焦。相机自动聚焦使用在三维场景的图像之间计算出的模糊差。相机计算在两个不同影像号处获得的场景的两个图像之间的模糊差。相机使用计算出的模糊差来预测第三影像号，其中，相机使用第三影像号来将相机镜头自动聚焦于场景。

**专利名称：一种成像装置、成像方法和程序**

公开（公告）号：CN101547313B　　公开（公告）日：2012-05-30

申请号：CN200910132602.1　　申请日：2009-03-27

申请（专利权）人：索尼株式会社

其他公开文献：CN101547313A

**摘要**：本发明公开一种成像装置、一种成像方法及其程序。本发明的成像装置包括：成像单元，用于采集主体的图像；聚焦单元，用于对成像单元的成像范围内的自动聚焦区域中所包括的主体执行聚焦；显示单元，用于显示成像单元通过采集主体的图像而获得的图像；显示控制单元，用于控制显示单元来显示表示图像上的自动聚焦区域的自动聚焦框；位置指定接收单元，其与显示单元叠加布置且接收用户对显示单元上所显示的图像的位置指定；以及记录控制单元，用于在位置指定接收单元接收到自动聚焦框中的位置指定时对主体实现聚焦的状态下，将图像记录在记录介质上。

**专利名称：图像处理装置和方法**

公开（公告）号：CN101504719B　　公开（公告）日：2011-12-14

申请号：CN200910005842.5　　申请日：2009-02-05

申请（专利权）人：索尼株式会社

国际专利分类号：IPC（1-7）：G06K9/62 G06K9/00　IPC（8）：G06K9/00 G06K9/62

其他公开文献：　CN101504719A

**摘要**：本发明提供了一种图像处理装置、方法和程序。所述图像处理装置包括：保存单元，被配置为对于第一角度和第二角度的每种组合保存包含与特征点的位置有关的信息的学习字典，所述第一角度指示包含人脸的第一人脸图像的人脸方向，所述第二角度指示包含人脸的第二人脸图像的人脸方向，所述特征点的位置在估计第一人脸图像和第二人脸图像之间的相似程度时将第一和第二人脸图像关联起来；选择单元，被配置为根据第一和第二角度的组合来选择对于每种组合所保存的学习字典；以及相似程度估计单元，被配置为基于对应于包含在所选择的学习字典中的特征点的位置的、从人脸图像中提取的特征量，估计第一和第二人脸图像之间的面部相似程度。

**专利名称：光学调焦装置**

公开（公告）号：CN101639606B　　公开（公告）日：2013-09-18

申请号：CN200810129990.3　　申请日：2008-07-30

申请（专利权）人：索尼株式会社
国际专利分类号：IPC（8）：G03B13/32 G02B7/04
其他公开文献：CN101639606A

**摘要**：一种光学调焦装置，包括：壳体、图像传感器组件以及致动组件，通过所述致动组件可驱动图像传感器组件中装配图像传感器的图像传感器面板沿着光孔轴心方向移动，调整图像传感器面板与镜头之间的距离，实现光学调焦。应用本发明的光学调焦装置，结构简单，操作便利，提高对焦的调整精度及稳定度。

**专利名称：摄像系统和校正摄像机装配误差的方法**
公开（公告）号：CN101340565B 公开（公告）日：2011-05-18
申请号：CN200810127588.1 申请日：2008-07-04
申请（专利权）人：索尼株式会社 日产自动车株式会社
国际专利分类号：IPC（8）：H04N7/18 G06T3/00 G06T7/00
其他公开文献：CN101340565A

**摘要**：一种摄像系统，包括：检测单元，将摄像机装配误差检测为由摄像机拾取的图像的第一方向上的偏移量、第二方向上的偏移量和在光轴旋转方向上的偏移量；选择单元，从预先准备的多个旋转校正图中选择与由检测单元检测出的光轴旋转方向上的偏移量相对应的旋转校正量；计算单元，通过线性表达式，根据由检测单元检测出的第一方向上的偏移量和第二方向上的偏移量来分别计算第一方向上的校正量和第二方向上的校正量；以及校正单元，根据由选择单元所选择的旋转校正量和由计算单元计算出的第一方向上的校正量和第二方向上的校正量，校正第一方向上的偏移、第二方向上的偏移和光轴旋转方向上的偏移。

**专利名称：处理视频信号的设备和方法、成像设备**
公开（公告）号：CN101309429B 公开（公告）日：2011-05-25
申请号：CN200810099255.2 申请日：2008-05-15
申请（专利权）人：索尼株式会社
国际专利分类号：IPC（8）：H04N9/04 H04N7/18 G03B11/04 G02B5/20 H04N5/225
其他公开文献：CN101309429A

**摘要**：一种视频信号处理装置，包括图像传感器和红外成分移除器。图像传感器接收通过颜色滤光器的光，颜色滤光器只包括长通滤光器或者包括长通滤光器和全透射滤光器的组合。在颜色滤光器中的长通滤光器包括：允许可见光成分和红外光成分从其通过的可见光透射长通滤光器、以及选择性地允许红外光成分从其通过的红外光透射长通滤光器。红外光成分移除器应用可见光透射长通滤光器和红外光透射长通滤光器的红外光区中的透射率数据来移除在已通过可见光透射长通滤光器的信号中所包含的红外光成分。

**专利名称：具有可转动镜筒的成像设备**
公开（公告）号：CN100578276C 公开（公告）日：2010-01-06
申请号：CN200710196556.2 申请日：2007-11-29
申请（专利权）人：索尼株式会社
国际专利分类号：IPC（8）：G02B7/02 F16M11/06 H04N5/225
其他公开文献： CN101191888A

**摘要**：一种具有可转动镜筒的成像设备，其具有以下元件：具有透镜的光学模组；具有成像装置的成像模组；镜筒容纳各种模组，并具有可转动削顶球，该削顶球比通过延伸削顶球的曲面而形成的虚拟球体的半球更大；基座可转动地保持镜筒，所述基座包括支座及保持器。支座具有直径小于所述削顶球的直径的圆形孔，并保持削顶球，使得削顶球被装配在孔内。保持器具有直径小于削顶球的直径的圆形开口，并将削顶球保持在开口内，从而防止透镜脱落。光学模组的至少一部分被布置在所述虚拟球体内。

**专利名称：具有可转动镜筒的成像设备**

公开（公告）号：CN101902565B　　公开（公告）日：2015-03-25

申请号：CN200910221890.8　　申请日：2007-11-29

申请（专利权）人：索尼株式会社

国际专利分类号： IPC（8）：H04N5/225

其他公开文献：CN101902565A

**摘要**：一种具有可转动镜筒的成像设备，其具有以下元件：具有透镜的光学模组；具有成像装置的成像模组；镜筒容纳各种模组，并具有可转动削顶球，该削顶球比通过延伸削顶球的曲面而形成的虚拟球体的半球更大。基座可转动地保持镜筒，所述基座包括支座及保持器。支座具有直径小于所述削顶球的直径的圆形孔，并保持削顶球，使得削顶球被装配在孔内。保持器具有直径小于削顶球的直径的圆形开口，并将削顶球保持在开口内，从而防止透镜脱落。光学模组的至少一部分被布置在所述虚拟球体内。

**专利名称：信息处理装置和方法**

公开（公告）号：CN101110958B　　公开（公告）日：2010-06-23

申请号：CN200710137611.0　　申请日：2007-07-19

申请（专利权）人：索尼株式会社

国际专利分类号：IPC（8）：H04N7/26 H03M7/30 H04N1/41 H04N19/102 H04N19/146 H04N19/156 H04N19/169 H04N19/176 H04N19/187 H04N19/196 H04N19/60 H04N19/635 H04N19/65 H04N19/67

其他公开文献：CN101110958A

**摘要**：本发明提供一种信息处理装置和方法，低延迟且有效地传输图像数据。控制部（31）控制重新排列处理部（33），将进行基于行的小波变换的分区单位的图像数据按该每个频率成分综合存储区域地存储在重新排列缓冲器（34）。另外，控制部（31）控制打包部（35），将存储在重新排列缓冲器（34）中的图像数据按每个频率成分读出并包化，控制网络接口（36）将该包依次输出到网络。本发明能够应用于摄像机。

## 10.2 实 审 部 分

以下专利摘要信息数据截至 2017 年 2 月 1 日，该部分专利法律状态为审查中。

表 10-2-1　杭州海康威视数字技术股份有限公司

| 申请号 | 申请日 | 申请人 | 专利名称 | 技术领域 |
|---|---|---|---|---|
| CN201510320500.8 | 2015-06-11 | 杭州海康威视数字技术股份有限公司 | 目标对象的统计方法和装置 | 本发明涉及监控技术领域，具体而言，涉及一种目标对象的统计方法和装置 |

续表

| 申请号 | 申请日 | 申请人 | 专利名称 | 技术领域 |
|---|---|---|---|---|
| CN201510313952.3 | 2015-06-09 | 杭州海康威视数字技术股份有限公司 | 客流量的统计方法及装置 | 本发明涉及监控摄像机领域，具体而言，涉及一种客流量的统计方法及装置 |
| CN201510299099.4 | 2015-06-03 | 杭州海康威视数字技术股份有限公司 | 车辆并道监控取证方法及其系统 | 本发明涉及智能监控技术，特别涉及车辆并道监控取证方法及其系统。背景技术 |
| CN201410314797.2 | 2014-07-03 | 杭州海康威视数字技术股份有限公司 | 一种监控变焦镜头及具有其的摄像机 | 本发明涉及视频监控技术领域，特别是涉及一种监控变焦镜头及具有其的摄像机。本发明涉及监控摄像机镜头领域，尤其涉及一种恒定大光圈的变焦镜头 |
| CN201410042649.X | 2014-01-29 | 杭州海康威视数字技术股份有限公司 | 高清监控视频系统及其控制方法 | 本发明涉及监控领域，特别涉及高清监控视频系统 |
| CN201310751768.8 | 2013-12-30 | 杭州海康威视数字技术股份有限公司 | 大相对孔径监控镜头 | 本发明涉及一种大相对孔径监控镜头 |
| CN201310547498.9 | 2013-11-06 | 杭州海康威视数字技术股份有限公司 | 视频码流的抽帧处理方法及装置 | 本发明涉及网络视频监控领域，具体而言，涉及一种视频码流的抽帧处理方法及装置 |
| CN201310231276.6 | 2013-06-08 | 杭州海康威视数字技术股份有限公司 | 高清相机的图像分流控制方法及其装置 | 本发明涉及智能交通领域，特别涉及一种高清相机的图像分流控制技术 |

**专利名称：目标对象的统计方法和装置**

公开（公告）号：CN106301866A　　公开（公告）日：2017-01-04

申请号：CN201510320500.8　　申请日：2015-06-11

申请（专利权）人：杭州海康威视数字技术股份有限公司

国际专利分类号： IPC（8）：H04L12/24 H04L12/26 H04N7/18

**摘要**：本发明公开了一种目标对象的统计方法和装置。其中，该方法包括：采集进入目标区域的目标对象的图像数据；利用 Wi-Fi 探测器探测目标对象携带的 Wi-Fi 终端设备的标识信息，并将图像数据与标识信息进行关联；从历史记录中读取已经保存的标识信息集合；使用 Wi-Fi 终端设备的标识信息在标识信息集合中进行查询；在标识信息集合中查询得到 Wi-Fi 终端设备的标识信息的情况下，确定与图像数据对应的 Wi-Fi 终端设备之前进入过目标区域；累加 Wi-Fi 终端设备进入目标区域的次数。本发明解决了无法准确识别新老客户的技术问题。

**专利名称：客流量的统计方法及装置**

公开（公告）号：CN106295788A　　公开（公告）日：2017-01-04

申请号：CN201510313952.3　　申请日：2015-06-09

申请（专利权）人：杭州海康威视数字技术股份有限公司

国际专利分类号：IPC（8）：G06M11/00

**摘要**：本发明公开了一种客流量的统计方法及装置。其中，该方法包括：获取预设监控区域内的视频图像信息；对视频图像信息进行视频分析，根据分析结果确定出现在预设监控区域内的第一目标人员的运动方向，运动方向为进入无线探测器的实际探测区域的方向或从实际探测区域外出的方向，其中，实际探测区域覆盖预设监控区域；根据确定的目标人员的运动方向，统计得到实际探测区域的进入客流量或外出客流量；读取 Wi-Fi 探测器探测到的第一目标人员所携带的 Wi-Fi 终端设备的第一终端标识；判断第一终端标识是否在预设的非客户人员终端标识数据库中；若是，则将进入客流量或外出客流量减 1；若否，则不改变进入客流量或外出客流量。本发明解决了由于无法进一步确定被统计人员的人员信息而造成的统计结果不准确的技术问题。

**专利名称：车辆并道监控取证方法及其系统**

公开（公告）号：CN106251622A　　　　公开（公告）日：2016-12-21

申请号：CN201510299099.4　　　　申请日：2015-06-03

申请（专利权）人：杭州海康威视数字技术股份有限公司

国际专利分类号：IPC（8）：G08G1/01

**摘要**：本发明涉及智能监控技术，公开了一种车辆并道监控取证方法及其系统。在本发明中，在车辆并道处设置汇聚线，并对汇聚线前所拍摄的各图像进行图像分析和图像目标跟踪来跟踪各车辆的位置变化，以获取各车辆处于相应位置处的图像作为车辆的违章证据，可以实现对车辆并道情况的实时自动监控，从而减少车辆争道发生的事故。此外，在车辆并道处设定检测区域进行监控取证，目标更明确，准确度更高。

**专利名称：一种监控变焦镜头及具有其的摄像机**

公开（公告）号：CN105338224A　　　　公开（公告）日：2016-02-17

申请号：CN201410314797.2　　　　申请日：2014-07-03

申请（专利权）人：杭州海康威视数字技术股份有限公司

国际专利分类号：IPC（8）：H04N5/225 H04N5/232 H04N7/18 G03B7/00 G02B15/14

**摘要**：本发明公开了一种监控变焦镜头及具有其的摄像机。所述监控变焦镜头包括：前固定组镜片；后固定组镜片；光阑，其设置在所述前固定组镜片与后固定组镜片之间；变焦组镜片，其以可运动的方式设置在镜头中，且位于所述前固定组镜片与光阑之间；以及聚焦组镜片，其以可运动的方式设置在镜头中，且位于所述光阑与后固定组镜片之间，其中，所述监控变焦镜头在最大焦距端使用时的最大光圈，与其在最小焦距端使用时的最大光圈相同；以及所述监控变焦镜头在中间焦距段使用时的最大光圈，与在最小焦距端使用时的最大光圈相同。本发明的有益效果：镜头在任意焦距下使用，其最大光圈都不会减小；相比搭配其他镜头，搭配此种镜头使用的摄像机，具有更好的低照度效果。

**专利名称：高清监控视频系统及其控制方法**

公开（公告）号：CN104702906A　　　　公开（公告）日：2015-06-10

申请号：CN201410042649.X　　　　申请日：2014-01-29

申请（专利权）人：杭州海康威视数字技术股份有限公司

国际专利分类号：IPC（8）：H04N7/18 H04N5/232

**摘要**：本发明涉及监控领域，公开了一种高清监控视频系统及其控制方法。本发明中，包括监控视频录像机和通过线缆与监控视频录像机连接的至少一个摄像机，摄像机包括：第一模拟信号收发模块，图像传感器，数模转换器，控制器；监控视频录像机包括：第二模拟信号收发模块，模数转换器，ISP 模块。在本发明中，将摄像机生成的数字图像转为模拟信号，通过线缆传输给监控视频录像机进行图像信号处理，生成对摄像机的控制信号反馈给摄像机，可以不需要在摄像机中安装 ISP 模块，监控视频录像机中的 IPS 模块可以被多个摄像机共用，大大减少视频监控系统的总成本，还可充分利用已经广泛安装的模拟传输线缆实现近乎无损无延时的传输，减少了重新布线的要求。

**专利名称：大相对孔径监控镜头**

公开（公告）号：CN104749743A　　公开（公告）日：2015-07-01

申请号：CN201310751768.8　　申请日：2013-12-30

申请（专利权）人：杭州海康威视数字技术股份有限公司

国际专利分类号：IPC（8）：G02B13/00

**摘要：**本发明提供了一种大相对孔径监控镜头，包括从物面侧至像面侧顺次配置的第一至第七透镜和孔径光阑，其中，第一透镜为在所述物面侧形成略凸面并具有负的折射能力的弯月透镜；第二透镜为具有正的折射能力的凸凹透镜或为在物面侧形成略凸面并具有正的折射能力的弯月透镜；第三透镜为在物面侧形成略凹面并具有正的折射能力的弯月透镜；孔径光阑设置于第三透镜和第四透镜之间；第四透镜为具有正的折射能力的凸凹透镜；第五透镜为在物面侧形成略凹面并具有负的折射能力的弯月透镜，第四透镜和第五透镜为胶合镜片；第六透镜为平行透镜；第七透镜为平行透镜。本发明能够使监控镜头具有较大的相对孔径且结构更加紧凑、加工和装配成本更低、易于量产。

**专利名称：视频码流的抽帧处理方法及装置**

公开（公告）号：CN104639951A　　公开（公告）日：2015-05-20

申请号：CN201310547498.9　　申请日：2013-11-06

申请（专利权）人：杭州海康威视数字技术股份有限公司

国际专利分类号：IPC（8）：H04N21/2343 H04N21/274

**摘要：**本发明公开了一种视频码流的抽帧处理方法及装置。在上述方法中，接收来自于 IPC 的视频码流并存储；在对存储的视频码流进行回放的过程中，对存储的视频码流进行 SVC 抽帧处理，其中，SVC 抽帧处理中使用的抽帧倍数根据用户选定的回放速率进行动态调整。本发明提供的技术方案有效地提高了视频码流在快速回放过程中的播放速度。

**专利名称：高清相机的图像分流控制方法及其装置**

公开（公告）号：CN104243834A　　公开（公告）日：2014-12-24

申请号：CN201310231276.6　　申请日：2013-06-08

申请（专利权）人：杭州海康威视数字技术股份有限公司

国际专利分类号：IPC（8）：H04N5/235 H04N7/18

**摘要：**本发明涉及智能交通领域，公开了一种高清相机的图像分流控制方法及其装置。本发明中，对同一相机重复执行以下步骤：判断下一帧视频所属的流类型；为该相机设置该流类型所对应的拍摄参数；控制相机拍摄一帧视频，并将该视频帧加入到对应的视频流中。本发明采用一台高清相机，对视频帧进行分流曝光控制和数据处理，智能分析视频流采用智能分析视频流所需的曝光控制参数及图像处理算法，录像视频流采用视频录像所需的图像曝光控制参数及图像处理算法，使用同一个相机可以并行输出满足不同需求的多个流，不同流的视频控制参数完全独立，既满足智能分析应用的需要，同时也满足视频录像应用的需要，优势非常明显。

**表 10-2-2　松下电器产业株式会社**

| 申请号 | 申请日 | 申请人 | 专利名称 | 技术领域 |
|---|---|---|---|---|
| CN201310334764.X | 2013-08-02 | 松下电器产业株式会社 | 光量调整方法 | 本发明涉及一种用于监控摄像机系统等的光量调整方法 |

续表

| 申请号 | 申请日 | 申请人 | 专利名称 | 技术领域 |
|---|---|---|---|---|
| CN201310306018.X | 2013-07-19 | 松下电器产业株式会社 | 图像发送装置、方法及程序、图像识别认证系统及图像接收装置 | 本发明涉及一种进行连续输入的图像的识别或认证的图像识别认 证系统、及构成该图像识别认证系统的图像发送装置及图像接收装置、以及图像发送方法及图像发送程序 |
| CN201380003730.0 | 2013-03-15 | 松下电器产业株式会社 | 固体摄像元件、摄像装置和信号处理方法 | 本申请涉及固体摄像元件的高灵敏度化和彩色化的技术 |
| CN201380001203.6 | 2013-03-14 | 松下电器产业株式会社 | 固体摄像装置 | 本申请涉及固体摄像装置的高灵敏度化和彩色化的技术 |
| CN201380000962.0 | 2013-02-01 | 松下电器产业株式会社 | 摄像装置和摄像系统 | 本申请涉及照相机等的摄像装置和摄像系统 |
| CN201180021980.8 | 2011-12-28 | 松下电器产业株式会社 | 摄像装置和测距装置 | 本发明涉及照相机等的摄像装置和测距装置 |

**专利名称：光量调整方法**

公开（公告）号：CN104349041A　　公开（公告）日：2015-02-11

申请号：CN201310334764.X　　申请日：2013-08-02

申请（专利权）人：松下电器产业株式会社

国际专利分类号：IPC（8）：H04N5/232 G03B15/05

**摘要：**本发明涉及光量调整方法，本发明以提供一种能够不受摄像机镜头的视角影响地拍摄到能够准确地确认监视对象的图像的摄像装置为目的。本发明的光量调整方法是一种具备光源的摄像装置的光量调整方法，包括获取由所述摄像装置拍摄到的图像的步骤，将所述图像划分为多个块的步骤，测定从所述图像的一端到另一端的多个所述块的亮度的步骤，以及基于测定的多个所述块中最大亮度与最小亮度之间的差来调整所述光源的光量的步骤。

**专利名称：三维摄像装置**

公开（公告）号：CN102598682B　　公开（公告）日：2015-06-03

申请号：CN201180004365.6　　申请日：2011-08-19

申请（专利权）人：松下电器产业株式会社

国际专利分类号：IPC（8）：H04N13/02 G03B35/26

其他公开文献：CN102598682A

**摘要：**三维摄像装置具备摄像部（100）和信号处理部（200）。摄像部（100）具有如下：具有透射波长范围互不相同的第一、第二和第三透射区域的光透射部（2）；以接收透过光透射部的光的方式所配置的固体摄像元件（1）；使像在固体摄像元件的摄像面上形成的光学系统（3）。信号处理部（200）具有如下：基于从固体摄像元件（1）输出的信号，生成与分别入射第一、第二和第三透射区域的光的量所相应的 3 个图像信号的图像生成部（7）；根据 3 个图像信号推定视差的视差推定部（40）。

**专利名称：半球型摄像机**

公开（公告）号：CN102985873B　　公开（公告）日：2015-09-02

申请号：CN201180030985.7　　申请日：2011-06-06

申请（专利权）人：松下电器产业株式会社

国际专利分类号：IPC（8）：H04N5/225 G03B17/56 G03B15/00

其他公开文献：CN102985873A

**摘要**：半球型摄像机（1）是通过手动来设定摄像机镜头（6）的方向的固定型的半球型摄像机（1）。内罩（3）支承在基体（2）的平行支承部（7）上。半球形罩（4）以倾斜了倾斜角 θ1 的状态支承在内罩（3）的倾斜台阶部（10）上。决定摄像机镜头（6）的摇摄方向的应设定的目标方向，内罩（3）相对于基体（2）沿着摇摄方向转动而朝向目标方向。摄像机镜头（6）的光轴 X 通过半球形罩（4）的球中心，半球形罩（4）的倾斜极限角度为 θ2。由于半球形罩（4）倾斜了倾斜角 θ 1，因此摄像机镜头（6）的俯仰方向能够设定至扩大倾斜极限角度（倾斜角 θ1+半球形罩（4）的倾斜极限角度 θ2）。如此，提供一种能够将摄像机镜头的俯仰方向在大角度范围内设定并能够实现高的摄像机画质的半球型摄像机。

**专利名称：中继装置**

公开（公告）号：CN102523764B　　　公开（公告）日：2015-02-18

申请号：CN201180003054.8　　　申请日：2011-05-31

申请（专利权）人：松下电器产业株式会社

国际专利分类号：IPC（8）：H04L12/927 G06F13/36 H04L12/801 H04L12/701 H04L12/811 H04L12/875 H04L12/911 H04L12/937

其他公开文献：CN102523764A

**摘要**：在 NoC 上的中继装置中，若全部的虚拟信道由向着同一目的地的分组占有，则向着其他目的地的分组将不能通过中继装置，从而分组的传输性能（吞吐量或延迟时间）下降。本发明的中继装置具备：输入缓冲器，其接收数据单位，该数据单位包含附加了多个目的地的信息的报头、以及与报头关联的数据；多个虚拟信道，它们容纳与目的地的信息对应的数据单位；目的地比较部，其根据目的地是否相同，来决定在多个虚拟信道的每一个中所容纳的数据单位的发送目的地的中继装置的虚拟信道的分配顺序；和输出部，其从决定了发送目的地的中继装置的虚拟信道的分配后的虚拟信道，输出所容纳的数据单位。

**专利名称：近距离无线通信装置**

公开（公告）号：CN102474308B　　　公开（公告）日：2014-06-25

申请号：CN201180002963.X　　　申请日：2011-05-11

申请（专利权）人：松下电器产业株式会社

国际专利分类号：IPC（8）：H04B5/02 H04N5/225

其他公开文献：　CN102474308A

**摘要**：在固定框体（2）的应用集成电路（25）中形成具备 3 个感应线圈的 1 个阵列天线，在可动框体（4）的拍摄处理集成电路（46）中在旋转轴（21）的周围以 45 度间隔形成分别与应用集成电路（25）的阵列天线同样地配置的 8 个阵列天线。控制器（47）基于可动框体（3）的旋转角，按照可动框体（3）的旋转角和可动框体（4）的旋转角之间的差的大小为 22.5 度以下选择拍摄处理集成电路（46）的 8 个阵列天线中的一个，并且控制步进电动机（43）使得所选择的阵列天线与应用集成电路（25）的阵列天线对置。

**表 10-2-3　浙江宇视科技有限公司**

| 申请号 | 申请日 | 申请人 | 专利名称 | 技术领域 |
|---|---|---|---|---|
| CN201610703935.5 | 2016-08-19 | 浙江宇视科技有限公司 | 视频编码码率控制方法、装置及系统 | 本发明涉及图像处理技术领域，具体涉及一种视频编码码率控制方法、装置及系统 |

续表

| 申请号 | 申请日 | 申请人 | 专利名称 | 技术领域 |
|---|---|---|---|---|
| CN201610557189.3 | 2016-07-12 | 浙江宇视科技有限公司 | 一种图像处理方法、系统及电子设备 | 本发明涉及图像处理技术领域，具体而言，涉及一种图像处理方法、系统及电子设备 |
| CN201610551736.7 | 2016-07-11 | 浙江宇视科技有限公司 | 一种阴影遮挡下的抓拍优化方法及装置 | 本发明属于视频监控领域，尤其涉及一种阴影遮挡下的抓拍优化方法及装置 |
| CN201610545773.7 | 2016-07-07 | 浙江宇视科技有限公司 | 昼夜自动切换方法、装置及系统 | 本发明涉及摄像机控制技术领域，具体涉及一种昼夜自动切换方法、装置及系统 |
| CN201610322358.5 | 2016-07-11 | 浙江宇视科技有限公司 | 一种利用空间信息实现目标追踪的方法及装置 | 本发明属于视频监控领域，尤其涉及一种利用空间信息实现目标追踪的方法及装置 |
| CN201510984979.5 | 2015-12-23 | 浙江宇视科技有限公司 | 一种视频监控图像的处理方法 | 本申请涉及图像处理技术领域，尤其涉及一种视频监控图像的处理方法 |
| CN201510930782.3 | 2015-12-14 | 浙江宇视科技有限公司 | 一种应用于动态场景的聚焦方法和装置 | 本申请涉及监控技术领域，尤其涉及一种应用于动态场景的聚焦方法和装置 |
| CN201510923977.5 | 2015-12-11 | 浙江宇视科技有限公司 | 一种用于快速拼接摄像机图像的方法及装置 | 本发明涉及视频监控技术领域，尤其涉及一种用于快速拼接摄像机图像的方法及装置 |
| CN201510924661.8 | 2015-12-11 | 浙江宇视科技有限公司 | 一种昼夜切换方法及装置 | 本申请涉及视频监控技术领域，尤其涉及一种昼夜切换方法及装置 |
| CN201510872852.4 | 2015-12-02 | 浙江宇视科技有限公司 | 一种噪点变化判断方法及装置 | 本发明涉及视频监控技术领域，尤其涉及一种噪点变化判断方法及装置 |
| CN201510857132.0 | 2015-11-28 | 浙江宇视科技有限公司 | 一种基于多源地图的点位聚合方法及装置 | 本发明涉及数字地图技术领域，具体涉及一种基于多源地图的点位聚合方法及装置 |
| CN201510793902.X | 2015-11-18 | 浙江宇视科技有限公司 | 一种基于路网的视频追踪方法及装置 | 本发明属于视频追踪技术领域，尤其涉及一种基于路网的视频追踪方法及装置 |
| CN201510791656.4 | 2015-11-17 | 浙江宇视科技有限公司 | 一种追踪方法及装置 | 本发明涉及视频监控技术领域，尤其涉及一种追踪方法及装置 |
| CN201510777871.9 | 2015-11-13 | 浙江宇视科技有限公司 | 调整监控图像显示方向的方法和装置 | 本申请涉及视频监控领域，尤其涉及一种调整监控图像显示方向的方法和装置 |
| CN201510443600.X | 2015-07-24 | 浙江宇视科技有限公司 | 一种高可伸缩性 RAID 阵列存储视频监控数据的方法和装置 | 本发明涉及存储技术领域，尤其涉及一种高可伸缩性 RAID 阵列存储视频监控数据的方法和装置 |

**专利名称：视频编码码率控制方法、装置及系统**

公开（公告）号：CN106254868A　　公开（公告）日：2016-12-21

申请号：CN201610703935.5　　申请日：2016-08-19

申请（专利权）人：浙江宇视科技有限公司

国际专利分类号：IPC（8）：H04N19/114 H04N19/146 H04N19/503 H04N19/513 H04N7/18

**摘要：**本发明提供一种视频编码码率控制方法、装置及系统，预测帧编码时，基于运动检测将当前预测帧与前一帧作比较，得到当前预测帧的运动物体区域及当前预测帧像素点的运动矢量；在运动矢量坐标系下，统计当前预测帧像素点的运动矢量，得到当前预测帧中编码质量需要保证的运动物体区域；结合预设的关键帧 QP 初始值、预设的预测帧 QP 初始值、当前预测帧像素点的运动矢量，计算出当前预测帧像素点的 QP 预测值；通过对宏块内的当前预测帧像素点的 QP 预测值均值取整，得到当前预测帧内宏块的编码 QP 值，生成当前预测帧的 QPMAP 配置表；采用当前预测帧的 QPMAP 配置表对当前预测帧进行压缩编码。本发明既能有效降低视频流编码码率又能保证视频图像质量。

**专利名称：一种图像处理方法、系统及电子设备**

公开（公告）号：CN106131412A　　　公开（公告）日：2016-11-16

申请号：CN201610557189.3　　　申请日：2016-07-12

申请（专利权）人：浙江宇视科技有限公司

国际专利分类号：IPC（8）：H04N5/232 H04N5/235 H04N7/18

**摘要**：本发明实施例提供一种图像处理方法、系统及电子设备。所述图像处理方法包括获取影像采集设备采集到的图像。根据所述图像的像素亮度分布数据判断所述图像是否需要进行除雾处理。当判定所述图像需要进行除雾处理时，从所述图像的像素亮度分布数据中确定多个像素亮度分布基准点。根据所述多个像素亮度分布基准点对透雾曲线进行反馈调节，以及采用反馈调节后的透雾曲线对所述图像进行除雾处理。使用该图像处理方法、系统及电子设备能够识别出需要进行除雾处理的图像，并对识别出的图像进行除雾处理，进而提高图像清晰度。

**专利名称：一种阴影遮挡下的抓拍优化方法及装置**

公开（公告）号：CN106210553A　　　公开（公告）日：2016-12-07

申请号：CN201610551736.7　　　申请日：2016-07-11

申请（专利权）人：浙江宇视科技有限公司

国际专利分类号：IPC（8）：H04N5/235

**摘要**：本发明公开了一种阴影遮挡下的抓拍优化方法及装置，该方法首先根据实况帧获取目标检测区的亮度分布情况，判断目标检测区的阴影遮挡情况；然后根据目标检测区的阴影遮挡情况、以及抓拍位置，预估出抓拍帧对应的目标亮度；最后根据预估的抓拍帧对应的目标亮度、以及目标期望亮度，调整抓拍帧的曝光参数。本发明的装置包括判断模块、预估模块和调整模块。本发明的方法及装置解决了现有技术中在有阴影遮挡时，有部分车牌存在过曝或欠曝的问题。改善了抓拍车辆车牌呈现效果，提高了车牌识别率。

**专利名称：昼夜自动切换方法、装置及系统**

公开（公告）号：CN106101549A　　　公开（公告）日：2016-11-09

申请号：CN201610545773.7　　　申请日：2016-07-07

申请（专利权）人：浙江宇视科技有限公司

国际专利分类号：IPC（8）：H04N5/232 H04N9/73 H04N5/238

**摘要**：本发明实施例提供一种昼夜自动切换方法、装置及系统。该方法、装置及系统在黑白摄像模式下获取当前黑白成像画面的白平衡统计信息；基于白平衡统计信息计算当前黑白成像画面的画面亮度红外光贡献率；当画面亮度红外光贡献率小于预设的画面亮度红外光贡献率阈值时，获取当前黑白成像画面的曝光统计信息；基于曝光统计信息计算当前黑白成像画面的画面照度；当画面照度大于预设的画面照度阈值时，将黑白摄像模式切换成彩色摄像模式。本发明不需要添加硬件就能消除反复昼夜切换的技术问题。

**专利名称：一种利用空间信息实现目标追踪的方法及装置**

公开（公告）号：CN105828045A　　　公开（公告）日：2016-08-03

申请号：CN201610322358.5　　　　　　申请日：2016-05-12

申请（专利权）人：浙江宇视科技有限公司

国际专利分类号：IPC（8）：H04N7/18 H04N13/00 H04N13/02 H04W64/00 G06K9/00 G06T7/20 G08B13/196 H04L29/08

**摘要**：本发明公开了一种利用空间信息实现目标追踪的方法及装置，该方法通过建立虚拟三维模型来模拟真实的监控环境，获取目标在监控画面中的位置信息，确定目标在虚拟三维模型中的位置和移动方向，根据目标在虚拟三维模型中的位置和移动方向从目标所在逻辑监控区域中的所有虚拟摄像机中选出最佳视角摄像机来跟踪目标。本发明的装置包括目标位置和移动方向计算模块和最佳视角摄像机选择模块。本发明的方法及装置能够根据目标所在的位置从该监控区域的所有监控摄像机中选出最佳视角摄像机，实现了对目标的快速有效追踪，解决了现有技术对目标进行追踪时效率不高，展示的效果不好的问题。

**专利名称：一种视频监控图像的处理方法**

公开（公告）号：CN105430352A　　　　　　公开（公告）日：2016-03-23

申请号：CN201510984979.5　　　　　　申请日：2015-12-23

申请（专利权）人：浙江宇视科技有限公司

国际专利分类号：IPC（8）：H04N7/18 G08G1/01

**摘要**：本申请提供一种视频监控图像的处理方法。所述方法包括：确定基准监控图像中交通信号灯的区域信息；根据所述区域信息去除原始监控图像中的交通信号灯，得到中间监控图像；优化所述中间监控图像中原交通信号灯外围的光晕，得到目标监控图像。通过本申请的技术方案，可以解决夜间监控图像中交通信号灯轮廓无法分辨的问题，以便用户能够清晰地分辨交通信号灯的指示方向，提高后续对违章行为识别的效率和识别准确度。

**表 10-2-4　索尼株式会社**

| 申请号 | 申请日 | 申请人 | 专利名称 | 技术领域 |
|---|---|---|---|---|
| CN201610552712.3 | 2007-02-28 | 索尼株式会社 | 监控摄像机 | 本发明涉及一种监控摄像机，用于向例如物体施加红外线辐射以捕捉物体的图像 |
| CN201610556517.8 | 2007-02-28 | 索尼株式会社 | 监控摄像机 | 本发明涉及一种监控摄像机，用于向例如物体施加红外线辐射以捕捉物体的图像 |
| CN201610552713.8 | 2007-02-28 | 索尼株式会社 | 监控摄像机 | 本发明涉及一种监控摄像机，用于向例如物体施加红外线辐射以捕捉物体的图像 |

**专利名称：监控摄像机**

公开（公告）号：CN106101500A　　　　　　公开（公告）日：2016-11-09

申请号：CN201610552712.3　　　　　　申请日：2007-02-28

申请（专利权）人：索尼株式会社

国际专利分类号：IPC（8）：H04N5/225 G08B13/196

**摘要**：在此公开了一种监控摄像机，包括：可水平移动单元，用于通过水平角度旋转，并被布置在基座上；可垂直移动单元，被布置在可水平移动单元中，用于通过垂直角度旋转；以及通信接口单元，向远程站点发送捕捉的图像。可垂直移动单元包括：图像捕捉单元，用于捕捉其中的物体的图像，图像捕捉单元具有变焦功能；光源，用于发射照明辐射；透镜单元，用于在与图像捕捉单元捕捉图像的方向基本相同的方向上施加所述照明辐射；以及照射控制单元，用于可变地设置照明辐射的照射范围，以便照射比图像捕捉单元的图像捕捉视场角稍大的或与图像捕捉视场角基本相同的区域。

**专利名称：监控摄像机**
公开（公告）号：CN106101501A　　公开（公告）日：2016-11-09
申请号：CN201610556517.8　　申请日：2007-02-28
申请（专利权）人：索尼株式会社
国际专利分类号：IPC（8）：H04N5/225 G08B13/196
**摘要：**在此公开了一种监控摄像机，包括：图像捕捉单元，其被配置用于捕捉其中的物体的图像，所述图像捕捉单元具有可通过变焦光学系统调整的图像捕捉视场角；以及光源，其具有被配置用于发射照明辐射的发光二极管。该摄像机还包括；透镜单元，其被配置用于在与所述图像捕捉单元捕捉图像的方向基本相同的方向上施加照明辐射；以及照射移动单元，其被配置用于可变地设置所述照明辐射的照射范围，以便照射与所述图像捕捉单元的图像捕捉视场角基本相同的区域。

**专利名称：监控摄像机**
公开（公告）号：CN105979131A　　公开（公告）日：2016-09-28
申请号：CN201610552713.8　　申请日：2007-02-28
申请（专利权）人：索尼株式会社
国际专利分类号：IPC（8）：H04N5/225 G08B13/196
**摘要：**在此公开了一种监控摄像机，包括：图像捕捉单元，用于捕捉其中的物体的图像，所述图像捕捉单元具有变焦功能；光源，用于发射照明辐射；透镜单元，用于在与所述图像捕捉单元捕捉图像的方向基本相同的方向上施加所述照明辐射，所述透镜单元包括通孔；照射移动单元，用于机械地移动所述光源并可变地设置所述照明辐射的照射范围，以便通过与所述变焦功能成联动关系机械地移动所述光源，来照射比所述图像捕捉单元的图像捕捉视场角稍大的或与所述图像捕捉单元的所述图像捕捉视场角基本相同的区域；以及通信接口单元，向远程站点发送捕捉的图像。所述光源的光轴和所述图像捕捉单元的光轴在同一方向上或在基本平行的方向上。

# 关键领域四
# 数据管理

数据管理是指数据的组织、编目、定位、存储、检索和维护，是数据处理的核心问题。

数据管理是收集、整理、组织、存储、处理、传输和检索不同类型数据的过程。它是计算机的一个重要应用领域。其中一个目的是从大量原始数据中提取信息，获得对人有价值的信息，然后使用信息作为行动和决策的基础；另一个目的是科学地保存和管理复杂、大量的数据，使人们可以方便、充分地利用这些信息资源。数据管理是数据处理的核心，是指数据的组织、分类、编码、存储、检索、维护等方面的操作。

四十多年来，数据库技术和系统有了长足发展，从早期的层次与网状数据库技术，到主流的关系型数据库技术，再到各类非关系型数据管理技术，一直到新近的大数据管理技术，造就了一个高达数千亿美元的市场。究其原因，是由于数据库是个充满机遇、充满竞争的领域。对于竞争局面的形成，数据管理系统评测基准（Database Benchmark）的研究和发展功不可没。数据管理系统评测基准是指一套用于评测、比较不同数据库系统性能的规范，使用基准所生成的性能指标值能够客观、全面地评测各个数据库系统的性能差距。[1]

---

[1] 金澈清，钱卫宁，周敏奇，周傲英.数据管理系统测评基准：从传统数据库到新兴大数据[J]. 计算机学报，2015，38（1）.

# 第11章 数据管理技术全球专利分析

## 11.1 全球专利申请趋势

将数据管理行业的全球专利申请量按照年份进行统计分析，得到如下全球专利申请趋势图 11-1-1，在 1998—2005 年间数据管理行业全球专利申请量整体呈上升态势。而在 2005 年之后只有中国、美国呈上升的态势。德国在数据管理行业最早布局，仅 1998 年就有 637 件专利申请，并且至 2005 年都保持稳定的年均申请数量。而中国的数据管理行业专利则是从 2005 年开始快速发展，呈现了爆炸式的增长势头，反映出国内企业对数据管理行业的相关技术日益重视。

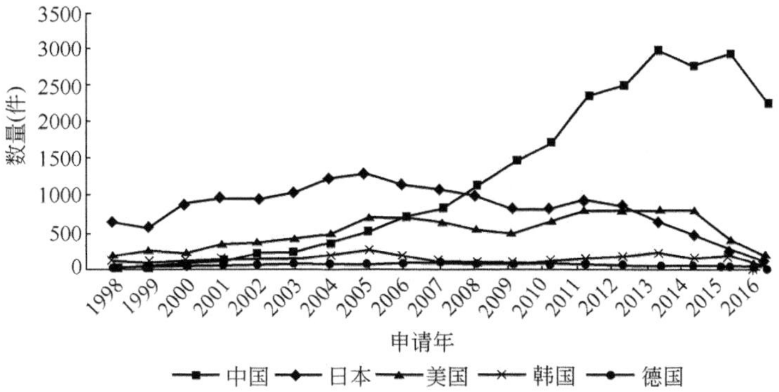


图 11-1-1　数据管理行业全球专利申请趋势图

## 11.2 专利申请国分布情况

专利申请国可以体现专利权人想在哪些国家或地区保护该发明。这一参数也反映了该发明未来可能的实施国家或地区。根据数据管理行业专利受理国家分布情况的统计（图 11-2-1）可以发现：中、日、美为数据管理行业专利重点申请国家，数量分布为中国（35595 件）、日本（11920 件）、美国（8892 件），这三者占了总量的 80.84%，其他还包括韩国 3325 件，欧洲 2612 件，世界产权组织 3210 件，英国 432 件，德国 660 件，加拿大 598 件，澳大利亚 534 件，其他地区 1995 件。

专利申请的国家和地区分布情况表明，日本、美国是国外数据管理行业专利布局的主要地区，企业可以跟踪、引进和消化相关技术领域技术，在此基础上实现技术突破。

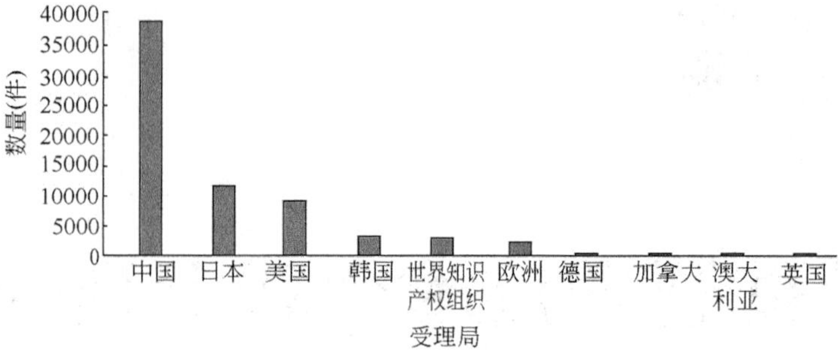


图 11-2-1　数据管理行业专利受理国家（地区）分布情况

## 11.3　专利技术主要来源国分析

通过对全球专利文献的专利权人国籍统计分析，得到数据管理行业专利申请的来源国和地区分布图 11-3-1，可以看出：数据管理行业专利的发明专利主要来自中国、日本、美国，其中日本的专利申请件数为 18272 件，超过日本国内专利数量（11920 件），美国的专利申请件数为 10276 件，超过美国国内专利数量（8892 件），反映出美国、日本申请人更加趋向于在美国以外的地区进行专利布局。[1]

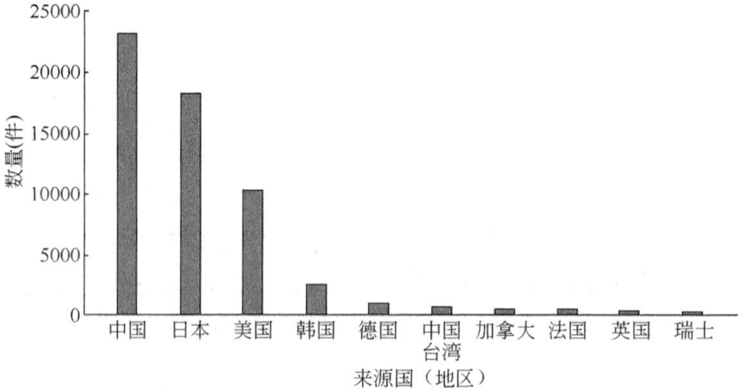


图 11-3-1　数据管理行业专利技术主要来源国（地区）情况

## 11.4　专利 IPC 分布

国际专利分类号（IPC）是世界通用专利分类系统，可用于分析专利结果的主体分布。数据管理行业专利按照分类号（IPC）进行统计，结果如图 11-4-1，可以看到 G06F（电数字数据处理）的专利数量最多，其次是 H04L（数字信息的传输），这两类加起来达到 65%。另外还有 G06Q（专门适用于行政、商业、金融、管理、监督或预测项目的的数据处理系统或

[1] 陈汉君.安防领域数据管理技术发展研究［J］. 技术创新与应用，2017.

方法，其他类目不包含的专门适用于行政、商业、金融、管理、监督或预测项目的处理系统或方法)、G11B（基于记录载体和换能器之间的相对运动而实现的信息存储)、G06K（数据识别；数据表示；记录载体；记录载体的处理)、G05B（一般的控制或调节系统)、H04W（无线通信网络)、H04N（图像通信)、H04M（电话通信)、H04Q（选择)。

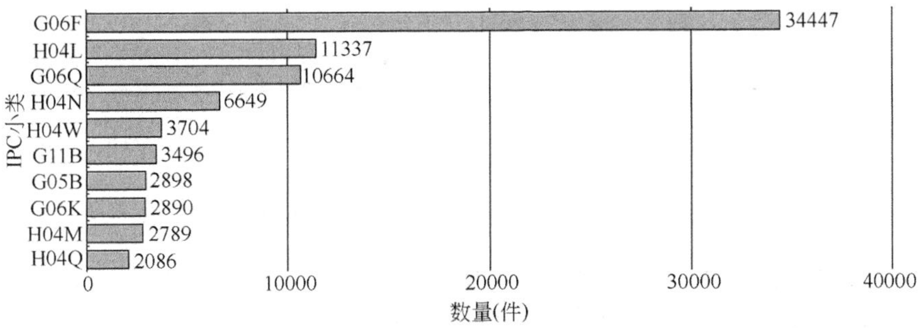


图 11-4-1 数据管理行业专利 IPC 分布情况

# 11.5 竞争态势分析

根据数据管理行业专利的检索结果和专利权人排名进行分析（图 11-5-1)，数据管理行业全球专利主要集中在日本专利权人手中。该领域综合实力领先的为日立、IBM、索尼、东芝，可见在数据管理行业的专利布局中。日本企业投入了大量资源，处于技术的垄断地位。

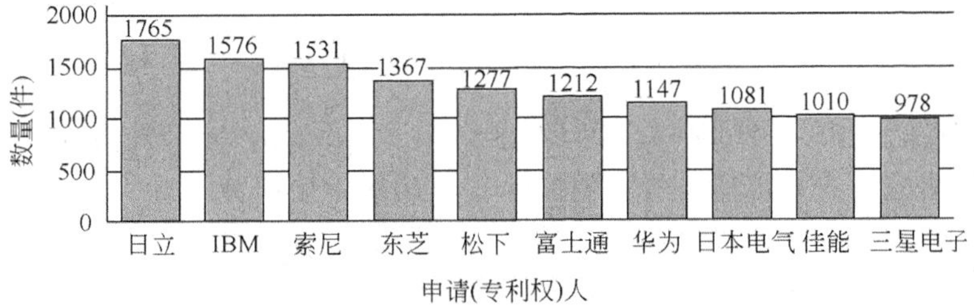


图 11-5-1 数据管理行业全球专利前 10 位的专利权人情况

# 11.6 重要专利申请人分析

全球主要专利权人竞争态势图中前四家企业综合实力雄厚，专利质量高并且涉及了较多的专利纠纷，而日立专利拥有量最大，现对这四家企业的专利情况进行分析。

## 11.6.1 株式会社日立制作所

株式会社日立制作所（以下简称“日立”）是全球最大的综合跨国集团之一，1910 年成立，总部位于日本东京。日立在广泛的事业领域中为社会提供系统、产品及服务，其中包括信息通信系统、电子设备、电力/产业系统、数字媒体/家用电器、高性能材料、物流及服务、金融服务等领域。

日立的专利经同族扩展后达到 1765 项，图 11-6-1 反映了日立在全球市场上的专利申请分布状况，专利申请的国家主要为日本、美国、中国。

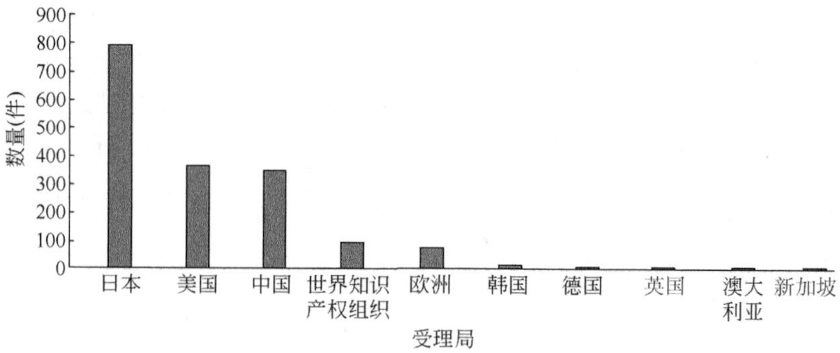


图 11-6-1　日立的相关专利受理国家（地区）分布情况

图 11-6-2 反映了日立在全球主要市场上的历年专利申请分布状况。日立的专利申请趋势总体呈倒 V 形趋势，2011 年专利申请量最高达 137 件，2012 年以后呈下降趋势。

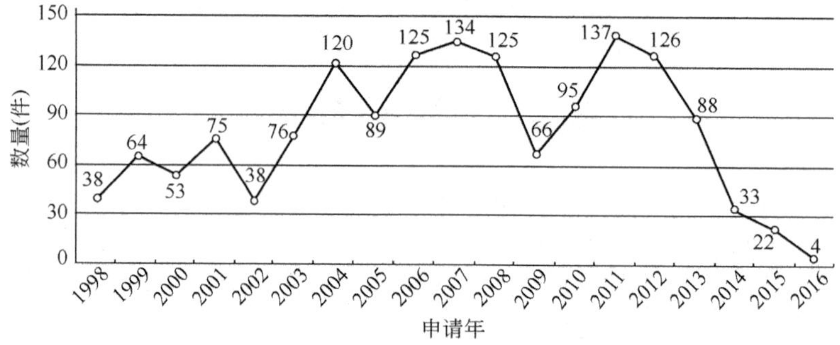


图 11-6-2　日立的专利申请趋势

图 11-6-3 为日立 IPC 分类排名，其中物理类排名中 G06F 为专利研究的重点方向，主要为电数字的数据处理，在电学分类中，H04N 为专利的主要研究方向，其主要为图像通信。

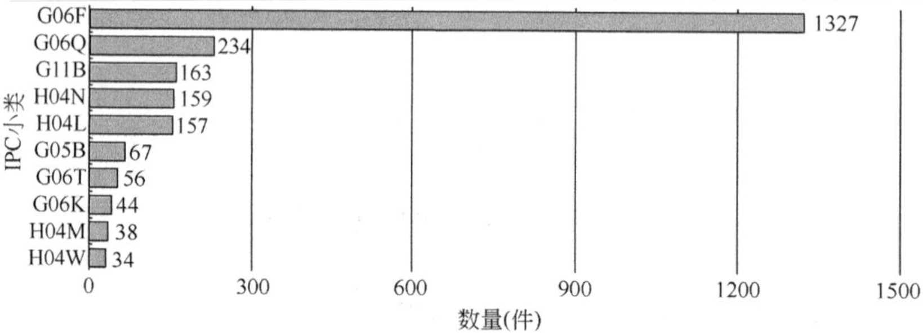


图 11-6-3　日立的物理类的 IPC 小类分析图

## 11.6.2　IBM

IBM（INTERNATIONAL BUSINESS MACHINES CORPORATION，IBM），国际商业机器公司，或称万国商业机器公司。1924 年，托马斯・沃森创立于美国，是全球最大的信息技术和业务解决方案公司，拥有全球雇员 30 多万人，业务遍及 160 多个国家和地区。

IBM 的专利经同族扩展后达到 1576 项，图 11-6-4 反映了 IBM 在全球市场上的专利申请分布状况，专利申请的主要国家和地区为中国、美国。

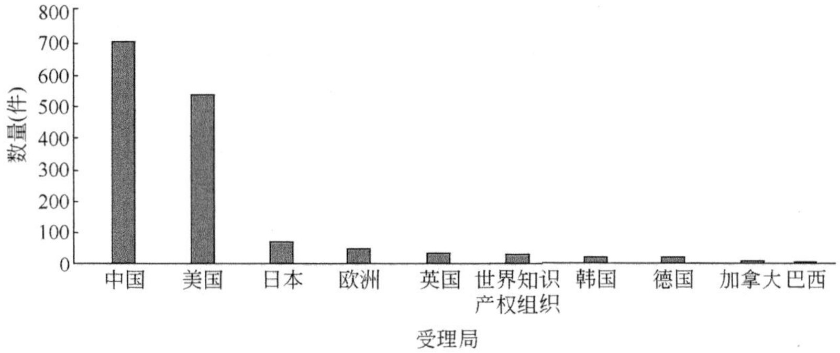


图 11-6-4 IBM 的相关专利受理国家（地区）分布情况

图 11-6-5 反映了在 IBM 全球主要市场上的历年专利申请分布状况。IBM 的专利申请趋势总体呈倒 V 形趋势，2013 年专利申请量最高达 136 件，2013 年以后申请量呈下滑趋势。

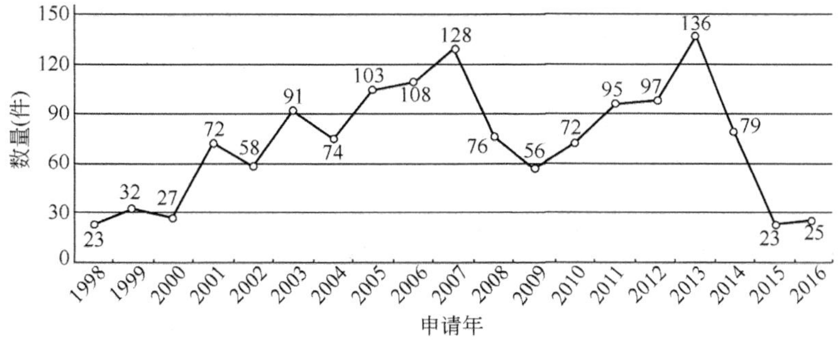


图 11-6-5 IBM 的专利申请趋势

图 11-6-6 为 IBM 的 IPC 分类排名，其中物理类排名中，G06F 为专利研究的重要方向，主要为电数字数据处理。在电学分类中，H04L 为专利研究的主要方向，主要为数字信息的传输，例如电报通信。IBM 在 G06F（电数字数据处理）这项技术分类下掌握的技术专利数量最多，说明 IBM 在数据管理最重要的领域占据着最重要的技术。这表明这家企业研发积累比较深，相关专利和技术有必要加强关注和追踪。

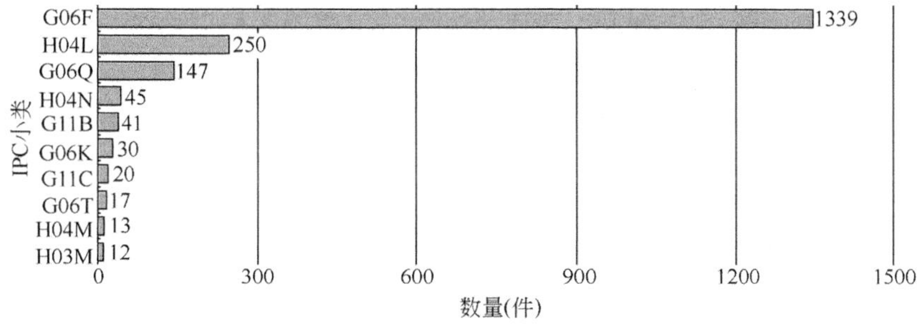


图 11-6-6 IBM 的物理类 IPC 小类分析图

## 11.6.3 索尼株式会社

索尼株式会社（以下简称“索尼”），是日本一家全球知名的大型综合性跨国企业集团。索尼是世界视听、电子游戏、通信产品和信息技术等领域的先导者，是世界最早的便携式数码产品的开创者，是世界最大的电子产品制造商之一、世界电子游戏业三大巨头之一。

索尼的专利经同族扩展后达到 1531 项，图 11-6-7 反映了索尼在全球市场上的专利申请分布状况，专利申请的主要国家和地区为中国、日本。

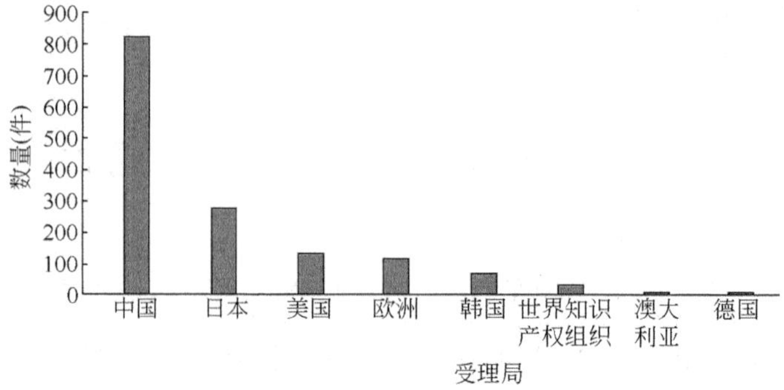


图 11-6-7　索尼的相关专利受理国家（地区）分布情况

图 11-6-8 反映了索尼在全球主要市场上的历年专利申请分布状况。2003 年专利申请量最高达 157 件，2003 年以后呈下降趋势。

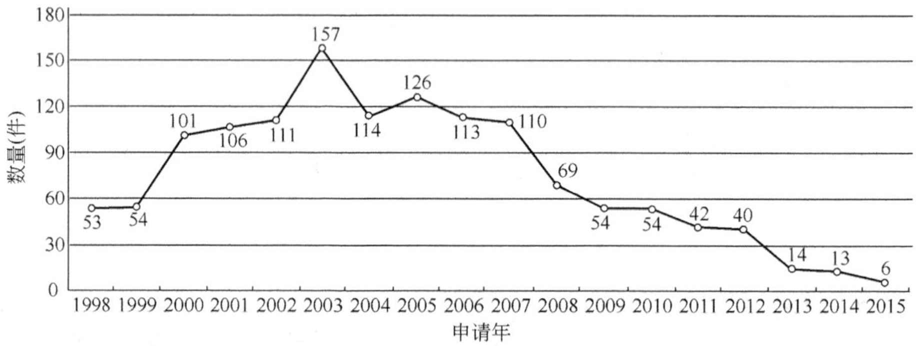


图 11-6-8　索尼的专利申请趋势

图 11-6-9 为索尼 IPC 分类排名，其中物理类排名中 G06F 和 G11B 为专利研究的重点方向，主要分别为电数字数据处理和基于记录载体和换能器之间的相对运动而实现的信息存储，在电学分类中，H04N 为专利的主要研究方向，主要为图像通信。

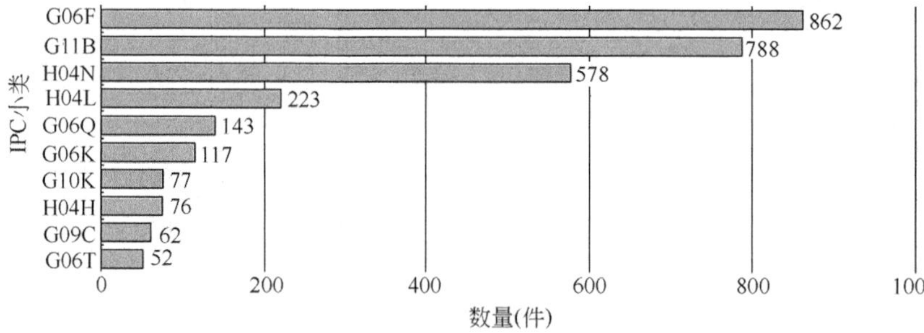


图 11-6-9　索尼的 IPC 小类分析图

## 11.6.4　东芝

东芝（TOSHIBA），日本最大的半导体制造商，也是第二大综合电机制造商，隶属于三井集团。公司创立于 1875 年 7 月，原名东京芝浦电气株式会社，1939 年由东京电气株式会社和芝浦制作所合并而成，业务领域包括数码产品、电子元器件、社会基础设备、家电等。20 世纪 80 年代以来，东芝从一个以家用电器、重型电机为主体的企业，转变为包括通讯、电子在内的综合电子电器企业。进入 90 年代，东芝在数字技术、移动通信技术和网络技术等领域取得了飞速发展，成功从家电行业的巨人转变为 IT 行业的先锋。

东芝的专利经同族扩展后达到 1367 项，图 11-6-10 反映了东芝在全球市场上的专利申请分布状况，专利申请的主要国家和地区为日本和中国。

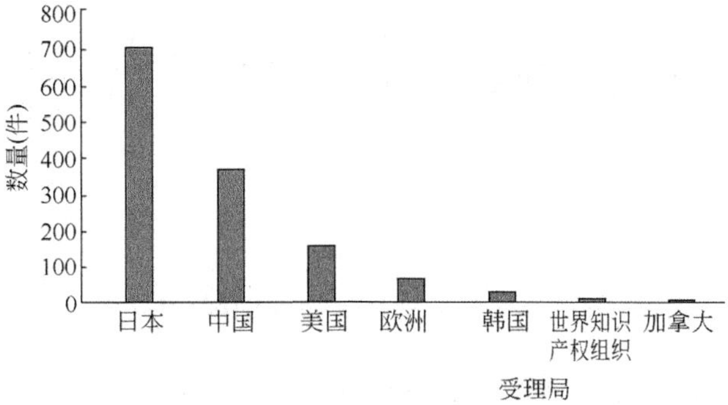


图 11-6-10　东芝的相关专利受理国家（地区）分布情况

图 11-6-11 反映了东芝在全球主要市场上的历年专利申请分布状况。东芝的专利申请趋势整体呈倒 V 形。2005 年专利申请量最高达 123 件，2009 年以后呈下降趋势。

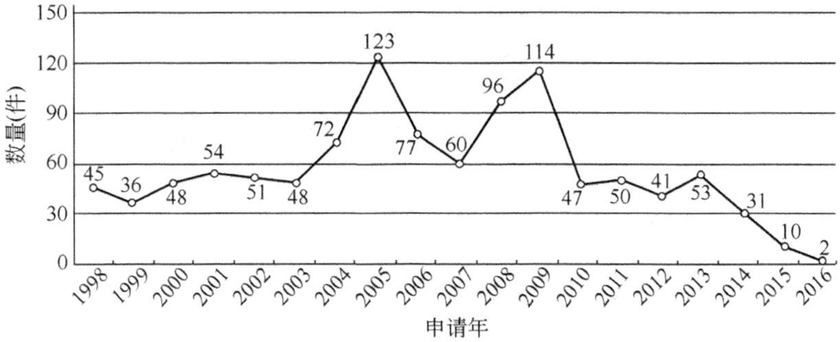


图 11-6-11　东芝的专利申请趋势

图 11-6-12 为东芝 IPC 分类排名，其中物理类排名中，G06F 为专利研究的重点方向，主要为电数字数据处理，在电学分类中 H04N 为专利的主要研究方向，其主要为图像通信。

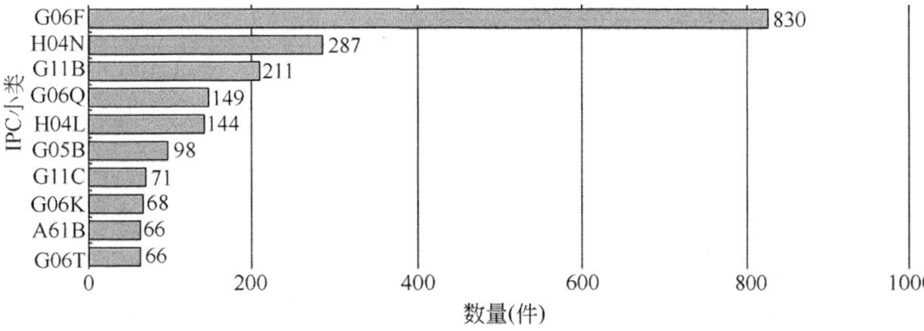


图 11-6-12　东芝的 IPC 小类分析图

# 第12章 数据管理技术国内专利分析

## 12.1 国内专利概况

在中国专利中，经过检索获得数据管理行业专利共 35594 件。如图 12-1-1 所示，其中发明专利达 31485 件，占总数的 88.46%，实用新型 4059 件，占总数的 11.40%。

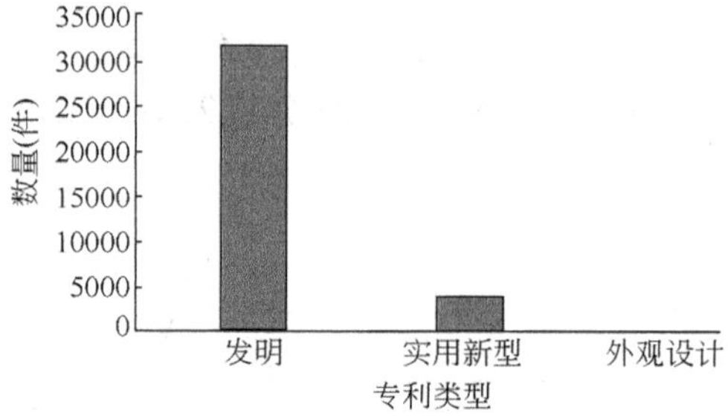


图 12-1-1 数据管理技术国内专利类型分布情况

## 12.2 国内专利申请趋势

图 12-2-1 的专利申请趋势表明，国内的数据管理行业技术的发展整体还处于上升趋势，尤其在 1999 年以后有较大的增幅，并逐步呈现上升态势，说明我国在数据管理方面足够重视，在 2011 年之后保持稳步上升，说明我国的数据管理行业进入了成熟期。鉴于我国专利的审查程序，图中 2015 年和 2016 年的申请量并不是最终的数据。

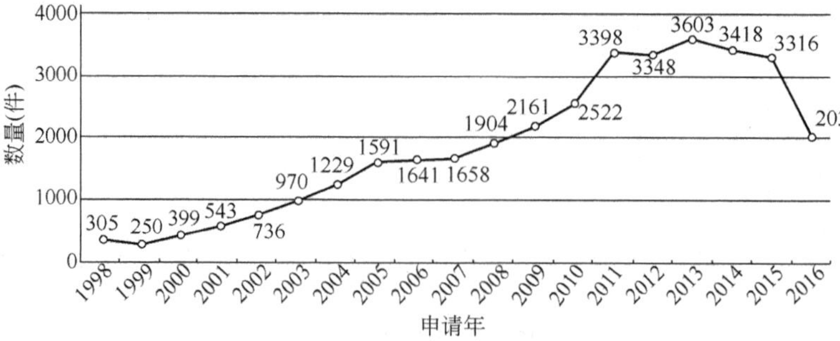


图 12-2-1 数据管理技术国内专利申请趋势

## 12.3 专利 IPC 分布

图 12-3-1 给出了数据管理行业专利排名前十的申请人重点研究方向。可以看出，我国数据管理行业 IPC 分布现阶段主要集中在物理类 G06F（电数字数据处理），专利量达 13346 件。

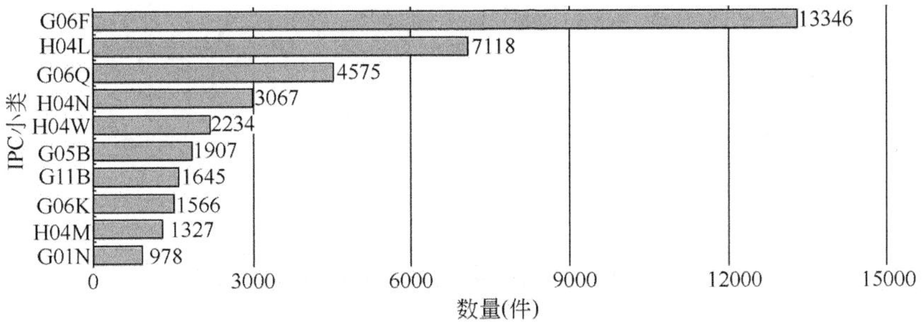


图 12-3-1 国内数据管理行业专利排名前十的技术类别情况

## 12.4 申请人分布分析

由图 12-4-1 可知，国内申请人申请的专利数量最多达到了 21570 件，占总数的 63.78%，其他申请人来源国家和地区还有日本、美国、韩国、中国台湾、德国、法国、瑞士、荷兰、瑞典。

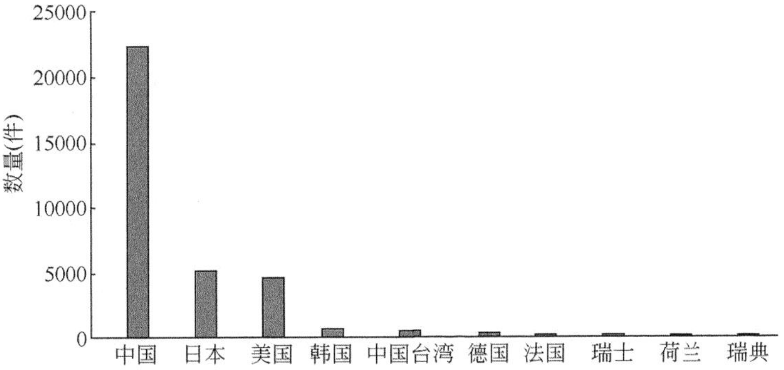


图 12-4-1 国内数据管理行业专利申请人分布情况

国内主要省市数据管理行业专利的申请状况见图 12-4-2，其中北京市申请量达到 5267 件，居首位，而浙江省专利申请量列第 5 位，作为一个现阶段科学技术发展迅速的省份，数量不多。

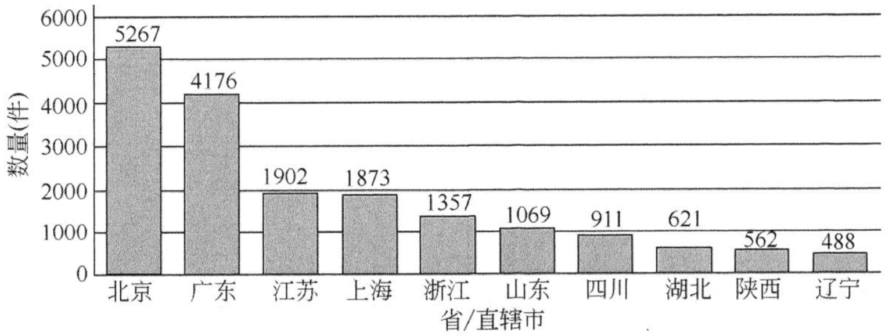


图 12-4-2 主要省市数据管理行业专利申请综合状况表

图 12-4-3 给出了国内数据管理行业专利申请量前十位的申请人情况。可以看出，数据管理行业的专利申请量前十位中有三家是国内企业，七家国外企业。国内企业中做的最好的是华为，这表明这家企业的研发积累比较深，相关专利有必要加强关注和跟踪。

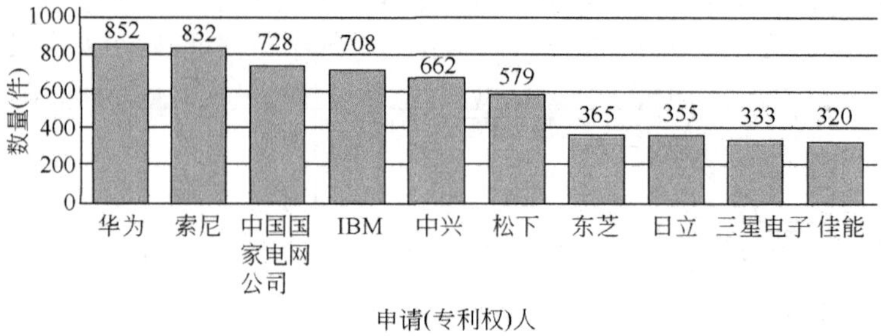


图 12-4-3　国内数据管理行业专利申请人分布分析

## 12.5　主要结论

作为安防产业有发展前景的行业之一，中国数据管理行业规模已经连续几年领先世界，并还在呈现上升的态势。G06F（电数字数据处理）作为专利的重要研究方向，专利总体数量却不多。国内相关专利相对于国外相关专利数量少，可以借鉴国外专利技术，国内相关目标市场尚有待开发且潜力巨大。

# 第13章 重点企业（部分）核心专利简介

以下专利摘要信息数据来自智慧芽专利数据分析平台，部分涉及专业词汇，为防止因翻译原因而产生理解偏差，请读者按照专利号检索并下载全文解读。

## 13.1 授权部分

表 13-1-1 株式会社日立制作所

| 申请号 | 申请日 | 申请人 | 专利名称 |
|---|---|---|---|
| JP2015554353 | 2013-12-25 | 株式会社日立制作所 KK | 计算机系统和数据管理方法 |
| JP2015501299 | 2013-12-20 | 株式会社日立制作所 KK | 医用图像数据管理系统中，医疗用图像数据管理装置，医用图像数据管理程序 |
| JP2015540351 | 2013-10-04 | 株式会社日立制作所 KK | 数据管理方法，数据管理装置和存储介质 |
| JP2015515676 | 2013-05-08 | 株式会社日立制作所 KK | 存储系统和数据管理方法 |
| JP2015510993 | 2013-04-09 | 株式会社日立制作所 KK | 数据管理装置，数据管理方法和非瞬时记录介质 |
| JP2015509635 | 2013-04-01 | 株式会社日立制作所 KK | 计算机系统，数据管理方法，以及计算机 |
| JP2015506487 | 2013-03-21 | 株式会社日立制作所 KK | 存储设备和数据管理方法 |
| JP2013045541 | 2013-03-07 | 株式会社日立制作所 KK | 分布式文件系统和数据复制管理控制方法 |
| JP2012286629 | 2012-12-28 | 株式会社日立制作所 KK | 数据管理方法及数据管理装置 |
| JP2012273385 | 2012-12-14 | 株式会社日立制作所 KK | 远程管理系统 |
| JP2012272655 | 2012-12-13 | 株式会社日立制作所 KK | 电梯服务监控系统 |
| JP2014549661 | 2012-11-27 | 株式会社日立制作所 KK | 计算机，计算机系统，和一个数据管理方法 |
| JP2014545512 | 2012-11-08 | 株式会社日立制作所 KK | 时空数据管理系统，时空数据管理方法和程序 |
| JP2012244488 | 2012-11-06 | 株式会社日立制作所 KK | 有组织的行动装置及方法 |
| JP2012223797 | 2012-10-09 | 株式会社日立制作所 KK | 数据管理系统 |

**专利名称：计算机系统和数据管理方法**

公开（公告）号：JP6034512B2　　公开（公告）日：2016-11-30

申请号：JP2015554353　　申请日：2013-12-25

申请（专利权）人：株式会社日立制作所 KK

国际专利分类号：IPC（8）：G06F12/00

**摘要**：一种包括计算机的计算机系统。每台计算机与存储至少一个包括记录的文件的存储装置耦合，每个计算机包括文件系统，键值数据管理模块和加载器，每个计算机保存键值数据结构信息，所述加载器被配置为识别要反映所述至少一条更新的键值数据的要处理的文件；并发送更新包括所述至少一条更新的键值数据的文件的请求；以及所述文件系统被配置为基于所述键值数据结构信息来识别与所述文件内的所述更新的键值数据对应的记录之一的位置，并且通过将所述至少一条更新的键值数据。

**专利名称：医用图像数据管理系统中，医疗用图像数据管理装置，医用图像数据管理程序**

公开（公告）号：JP6038276B2　　公开（公告）日：2016-12-07

申请号：JP2015501299　　申请日：2013-12-20

申请（专利权）人：株式会社日立制作所　KK

国际专利分类号：IPC（8）：G06Q50/24 A61B5/00

**摘要**：提供一种根据医用图像数据的使用来动态地更新从医用图像数据管理系统的内部存储装置删除医用图像数据的条件的技术。本发明的医用图像数据管理系统包括存储医用图像数据的第一存储部和通过网络与第一存储部连接的第二存储部。基于第一存储部和第二存储部之间的医用图像数据的收发记录，更新从第一存储部删除医用图像数据的条件。

**专利名称：数据管理方法，数据管理装置和存储介质**

公开（公告）号：JP6028103B2　　公开（公告）日：2016-11-16

申请号：JP2015540351　　申请日：2013-10-04

申请（专利权）人：株式会社日立制作所　KK

国际专利分类号：IPC（8）：G06F17/30 G06F19/00

**摘要**：一种数据管理方法，使用存储在具有处理器和存储单元的计算机的存储单元中的数据的分析结果，其中所述计算机通过选择存储在所述存储单元中的数据来生成分析数据集，设置为规定的数据挖掘，从分析数据集提取模型，将模型转换为关系表，并将关系表与已经预先存储在存储单元中的维度表和历史表相关联。

**专利名称：存储系统和数据管理方法**

公开（公告）号：JP5990641B2　　公开（公告）日：2016-09-14

申请号：JP2015515676　　申请日：2013-05-08

申请（专利权）人：株式会社日立制作所　KK

国际专利分类号：IPC（8）：G06F12/00 G06F11/20

**摘要**：该专利没有摘要。

**专利名称：数据管理装置，数据管理方法和非瞬时记录介质**

公开（公告）号：JP6042974B2　　公开（公告）日：2016-12-14

申请号：JP2015510993　　申请日：2013-04-09

申请（专利权）人：株式会社日立制作所

国际专利分类号：IPC（8）：G06F17/30

**摘要**：一种数据管理装置，包括：存储单元，其存储用于保留结构化数据的第一数据库，其中基于属性和属性值来构造多个数据特征；以及第二数据库，用于保存文件单元中的非结构化数据，以及控制单元，组合结构化数据和非结构化数据，并将组合作为在执行搜索查询期间访问到第二数据库的虚拟结构化数据来管理，使用虚拟结构化数据的虚拟属性的属性值作为从文件中提取的值当包括非结构化数据的第二数据库的文件被更新时，基于预定信息提取规则来更新虚拟结构化数据的虚拟属性的属性值。

**专利名称：计算机系统，数据管理方法，以及计算机**

公开（公告）号：JP5956064B2　　公开（公告）日：2016-07-20

申请号：JP2015509635　　申请日：2013-04-01

申请（专利权）人：株式会社日立制作所　KK

国际专利分类号：IPC（8）：G06F12/00

**摘要**：一种计算机系统，包括多个计算机和存储系统，还包括：被配置为处理从一装置发送的数据的第一数据处理模块；记忆存储器；内存存储控制模块；配置以执行使用包括在第一数据范围被处理数据的预定处理的第二数据处理模块；和配置成使用包括在第二数据范围中的被处理数据来执行预定处理的第三数据处理模块，所述存储器存储控制模块被配置成：指定一个第三数据范围内，这是经处理的数据的时间范围被写入数据库中；并指定基于所述第一数据范围和第三数据范围可删除的处理的数据。

**专利名称：存储设备和数据管理方法**

公开（公告）号：JP5945065B2　　公开（公告）日：2016-07-05

申请号：JP2015506487　　申请日：2013-03-21

申请（专利权）人：株式会社日立制作所　KK

国际专利分类号：IPC（8）：G06F12/00

**摘要**：无论哪个提供有相同的识别信息的多个存储子系统的从多个主计算机的访问，设置有存储子系统中是相同的识别信息的多个卷经受程度排除共享。因此，提供了设置有多个存储子系统和用于通过信道命令给多路复用卷处理输入/输出请求的第一存储子系统中是相同的识别信息的复用卷，其中，如果从主计算机接收到的信道的命令或经由第二存储子系统的控制单元是多路复用卷，所述第一存储子系统的控制单元的输入/输出请求确定关于由信道命令指定的多路复用体积的程度范围的访问权的基础上，对信息是否基于另一个请求已经执行关于程度范围内的输入/输出处理。

**专利名称：分布式文件系统和数据复制管理控制方法**

公开（公告）号：JP5998080B2　　公开（公告）日：2016-09-28

申请号：JP2013045541　　申请日：2013-03-07

申请（专利权）人：株式会社日立制作所　KK

国际专利分类号：IPC（8）：G06F12/00 G06F3/06

其他公开文献：JP2014174675A

**摘要**：要解决的问题：避免由于人为因素导致的数据完整性的劣化。解决方案：分布式文件系统（以下称为 FS）具有：监视处理单元，用于响应于节点从网络的离开而通告报警以及对所述节点中的操作；数据复制管理控制单元，包括用于存储节点的节点标识符和数据存储容量的节点管理表，以及用于存储节点中需要复制的数据的大小的复制数据管理表，并且响应于指定输入要与复制数据管理表分离的节点的大小，要求复制的数据的大小存储在复制数据管理表中，指示监视处理单元开始监视处理，参考节点管理表，在另一个复制数据管理表中复制需要复制的数据当所述需要复制的数据的大小等于或小于所述节点的数据存储容量时，指示所述监视处理单元结束所述监视处理，并且响应于完成复制，指示所述监视处理单元终止所述监视处理。

**专利名称：数据管理方法及数据管理装置**

公开（公告）号：JP5948238B2　　公开（公告）日：2016-07-06

申请号：JP2012286629　　申请日：2012-12-28

申请（专利权）人：株式会社日立制作所　KK

国际专利分类号：IPC（8）：G06F21/62

其他公开文献：JP2014130412A

**摘要**：该专利没有摘要。

**专利名称：远程管理系统**

公开（公告）号：JP5386628B2　　公开（公告）日：2014-01-15

申请号：JP2012273385　　申请日：2012-12-14

申请（专利权）人：株式会社日立制作所　KK

国际专利分类号：IPC（8）：H04M11/00 H04L12/24 G06F13/00

其他公开文献：JP2013066239A

**摘要**：要解决的问题：提供远程管理设备能够改变每个数据管理下从远程位置在从一种状态中的远程位置执行管理和维护的高可靠性与通信网络连接。解决方案：远程管理服务器创建数据，设置指示电报消息并传送到远程管理设备（S41）的消息。控制程序提取数据，设定指令从电报和产出对通信控制捆绑（S42）的指令。通信控制束输出到基本数据管理捆绑包 （S43）设置指令的数据。根据数据设置指令，基本数据管理包获取要与远程管理设备设置的数据，并确定数据是否基本数据或扩展的数据（S44）。与基本数据、基本数据管理包执行设置的数据（S45）。与扩展数据，扩展数据管理包执行数据（S47）的设置。

**表 13-1-2　IBM**

| 申请号 | 申请日 | 申请人 | 专利名称 |
|---|---|---|---|
| US14/972137 | 2015-12-17 | IBM | 动态主数据管理 |
| US14/869509 | 2015-09-29 | IBM | 潜在恶意内容的数据管理 |
| US14/666549 | 2015-03-24 | IBM | 多个项目的共同特点透视的数据管理 |
| US14/516657 | 2014-10-17 | IBM | 多个项目的共同特点透视的数据管理 |
| US14/496653 | 2014-09-25 | IBM | 网络数据管理协议备份操作中重用快照 |
| US14/488338 | 2014-09-17 | IBM | 数据管理动态磁带存储库 |
| US14/481945 | 2014-09-10 | IBM | 数据管理动态磁带存储库 |
| US14/325949 | 2014-07-08 | IBM | 存储区域元数据管理 |
| US14/300310 | 2014-06-10 | IBM | 多元结构主数据管理 |
| US14/299835 | 2014-06-09 | IBM | 与补充属性复数架构主数据管理 |
| US14/268046 | 2014-05-02 | IBM | 通过灾难恢复生命周期保持与自足的元数据管理服务 |

续表

| 申请号 | 申请日 | 申请人 | 专利名称 |
|---|---|---|---|
| US14/248125 | 2014-04-08 | IBM | 在多层存储环境的文件系统快照数据管理 |
| US14/243301 | 2014-04-02 | IBM | 元数据驱动的工作流，并与基因组的数据处理系统和技术的集成 |
| US14/077427 | 2013-11-12 | IBM | 在虚拟机操作系统内存清爽　拓扑 |
| US14/074317 | 2013-11-07 | IBM | 从缓存和NVS不同步复苏 |

**专利名称：**

公开（公告）号：US9454559　　公开（公告）日：2016-09-27

申请号：US14/972137　　申请日：2015-12-17

申请（专利权）人：IBM

国际专利分类号：IPC（8）：G06F17/30 G06F21/62 G06F9/54 H04L29/08

**摘要：**方法包括，在一个主数据管理系统，识别包括多个主数据属性的信息，并接收对所述简档持久修改请求。持久修改请求影响的一个或多个主数据的属性。该方法还包括，对于每个受影响的属性，或者：（1）识别与先前存在的所有权信息相关联的预先存在的主记录；（2）确定到原本没有主记录存在。该方法还包括，对每个受影响的属性：（1）响应判断到原本没有主记录的存在，增加了个人资料的新的主数据的属性和相关的新的所有权信息的基础上，持续改进的要求；（2）响应识别预先存在的主记录，有选择地允许或拒绝的执着修改请求；（3）响应于允许持续修改请求，更新预先存在的主记录的基础上，持续修改请求。

**专利名称：潜在恶意内容的数据管理**

公开（公告）号：US9536085　　公开（公告）日：2017-01-03

申请号：US14/869509　　申请日：2015-09-29

申请（专利权）人：IBM

国际专利分类号：IPC（8）：G06F11/00 G06F21/55 G06F21/56

**摘要：**在数据管理系统中，响应于将第一数据写入数据存储设备的请求，启动由恶意内容扫描器对恶意内容的第一数据的检查。响应于检查，在第一数据中没有显示恶意内容，第一数据，表示在检查第一数据时的恶意内容扫描器的版本的第一签名，以及将第一签名链接到作为只读数据的第一数据被写入数据存储装置。

**专利名称：多个项目的共同特点透视的数据管理**

公开（公告）号：US9442918　　公开（公告）日：2016-09-13

申请号：US14/666549　　申请日：2015-03-24

申请（专利权）人：IBM

国际专利分类号：　IPC（8）：G06F17/27 G06Q30/02 G06F17/30 G06F17/28

其他公开文献：　US20160110399A1

**摘要：**公开管理与在物品的共同特征相关联的立体数据的计算机实现的方法。该方法可以包括识别在第一项的共同特征和第二项，具有一组立体数据和建立与所述共同特征相关联的立体数据的子集的第一项。该方法可以包括立体的所述子集与所述第二项相关联。该方法可以包括确定一组相关度分值的用于与通用功能有关的立体数据的子集，并且从立体数据的子集建立一套相关立体数据。该组相关透视数据可以具有相关的阈值以外的相关性分数。该方法可以包括该组的相关的角度的数据与第二项相关联。

**专利名称：网络数据管理协议备份操作中重用快照**

公开（公告）号：US9104627　　公开（公告）日：2015-08-11
申请号：US14/496653　　申请日：2014-09-25
申请（专利权）人：IBM
国际专利分类号：IPC（8）：G06F17/30 G06F11/14
其他公开文献：US20150039564A1

**摘要**：提供的机制，在数据处理系统中，用于执行数据管理操作。这些机制确定一个或多个定义的组的数据元素的数据管理操作的目标。确定了与一个或多个定义的组相关联的一个或多个先前生成的快照文件和测定作出是否至少一个先前生成的快照文件的一个或更多以前生成的快照文件与一个或多个定义组关联是能够重用时执行数据管理操作。数据管理操作执行基于测定是否至少一个先前生成的快照文件的一个或更多以前生成的快照文件与一个或多个定义组关联是能够重用时执行数据管理操作。

**专利名称：数据管理动态磁带存储库**

公开（公告）号：US9202507　　公开（公告）日：2015-12-01
申请号：US14/488338　　申请日：2014-09-17
申请（专利权）人：IBM
国际专利分类号：IPC（8）：G11B15/68

**摘要**：本发明的实施例提供了系统磁带库架。在一个实施例中，一个磁带库架中公开，包括一个机壳，它包含磁带盒插槽，用于存储一个或多个磁带盒。磁带库架包括至少一个磁带驱动器模块，控制单元，以及耦合到所述底盘上的移动装置。移动装置可操作地连接到所述控制单元根据从控制单元接收的指令来移动底盘。

**专利名称：数据管理动态磁带存储库**

公开（公告）号：US9242796　　公开（公告）日：2016-01-26
申请号：US14/481945　　申请日：2014-09-10
申请（专利权）人：IBM
国际专利分类号：IPC（8）：G11B5/02 B65G1/10 B65G1/04

**摘要**：本发明的实施例提供了系统磁带库架。在一个实施例中，一个磁带库架中公开，包括一个机壳，它包含磁带盒插槽，用于存储一个或多个磁带盒。磁带库架包括至少一个磁带驱动器模块，控制单元，以及耦合到所述底盘上的移动装置。移动装置可操作地连接到所述控制单元根据从控制单元接收的指令来移动底盘。

**专利名称：多元结构主数据管理**

公开（公告）号：US9298729　　公开（公告）日：2016-03-29
申请号：US14/300310　　申请日：2014-06-10
申请（专利权）人：IBM
国际专利分类号：IPC（8）：G06F17/30 G06F11/14
其他公开文献：US20150127606A1

**摘要**：根据本发明的一个实施方案中，对于多个数据管理结构内管理数据的系统包括：至少一个处理器。该系统仍然存在由第一数据管理结构设法第二数据管理结构的实体。第一数据管理架构管理一个或多个数据源中的实体的数据，而第二数据管理架构管理与从公共库中的一个或多个数据源的数据持久实体。到持久实体的数据的修改的所述一个或多个数据源中检测到，并且修改后的数据与所述第二数据管理结构的信息库的持久实体同步。本发明的实施例还包括用于在基本上与上述相同的方式的多个数据管理架构中管理数据的方法和计算机程序产品。

**专利名称：与补充属性复数架构主数据管理**
公开（公告）号：US9384247　　　　公开（公告）日：2016-07-05
申请号：US14/299835　　　　申请日：2014-06-09
申请（专利权）人：IBM
国际专利分类号：IPC（8）：G06F17/30
其他公开文献：US20150127672A1

**摘要**：根据本发明的一个实施方案，对于多个数据管理结构内管理数据的系统包括至少一个处理器。该系统仍然存在由第一数据管理结构设法第二数据管理结构的实体。第一个数据管理架构管理数据源中的实体数据和第二数据管理架构管理的公共存储库中的持久化实体。实体属性的第一和第二数据管理结构之间进行映射。该系统还提供了持久的第二数据管理结构内（例如，登记模式或完全持久模式）实体，其中所述补充属性是所述第一和第二数据管理结构之间未映射的一个或多个辅助的属性。本发明的实施例还包括用于基本上与上述相同的方式的多个数据管理架构中管理数据的方法和计算机程序产品。

**表 13-1-3　索尼株式会社**

| 申请号 | 申请日 | 申请人 | 专利名称 | 技术领域 |
|---|---|---|---|---|
| CN200910261120.6 | 2009-12-28 | 索尼株式会社 | IC 卡、数据控制方法及程序 | 本发明涉及 IC 卡、数据控制方法和程序，并且具体地涉及验证数据一致性的 IC 卡、数据控制方法和程序 |
| CN200910259712.4 | 2009-12-23 | 索尼株式会社 | 非易失性存储装置、信息记录系统及信息记录方法 | 本发明涉及包括非易失性存储元件并能将数据存储为处于安全状态 的非易失性存储装置，还涉及包括该非易失性存储装置的信息记录系统以及信息记录方法 |
| CN200910171792.8 | 2009-09-08 | 索尼株式会社 | 用于信息处理的方法和设备 | 本发明涉及一种用于信息处理的设备和方法，具体地说，本发明涉及一种能够更适当地执行用于推荐预定项目的过程的信息处理设备和方法 |
| CN200910161131.7 | 2009-08-04 | 索尼株式会社 | 图像处理设备、成像装置、图像处理方法 | 本发明涉及图像处理设备，特别是涉及能够检测内容中的脸部的图像处理设备。本发明还涉及具备这样的图像处理设备的成像装置。本发明涉及在各图像处理设备和成像装置中使用的图像处理方法。本发明涉及使计算机执行这样的图像处理方法的程序 |
| CN200910150909.4 | 2009-06-25 | 索尼株式会社 | 信息处理设备、信息处理方法和信息处理系统 | 本发明涉及一种信息处理设备、信息处理方法、程序以及信息处理系统。具体说来，本发明涉及一种能够从数量增加了的节目中准确地识别特定节目的信息处理设备、信息处理方法、程序以及信息处理系统 |
| CN200910134455.1 | 2009-04-15 | 索尼株式会社 | 读/写器、通信处理装置和方法、数据管理系统及通信系统 | 本发明涉及读/写器、通信处理装置、通信处理方法、数据管理系统以及通信系统。具体说来，本发明涉及从数据管理装置中读出数据的技术 |
| CN200810190681.7 | 2008-12-26 | 索尼株式会社 | 信息处理装置和方法、内容传送系统 | 本发明涉及一种信息处理装置、一种信息处理方法、一种内容传送系统及一种计算机程序。更具体地说，本发明涉及允许存储内容被高效地搜索和寻找的一种信息处理装置、一种信息处理方法、一种内容传送系统及一种计算机程序 |

续表

| 申请号 | 申请日 | 申请人 | 专利名称 | 技术领域 |
| --- | --- | --- | --- | --- |
| CN200810096938.2 | 2008-05-07 | 索尼株式会社 | 数据管理装置、数据管理方法及程序 | 本发明涉及数据管理装置、数据管理方法和程序。更具体而言，本发明涉及能够很容易地管理数据的数据管理装置、与之结合使用的数据管理方法和与之结合使用的程序 |
| CN200810091597.X | 2008-04-21 | 索尼株式会社 | 数据通信系统、托架设备、服务器设备和数据通信方法 | 本发明涉及一种系统和与该系统一起使用的设备、方法及程序，该系统包括：托架（cradle）设备，该托架设备调解在各种便携式电子设备或移动设备例如便携式电话终端、数字相机和便携式音乐再现设备与服务器设备，例如个人计算机之间的数据的传输和接收 |
| CN200810088441.6 | 2008-03-31 | 索尼株式会社 | 内容管理装置、图像显示装置、图像拾取装置及处理方法 | 本发明涉及内容管理装置，并且更具体地涉及一种内容管理装置、图像显示装置、图像拾取装置和对多个内容分类和管理的处理方法、以及用于使得计算机执行该处理方法的程序 |
| CN200810087977.6 | 2008-03-28 | 索尼株式会社 | 电池组 | 本发明涉及电池组，所述电池组可以安装到电子装置上并可以从电子装置上卸下，在所述电池组中包含有用于向装置主体提供驱动电力的电池组电池。背景技术 |
| CN200880003645.3 | 2008-01-28 | 索尼株式会社 | 有效地向电子网络中的客户设备提供内容的系统和方法 | 本发明涉及用于管理电子信息的技术，并且更具体地涉及用于有效地向电子网络中的客户设备提供内容条目的系统和方法 |
| CN200710159871.8 | 2007-12-25 | 索尼株式会社 | 内容可选的再现系统及其方法、便携式再现单元控制装置 | 本发明涉及一种内容可选的再现系统及其方法和一种便携式再现单元控制装置，使得例如固定类型的音频再现单元能够再现记录在装在数字音频播放器中的记录介质上的音频数据 |
| CN200710169349.8 | 2007-11-22 | 索尼株式会社 | 内容数据记录/再现装置、信息通信系统、内容列表产生方法及程序 | 本发明涉及内容数据记录/再现装置、信息通信系统、内容列表产生方法及程序 |
| CN200710186193.4 | 2007-07-20 | 索尼株式会社 | 显示控制设备，记录介质，显示控制方法，和显示控制程序 | 本发明涉及显示控制设备、记录介质、显示控制方法和显示控制程序，其配置成适合应用于对播放列表的显示进行控制，该播放列表表示例如再现两条或更多条内容的顺序 |

**专利名称：IC 卡、数据控制方法及程序**

公开（公告）号：CN101770595B　　公开（公告）日：2014-11-05

申请号：CN200910261120.6　　申请日：2009-12-28

申请（专利权）人：索尼株式会社

国际专利分类号：IPC（8）：G06K19/07

其他公开文献：CN101770595A

**摘要**：本发明公开了 IC 卡、数据控制方法及程序。提供了一种 IC 卡，包括：记录单元（卡 CPU），响应于来自外部设备的请求，将用于请求在显示单元上进行显示的显示请求数据以及用于控制显示单元上的显示的控制数据记录到卡存储器上；验证单元（显示 CPU），通过将卡存储器上记录的控制数据与显示请求数据中包含的预定控制命令相比较来验证数据的一致性。

**专利名称：非易失性存储装置、信息记录系统及信息记录方法**

公开（公告）号：CN101763309B　　公开（公告）日：2013-07-03

申请号：CN200910259712.4　　　　申请日：2009-12-23
申请（专利权）人：索尼株式会社
国际专利分类号：IPC（8）：G06F12/02 G06F3/06 G06F17/30 G06F11/10
其他公开文献：CN101763309A

**摘要**：本发明公开了非易失性存储装置、信息记录系统和信息记录方法，所述非易失性存储装置包括：非易失性存储构件，其被配置为存储用户数据和管理信息，所述管理信息用于在文件系统上对所述用户数据进行管理；媒介控制器，其被配置为判断从主机装置输入过来的且表示对所述用户数据或者所述管理信息进行的处理内容的指令是用于所述用户数据还是用于所述管理信息，并且基于判断结果在用于所述非易失性存储构件的各控制方法之间进行切换。在本发明的非易失性存储装置、信息记录系统和信息记录方法中，由于在两点处写入相同的管理信息（双写入），因而管理信息可以在该两点中的任一点处被存储成处于安全状态，并且能够防止出现数据错误。

**专利名称：用于信息处理的方法和设备**
公开（公告）号：CN101710967B　　　　公开（公告）日：2013-10-23
申请号：CN200910171792.8　　　　申请日：2009-09-08
申请（专利权）人：索尼株式会社
国际专利分类号：IPC（8）：H04N21/258 H04N21/442 H04N21/45 H04N21/466 G06F17/30 H04N7/173 H04N21/475
其他公开文献：CN101710967A

**摘要**：本发明提供了用于信息处理的方法和设备，该设备包括：管理单元，相互关联地管理基于对预定项目执行的操作的描述内容而计算出的标度和该项目所属的系列；第一提取单元，从多个项目中提取属于与通过对标度排序得到的顶部N个系列相同的系列的项目；喜好管理单元，管理用户的喜好；第二提取单元，计算由喜好管理单元管理的喜好与每个项目之间的相似度以提取具有较高相似度的项目；乘法单元，计算表明以何种程度推荐按系列方式观看的值、并将由第二提取单元提取的具有较高相似度的项目中的每个项目的相似度与计算出的值相乘；推荐单元，向用户推荐由第一和第二提取单元提取的项目组合中的预定数目的项目。

**专利名称：图像处理设备、成像装置、图像处理方法**
公开（公告）号：CN101645089B　　　　公开（公告）日：2012-07-04
申请号：CN200910161131.7　　　　申请日：2009-08-04
申请（专利权）人：索尼株式会社
国际专利分类号：IPC（8）：G06F17/30 G06K9/00
其他公开文献：CN101645089A

**摘要**：本发明提供一种图像处理设备、成像装置、图像处理方法和程序，该图像处理设备包括存储单元、脸部检测单元、脸部识别单元和控制单元。存储单元用于存储内容管理文件，该内容管理文件存储用于管理内容的文件条目和用于管理特定脸部的特定脸部条目。所述文件条目和所述特定脸部条目都是具有分级结构的分级条目。脸部检测单元用于检测包含在所述内容中的脸部。脸部识别单元用于通过对所述特定脸部与所检测的脸部进行比较，确定所检测的脸部是否是所述特定脸部。控制单元用于当所检测的脸部被识别为所述特定脸部时，执行将所述特定脸部条目与所述文件条目相关联的控制。

**专利名称：信息处理设备、信息处理方法和信息处理系统**

公开（公告）号：CN101616292B　　公开（公告）日：2012-05-23

申请号：CN200910150909.4　　申请日：2009-06-25

申请（专利权）人：索尼株式会社

国际专利分类号：IPC（1-7）：G06F17/30 H04N7/025

IPC（8）：H04N5/76 H04N7/025 G06F17/30 H04N5/765 H04N7/173 H04N5/91 H04N21/21 H04N21/232 H04N21/235 H04N21/237 H04N21/278 H04N21/432 H04N21/433 H04N21/435 H04N21/482 H04N21/81

其他公开文献：CN101616292A

**摘要：**本发明公开一种信息处理设备、信息处理方法、程序以及信息处理系统。该信息处理设备包括：发送数据获取部分，配置为获取发送数据，该发送数据包括节目数据和 EPG 数据，该 EPG 数据包含预定时间段的节目信息；EPG 提取部分，配置为从发送数据提取该 EPG 数据；节目选择部分，配置为将给定节目选择作为被选节目；搜索字提取部分，配置为从被选节目的节目信息中提取搜索字；搜索字发送部分，配置为将搜索字发送到节目服务器；节目信息接收部分，配置为从节目服务器接收节目信息，该节目信息包括用于识别与被选节目相关的相关节目的节目识别 ID；节目信息存储部分，配置为存储节目信息；以及处理部分，配置为通过使用节目识别 ID 识别节目，并针对被识别的节目执行处理。

**专利名称：读/写器、通信处理装置和方法、数据管理系统及通信系统**

公开（公告）号：CN101561862B　　公开（公告）日：2012-07-18

申请号：CN200910134455.1　　申请日：2009-04-15

申请（专利权）人：索尼株式会社

国际专利分类号：IPC（8）：G06K7/00

其他公开文献：CN101561862A

**摘要：**本发明公开了读/写器、通信处理装置、通信处理方法、数据管理系统以及通信系统，其中，该通信处理装置包括：控制单元，用于当从读/写器接收到包括用于识别记录单元的片段地址的片段识别符的地址更新请求信号时，在 RAM 中保持该片段识别符，并且当从该读/写器接收到包括以片段作为基准的偏移地址的读出请求信号时，向读/写器传输记录单元的区域中、由以在片段识别符中识别的片段地址作为基准且以包含在读出请求信号中的偏移地址进行偏移的地址所指定的区域中记录的数据。当通过通信处理装置从数据管理装置的存储器读出数据时，读/写器能够从更宽范围的区域读出数据。

**专利名称：信息处理装置和方法、内容传送系统**

公开（公告）号：CN101470758B　　公开（公告）日：2011-02-16

申请号：CN200810190681.7　　申请日：2008-12-26

申请（专利权）人：索尼株式会社

国际专利分类号：IPC（8）：G06F17/30 G11B27/32

其他公开文献：CN101470758A

**摘要：**提供有一种与内容记录装置进行内容传送的信息处理装置，在该内容记录装置上存储内容识别信息。该信息处理装置包括：识别信息获取部分，它从内容记录装置获取在内容记录装置中记录的内容的内容识别信息；显示控制部分，它对于从内容识别信息获取的内容类型中的每一种分组由识别信息获取部分获取的内容识别信息的列表，并且显示该列表；排序控制部分，它对于内容类型中的每一种，基于从内容识别信息获取的内容属性信息，排序由显示控制部分显示的内容识别信息的列表。

**专利名称：数据管理装置、数据管理方法及程序**
公开（公告）号：CN101304431B　　公开（公告）日：2011-07-27
申请号：CN200810096938.2　　申请日：2008-05-07
申请（专利权）人：索尼株式会社
国际专利分类号： IPC（8）：H04L29/08 H04L29/06 H04L12/28
其他公开文献： CN101304431A
**摘要：**本发明提供了数据管理装置、数据管理方法及程序。一种用于对存储在预定存储区域中的对数据进行管理的数据管理装置。包括：读取器，数据获得单元，存储控制器。

**专利名称：数据通信系统、托架设备、服务器设备和数据通信方法**
公开（公告）号：CN101291269B　　公开（公告）日：2013-10-16
申请号：CN200810091597.X　　申请日：2008-04-21
申请（专利权）人：索尼株式会社
国际专利分类号：IPC（8）：H04L12/28 H04M11/00
其他公开文献：CN101291269A
**摘要：**一种数据通信系统，包括服务器设备和托架设备。该托架设备包括第一通信部分、第二通信部分、连接检测部分、通知控制部分、以及中继控制部分。该服务器设备包括通信部分、数据准备部分和通信控制部分。

**专利名称：内容管理装置、图像显示装置、图像拾取装置及处理方法**
公开（公告）号：CN101276374B　　公开（公告）日：2011-05-18
申请号：CN200810088441.6　　申请日：2008-03-31
申请（专利权）人：索尼株式会社
国际专利分类号：IPC（8）：G06F17/30 H04N5/225 G09G5/36
其他公开文献：CN101276374A
**摘要：**这里公开了一种内容管理装置，包括：内容输入部件，用于输入与位置信息相关联的内容；位置信息获取部件，用于获取与由内容输入部件输入的内容相关联的位置信息；树生成部件，用于基于由位置信息获取部件获取的内容的位置信息，生成对应于具有树叶的二叉树的二叉树结构数据，由内容输入部件输入的内容对应于该树叶；以及确定部件，用于从由树生成部件生成的二叉树结构数据的各节点中提取满足预定条件的节点，并将属于提取的节点的那些内容确定为一组。

## 13.2 实审部分

以下专利摘要信息数据截至 2017 年 2 月 1 日，该部分专利法律状态为审查中。

表 13-2-1 株式会社日立制作所

| 申请号 | 申请日 | 申请人 | 发明名称 |
| --- | --- | --- | --- |
| JP2015087303 | 2015-04-22 | 株式会社日立制作所 | 隐藏数据库系统和隐藏的数据管理方法 |
| JP2015070644 | 2015-03-31 | 株式会社日立制作所 | 营业员候选人提取系统 |
| JP2015057653 | 2015-03-20 | 株式会社日立制作所 | 管理系统，服务器设备和数据管理方法 |
| JP2015041990 | 2015-03-04 | 株式会社日立制作所 | 管理系统、管理系统和数据管理方法 |
| JP2015036671 | 2015-02-26 | 株式会社日立制作所 | 数据管理系统和 ID 管理方法 |
| JP2015034013 | 2015-02-24 | 株式会社日立制作所 | 基站拥塞管理体系，基站拥塞管理方法 |
| JP2015004625 | 2015-01-14 | 株式会社日立制作所 | 通用密钥共享系统 |
| JP2014171118 | 2014-08-26 | 株式会社日立制作所 | 蓄电池系统管理设备，蓄电池系统的管理方法和蓄电池系统 |
| JP2014066398 | 2014-03-27 | 株式会社日立制作所 | 网络拉伸系统，控制系统，以及一个网络拉伸方法 |
| JP2014040048 | 2014-03-03 | 株式会社日立制作所 | 数据传输中间设备 |
| JP2014005894 | 2014-01-16 | 株式会社日立制作所 | 通信系统 |
| JP2013210659 | 2013-10-08 | 株式会社日立制作所 | 候选人的转诊制度 |
| JP2013159503 | 2013-07-31 | 株式会社日立制作所 | 业务和业务仿真程序的可行性评价体系及评价方法 |
| JP2015510536 | 2012-10-12 | 株式会社日立制作所 | 存储装置和数据管理方法 |
| JP2015501968 | 2012-10-01 | 株式会社日立制作所 | 计算机系统、服务器和数据管理方法 |

**专利名称：隐藏数据库系统和隐藏的数据管理方法**

公开（公告）号：JP2016206918A　　公开（公告）日：2016-12-08

申请号：JP2015087303　　申请日：2015-04-22

申请（专利权）人：株式会社日立制作所　日立 KK

国际专利分类号：IPC（8）：G06F17/30 G06F12/00

**摘要**：提供一种加密数据库系统，其中：数据库包装器单元将用于搜索编码数据的纯文本 SQL 语句转换为用于处理中心系统上的编码数据的编码 SQL 语句；在中央系统中，数据库控制器搜索哈希表，并通过执行接收到的编码 SQL 语句来限制编码数据的范围；编码文本匹配比较单元对编码数据执行由编码 SQL 语句指定的匹配比较，其范围是有限的；所述数据库控制单元将编码后的 SQL 语句执行结果发送给用户系统；并且数据库包装单元对接收到的 SQL 语句执行结果进行解码并输出编码数据搜索结果。

**专利名称：营业员候选人提取系统**

公开（公告）号：JP2016192013A　　公开（公告）日：2016-11-10

申请号：JP2015070644　　申请日：2015-03-31

申请（专利权）人：株式会社日立制作所　日立 KK

国际专利分类号：IPC（8）：G06Q10/00

**摘要**：本发明涉及引入潜在的客户，销售人员通过这种方法定时给客户，以提取能过去给同一客户的模型以及应对销售代表模式的客户，销售代表处提供一种系统来选择。一位顾客关系信息登记管理制度，人际网络分析仪，数据管理设备，通过操作信息登记管理制度，客户模型构造单元 10 来构建一个高介绍潜在客户模型，客户模型构建的，推荐列表建筑单元 20 从现有客户中最多可列出的基础上，推出了客户后访问成果它有一个访问结果反馈部分 30 进行登记，抽取引进人选。在另一方面，该列表有一个列表建设单位相应的营业员 40 顺利为客户着想，客户响应对应于成功的销售代表每种方法计时的类型，在售楼处的销售人员候选人起来，并将其输出到显示装置。

**专利名称：管理系统，服务器设备和数据管理方法**
公开（公告）号：JP2016177578A　　公开（公告）日：2016-10-06
申请号：JP2015057653　　申请日：2015-03-20
申请（专利权）人：株式会社日立制作所　日立 KK
国际专利分类号：IPC（8）：G06F13/10 G06F12/00 G06F3/06

**摘要：**要解决的问题：通过将操作数据组的冗余分布和配置到其他设备来提高服务器设备的利用效率。解决方案：多个服务器设备中的每一个包括数据处理单元，其生成属于负责通过处理所述负责组的输入数据组来选择所述服务器设备负责的组；以及数据存储单元，其存储所述操作数据组。数据处理单元将属于责任组的操作数据组保存为操作缓存数据组，数据存储单元将属于该责任组的操作数据组的副本的冗余数据组存储在数据存储单元中不存储所述冗余数据组的服务器装置，并且所述数据处理单元保持冗余高速缓存数据组，所述冗余高速缓存数据组是属于与所述冗余数据组不同的第二非责任组的冗余数据组的副本数据组属于存储在数据存储单元中的第一非责任组。

**专利名称：管理系统、管理系统和数据管理方法**
公开（公告）号：JP2015149076A　　公开（公告）日：2015-08-20
申请号：JP2015041990　　申请日：2015-03-04
申请（专利权）人：株式会社日立制作所　日立 KK
国际专利分类号：IPC（8）：G06F3/06 G06F12/00 G06F13/10 G06F12/16

**摘要：**略

**专利名称：数据管理系统和 ID 管理方法**
公开（公告）号：JP2016157394A　　公开（公告）日：2016-09-01
申请号：JP2015036671　　申请日：2015-02-26
申请（专利权）人：株式会社日立制作所　日立 KK
国际专利分类号：IPC（8）：G06F21/31 G06F21/62 G06F21/45

**摘要：**要解决的问题：安全地重置个人 ID 和个人密码。解决方案：查询处理单元当从用户终端接收到能够识别用户的认证信息时，将接收到的认证信息发送到第一服务器。第一服务器使用接收到的认证信息来搜索第一数据库以识别数据 ID 和数据密码，并且将所识别的数据 ID 和所识别的数据密码答复给查询处理单元。查询处理单元将接收到的数据 ID 和接收的数据密码发送到第二服务器。第二服务器使用接收到的数据 ID 和接收到的数据密码来搜索第二数据库，以识别个人 ID 和个人密码，并将关于识别的个人 ID 的信息回复给查询处理单元。查询处理单元将接收到的关于个人 ID 的信息发送到用户终端。

**专利名称：基站拥塞管理体系，基站拥塞管理方法**
公开（公告）号：JP2016158070A　　公开（公告）日：2016-09-01
申请号：JP2015034013　　申请日：2015-02-24
申请（专利权）人：株式会社日立制作所　日立 KK

国际专利分类号：IPC（8）：H04L12/70 H04L12/827 H04W28/02

**摘要**：解决方案：一种基站拥塞管理系统，包括：至少一个数据管理单元，基站带宽信息和订户信息从 DPI 输入；共享数据存储器，其中存储基站带宽总计信息和基站区域内用户列表信息；以及用于确定在基站中是否发生拥塞的拥塞管理单元。数据管理单元计算使用带宽的总值每个基站在基站带宽信息的基础上；基于所述总值更新所述基站带宽总计信息；并根据用户信息更新每个基站的基站区域内用户列表信息的用户识别信息。拥塞管理单元基于基站带宽总计信息确定在基站中是否发生拥塞；并且识别当前与发生拥塞的基站连接的用户设备的用户识别信息。

**专利名称：通用密钥共享系统**
公开（公告）号：JP2016131302A　　公开（公告）日：2016-07-21
申请号：JP2015004625　　申请日：2015-01-14
申请（专利权）人：株式会社日立制作所　日立 KK
国际专利分类号：IPC（8）：H04L9/08
**摘要**：略

**专利名称：蓄电池系统管理设备，蓄电池系统的管理方法和蓄电池系统**
公开（公告）号：JP2016046960A　　公开（公告）日：2016-04-04
申请号：JP2014171118　　申请日：2014-08-26
申请（专利权）人：株式会社日立制作所　日立 KK
国际专利分类号：IPC（8）：H02J3/32 H02J13/00 H02J3/00 H02J3/46 H01M10/42 H01M10/48
**摘要**：略

**专利名称：网络拉伸系统，控制系统，以及一个网络拉伸方法**
公开（公告）号：JP2016048811A　　公开（公告）日：2016-04-07
申请号：JP2014066398　　申请日：2014-03-27
申请（专利权）人：株式会社日立制作所　日立 KK
国际专利分类号：IPC（8）：H04L12/70
**摘要**：略

**专利名称：数据传输中间设备**
公开（公告）号：JP2015165351A　　公开（公告）日：2015-09-17
申请号：JP2014040048　　申请日：2014-03-03
申请（专利权）人：株式会社日立制作所　日立 KK
国际专利分类号：IPC（8）：G06Q50/10 G06F21/62
**摘要**：略

**表 13-2-2　索尼**

| 申请号 | 申请日 | 申请人 | 发明名称 | 技术领域 |
|---|---|---|---|---|
| CN201480051615.5 | 2014-09-12 | 索尼 | 再现设备、再现方法以及记录介质 | 本技术涉及再现设备、再现方法以及记录介质，更具体地，涉及被构造为以适合亮度显示具有大亮度动态范围的内容的再现设备、再现方法以及记录介质 |

续表

| 申请号 | 申请日 | 申请人 | 发明名称 | 技术领域 |
|---|---|---|---|---|
| CN201480046754.9 | 2014-09-02 | 索尼 | 图像处理装置和方法 | 本公开涉及图像处理装置和方法，尤其涉及被设计为提高使用多视图图像的服务的用户友好性的图像处理装置和方法 |
| CN201480049014.0 | 2014-09-02 | 索尼 | 图像处理设备及方法 | 本公开涉及图像处理设备及方法，并且具体地涉及可以提高使用多视点图像的服务的便利性的图像处理设备及方法 |
| CN201480049019.3 | 2014-09-02 | 索尼 | 图像处理设备及方法 | 本公开涉及图像处理设备及方法，并且具体地涉及可以提高使用多视点图像的服务的便利性的图像处理设备及方法 |
| CN201480044916.5 | 2014-08-04 | 索尼 | 可穿戴设备及供电系统 | 本技术涉及一种可穿戴设备及供电系统，特别涉及一种可减轻与供电有关的用户压力的可穿戴设备及供电系统 |
| CN201410366403.8 | 2014-07-29 | 索尼 | 信息处理装置、服务器装置、信息处理方法和程序 | 本公开涉及一种能够存储数据和接收数据的更新版本的信息处理装置、服务器装置、和用于信息处理装置的信息处理方法和程序 |
| CN201480037524.6 | 2014-07-02 | 索尼 | 再现装置、再现方法和记录介质 | 本技术涉及一种再现装置、一种再现方法以及一种记录介质，具体而言，涉及一种再现装置、一种再现方法以及一种记录介质，其能够在具有宽动态范围的亮度的视频上显示具有适当亮度的图形 |
| CN201480033678.8 | 2014-06-06 | 索尼 | 再现装置、再现方法以及记录介质 | 本技术涉及一种再现装置、一种再现方法以及一种记录介质，更具体而言，涉及一种再现装置、一种再现方法以及一种能够通过适当的亮度显示具有宽动态范围的亮度的内容的记录介质 |
| CN201480033681.X | 2014-06-06 | 索尼 | 再现装置、再现方法以及记录介质 | 本技术涉及一种再现装置、一种再现方法以及一种记录介质，更具体而言，涉及一种再现装置、一种再现方法以及一种记录介质，其能够通过适当的亮度显示具有宽动态范围的亮度的内容 |
| CN201480006863.8 | 2014-01-16 | 索尼 | 信息处理设备、信息处理方法、程序和信息处理系统 | 本公开内容涉及可以在例如监管摄像机系统中使用的信息处理设备、信息处理方法、程序和信息处理系统 |
| CN201310503888.6 | 2013-10-23 | 索尼 | 信息处理设备以及信息处理方法 | 本公开内容涉及一种信息处理设备和信息处理方法 |
| CN201310481779.9 | 2013-10-15 | 索尼 | 信息处理设备、信息处理方法、程序和信息处理系统 | 本公开涉及一种能够用于监视摄像机系统等的信息处理设备、信息处理方法、程序以及信息处理系统 |
| CN201310456196.0 | 2013-09-29 | 索尼 | 无线通信系统中的无线网络监控装置、方法和装置 | 本公开涉及无线通信领域，更具体地，涉及无线通信系统中的无线网络监控装置和方法以及根据该无线网络监控装置和方法的控制而进行操作的装置 |
| CN201310196317.2 | 2013-05-24 | 索尼 | 信息处理装置、信息处理方法和程序 | 本发明涉及信息处理装置，更具体地说，涉及能够处理内容的信息处理装置和信息处理方法、以及使得计算机执行信息处理方法的程序 |
| CN201310092856.1 | 2013-03-21 | 索尼 | 记录装置和记录方法 | 本发明涉及记录装置及其记录方法 |

**专利名称：再现设备、再现方法以及记录介质**

公开（公告）号：CN105556606A　　公开（公告）日：2016-05-04

申请号：CN201480051615.5　　申请日：2014-09-12

申请（专利权）人：索尼

国际专利分类号：IPC（8）：G11B20/10　G11B27/00　G11B27/10　H04N5/85　H04N5/91

H04N5/93 H04N19/36 H04N19/85

**摘要**：本技术涉及被构造为以适当亮度显示具有大亮度动态范围的内容的再现设备、再现方法以及记录介质。根据本技术的一方面的再现设备从记录标准视频（该标准视频是在第一亮度范围内的视频）的第一编码数据和扩展视频（该扩展视频是在比第一亮度范围更宽的第二亮度范围内的视频）的第二编码数据之中的第二编码数据的记录介质读取第二编码数据，与能够显示扩展视频的显示设备执行通信，从而获取显示设备的识别信息，基于显示设备的识别信息来获取用于调整扩展视频的亮度的、根据显示设备的规格的亮度调整数据，基于亮度调整数据来调整通过解码第二编码数据而获得的扩展视频的亮度，并且向显示设备一起输出数据和表示扩展视频的亮度的特性的亮度特性信息。本技术可以应用于再现内容的播放器。

**专利名称：图像处理装置和方法**

公开（公告）号：CN105493138A　　公开（公告）日：2016-04-13

申请号：CN201480046754.9　　申请日：2014-09-02

申请（专利权）人：索尼

国际专利分类号：IPC（8）：G06T1/20 H04N13/00 H04N13/02

**摘要**：一种图像处理设备，包括电路，被配置为基于与背景图像相关联的深度数据、基线长度信息以及对象的建模数据，根据与对象被设置的位置相关联的建模条件，启动用于在背景图像中显示的所述对象的设置。

**专利名称：图像处理设备及方法**

公开（公告）号：CN105518740A　　公开（公告）日：2016-04-20

申请号：CN201480049014.0　　申请日：2014-09-02

申请（专利权）人：索尼

国际专利分类号：IPC（8）：G06T1/00 H04N5/225 H04N5/232 H04N13/02

**摘要**：本发明涉及一种能够使得使用多视点图像的服务的可用性得到提高的图像处理设备及方法。包括虚拟成像图像产生器，其通过使用多视点图像数据、表示多视点图像中距对象的距离的深度数据以及包括重现虚拟光学系统的光学效果的参数的配置信息，并且使用虚拟光学系统对多视点图像中的对象成像来产生虚拟成像图像。本发明可以用于图像处理设备中。

**专利名称：图像处理设备及方法**

公开（公告）号：CN105519105A　　公开（公告）日：2016-04-20

申请号：CN201480049019.3　　申请日：2014-09-02

申请（专利权）人：索尼

国际专利分类号：IPC（8）：H04N13/00 G06T19/00 H04N5/225 H04N5/232

**摘要**：本发明涉及一种能够使得使用多视点图像的服务的可用性得到提高的图像处理设备及方法。包括：编码单元，其对多视点图像数据进行编码，多视点图像数据为包括具有不同的视点的多个图像的多视点图像的数据；关联处理单元，其使表示多视点图像中的每个视点的相对位置关系的序列信息、以及表示多视点图像中的视点数目的眼数信息与作为被编码单元编码的多视点图像数据的多视点图像编码数据相关联。本发明可以用于图像处理设备中。

**专利名称：可穿戴设备及供电系统**

公开（公告）号：CN105453322A　　　　公开（公告）日：2016-03-30

申请号：CN201480044916.5　　　　申请日：2014-08-04

申请（专利权）人：索尼

国际专利分类号：IPC（8）：H01M8/16 G02C7/04 G02B27/01

**摘要：**本技术涉及一种可穿戴设备及供电系统，其可减轻与供电有关的用户压力。电力发生单元设置在隐形眼镜型可穿戴设备的外界侧的表面或眼球侧的表面上。所述电力发生单元通过与穿戴所述可穿戴设备的用户的分泌液或体液中包含的物质的化学反应来产生电力，且电力管理单元将由所述电力发生单元获得的电力提供给可穿戴设备的每个部分。因而，所述电力发生单元使用用户的分泌液或体液作为燃料来发电；由此，可稳定地提供电力，并可减轻与供电有关的用户压力。本技术可应用于隐形眼镜型可穿戴设备。

**专利名称：信息处理装置、服务器装置、信息处理方法和程序**

公开（公告）号：CN104346198A　　　　公开（公告）日：2015-02-11

申请号：CN201410366403.8　　　　申请日：2014-07-29

申请（专利权）人：索尼

国际专利分类号：IPC（8）：G06F9/445 H04L29/08

**摘要：**一种信息处理装置、服务器装置、信息处理方法和程序。信息处理装置包括：通信单元、存储设备和控制器。通信单元能够与服务器进行通信。存储设备能够存储用于预定处理的数据。控制器能够控制通信单元从服务器接收通知信息，并且在等待预定最大待命时间内的任意确定的待命时间后从预定存储位置获取更新版本，其中，通知信息包含当前版本信息和更新版本信息，当前版本信息指示数据的当前版本，更新版本信息指示数据当前版本的更新版本。此外，控制器能够控制存储设备在最大待命时间过去后将存储的数据更新为获取的更新版本。

**专利名称：再现装置、再现方法和记录介质**

公开（公告）号：CN105359507A　　　　公开（公告）日：2016-02-24

申请号：CN201480037524.6　　　　申请日：2014-07-02

申请（专利权）人：索尼

国际专利分类号：IPC（8）：H04N5/93 G11B20/10 G11B27/00 G11B27/10 H04N5/92 H04N19/70 H04N19/85 H04N21/431

**摘要：**本技术涉及一种再现装置、再现方法以及记录介质。其能够在具有宽动态范围的亮度的视频上显示具有适当白色电平的图形。在本技术的一个方面的再现装置进行读取的记录介质上记录：作为具有比第一亮度范围更宽的第二亮度范围的视频的扩展视频的编码数据、表示扩展视频的亮度特征的亮度特征信息、以及叠加在扩展视频上的第一亮度范围的图形数据。所述再现装置根据由亮度特征信息表示的扩展视频的亮度特征将图形的第一像素值转换成第二像素值，第二像素值表示与所述第一像素值根据所述图形的亮度特征表示的亮度相等的亮度，并且合成通过解码所述编码数据而获得所述扩展视频与具有第二像素值的图形。本技术可以应用于再现内容的播放器中。

**专利名称：再现装置、再现方法以及记录介质**

公开（公告）号：CN105284105A　　　　公开（公告）日：2016-01-27

申请号：CN201480033678.8　　　　申请日：2014-06-06

申请（专利权）人：索尼

国际专利分类号：IPC（8）：H04N5/93 G11B20/10 G11B27/00 G11B27/10 H04N19/102 H04N21/436

**摘要**：本技术涉及一种能够以适当的亮度显示具有宽动态范围的亮度的内容的再现装置、再现方法以及记录介质。在由根据本技术的一个方面的再现装置再现的记录介质中，存在记录的作为具有比第一亮度范围更宽的第二亮度范围的视频的扩展视频的编码数据；表示扩展视频的亮度特性的亮度特性信息；以及在执行扩展视频到作为具有第一亮度范围的视频的标准视频的亮度转换时所使用的亮度转换定义信息。当从作为视频的输出目的地的显示装置中获取的信息包括表示扩展视频的显示性能的信息时，在将包括亮度特性信息的帧信息加入到各帧的数据中的同时，再现装置输出扩展视频的数据，并且当不包括表示扩展视频的显示性能的信息时，再现装置输出标准视频的数据。本技术可以应用于再现内容的播放器中。

**专利名称：再现装置、再现方法以及记录介质**

公开（公告）号：CN105284106A　　　　公开（公告）日：2016-01-27

申请号：CN201480033681.X　　　　申请日：2014-06-06

申请（专利权）人：索尼

国际专利分类号：IPC（8）：H04N5/93 G11B27/00 G11B27/10 H04N5/85 H04N19/102

**摘要**：本技术涉及一种能够通过适当的亮度显示具有宽亮度动态范围的内容的再现装置、再现方法以及记录介质。在由根据本技术的一个方面的再现装置再现的记录介质中，记录有比第一亮度范围更宽的第二亮度范围的视频的扩展视频的编码数据、表示所述扩展视频的亮度特征的亮度特征信息、以及在执行扩展视频到具有第一亮度范围的视频的标准视频的亮度转换时所使用的亮度转换定义信息。所述再现装置将编码数据解码，并且根据所述亮度转换定义信息，将通过编码数据解码所获得的扩展视频转换成标准视频。将所述扩展视频的数据和所述亮度特征信息输出给能够显示所述扩展视频的显示装置。将所述标准视频的数据输出给不能显示所述扩展视频的显示装置。本技术可以应用于再现内容的播放器中。

**专利名称：信息处理设备、信息处理方法、程序和信息处理系统**

公开（公告）号：CN104956412A　　　　公开（公告）日：2015-09-30

申请号：CN201480006863.8　　　　申请日：2014-01-16

申请（专利权）人：索尼

国际专利分类号：IPC（8）：G08B13/196

**摘要**：提供了一种信息处理设备。该设备包括：获得单元，被配置成获得从至少一个媒介源汇编的多个分段，其中所述多个分段中的每个分段包含至少一个图像帧，在至少一个图像帧内特定目标对象被找到以被捕捉；以及提供单元，被配置成提供所获得的多个分段的图像帧以沿着时间线且结合跟踪状态指示器进行显示，跟踪状态指示器与时间有关地指示在所述多个分段内特定目标对象的存在。

# 关键领域五
# 视频编解码

视频监控技术经过多年的发展，监控画面正经历着从最初的 D1 标清图像，向 4K 高清、8K 超清时代前进。由于 CCD 与 CMOS 技术的发展，前端摄像机的像素越来越高，成本在逐渐降低，高清监控得到了快速的普及和应用，随之而来的问题是，前端像素的提高给视频传输和后端录像存储带来了巨大的压力，在相同的编码压缩比例下，用户需要投入更多的设备和资金，因此编解码技术的改进无疑成为了视频监控技术发展的焦点，也是当前众多视频厂商争相发展的技术课题。❶

视频编码标准的发展一直是监控行业关注的重点，H.265 标准发布之后，监控厂家陆续推出相关的产品，以降低码率，从而降低存储成本和带宽成本。而在技术方面，视频编码巨头都在积极布局，进行下一代标准的储备。随着互联网公司的壮大和加入，成立了 AOM 组织，与 MPEG、VCEG 展开竞争，进一步促进了视频编码技术的发展，有可能下一代标准的制定时间将会缩短。❷

本部分对视频编解码领域进行专利数据分析，包括专利强度、专利申请趋势分析、竞争对手分析等，通过专利数据可视化技术，方便使用者及时掌握全球主要申请人以及国内主要申请人的专利申请情况，对视频编解码领域的专利技术、热点技术和发展趋势进行分析和总结，为行业发展提供参考。

---

❶ 张文彪．视频编解码技术解析［J］．中国安防，2016（3）．

❷ 武晓阳．视频编解码技术的发展趋势［J］．中国安防，2016（3）．

# 第14章 视频编解码全球专利分析

在全球范围内检索得到1997—2016年视频编解码行业专利共11421件。

## 14.1 专利申请人分布情况

专利申请国可以体现专利权人想在哪些国家或地区保护该发明。这一参数也反映了该发明未来可能的实施国家或地区。通过视频编解码专利受理国家分布情况的统计（图14-1-1）可以发现，中国、美国、世界知识产权组织为视频编解码专利重点申请国家和地区组织，数量分布为中国9140件、美国516件和世界知识产权组织516件，三个国家和地区组织占了总量的89.06%，其他还包括韩国499件，其他地区750件。

专利申请的国家分布情况表明，美国、世界知识产权组织、韩国三个地区是国外专利布局的主要地区，企业可以跟踪、引进和消化相关领域技术，在此基础上实现技术突破。

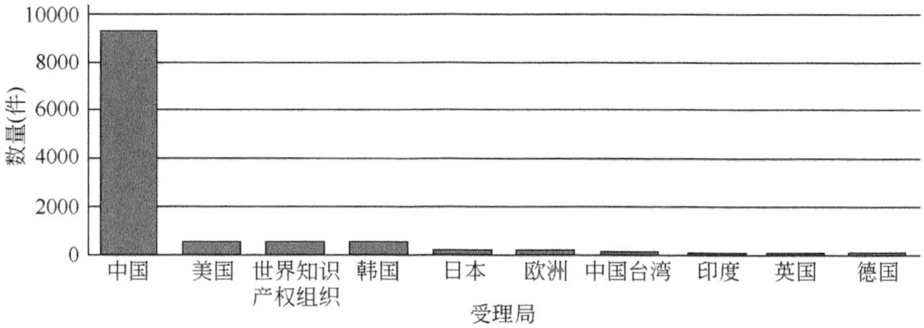


图14-1-1 视频编解码专利受理国家分布情况

## 14.2 全球专利申请趋势

从图14-2-1中可以看出，20世纪90年代末，得益于计算机技术的发展，视频编解码进入了萌芽期。2002年后，随着数字化科技的发展，技术研发人员越来越重视并加大对视频编解码的研发力度。随着数字化革命的延续以及计算机网络、通信技术的高速迅猛发展，视频编解码领域年专利申请量实现了高速增长。

从视频编解码行业全球专利申请趋势图中可以看出，美国在视频编解码这一块一直保持着平稳前进的步伐，而中国从 2002 年的 13 件一直到 2008 年的 453 件，增长了 34 倍，2009—2016 年，中国在智能视频编解码领域的专利申请量显示出不断增长的趋势，凸显了其在安防领域的重要性。

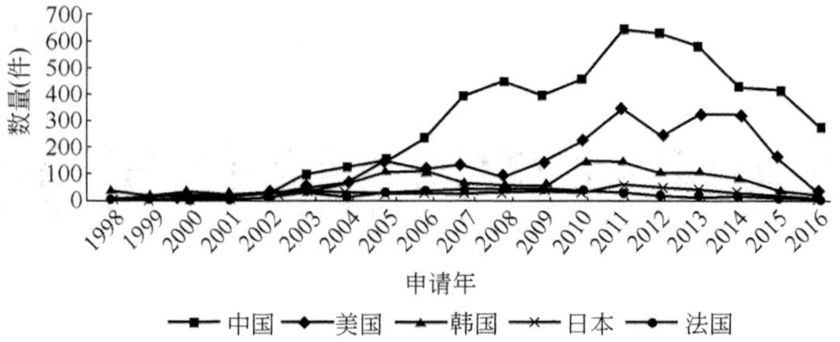


图 14-2-1　视频编解码行业全球专利申请趋势

## 14.3　专利技术主要来源国分析

通过对全球专利文献的专利权人国籍统计分析，得到如下视频编解码行业专利的来源国（地区）分布图（图 14-3-1），可以看出：视频编解码专利的发明专利主要来自中国、美国、韩国及日本，其中美国申请人申请的专利达 2403 件，远超过美国国内专利数量（516 件），显示美国申请人更趋向于在美国以外的地区进行专利布局。[1]

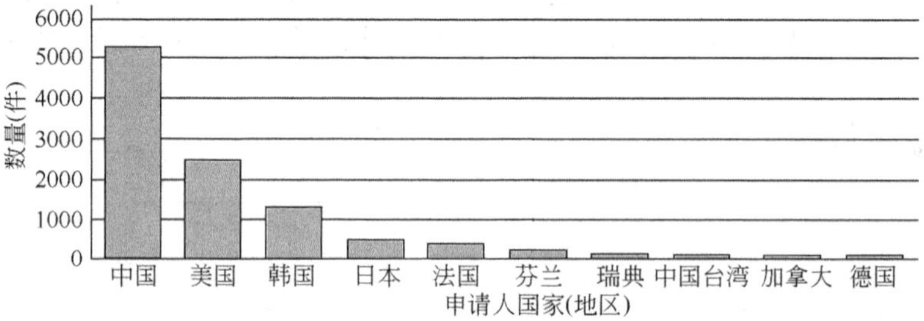


图 14-3-1　视频编解码专利技术主要来源国（地区）情况

## 14.4　专利 IPC 分布

视频编解码专利按照国际专利分类号（IPC）进行统计，结果如图 14-4-1。视频编解码专利 IPC 分布中，H04N（图像通信，如电视）的专利数量最多，其次是 H04L（数字信息的传输，例如电报通信）这两类加起来达到 72.24%，另外还有 G06F（电数字数据处理）、G06T（一般的图像数据处理或产生）等。

[1] 陈汉君．安防领域视屏编解码技术发展研究［J］．科技创新与应用，2017．

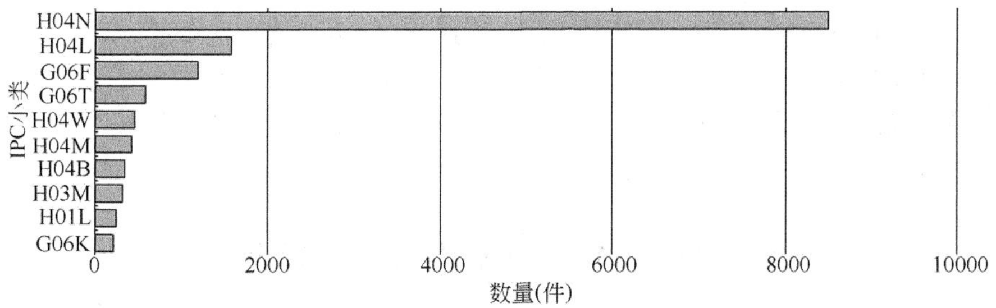


图 14-4-1 视频编解码行业 IPC 小类分布情况

## 14.5 竞争态势分析

根据视频编解码专利的检索结果进行专利权人竞争态势分析，如表 14-5-1 和图 14-5-1 所示，全球相关专利的申请企业和个人数量达 11421 件，综合实力排名前 10 家企业的专利总量为 4426 件，占行业专利总量的 38.75%，其中中国企业优势明显占了 5 家，美国 2 家，韩国 2 家。

**表 14-5-1 视频编解码行业全球主要专利人竞争态势表** 单位：件

| 申请（专利权）人/IPC 分类号 | H04N19/176 | H04N7/24 | H04L29/06 | H04N7/32 | H04N7/26 |
|---|---|---|---|---|---|
| 华为 | 65 | 40 | 80 | 117 | 269 |
| THOMSON LICENSING | 0 | 26 | 0 | 0 | 137 |
| 三星电子（SAMSUNG ELECTRONICS） | 154 | 122 | 26 | 65 | 136 |
| 清华大学（TSINGHUA UNIVERSITY） | 26 | 0 | 0 | 39 | 124 |
| 高通（QUALCOMM） | 34 | 0 | 63 | 0 | 123 |
| LG 电子（LG ELECTRONICS） | 38 | 58 | 0 | 35 | 0 |
| 浙江大学（ZHEJIANG UNIVERSITY） | 0 | 0 | 0 | 35 | 0 |
| 中兴（ZTE） | 0 | 0 | 45 | 0 | 0 |
| 爱立信（ERICSSON） | 0 | 0 | 21 | 0 | 0 |
| 中国科学院计算机技术研究所（INST OF COMPUTING TECHNOLOGY - CHINESE ACAD OF SCI） | 0 | 25 | 0 | 0 | 0 |

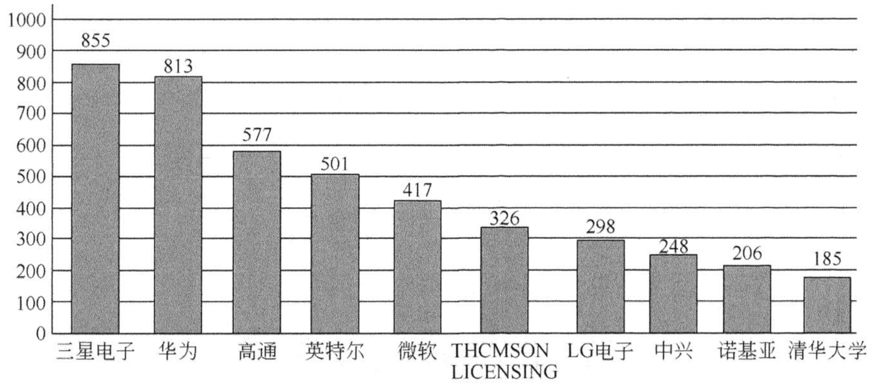


图 14-5-1 视频编解码行业全球专利前 10 位专利权人情况

从竞争态势上分析，华为的专利拥有量最多，达 571 件，是第二位 THOMSON LICENSING 的近两倍，在表 14-5-1 中排名处于第一，可见华为在视频编解码技术领域拥有较大的技术竞争优势。同时在表中显示出较强技术竞争力的公司和单位还有三星电子、清华大学、高通等。

# 14.6 重要专利申请人分析

全球主要专利权人竞争态势表中前三位的三家企业综合实力雄厚、专利质量高并且涉及了较多的专利纠纷，而三星电子专利拥有量最大，现对这三家企业的专利情况进行分析。

## 14.6.1 华为技术有限公司

华为技术有限公司（以下简称“华为”）是一家生产销售通信设备的民营通信科技公司，总部位于中国广东省深圳市龙岗区坂田华为基地。华为的产品主要涉及通信网络中的交换网络、传输网络、无线及有线固定接入网络和数据通信网络及无线终端产品，为世界各地通信运营商及专业网络拥有者提供硬件设备、软件、服务和解决方案。华为于 1987 年在中国深圳正式注册成立。相关专利经同族扩展后达到 813 项。图 14-6-1 反映了华为在全球主要市场上的相关专利申请分布状况，专利申请的国家和地区主要包括中国与世界知识产权组织。

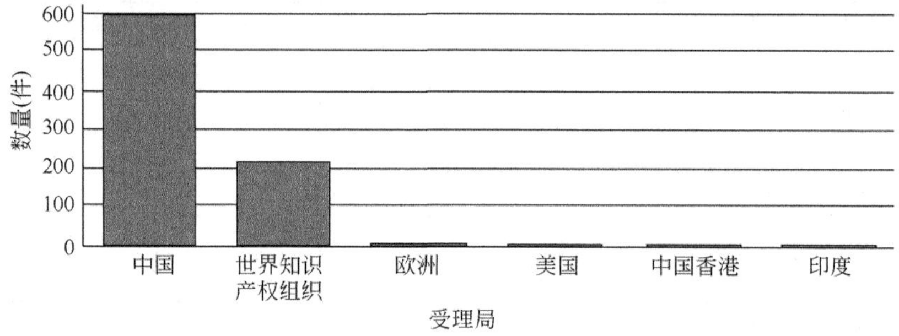


图 14-6-1 华为的专利受理国家（地区）分布情况

图 14-6-2 反映了华为在全球主要市场上的历年专利申请分布状况，2011 年专利申请量高达 145 件，2011 年以后呈逐年下降趋势。

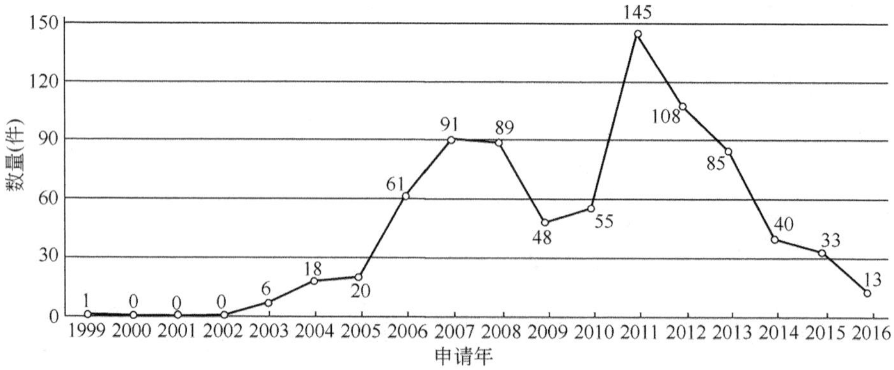


图 14-6-2 华为的专利申请趋势

图 14-6-3 显示，华为按照国际专利分类号（IPC）进行统计，结果最多的电学类 H04N

为专利重点研究方向，包括：用于数字视频进行编码、解码、压缩或解压缩的方法和装置。

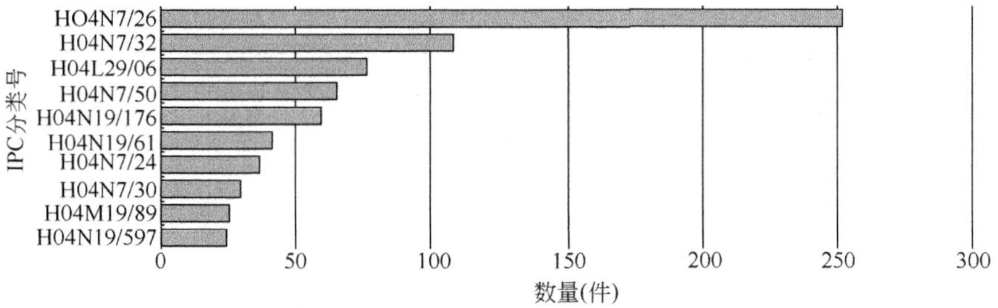


图 14-6-3 华为的电学类 IPC 小类分析图

## 14.6.2 三星电子株式会社

三星电子株式会社（SAMSUNG ELECTRONICS，以下简称“三星电子”）专利主要授权是在中国。三星集团是韩国最大的企业集团，包括 26 个下属公司及若干其他法人机构，在近 70 个国家和地区建立了近 300 个法人及办事处，员工总数 19.6 万人，业务涉及电子、金融、机械、化学等众多领域。相关专利经同族扩展后达到 855 项。图 14-6-4 反映了三星电子在全球主要市场上的相关专利申请分布状况，专利申请的国家地区主要包括中国与韩国。

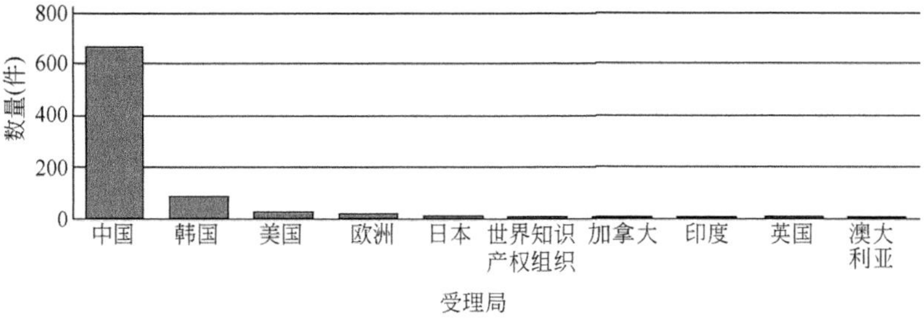


图 14-6-4 三星电子的专利受理国家（地区）分布情况

图 14-6-5 反映了三星电子在全球主要市场上的历年专利申请分布状况，2011 年专利申请量高达 135 件，2011 年以后呈逐年下降趋势。

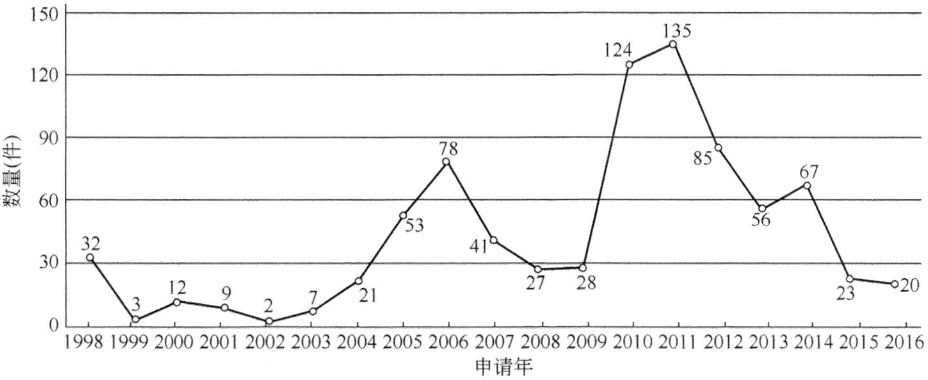


图 14-6-5 三星电子的专利申请趋势

图 14-6-6 显示：三星电子公司按照国际专利分类号（IPC）进行统计结果最多的电学

类 H04N 为专利重点研究方向，包括用于数字视频进行编码、解码、压缩或解压缩的方法和装置。

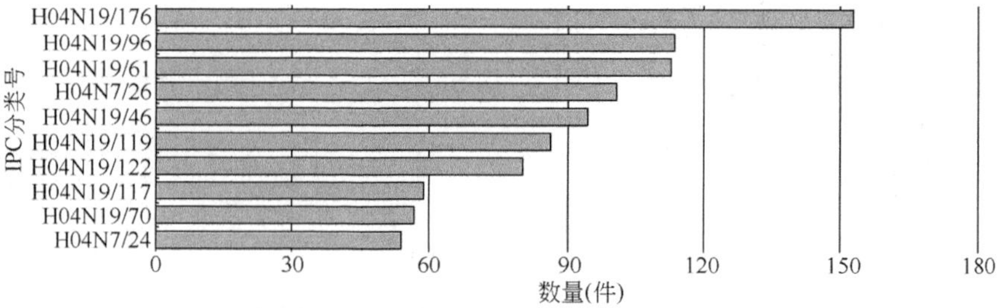


图 14-6-6 三星电子的电学类 IPC 小类分析图

## 14.6.3 清华大学

清华大学（TSINGHUA UNIVERSITY）相关专利经同族扩展后达到 185 项。图 14-6-7 反映了清华大学在全球主要市场上的相关专利申请分布状况，专利申请的国家地区主要包括中国与世界知识产权组织。

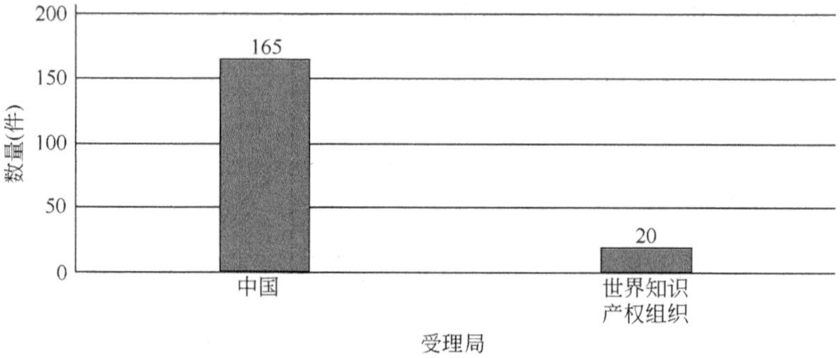


图 14-6-7 清华大学的专利受理国家分布情况

图 14-6-8 反映了清华大学在全球主要市场上的历年专利申请分布状况，2008 年专利申请量高达 34 件，2008 年以后呈逐年下降趋势。

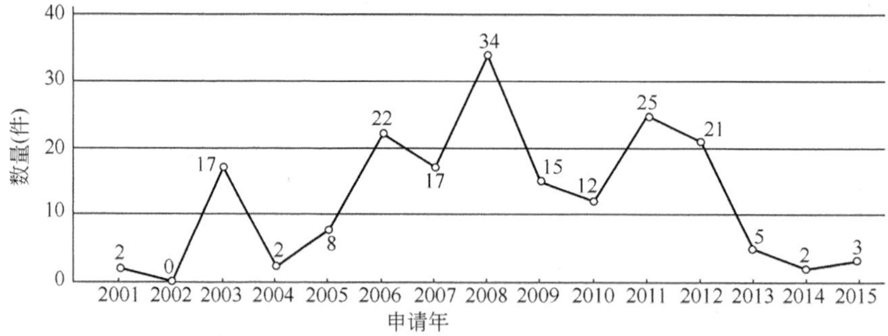


图 14-6-8 清华大学的专利申请趋势

图 14-6-9 显示，清华大学按照国际专利分类号（IPC）进行统计，结果最多的电学类 H04N 为专利重点研究方向，包括：用于数字视频进行编码、解码、压缩或解压缩的方法和装置。

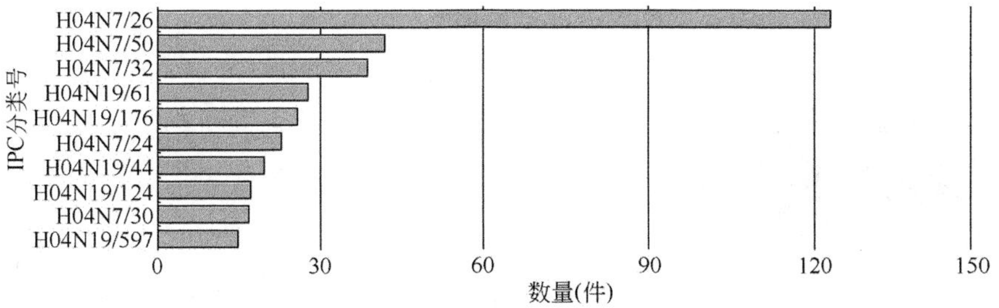


图 14-6-9　清华大学的电学类 IPC 小类分析图

# 第15章 视频编解码国内专利分析

## 15.1 国内专利概况

在中国专利中，经过检索获得视频编解码行业专利共 9140 件。如图 15-1-1 所示，其中发明专利达 8437 件，占总数的 92.3%，实用新型 696 件，占总数的 7.61%，外观专利 7 件，占总数的 0.08%。

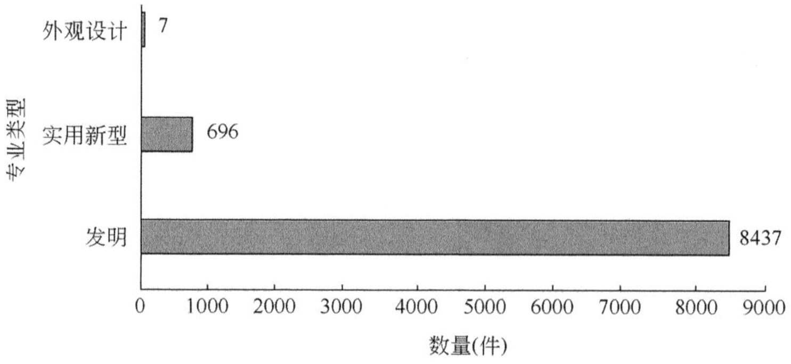


图 15-1-1 视频编解码行业国内专利类型分布情况

## 15.2 国内专利申请趋势

由图 15-2-1 的视频编解码行业国内专利申请趋势可以看到，视频编解码的专利技术研发整体还处于上升趋势，其中，2002 年之前，发展趋势较为平缓，而从 2002 年开始，总体发展趋势增长迅速，2011 年申请量达到 1162 件。这表明我国视频编解码行业还处于技术发展期，整个行业的技术创新意识和能力在不断提高。鉴于我国专利的审查程序，实用新型和外观设计专利从提出申请到授权公告一般需要 8 个月的时间，发明专利从提出申请到公开一般需要 18 个月的时间，因此图中 2015 年至 2016 年的申请量并不是最终的数据，从而出现了 2015 年之后专利申请数量回落明显的现象。

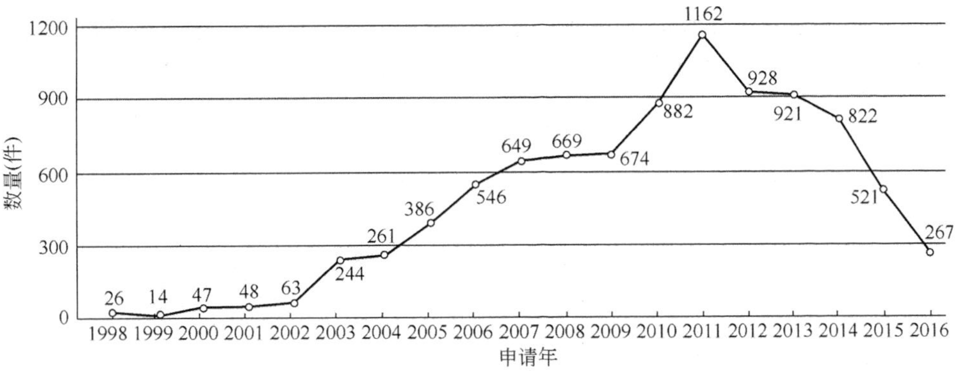


图 15-2-1 视频编解码行业国内专利申请趋势

# 15.3 专利 IPC 分布

图 15-3-1 给出了国内视频编解码行业专利排名前 10 位的技术领域分布及其专利数量情况。从表中可以看出，我国视频编解码行业的专利目前主要集中在 H04N7/26 或数字信息的传输上，专利量达 2245 件。

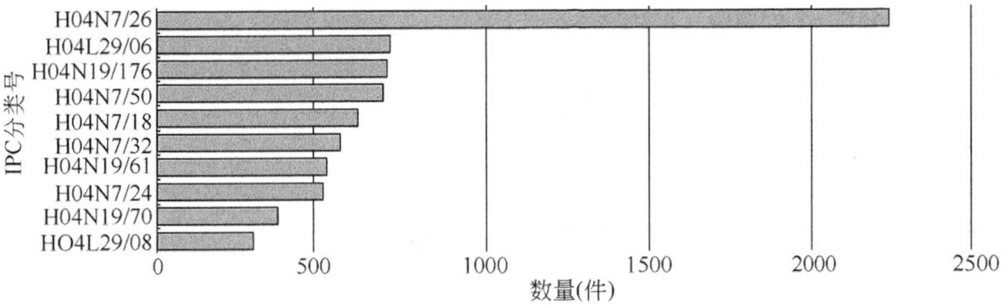


图 15-3-1 视频编解码行业国内专利前十位技术领域情况

# 15.4 申请人分布分析

由视频编解码行业专利主要申请人国家情况（图 15-4-1）可见，国内申请人申请的专利数量最多达到了 4794 件，占总数的 54.55%，其他申请人来源国家还有美国、韩国、日本、法国等。

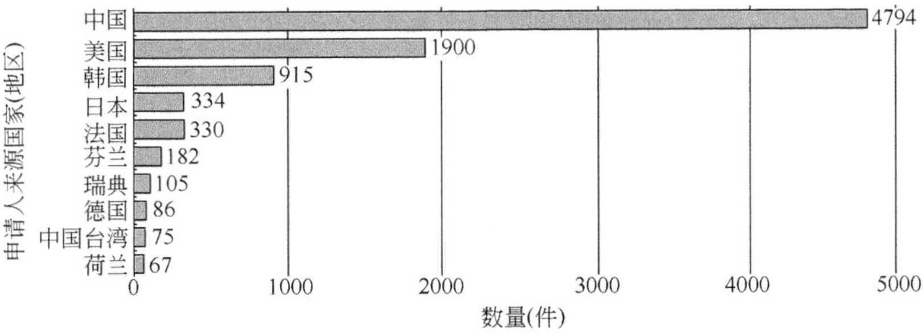


图 15-4-1 视频编解码行业国内专利申请人分布情况

主要省市视频编解码专利的申请状况见图 15-4-2，其中广东省申请量达到 1435 件，居首位，而浙江省专利申请量列第 4 位，作为一个科技技术发展迅速的大省数量偏低。

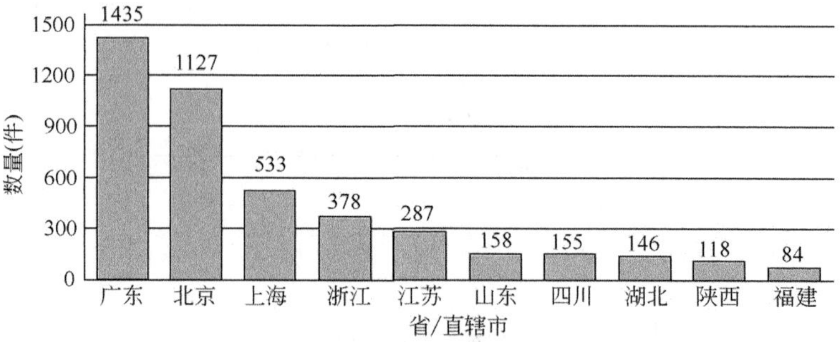


图 15-4-2　主要省市视频编解码专利排名情况

图 15-4-3 给出了国内视频编解码专利申请量前十位的申请人情况。可以看出，视频编解码的专利申请量前十位中有两家是国内企业，一家院校，七家国外企业。国内企业中做的最好的是华为，相关专利有必要加强关注和跟踪。国内院校中综合实力最强的是清华大学，专利数量达 165 件。

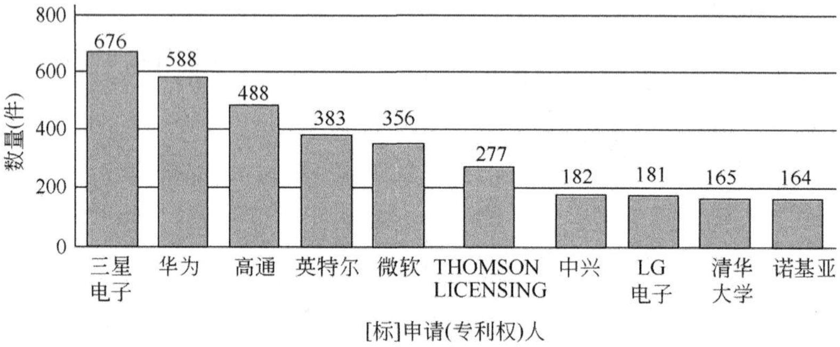


图 15-4-3　国内视频编解码专利申请人排名

# 第16章 结论

## 16.1 多功能的应用

智能视频编解码技术在未来的发展中，将具有多功能与一体化的发展趋势。比如：智能视频编解码技术将会在战争中以及民事场景中进行应用。第一，智能视频编解码技术通过提高视频监控系统的质量与信号传输，可以通过科学的定位与分割人的身体部位，建立起有效的人体外观模型，实现对多人的跟踪、检测人是否携带物体，等等。具体来讲，具有检测的实时性。智能视频编解码技术的有效应用，通过对车辆、行人的定位、跟踪、识别更加科学的分析，对车辆与行人的色彩、形状、位置、速度等方面都可以进行准确的识别，然后通过应用许多科学的计算方法，可以建立起有效的动态模型，最终完成鲁棒性的运动跟踪。第二，运动检测。通过有效的应用运动检测方式，可以使序列图像从背景图像中进行有效的提取。但是，由于受到光照、天气等方面的影响，进行科学的运动检测成为了较为困难的事情。因此，我们需要对智能视频编解码技术进行深入的研究与分析，使其应用的质量与水平得到提高。第三，多摄像头的协同应用。在监控领域中，智能视频编解码技术的发展会使得监控技术实现多摄像头的协同。传统类型单一摄像头的应用，不但监控的面积有限，还存在遮挡问题。而多摄像头的协同应用，全面提高了监控的质量与效率。而想要达到以上的目标，我们需要解决两个方面的问题。一个是选择合适的视点有效地解决人与人之间相互遮挡与自身遮挡的问题，完成对于人的跟踪。另一个是有效地实现不同摄像头进行科学的自动切换，提高监控的质量和水平。

## 16.2 智能化发展趋势的加强

智能视频编解码技术未来会更加的智能化，即智能化的趋势得到加强。这种发展的方式主要是为了有效的应对其应用中存在的问题。比如：我们以监控领域为例子进行具体的说明与分析。城市中众多的交通监控视频目前主要的作用是作为事后的取证工具，缺乏有效的报警与预警特点，最终导致监控系统丧失了原有的预防安装特点。因此，为了解决以上的问题，智能化水平与能力的提高成了智能视频编解码技术未来发展应用的重要方向。具体来讲，我们需要将多视点编码技术、可伸缩编码技术等方式在智能化的监控视频中进行融合性的应用，通过智能视频编解码的有效协同，建立起有报警能力的监控设施，提供事态良好的预测趋势。

## 16.3 提高信号压缩的效率

智能视频编解码技术在未来的发展中，需要提高信号压缩的效率，提升信号压缩的水平，使得智能视频编解码技术获得巨大的应用前景。比如：可伸缩类型的智能视频编解码会突破原有技术的缺点与障碍，具有更好的网络适应能力，全面提高网络信号传输的水平，多视点技术的研究会主要集中在对于视频的校准与采集、几何信息与场景深度的获取、新视图的渲染、多视频的通信，等等。这些方面技术的探索与研究，可以将研究出的新成果在立体电视、自由视点电视、沉浸感视频会议中进行广泛的应用。混合类型的智能视频编解码技术，会在未来获得巨大的应用空间。网络的发展、通信的进步、娱乐业在社会中普及程度的提升使得应用智能视频编解码技术的数字媒体具有非常大的发展空间。比如：卫星电视、移动电视、网络电视、手机电视、可视电话、会议电视等都已经成了混合类型的智能视频编解码技术应用的领域，其必将获得巨大的经济价值与社会价值，为推进我国技术上的进步和经济上的发展做出一定的贡献。[1]

[1] 霍雨佳．智能视频编解码技术发展研究［J］．科技展望，2017（8）．

# 第17章 重点企业（部分）核心专利简介

以下专利摘要信息数据来自智慧芽专利数据分析平台，部分涉及专业词汇，为防止因翻译原因而产生理解偏差，请读者按照专利号检索并下载全文解读。

## 17.1 授权部分

表 17-1-1 华为技术有限公司

| 申请号 | 申请日 | 申请人 | 发明名称 | 技术领域 |
|---|---|---|---|---|
| CN201410109537.1 | 2014-03-21 | 华为技术有限公司 | 图像分割方式的编解码处理方法和装置 | 本发明实施例涉及图像处理技术，尤其涉及一种图像分割方式的编解码处理方法和装置 |
| CN201310497296.8 | 2013-10-21 | 华为技术有限公司 | 多视点视差矢量的确定方法、编码设备及解码设备 | 本发明实施例涉及图像处理领域，并且更具体地，涉及一种多视点视差矢量的确定方法、编码设备及解码设备 |
| CN201310294435.7 | 2013-07-12 | 上海交通大学、华为技术有限公司 | 视频编解码方法、装置及系统 | 本发明实施例涉及编解码技术，尤其涉及一种视频编解码方法、装置及系统 |
| CN201310268926.4 | 2013-06-28 | 华为技术有限公司 | 一种三维编码的方法及设备 | 本发明涉及视频编码领域，尤其涉及到一种三维编码的方法及设备 |
| CN201310226142.5 | 2013-06-07 | 华为技术有限公司 | 一种图像编、解码处理的方法、装置及终端 | 本申请涉及图像处理技术领域，特别是涉及一种图像编、解码处理的方法、装置及终端 |
| CN201310115622.4 | 2013-04-03 | 华为技术有限公司 | 高效视频编码帧内预测方法及装置 | 本发明属于视频编码技术领域，尤其涉及一种高效视频编码帧内预测方法及装置 |
| CN201310088077.4 | 2013-03-19 | 华为技术有限公司 | 视频文件处理方法及装置、系统 | 本发明实施例涉及计算机技术领域，尤其涉及一种视频文件处理方法及装置、系统 |
| CN201310048015.0 | 2013-02-06 | 华为技术有限公司 | 视频编码质量的评估方法及设备 | 本发明实施例涉及通信技术领域，并且更具体地，涉及视频编码质量的评 估方法及设备 |
| CN201310034240.9 | 2013-01-29 | 华为技术有限公司 | 带宽扩展频带信号的预测方法、解码设备 | 本发明实施例涉及通信技术领域，尤其涉及一种带宽扩展频带信号的预测方法、解码设备 |
| EP2013702692 | 2013-01-18 | 领英、华为技术有限公司、圣塔克拉大学 | 参考像素归化 INTRA-LM 预测 | 视频压缩设备经常使用软件和/或硬件在源进行编码传输，从而减少需要代表视频的帧或图像的数据量的视频数据。压缩的数据然后在目的地收到的解码视频帧视频的减压装置 |
| CN201310016278.3 | 2013-01-17 | 华为技术有限公司 | 一种音视频数据的处理方法及装置 | 本发明涉及编解码技术，尤其涉及一种音视频数据的处理方法及装置 |

续表

| 申请号 | 年份 | 申请人 | 发明名称 | 技术领域 |
|---|---|---|---|---|
| CN201310007667.X | 2013-01-09 | 华为技术有限公司 | 运动矢量预测值列表构建方法和视频编解码方法及装置 | 本发明涉及图像处理技术领域，具体涉及运动矢量预测值列表构建方法和视频编解码方法及装置 |
| CN201210575843.5 | 2012-12-26 | 清华大学、华为技术有限公司 | 基于二维哈达玛变换的帧内模式预测方法及装置 | 本发明涉及视频处理技术领域，特别涉及一种基于二维哈达玛变 换的帧内模式预测方法及装置 |
| CN201210479087.6 | 2012-11-22 | 华为技术有限公司 | 数据载入方法及装置 | 本发明涉及图像处理领域，特别涉及一种数据载入方法及装置 |
| CN201210379767.0 | 2012-10-09 | 华为技术有限公司 | 候选矢量列表构建的方法及装置 | 本发明涉及视频编解码领域，尤其涉及一种候选矢量列表构建的方法及装置 |

**专利名称：图像分割方式的编解码处理方法和装置**

公开（公告）号：CN103826115B　　公开（公告）日：2016-03-02

申请号：CN201410109537.1　　申请日：2014-03-21

申请（专利权）人：华为技术有限公司

国际专利分类号：IPC（8）：H04N13/00 H04N19/597 H04N19/176

其他公开文献：CN103826115A

**摘要**：本发明实施例提供一种图像分割方式的编解码处理方法和装置。其中，图像分割方式的编码处理方法，包括：在深度模型模式 DMM1 编码过程中，获取待编码的图像块的大小以及所采用的分割方式序号值；获取与所述图像块的大小对应的初始值 Value，并计算得到所述初始值 Value 与所述分割方式序号值之间的差值的绝对值，其中，Value=$k-2a-x$，$x$ 为所需节省的比特位数，$k$ 为所述图像块的大小对应的全部分割方式的个数，$a$ 为表征所述全部分割方式所需的比特位数；采用 $a-x$ 个比特对所述绝对值进行编码，得到所述图像块的分割方式的编码信息。

**专利名称：多视点视差矢量的确定方法、编码设备及解码设备**

公开（公告）号：CN103533361B　　公开（公告）日：2017-01-04

申请号：CN201310497296.8　　申请日：2013-10-21

申请（专利权）人：华为技术有限公司

国际专利分类号：IPC（8）：H04N19/00 H04N19/50 H04N19/597 H04N19/573 H04N13/00

其他公开文献：CN103533361A

**摘要**：本发明实施例提供了一种多视点视差矢量的确定方法，该确定方法用于图像或视频的编码或解码过程中，该确定方法包括：根据当前 View 的 PU 的相邻块信息，确定所述 PU 的参考 View，以及确定所述 PU 的 NBDV，所述当前 View 是除基本 View 之外的其他 View；根据所述 PU 的参考 View 和所述 PU 的 NBDV，确定所述 PU 的 DoNBDV。本发明实施例通过根据当前 View 的 PU 的相邻块信息来确定该 PU 的参考 View，能够获取更合适的参考 View，进而能够提高 DV 计算的准确度。

**专利名称：视频编解码方法、装置及系统**

公开（公告）号：CN103517073B　　公开（公告）日：2016-11-02

申请号：CN201310294435.7　　申请日：2013-07-12

申请（专利权）人：上海交通大学　华为技术有限公司

国际专利分类号：IPC（8）：H04N19/167

其他公开文献：CN103517073A

**摘要**：本发明实施例提供一种视频编解码方法、装置及系统。其中，方法包括：从当前帧图像中检测出至少一个 ROI 的位置信息；基于预设近似度匹配规则，将所述当前帧图像中 ROI 的位置信息与已编码图像中至少一个 ROI 的位置信息进行近似度匹配，获得所述当前帧图像中各 ROI 与所述已编码图像中各 ROI 的位置关系；对各所述位置关系进行编码，作为当前帧图像中各 ROI 的描述信息。本发明实施例可以提高视频数据中 ROI 描述信息的压缩效率。

**专利名称：一种三维编码的方法及设备**

公开（公告）号：CN103327336B　　公开（公告）日：2016-08-31

申请号：CN201310268926.4　　申请日：2013-06-28

申请（专利权）人：华为技术有限公司

国际专利分类号：IPC（8）：H04N19/597 H04N13/00

其他公开文献：CN103327336A

**摘要**：本发明实施例公开了一种三维编码的方法及设备，将深度图像的参数通过视图像的参数写入序列头或者序列参数集中，从而实现深度图像和视图像采用不同的参数对图像进行编码，避免使用相同的参数对深度图像和视图像进行编码进而影响深度图像的编码效率及深度图像的编码复杂度的问题。

**专利名称：一种图像编、解码处理的方法、装置及终端**

公开（公告）号：CN103281539B　　公开（公告）日：2016-10-05

申请号：CN201310226142.5　　申请日：2013-06-07

申请（专利权）人：华为技术有限公司

国际专利分类号：IPC（8）：H04N19/132 H04N19/176 H04N19/503

其他公开文献：CN103281539A

**摘要**：本申请公开了一种图像编、解码处理的方法、装置及终端。所述方法，包括：获取当前帧的源图像中与上一帧图像相比所有发生变化的图像块，所述图像块为所述当前帧的源图像中部分的图像；获得所述发生变化的图像块在当前帧源图像中的位置信息；对所述发生变化的图像块的像素和所述发生变化的图像块在当前帧源图像中的位置信息进行编码，得到当前帧图像的编码数据。通过上述方式，本申请能够减少图像传输的数据量，降低图像编码时间，在普通的终端上实现图像的实时共享。

**专利名称：高效视频编码帧内预测方法及装置**

公开（公告）号：CN103227921B　　公开（公告）日：2016-08-10

申请号：CN201310115622.4　　申请日：2013-04-03

申请（专利权）人：华为技术有限公司

国际专利分类号：IPC（8）：H04N19/593 H04N19/11 H04N19/503

其他公开文献：CN103227921A

**摘要**：本发明适用于视频编码技术领域，提供一种高效视频编码帧内预测方法及装置，所述方法包括：采集视频图像的码流，得到原始帧图像；根据 HEVC 帧内预测模式的角度相关性，对全部的所述帧内预测模式进行分类，得到至少两个预测模式类型；根据每一个所述预测模式所属的所述预测模式类型调用与所述预测模式类型对应的硬件模块，得到在每一个所述预测模式下的所述帧图像块的预测值；得到每一个所述预测模式对应的编码代价；根据在全部所述预测模式中编码代价最小的预测模式对所述帧图像块进行编码。本发明通过将预测模式进行分类、映射，只需部分预测模式的硬件模块就可以实现 35 种预测模式预测，达到了 HEVC 帧内预测准确性的上限。

**专利名称：视频文件处理方法及装置、系统**

公开（公告）号：CN103152606B　　公开（公告）日：2016-01-13

申请号：CN201310088077.4　　申请日：2013-03-19

申请（专利权）人：华为技术有限公司

国际专利分类号：IPC（8）：H04N21/234 H04N21/63

其他公开文献：CN103152606A

**摘要**：本发明公开视频文件处理方法及装置、系统，通过元数据服务器接收客户端发送的转码请求消息，所述转码请求消息中包括源文件片段的元数据信息和目标编码格式，根据所述源文件片段的元数据信息，获取与所述源文件片段的元数据信息对应的目标文件片段的元数据信息，若所述目标文件片段的编码格式与所述转码请求消息中包括的目标编码格式相同，则向所述客户端发送所述目标文件片段的元数据信息，以使所述客户端根据所述目标文件片段的元数据信息，获取所述目标文件片段的元数据信息对应的目标文件片段；可以减少网络输入输出操作，提高视频转码的应用性能。

**专利名称：视频编码质量的评估方法及设备**

公开（公告）号：CN103747237B　　公开（公告）日：2015-04-29

申请号：CN201310048015.0　　申请日：2013-02-06

申请（专利权）人：华为技术有限公司

国际专利分类号：IPC（8）：H04N17/00 H04N19/154

其他公开文献：CN103747237A

**摘要**：本发明实施例提供一种视频编码质量的评估方法及设备。该方法包括：获取视频流的视频帧的条带的量化参数，和所述视频流的视频帧的条带的像素字节数；根据所述视频流的视频帧的条带的量化参数确定视频的量化参数，并根据所述视频流的视频帧的条带的像素字节数确定视频的内容复杂度；根据所述视频的内容复杂度和所述视频的量化参数预测视频编码质量。本发明预测视频编码质量还考虑了视频内容复杂度，因此，通过考虑了视频的内容复杂度得到的模型所预测出的编码质量更符合人眼主观感受，从而提高预测的准确性。

**专利名称：带宽扩展频带信号的预测方法、解码设备**

公开（公告）号：CN103971694B　　公开（公告）日：2016-12-28

申请号：CN201310034240.9　　申请日：2013-01-29

申请（专利权）人：华为技术有限公司

国际专利分类号：IPC（8）：G10L19/02 G10L21/038 G10L19/08

其他公开文献：CN103971694A

**摘要**：本发明实施例提供一种带宽扩展频带信号的预测方法、解码设备。该方法包括：解复用接收到的比特流得到频域信号；判断频域信号有比特分配的最高频点是否小于预设的带宽扩展频带的起始频点；当小于时根据频域信号预定频带范围内的激励信号和预设的带宽扩展频带的起始频点预测带宽扩展频带的激励信号；否则根据频域信号预定频带范围内的激励信号、预设的带宽扩展频带的起始频点和有比特分配的最高频点预测带宽扩展频带的激励信号；根据预测的带宽扩展频带的激励信号和带宽扩展频带的频域包络预测带宽扩展频带信号。本发明实施例的技术方案能够有效地保证前后帧间预测的带宽扩展频带信号激励信号的连续性，保证恢复的带宽扩展频带信号的听觉质量。

**专利名称：参考像素归化 INTRA-LM 预测**

公开（公告）号：EP2805496B1　　公开（公告）日：2016-12-21

申请号：EP2013702692　　申请日：2013-01-18

申请（专利权）人：领英　华为技术有限公司　圣塔克拉拉大学

国际专利分类号：IPC（1-7）：H04N19/50 H04N19/503　IPC（8）：H04N19/503 H04N19/50

其他公开文献：EP2805496A1

**摘要：**一种视频编解码器，其包括经配置以产生用于色度块的预测块的处理器，其中所述预测块包括预测色度采样，其中所述预测色度采样基于位于对应的重构亮度块中的经滤波重建亮度样本，位于与对应的重构亮度块相邻的位置中的下采样滤波重建亮度样本，以及位于与色度块相邻的位置中的多个下采样色度样本。

**表 17-1-2　三星电子株式会社**

| 申请号 | 申请日 | 申请人 | 发明名称 | 技术领域 |
|---|---|---|---|---|
| CN201510161048.5 | 2012-11-08 | 三星电子株式会社 | 用于在视频编码或解码中的运动矢量确定的方法和设备 | 本发明涉及视频编码和解码，更具体地说，涉及执行帧间预测和/或运动补偿的视频编码和解码 |
| CN201210319187.2 | 2012-08-31 | 三星电子株式会社 | 用于在移动终端中管理数据发送/接收的设备和方法 | 本发明涉及一种用于在移动终端中管理数据发送/接收的设备和方法。更具体地说，本发明涉及一种用于允许用户在移动终端中查看从数据发送/接收历史列表选择的数据而不管数据的类型的数据发送/接收管理设备和方法 |
| CN201510190960.3 | 2012-07-02 | 三星电子株式会社 | 帧间预测的方法 | 本发明涉及通过帧间预测和运动补偿对视频进行编码的方法和设备以及通过帧间预测和运动补偿对视频进行解码的方法和设备 |
| CN201510197803.5 | 2012-06-27 | 三星电子株式会社 | 对视频进行解码的设备 | 本发明涉及通过使用帧内预测进行编码和解码 |
| CN201280012098.1 | 2012-01-06 | 三星电子株式会社 | 使用分层结构的数据单元的视频解码方法 | 本发明涉及对视频进行编码和解码，更具体地讲，涉及对视频编解码器的符号进行编码和解码 |
| CN201180057608.2 | 2011-09-30 | 三星电子株式会社 | 用于对分层结构的符号进行编解码的视频编解码方法及其装置 | 本发明涉及对视频编解码器的符号进行编码 |
| CN201180044191.6 | 2011-09-14 | 三星电子株式会社 | 用于多层画面编码/解码的设备和方法 | 示例性实施例总体涉及一种用于编码/解码画面（包括图像和视频）的设备和方法以在各种网络和装置环境中提供高质量服务，更具体地说，涉及一种用于减小产生在增强层中的残差画面的动态范围的多层（或分层的）画面编码/解码设备和方法 |
| CN201180043432.5 | 2011-09-08 | 三星电子株式会社 | 对帧内预测使用自适应 DCT/ DST 的低复杂度变换编码 | 本申请总体上涉及一种视频编码器/解码器（编解码器），更具体地说，涉及一种用于实现基于模式的 DCT/DST 视频编解码器的方法和设备，其中，离散余弦变换（DCT）和离散正弦变换（DST）基于帧内预测残差能量或简单地基于帧内预测模式而被选择 |

续表

| 申请号 | 申请日 | 申请人 | 发明名称 | 技术领域 |
|---|---|---|---|---|
| CN201510194842.X | 2011-08-17 | 三星电子株式会社 | 视频解码方法 | 本发明涉及在空间域和变换域之间执行变换的视频编码和视频解码 |
| CN201180043660.2 | 2011-07-07 | 三星电子株式会社 | 通过使用块合并对视频进行编码的方法和设备以及通过使用块合并对视频进行解码的方法和设备 | 与示例性实施例一致的设备和方法涉及通过使用用于预测编码的块合并对视频进行编码和解码 |
| CN201180034696.4 | 2011-05-16 | 三星电子株式会社 | 用于对视频信号进行编码的方法和设备以及用于对视频信号进行解码的方法和设备 | 与示例性实施例一致的设备和方法涉及对视频信号进行编码和解码 |
| CN201180028147.6 | 2011-04-13 | 三星电子株式会社 | 使用基于根据树结构确定的编码单元的预测单元的视频编码方法和视频编码设备以及使用基于根据树结构确定的编码单元的预测单元的视频解码方法和视频解码设备 | 本发明涉及在空间区域和变换区域之间执行变换的视频编码和视频解码 |
| CN201180029233.9 | 2011-04-13 | 三星电子株式会社 | 基于树结构的编码单元执行去块滤波的视频编码方法和视频编码设备以及视频解码方法和视频解码设备 | 本发明涉及对视频进行编码和解码 |
| CN201180027574.2 | 2011-04-05 | 三星电子株式会社 | 通过基于树结构的数据单元执行环路滤波来对视频进行编解码的方法和设备 | 与示例性实施例一致的设备和方法涉及对视频进行编码和解码 |
| CN201180027747.0 | 2011-04-05 | 三星电子株式会社 | 用于通过使用变换索引对视频进行编码的方法和设备、用于通过使用变换索引对视频进行解码的方法和设备 | 例性实施例涉及执行空间域与变换域之间的变换的视频编码和视频解码 |

**专利名称：用于在视频编码或解码中的运动矢量确定的方法和设备**

公开（公告）号：CN104796723B　　公开（公告）日：2016-10-12

申请号：CN201510161048.5　　申请日：2012-11-08

申请（专利权）人：三星电子株式会社

国际专利分类号：IPC（8）：H04N19/56 H04N19/52 H04N19/573 H04N19/58 H04N19/577

其他公开文献：CN104796723A

摘要：提供了一种用于在视频编码或解码中的运动矢量确定的方法和设备。所述运动矢量确定方法包括：确定候选运动矢量列表，其中，候选运动矢量列表包括为预测当前块的运动矢量而被参考的多个候选块的运动矢量；当所述多个候选块中的第一候选块的参考图像与当前块的参考图像不同时，基于当前块的参考图像和第一候选块的参考图像中的每一个是短期参考图像还是长期参考图像来确定是否使用候选运动矢量列表中的第一候选块的运动矢量；通过使用从包括在候选运动矢量列表中的运动矢量之中选择的候选运动矢量来确定当前块的运动矢量。

**专利名称：用于在移动终端中管理数据发送/接收的设备和方法**

公开（公告）号：CN102970409B　　公开（公告）日：2016-10-19

申请号：CN201210319187.2　　申请日：2012-08-31

申请（专利权）人：三星电子株式会社

国际专利分类号：IPC（8）：H04M1/725

其他公开文献：CN102970409A

**摘要**：提供一种用于在移动终端中管理数据发送/接收的设备和方法。所述设备包括：存储器，存储用于显示从数据发送/接收历史列表选择的数据的标识信息；以及控制器，用于针对发送/接收的数据产生并存储标识信息，并用于基于从数据发送/接收历史列表选择的数据的标识信息来显示选择的数据的原始数据。

**专利名称：帧间预测的方法**
公开（公告）号：CN104780380B　　　　公开（公告）日：2017-01-18
申请号：CN201510190960.3　　　　申请日：2012-07-02
申请（专利权）人：三星电子株式会社
国际专利分类号：IPC（8）：H04N19/50 H04N19/503
其他公开文献：CN104780380A
**摘要**：一种对视频编码的方法和设备以及对视频解码的方法和设备，其中的帧间预测包括如下步骤：从在当前图像之前恢复的图像的块中，确定当前图像的当前块的共同定位块；优先检查是否参考了共同定位块的参考列表中的第一参考列表，并根据是否参考了第一参考列表来选择性地检查是否参考了第二参考列表；基于检查的结果，从第一参考列表和第二参考列表中确定一个共同定位参考列表；使用共同定位参考列表的运动信息来确定当前块的参考块；使用确定的参考块来执行对当前块的帧间预测。

**专利名称：对视频进行解码的设备**
公开（公告）号：CN104853198B　　　　公开（公告）日：2016-11-09
申请号：CN201510197803.5　　　　申请日：2012-06-27
申请（专利权）人：三星电子株式会社
国际专利分类号：IPC（8）：H04N19/176 H04N19/46 H04N19/593 H04N19/11
其他公开文献：CN104853198A
**摘要**：提供了一种对视频进行解码的设备。一种包括帧内预测的视频解码方法。所述方法包括：在从接收的比特流解析编码视频的块的符号时解析所述块的最可能模式 MPM 标志；基于 MPM 标志确定是否使用数量固定的多个候选帧内预测模式来预测所述块的帧内预测模式；如果基于 MPM 标志确定使用所述多个候选帧内预测模式，则基于与所述块相邻的左块和上块的帧内预测模式确定数量固定的所述多个候选帧内预测模式，同时在完成所述块的符号的解析之后，通过使用解析的符号来恢复所述块的帧内预测模式。

**专利名称：使用分层结构的数据单元的视频解码方法**
公开（公告）号：CN103430541B　　　　公开（公告）日：2016-11-23
申请号：CN201280012098.1　　　　申请日：2012-01-06
申请（专利权）人：三星电子株式会社
国际专利分类号：IPC（8）：H04N19/176 H04N19/13 H04N19/157
其他公开文献：CN103430541A
**摘要**：公开了一种用于通过使用分层结构的数据单元来对视频进行编码的方法和装置，以及用于对所述视频进行解码的方法和装置。根据本发明的一个实施例，视频编码装置基于分层结构的数据单元对组成视频的画面进行编码，基于用于被编码的画面的符号所属的数据单元的分层信息来确定用于符号的熵编码的上下文模型；通过使用确定的上下文模型对所述符号进行编码。

**专利名称：用于对分层结构的符号进行编解码的视频编解码方法及其装置**

公开（公告）号：CN103238321B　　公开（公告）日：2016-11-02

申请号：CN201180057608.2　　申请日：2011-09-30

申请（专利权）人：三星电子株式会社

国际专利分类号：IPC（8）：H04N19/176 H04N19/119 H04N19/30 H04N19/61 H04N19/96 H04N19/463

其他公开文献：CN103238321A

**摘要**：提供一种用于对具有分层结构的符号进行编码的视频编码方法，所述视频编码方法包括：基于具有分层结构的数据单元对视频的画面进行编码；基于具有分层结构的数据单元确定编码的画面的符号；根据基于具有分层结构的数据单元确定的符号的特性，确定符号的编码方法；根据确定的编码方法对符号进行编码和输出。

**专利名称：用于多层画面编码/解码的设备和方法**

公开（公告）号：CN103098471B　　公开（公告）日：2016-07-06

申请号：CN201180044191.6　　申请日：2011-09-14

申请（专利权）人：三星电子株式会社

国际专利分类号：IPC（8）：H04N19/51 H04N19/33 H04N19/36

其他公开文献：CN103098471A

**摘要**：提供了一种用于减小在增强层发生的残差画面的动态范围的多层画面编码/解码设备和方法。所述多层画面编码方法包括：对输入画面执行格式下变换，并通过对格式下变换的输入画面进行编码来产生较低层比特流；取决于较低层预测标志是否被设置，通过自适应地或选择性地将一维（1-D）预测滤波器应用到较低层的画面来执行格式上变换；计算输入画面和格式上变换的画面之间的残差画面，并通过对计算的残差画面进行编码来产生增强比特流。

**专利名称：对帧内预测使用自适应 DCT/DST 的低复杂度变换编码**

公开（公告）号：CN103098473B　　公开（公告）日：2016-10-19

申请号：CN201180043432.5　　申请日：2011-09-08

申请（专利权）人：三星电子株式会社

国际专利分类号：IPC（8）：H04N19/159 H04N19/176 H04N19/61 H04N19/593 H04N19/12

其他公开文献：CN103098473A

**摘要**：一种方法和设备通过确定是否将离散余弦变换（DCT）和 DST 用于水平变换和垂直变换中的每一个来编码并解码视频。在编码期间，基于为 $M\times N$ 输入图像块确定的帧内预测模式来执行帧内预测以获得 $M\times N$ 帧内预测残差矩阵（E）。基于帧内预测模式，根据帧内预测模式使用 DCT 和 DST 中的一个来执行水平变换和垂直变换中的每一个。在解码期间，从输入视频比特流确定帧内预测模式。使用反量化器从视频比特流获得误差残差的 $M\times N$ 变换系数矩阵。基于帧内预测模式，对于逆垂直变换和逆水平变换中的每一个执行 DCT 和 DST 中的一个。

**专利名称：视频解码方法**

公开（公告）号：CN104811712B　　公开（公告）日：2016-12-14

申请号：CN201510194842.X　　申请日：2011-08-17

申请（专利权）人：三星电子株式会社

国际专利分类号：IPC（8）：H04N19/176 H04N19/119 H04N19/46 H04N19/122 H04N19/61 H04N19/96

其他公开文献：CN104811712A

**摘要：**提供了一种视频解码方法。一种视频编码方法，为了对视频的当前区域进行编码，通过使用可变树结构的变换单元来对当前区域执行变换，其中，所述可变树结构的变换单元从针对当前区域的基础变换单元分层划分的多个变换单元中确定并且基于变换单元的最大划分级别产生；输出当前区域的编码数据、关于编码模式的信息以及包括针对视频的变换单元的最大尺寸信息和最小尺寸信息的变换单元分层结构信息。

**表 17-1-3 清华大学、华为技术有限公司**

| 申请号 | 申请日 | 申请人 | 发明名称 | 技术领域 |
|---|---|---|---|---|
| CN201310059094.5 | 2013-02-25 | 清华大学 | 一种三维视频的编码方法、解码方法、编码器和解码 | 本发明涉及三维视频编码技术领域，特别是提出一种基于维纳滤波的三维视频编码/解码方法及编码/解码装置 |
| CN201210575843.5 | 2012-12-26 | 清华大学、华为技术有限公司 | 基于二维哈达玛变换的帧内模式预测方法及装置 | 本发明涉及视频处理技术领域，特别涉及一种基于二维哈达玛变 换的帧内模式预测方法及装置 |
| CN201210337831.9 | 2012-09-12 | 清华大学 | 基于纹理特性的 HEVC 帧内预测模式的快速选择方法及装置 | 本发明涉及视频编解码技术领域，特别涉及一种基于纹理特性的 HEVC 帧内预测模式的快速选择方法及装置 |
| CN201210040779.0 | 2012-02-21 | 清华大学 | 一种基于图像纹理和运动特征的运动预测方法 | 本发明涉及视频处理技术领域，尤其涉及一种基于图像纹理和运动特征的运动预测方法 |
| CN201210021060.2 | 2012-01-30 | 华为技术有限公司、清华大学 | 图像编解码方法、图像编解码设备及网络系统 | 本发明涉及通信技术领域，特别涉及一种图像编解码方法、图像编解码设备及网络系统 |
| CN201210019843.7 | 2012-01-21 | 华为技术有限公司、清华大学 | 一种获得变换块尺寸的方法和模块 | 本发明涉及通信技术领域，特别涉及一种获得变换块尺寸的方法和模块 |
| CN201210019911.X | 2012-01-21 | 华为技术有限公司、清华大学 | 确定变换块尺寸的方法和设备 | 本发明涉及通信技术领域，特别涉及确定变换块尺寸的方法和设备 |
| CN201110317385.0 | 2011-10-18 | 清华大学 | 基于分级量化的质量可伸缩的三维网格编码方法及装置 | 本发明涉及视频编解码技术领域，特别涉及一种基于分级量化的质量可伸缩的三维网格编码方法及装置 |
| CN201110155451.9 | 2011-06-10 | 清华大学 | 基于压缩感知的多视角分布式视频编解码系统及其方法 | 本发明属于压缩感知和多视角分布式视频编码技术领域，具体涉及一种基于压缩感知的多视角分布式视频编解码系统及其方法。 |
| CN201110155122.4 | 2011-06-10 | 清华大学 | 基于压缩感知的分布式视频编解码系统及其方法 | 本发明属于压缩感知和分布式视频编码技术领域，具体涉及一种基于压缩感知的分布式视频编解码系统及其方法 |
| CN201110077691.1 | 2011-03-29 | 清华大学 | 一种双帧参考的立体视频编码方法及装置 | 本发明涉及视频技术领域，特别涉及一种双帧参考的立体视频编码方法及装置 |
| CN201110058408.0 | 2011-03-10 | 华为技术有限公司、清华大学 | 获取用于合并模式的图像块的方法和设备 | 本发明实施例涉及图像处理领域，并且更具体地，涉及获取用于合并模式的图像块的方法和设备 |

续表

| 申请号 | 申请日 | 申请人 | 发明名称 | 技术领域 |
|---|---|---|---|---|
| CN201110046928.X | 2011-02-25 | 清华大学 | 视频解码应用中动态存储器的低功耗编码方法 | 本发明涉及集成电路设计技术领域，特别涉及一种视频解码应用中动态存储器的低功耗编码方法 |
| CN201110022734.6 | 2011-01-20 | 华为技术有限公司、清华大学 | 一种编解码方法和装置 | 本发明涉及视频编解码技术 |
| CN201110021859.7 | 2011-01-19 | 华为技术有限公司、清华大学 | 一种编解码方法和装置 | 本发明涉及视频编解码技术 |
| CN201610648234.6 | 2016-08-09 | 华为技术有限公司 | 频道切换的方法及装置 | 本发明实施例涉及视频领域，并且更具体地，涉及频道切换的方法及装置 |
| CN201610528205.6 | 2016-07-06 | 华为技术有限公司 | 处理视频数据的方法和装置 | 本发明实施例涉及图像处理领域，更具体地，涉及处理视频数据的方法和装置 |
| CN201610367637.3 | 2016-05-30 | 华为技术有限公司 | 一种视频切换方法、装置和系统 | 本发明涉及视频会议技术领域，尤其涉及一种视频切换方法、装置和系统 |
| CN201610222405.9 | 2016-04-11 | 华为技术有限公司 | 视频编码方法和装置 | 本发明涉及视频编码技术领域，特别涉及一种视频编码方法和装置 |
| CN201610058788.0 | 2016-01-28 | 华为技术有限公司 | 一种视频水印处理的方法及装置 | 本发明涉及视频处理技术领域，具体涉及一种视频水印处理的方法及装置 |
| CN201610016985.6 | 2016-01-11 | 华为技术有限公司 | 一种级联芯片启动方法及相关装置 | 本发明涉及电子技术领域，尤其涉及一种级联芯片启动方法及相关装置 |
| CN201610005644.9 | 2016-01-04 | 华为技术有限公司 | 控制视频输出的方法及其装置、控制电路 | 本发明涉及视频输出，尤其涉及一种控制视频输出的方法及其装置、控制电路 |
| CN201510641334.1 | 2015-09-30 | 华为技术有限公司 | 计算机、服务质量控制方法及装置 | 本发明涉及计算机领域，特别涉及一种计算机、服务质量（英文：Qualityof Service；简称：QoS）控制方法及装置 |
| CN201510628762.0 | 2015-09-28 | 华为技术有限公司 | 一种加速管理节点、加速节点、客户端及方法 | 本发明涉及虚拟化技术领域，尤其涉及一种加速管理节点、加速节点、客户端及其方法 |
| CN201510621728.0 | 2015-09-25 | 华为技术有限公司 | 加速器虚拟化的方法、装置及集中资源管理器 | 本发明涉及互联网领域，特别涉及一种加速器虚拟化的方法、装置及集中资源管理器 |
| CN201510374698.8 | 2015-06-30 | 华为技术有限公司 | 一种视频通信方法及装置 | 本发明涉及通信技术领域，尤其涉及一种视频通信方法及装置 |
| CN201510375690.3 | 2015-06-30 | 华为技术有限公司 | 一种视频优化的方法和设备 | 本发明涉及视频处理领域，特别涉及一种视频优化方法和设备 |
| CN201510274936.8 | 2015-05-26 | 华为技术有限公司 | 一种视频编解码方法、编码器和解码器 | 本发明涉及视频编解码技术领域，尤其涉及一种视频编解码方法、编码器和解码器 |
| CN201510180497.4 | 2015-04-16 | 华为技术有限公司 | 一种视频数据的编解码方法及装置 | 本发明涉及通信技术领域，尤其涉及一种视频数据的编解码方法及装置 |
| CN201510124397.X | 2015-03-19 | 华为技术有限公司 | 一种多媒体重定向的方法、设备和系统 | 本发明实施例涉及多媒体技术领域，尤其涉及一种多媒体重定向的方法、设备和系统 |

**专利名称：一种三维视频的编码方法、解码方法、编码器和解码器**

公开（公告）号：CN103108187B　　公开（公告）日：2016-09-28

申请号：CN201310059094.5　　申请日：2013-02-25

申请（专利权）人：清华大学

国际专利分类号：IPC（8）：H04N19/597 H04N13/00 H04N19/117 H04N19/62

其他公开文献：CN103108187A

**摘要：**本发明提出一种三维视频的编码方法、解码方法及其编码器和解码器，其中编码方法包括步骤：对参考视点的深度图和纹理图进行编码，得到参考视点编码重建深度图和参考视点编码重建纹理图；根据参考视点编码重建深度图和参考视点编码重建纹理图以及相应的相机参数，通过三维几何变换，得到目标视点合成参考帧；获取参考视点原始纹理图并作为原始信号，将目标视点合成参考帧作为加噪后的信号，进行维纳滤波，得到优化目标视点合成参考帧，并解得维纳滤波器系数；将优化目标视点合成参考帧加入参考帧集，并将维纳滤波器系数写入码流。本发明具有提高编码效率，改善视频质量的优点。

**专利名称：基于二维哈达玛变换的帧内模式预测方法及装置**

公开（公告）号：CN103024392B　　公开（公告）日：2015-07-15

申请号：CN201210575843.5　　申请日：2012-12-26

申请（专利权）人：清华大学　华为技术有限公司

国际专利分类号：IPC（8）：H04N19/61

其他公开文献：CN103024392A

**摘要：**本发明提供一种基于二维哈达玛变换的帧内模式预测方法及装置，方法包括：S1，预设最优编码代价 Jbest；S2，选取预测块对应的候选模式 Mk，计算在所述候选模式 Mk 下的预测结果；S3，计算所述预测结果与所述预测块对应的原始图像的残差矩阵，对所述残差矩阵进行二维变换，并对变换结果进行量化；S4，计算量化后在所述候选模式 Mk 下的失真程度和比特率，并计算在所述候选模式 Mk 下的编码代价 Jk；S5，将 Jk 与 Jbest 进行比较；若 Jk＜Jbest，则 Jbest=Jk，将 Mk 作为最优候选模式；若 Jk≥Jbest，则 Jbest 与其对应的最优候选模式不变；S6，重复步骤 S2～S5，直到遍历完所述预测块的候选模式，得到最终的最优编码代价及其对应的最优候选模式。本发明通过上述方法降低了功耗开销和硬件面积。

**专利名称：基于纹理特性的 HEVC 帧内预测模式的快速选择方法及装置**

公开（公告）号：CN102843559B　　公开（公告）日：2014-12-31

申请号：CN201210337831.9　　申请日：2012-09-12

申请（专利权）人：清华大学

国际专利分类号：IPC（8）：H04N19/11 H04N19/54

其他公开文献：CN102843559A

**摘要：**本发明提供了一种基于纹理特性的 HEVC 帧内预测模式的快速选择方法及装置，通过确定待预测单元 PU 的边缘纹理图中每个元素的纹理幅值及纹理方向，生成纹理方向统计直方图，进而对所述 PU 的强纹理方向进行判定，当所述 PU 具有强纹理方向且与任一邻接块的预测模式方向匹配时，则将所述强纹理方向作为最终预测模式方向。本发明在保证编码质量的前提下，减少了搜索次数，有效降低模式选择的计算时间，显著提高模式选择速度。

**专利名称：一种基于图像纹理和运动特征的运动预测方法**

公开（公告）号：CN102572438B　　公开（公告）日：2014-04-02
申请号：CN201210040779.0　　申请日：2012-02-21
申请（专利权）人：清华大学
国际专利分类号：IPC（8）：H04N19/567 H04N19/56 H04N19/176 H04N19/124
其他公开文献：CN102572438A

**摘要：**本发明提供一种基于图像纹理和运动特征的运动预测方法，包括步骤：A，确定当前待匹配分割块在宏块中的位置（*I*，*J*），并计算出当前待匹配分割块的边缘强度值ESM，*I*，*J*；*B*：确定参考块的运动向量（MV*x*，MV*y*），并分别得到其对应的绝对差异总值SADM，*I*，*J*（MV*x*，MV*y*）和运动向量 MV 值；C，设置阈值 SADTH；D，判断参考块的绝对差异总值 SADM，*I*，*J*（MV*x*，MV*y*）是否小于所述阈值 SADTH，如果是，则提前终止搜索，以当前参考块作为最优的参考块，否则，返回步骤 B 继续在其他参考块中寻找最优参考块。应用本发明所述的方法，有效减少了块匹配算法中的冗余计算，从而达到减少功耗的目的。本发明所提出的方法适合硬件实现，其特征是用加减、移位和比较三种简单操作实现阈值的生成与判定。

**专利名称：图像编解码方法、图像编解码设备及网络系统**

公开（公告）号：CN102685487B　　公开（公告）日：2015-07-08
申请号：CN201210021060.2　　申请日：2012-01-30
申请（专利权）人：华为技术有限公司　清华大学
国际专利分类号：IPC（8）：H04N19/122 H04N19/61 H04N19/176
其他公开文献：CN102685487A

**摘要：**本发明实施例提供一种图像编解码方法、图像编解码设备及网络系统，其中，图像编码方法包括：根据图像块的划分方式，确定所述图像块所使用的预测块；确定所述图像块或预测块对应的变换块在所述图像块或预测块中对应的划分层数；其中，所述图像块或预测块对应的变换块包括一个或者多个变换块；根据图像块的划分方式和所述划分层数确定所述图像块或预测块对应的变换块的尺寸；确定标识所述图像块或预测块对应的变换块所对应的划分层数的标识信息；将所述标识信息写入码流。使用本发明实施例提供的技术方案，既保证了变换块不会跨过预测块的边界，同时又有效的标识了变换块的尺寸，有效地提高了编码效率。

**专利名称：一种获得变换块尺寸的方法和模块**

公开（公告）号：CN102970526B　　公开（公告）日：2016-12-14
申请号：CN201210019843.7　　申请日：2012-01-21
申请（专利权）人：华为技术有限公司　清华大学
国际专利分类号：IPC（8）：H04N19/122 H04N19/96
其他公开文献：CN102970526A

**摘要：**本发明提供一种获得变换块的尺寸的方法，包括：获得图像块的划分方式；根据所述图像块的划分方式和划分前的变换块的宽和高，获得划分后的变换块的尺寸信息。采用本发明实施例提供的变换块的获得方法，可以进根据图像块的划分方式，或者划分前的变换块的高和宽对变换块的尺寸进行编码，有效提高了编码的效率。

**专利名称：确定变换块尺寸的方法和设备**

公开（公告）号：CN102857755B 公开（公告）日：2016-12-14

申请号：CN201210019911.X 申请日：2012-01-21

申请（专利权）人：华为技术有限公司 清华大学

国际专利分类号：IPC（8）：H04N19/00 H04N19/61

其他公开文献：CN102857755A

**摘要：**本发明实施例提供一种确定变换块尺寸的方法和设备，能够提高图像压缩效率。该方法包括：根据图像块信息和图像块的划分方式，获得图像块对应的变换块的参数；根据变换块的参数和图像块的划分方式，获得变换块尺寸。本发明实施例在确定变换块尺寸时，根据图像块对应的变换块的参数和图像块的划分方式，获得变换块尺寸，因此能够采用适应图像块的划分方式的变换块，提高了图像压缩效率。

**专利名称：基于分级量化的质量可伸缩的三维网格编码方法及装置**

公开（公告）号：CN102510497B 公开（公告）日：2015-07-29

申请号：CN201110317385.0 申请日：2011-10-18

申请（专利权）人：清华大学

国际专利分类号：IPC（8）：H04N19/00 H04N19/61 H04N19/124 H04N19/13 H04N19/30

其他公开文献：CN102510497A

**摘要：**本发明提出了一种基于分级量化的质量可伸缩的三维网格编码方法，包括以下步骤：根据原始网格获得多个不同分辨率的网格，并将每个分辨率对应的网格作为一个空间分辨率层；对任意两个不同空间分辨率层进行层间预测以获得每个空间分辨率层对应的网格顶点的几何位置的预测残差；对所述预测残差进行迭代以获得最终的预测残差；以及对所述最终的预测残差进行分级量化，其中，较低的量化层的系数为网格预测残差的低频分量，较高的量化层的系数为残差的细节分量。本发明实施例不仅具有迭代法编码网格的高效性，同时还具有分级量化支持质量可伸缩性的灵活性。

**专利名称：基于压缩感知的多视角分布式视频编解码系统及其方法**

公开（公告）号：CN102223537B 公开（公告）日：2012-10-24

申请号：CN201110155451.9 申请日：2011-06-10

申请（专利权）：人清华大学

国际专利分类号：IPC（8）：H04N7/26 H04N7/30 H04N19/436 H04N19/44 H04N19/597

其他公开文献：CN102223537A

**摘要：**一种基于压缩感知的多视角分布式视频编解码系统及其方法，将压缩感知解码器和压缩感知编码器融合入多视角分布式视频编解码系统，相比于以信道编码实现的多视角分布式视频编解码系统，本系统可实现对任意域稀疏的信源进行有效压缩的目的，在相同的重建视频质量前提下，压缩效率高于以信道编码实现的多视角分布式视频编解码系统，编码端的运算复杂度降低；避免了传统的视频编码标准对编码器和解码器的复杂度分配情况与系统的资源分配情况不一致，不适用于这些新应用场景的缺点，实现了不仅降低了编码端的复杂度，同时提高了压缩效率和重建视频质量的目的。

**专利名称：基于压缩感知的分布式视频编解码系统及其方法**

公开（公告）号：CN102223536B 公开（公告）日：2012-10-24

申请号：CN201110155122.4　　申请日：2011-06-10
申请（专利权）人：清华大学
国际专利分类号：IPC（8）：H04N7/26 H04N7/46 H04N19/503 H04N19/593 H04N19/61
其他公开文献：CN102223536A

**摘要：**一种基于压缩感知的分布式视频编解码系统及其方法，通过将第一压缩感知编码器、第二压缩感知编码器以及压缩感知解码器融合入分布式视频编解码系统，相比于传统的以信道编码实现的分布式视频编解码系统，该基于压缩感知的分布式视频编解码系统及其方法能实现对任意域稀疏的信源进行有效压缩的目的，在相同的重建视频质量前提下，压缩效率高于传统分布式视频编解码系统，编码端的运算复杂度降低。

**专利名称：频道切换的方法及装置**
公开（公告）号：CN106303682A　　公开（公告）日：2017-01-04
申请号：CN201610648234.6　　申请日：2016-08-09
申请（专利权）人：华为技术有限公司
国际专利分类号：IPC（8）：H04N21/438H04N21/643

**摘要：**本发明实施例公开了频道切换方法和相关装置。频道切换方法包括：接收第一频道的直播码流，所述第一频道的直播码流中包含 $N$ 个媒体文件集合；采用不同编码方式对所述第一频道的直播码流分别进行编码，同时生成主流和辅流；根据所述第一频道的频道信息、所述主流的编码信息和所述辅流的编码信息，生成所述第一频道的播放列表，所述播放列表用于当客户端发出频道切换指令时，指引所述客户端根据所述主流和所述辅流进行频道切换。本发明实施例提供技术方案有利于提高 OTT 视频业务中的频道切换效率。

**专利名称：处理视频数据的方法和装置**
公开（公告）号：CN106162192A　　公开（公告）日：2016-11-23
申请号：CN201610528205.6　　申请日：2016-07-06
申请（专利权）人：华为技术有限公司
国际专利分类号：IPC（8）：H04N19/426

**摘要：**本发明实施例提供了一种处理视频数据的方法和装置，能够减小解码后的视频数据对帧存空间的内存占用，从而有效提高系统性能。该装置包括：数据输入端，用于接收第一视频数据；处理器，用于对该第一视频数据进行基于第一解码算法的解码以获得第二视频数据，对该第二视频数据进行基于第二编码算法的压缩以获得第三视频数据，将该第三视频数据存入存储器，从该存储器读取该第三视频数据，并对该第三视频数据进行基于与该第二编码算法对应的第二解码算法的解码以获得第四视频数据，对该第四视频数据进行显示处理得到待显示数据帧；该第一视频数据是视频图像的码流。

**专利名称：一种视频切换方法、装置和系统**
公开（公告）号：CN105915837A　　公开（公告）日：2016-08-31
申请号：CN201610367637.3　　申请日：2016-05-30
申请（专利权）人：华为技术有限公司
国际专利分类号：IPC（8）：H04N7/15

**摘要：**本发明公开了一种视频切换方法、装置和系统，以解决现有的视频切换流程繁琐以及操作不便的问题。该方法为，MCU 与多个终端建立视频会议的呼叫连接；所述 MCU

检测所述多个终端的声音大小，将检测到的所述多个终端中声音最大的终端作为第一终端；所述 MCU 获取所述第一终端与上一次检测到的多个终端中声音最大的第二终端间的关联关系；所述 MCU 基于所述关联关系控制广播视频源从所述第二终端切换到所述第一终端。这样，在发生终端的视频切换时无需人工干预，基于终端之间的关联关系自动切换视频源，操作简便，减少人为操作的复杂性。

**专利名称：视频编码方法和装置**

公开（公告）号：CN105872556A　　公开（公告）日：2016-08-17

申请号：CN201610222405.9　　申请日：2016-04-11

申请（专利权）人：华为技术有限公司

国际专利分类号：IPC（8）：H04N19/503H04N19/587

**摘要：**本发明公开了一种视频编码方法和装置，属于视频编码技术领域。该方法包括：判断至少一个备选背景帧中每个备选背景帧是否满足预设规则，至少一个备选背景帧是通过预设的背景帧获取方式得到的背景帧；当至少一个备选背景帧中存在满足预设规则的备选背景帧时，在满足预设规则的备选背景帧中确定目标背景帧；将目标背景帧作为待编码视频序列中的帧间编码帧的参考帧插入待编码视频序列中进行视频编码，本发明解决了在无背景场景中插入背景帧时降低编码效率的问题，提高了视频编码的效率。

**专利名称：一种视频水印处理的方法及装置**

公开（公告）号：CN105721951A　　公开（公告）日：2016-06-29

申请号：CN201610058788.0　　申请日：2016-01-28

申请（专利权）人：华为技术有限公司

国际专利分类号：IPC（8）：H04N21/8358

**摘要：**本发明公开了一种视频水印处理的方法，应用于视频终端设备的处理器，处理器包括可信任的安全运行环境 TEE，TEE 中的 $N$ 个水印标记电路用于分别接收 $N$ 路视频流，$N$ 为大于 1 的整数，针对 $N$ 个水印标记电路中的一个水印标记电路，视频水印处理的方法包括：一个水印标记电路接收 $N$ 路视频流中的一路视频流，$N$ 路视频流中的各路视频流分别包含不同的水印策略，根据预先建立的水印策略与水印信息的对应关系，确定接收到的本路视频流中水印策略所对应的水印信息；为本路视频流打上本路视频流对应的水印信息。本发明实施例还提供相应的视频水印处理的方法，可以为不同的视频流加入不同的水印信息，增加了水印信息的种类，提高了安全性。

**专利名称：一种级联芯片启动方法及相关装置**

公开（公告）号：CN105701038A　　公开（公告）日：2016-06-22

申请号：CN201610016985.6　　申请日：2016-01-1

申请（专利权）人：华为技术有限公司

国际专利分类号：IPC（8）：G06F13/10

**摘要：**本发明实施例公开了一种级联芯片启动方法及相关装置，包括：在发送端与接收端通过第一总线建立连接之后，发送端可以通过第一总线检测发送端的外围组件快速互联接口的参数与接收端的外围组件快速互联接口的参数是否匹配；若匹配，则发送端可以通过第二总线将发送端的外围组件快速互联接口与接收端的外围组件快速互联接口建立连接；在发送端通过第二总线与接收端建立连接之后，发送端可以通过第二总线向接收端发送用于启动接收端的启动程序，以使接收端将启动程序存储至双倍速率同步动态随机存储器 DDR 中，并运行启动程序，以启动接收端。由此可见，实施本发明实施例能够减少级联芯片启动过程中的启动时长。

**专利名称：控制视频输出的方法及其装置、控制电路**

公开（公告）号：CN105681882A　　公开（公告）日：2016-06-15

申请号：CN201610005644.9　　申请日：2016-01-04

申请（专利权）人：华为技术有限公司

国际专利分类号：IPC（8）：H04N21/4363H04N21/4367H04N21/442H04N21/443H04N21/462

**摘要：**本发明提供了控制视频输出的方法和装置，该方法包括：安全控制器实时检测视频显示控制器中配置的输出分辨率和 HDMI 接口中配置的 HDCP 加密状态是否满足视频的 HDCP 保护要求；在不满足该视频的 HDCP 保护要求时，该安全控制器向该视频显示控制器发送指令以指示该视频显示控制器关闭该视频的输出。由上可知，在不满足该视频的 HDCP 保护要求时，则表明位于富执行环境 REE 中的视频驱动模块受到攻击导致视频显示控制器的输出分辨率或 HDMI 接口的 HDCP 加密状态被篡改，此时输出的视频不安全，该安全控制器向视频显示控制器发送指令以指示该视频显示控制器关闭视频的输出，保障了视频输出的安全性。

**专利名称：计算机、服务质量控制方法及装置**

公开（公告）号：CN105183565A　　公开（公告）日：2015-12-23

申请号：CN201510641334.1　　申请日：2015-09-30

申请（专利权）人：华为技术有限公司

国际专利分类号：IPC（8）：G06F9/50G06F13/36

**摘要：**本发明公开了一种计算机、服务质量控制方法及装置，属于计算机领域。所述方法包括：为计算机的至少一个容器分配与容器一一对应的容器 ID；向系统总线发送总线请求，总线请求携带有容器 ID 和容器 ID 指示的容器所使用的硬件设备的硬件设备 ID；根据总线请求查找与容器 ID 和硬件设备 ID 二者都对应的服务质量 QoS 参数，QoS 参数存储于总线管理模块；根据查找到的 QoS 参数，对 QoS 参数对应的容器使用 QoS 参数对应的硬件设备所要求的资源进行配置。本发明达到了系统总线可以根据与容器 ID 以及硬件设备 ID 二者都对应的 QoS 参数进行相应的 QoS 控制，使得分配给容器的硬件设备能够满足容器中进程组的资源要求。

**专利名称：一种加速管理节点、加速节点、客户端及方法**

公开（公告）号：CN105357258A　　公开（公告）日：2016-02-24

申请号：CN201510628762.0　　申请日：2015-09-28

申请（专利权）人：华为技术有限公司

国际专利分类号：IPC（8）：H04L29/08

**摘要：**本发明公开一种加速管理节点、加速节点、客户端及其方法，所述加速管理节点包括：接收单元，用于分别接收至少一个加速节点上报的各自的加速设备的加速设备信息，所述加速设备信息包括：加速类型、算法类型；获取单元，用于获取客户端发送的调用请求，所述调用请求用于调用加速设备对所述客户端的业务进行加速，所述调用请求包括：目标加速类型、目标算法类型；分配单元，用于查询所述加速设备信息，从所述至少一个加速节点各自的加速设备中确定与所述调用请求相匹配的目标加速设备；指示单元，用于指示目标加速节点响应所述调用请求。

**专利名称：加速器虚拟化的方法、装置及集中资源管理器**

公开（公告）号：CN105159753A　　公开（公告）日：2015-12-16

申请号：CN201510621728.0　　申请日 2015-09-25

申请（专利权）人：华为技术有限公司

国际专利分类号：IPC（8）：G06F9/455G06F9/50

**摘要：**本发明的实施例中公开了一种加速器虚拟化的方法、装置以及集中资源管理器，方法包括：集中资源管理器根据虚拟机资源配置命令中的待创建虚拟加速器信息，从物理加速器资源池中选择相匹配的物理加速器作为匹配物理加速器；集中资源管理器向虚拟机监控器发送第一虚拟机创建命令，使得虚拟机监控器创建包含有匹配物理加速器对应的第一虚拟加速器的第一虚拟机，或者，集中资源管理器向虚拟机监控器发送第二虚拟机创建命令，第二虚拟机创建命令包括描述信息获取标识，使得虚拟机监控器收到第二虚拟机创建命令后创建第二虚拟机，并使得第二虚拟机根据描述信息获取标识获取描述信息后生成第二虚拟加速器。本发明能实现加速器的虚拟化。

## 17.2 实审部分

以下专利摘要信息数据截止 2017 年 2 月 1 日，该部分专利法律状态为审查中。

**表 17-2-1 三星电子株式会社**

| 申请号 | 申请日 | 申请人 | 发明名称 | 技术领域 |
|---|---|---|---|---|
| CN201610865440.2 | 2016-09-29 | 三星电子（中国）研发中心、三星电子株式会社 | 视频处理、解码方法和装置、VR 终端、视频播放系统 | 本申请涉及视频处理领域，具体涉及全景视频处理领域，尤其涉及一种视频处理、解码方法和装置、VR 终端、视频播放系统 |
| CN201510932678.8 | 2015-12-15 | 三星电子株式会社 | 显示装置和控制显示装置的内容输出的方法 | 本公开涉及显示装置和控制显示装置的内容输出的方法，而且，例如涉及如下显示装置和控制显示装置的内容输出的方法：当与便携装置连接的显示装置接收包括广告的内容时，在显示装置和便携装置中分别再现接收到的广告和内容 |
| CN201510802368.4 | 2015-11-19 | 三星电子株式会社 | 预封装件和制造半导体封装件的方法以及电子装置 | 本发明构思的各方面涉及预封装件和利用该预封装件制造半导体封装件的方法，并且更具体地说，涉及包括凸块的预封装件和利用该预封装件制造半导体封装件的方法 |
| CN201510535829.6 | 2015-08-27 | 三星电子株式会社 | 图像处理装置、图像处理系统 | 发明构思涉及一种图像处理装置、图像处理系统和/或用于图像处理的方法 |
| CN201580022559.7 | 2015-05-01 | 三星电子株式会社 | 用于自适应地压缩图像数据的方法和装置 | 本发明方案涉及用于设置显示在图像处理装置中的图像的刷新率和压缩率的方法 |
| CN201510086595.1 | 2015-02-17 | 三星电子株式会社 | 系统芯片、总线接口连接电路和其总线接口连接方法 | 本发明构思涉及一种系统芯片（SoC），并且更具体地说，涉及一种 SoC 中的异步接口及其操作方法 |

续表

| 申请号 | 申请日 | 申请人 | 发明名称 | 技术领域 |
|---|---|---|---|---|
| CN201510018605.8 | 2015-01-14 | 三星电子株式会社 | 堆叠式半导体封装件 | 本发明构思涉及一种堆叠式半导体封装件，具体地，涉及一种利用硅通孔将上芯片堆叠在下芯片上的半导体封装件 |
| CN201580004051.4 | 2015-01-08 | 三星电子株式会社 | 用于屏幕共享的方法和设备 | 本公开涉及一种电子装置，更具体地说，涉及一种用于屏幕共享的方法和设备 |
| CN201480076495.4 | 2014-12-26 | 三星电子株式会社 | 用于执行基于子块的预测的层间视频解码方法及其设备以及用于执行基于子块的预测的层间视频编码方法及其设备 | 本公开涉及一种层间视频编码方法和层间视频解码方法，更具体地讲，涉及一种确定子块并基于确定的子块来执行预测的层间视频编码方法和解码方法 |
| CN201410814752.1 | 2014-12-24 | 北京三星通信技术研究、三星电子株式会社 | 立体图像处理方法、装置以及立体视频显示设备 | 本申请涉及计算机处理领域，具体涉及立体显示技术，尤其涉及立体图像处理的方法、装置以及立体视频显示设备 |
| CN201480076092.X | 2014-12-22 | 三星电子株式会社 | 使用亮度补偿的层间视频编码方法及其装置、以及视频解码方法及其装置 | 本发明涉及一种层间视频编码方法和解码方法，更具体地讲，涉及一种基于当前块是否执行亮度补偿来产生当前块的合并候选列表的方法 |
| CN201480075994.1 | 2014-12-19 | 三星电子株式会社 | 涉及帧内预测的视频编码方法和装置以及视频解码方法和装置 | 本发明涉及通过帧内预测对视频进行编码和解码 |
| CN201480075345.1 | 2014-12-12 | 三星电子株式会社 | 用于用信号传送 SAO 参数的视频编码方法和设备以及视频解码方法和设备 | 本公开涉及一种用于用信号传送样点自适应偏移（SAO）参数的视频编码方法和设备以及视频解码方法和设备 |
| CN201410742816.1 | 2014-12-08 | 三星电子株式会社 | 半导体器件以及制造半导体器件的方法 | 本公开涉及半导体器件技术领域 |
| CN201480067549.0 | 2014-12-08 | 三星电子株式会社 | 能够重新配置图像信号处理器的数字拍摄设备及其控制方法 | 示例性实施例的一个或多个方面涉及一种能够重新配置图像信号处理器（ISP）的数字拍摄设备、控制所述数字拍摄设备的方法以及用于控制所述数字拍摄设备的系统 |

**专利名称：视频处理、解码方法和装置、VR 终端、视频播放系统**

公开（公告）号：CN106231317A　　公开（公告）日：2016-12-14

申请号：CN201610865440.2　　申请日：2016-09-29

申请（专利权）人：三星电子（中国）研发中心　三星电子株式会社

国际专利分类号：IPC（8）：H04N19/30 H04N19/122 H04N5/262 H04N5/265 H04N13/04 H04N21/2343 G06F3/01

**摘要**：本申请公开了视频处理、解码方法和装置、VR 终端、视频播放系统。所述视频处理方法的一具体实施方式包括：获取全景视频采集装置采集的多个视频数据；合成所述多个视频数据，得到全景视频；对所述全景视频进行编码，得到基本层视频数据和增强层视频数据；将所述基本层视频数据和所述增强层视频数据通过不同的传输方式传输给终端。该实施方式能够提供多种分辨率的视频数据，增加了用户的选择，同时由于不同分辨率的视频对网络的要求不同，降低了传统的高分辨率的视频对网络带宽的要求。

**专利名称：显示装置和控制显示装置的内容输出的方法**

公开（公告）号：CN105721904A　公开（公告）日：2016-06-29

申请号：CN201510932678.8　申请日：2015-12-15

申请（专利权）人：三星电子株式会社

国际专利分类号：IPC（8）：H04N21/2668 H04N21/41 H04N21/81 H04N21/422 H04N21/436

**摘要：**公开了一种显示装置和控制显示装置的内容输出的方法。例如，提供一种显示装置和控制显示装置的内容输出的方法，用于在接收到包括广告的内容时独立地再现接收到的内容和广告。此外，提供一种显示装置和控制显示装置的内容输出的方法，以用于在接收到包括广告的内容时在显示装置的屏幕上输出内容并且向与显示装置连接的便携装置传输广告以能够使广告再现。

**专利名称：预封装件和制造半导体封装件的方法以及电子装置**

公开（公告）号：CN105609430A　公开（公告）日：2016-05-25

申请号：CN201510802368.4　申请日：2015-11-19

申请（专利权）人：三星电子株式会社

国际专利分类号：IPC（8）：H01L21/58

**摘要：**本发明提供了制造半导体封装件的方法。所述方法包括步骤：在衬底的第一表面上形成包括金属的保护层，以覆盖设置在衬底的第一表面上的半导体器件；利用黏合构件将支撑衬底附着至保护层；处理与保护层相对的衬底的第二表面，以去除衬底的一部分；以及将支撑衬底从衬底拆卸。

**专利名称：图像处理装置、图像处理系统**

公开（公告）号：CN105407339A　公开（公告）日：2016-03-16

申请号：CN201510535829.6　申请日：2015-08-27

申请（专利权）人：三星电子株式会社

国际专利分类号：IPC（8）：H04N9/73

**摘要：**图像处理装置包括构造成接收图像数据并从图像数据采集颜色数据的统计数据的采集器。图像处理装置包括：处理器，构造成分析颜色数据的统计数据以确定图像数据包括单一颜色数据还是包括多颜色数据，如果图像数据包括多颜色数据则确定第一增益值以执行动态白平衡，如果图像数据包括单一颜色数据则使用增益表确定与第一增益值不同的第二增益值。图像处理装置包括构造成将第一增益值或第二增益值施加到颜色数据的增益施加器。

**专利名称：用于自适应地压缩图像数据的方法和装置**

公开（公告）号：CN106256126A　公开（公告）日：2016-12-21

申请号：CN201580022559.7　申请日：2015-05-01

申请（专利权）人：三星电子株式会社

国际专利分类号：IPC（8）：H04N19/137

**摘要：**本发明提供了用于自适应地压缩图像数据的方法。基于该图像数据的运动信息来确定该图像数据的刷新率和压缩率，且基于确定的刷新率和压缩率来压缩该图像数据。

**专利名称：系统芯片、总线接口连接电路和其总线接口连接方法**

公开（公告）号：CN104866453A　　公开（公告）日：2015-08-26

申请号：CN201510086595.1　　申请日：2015-02-17

申请（专利权）人：三星电子株式会社

国际专利分类号：IPC（8）：G06F13/42

**摘要：**本发明提供了一种系统芯片、总线接口连接电路和其总线接口连接方法。所述系统芯片包括：第一接口，其被配置为通过第一信道以第一传送率与第一时钟信号同步地发送有效负载；以及第二接口，其包括：有效负载贮存器，其连接至第一信道，并被配置为从第一信道接收有效负载；以及有效负载接收器，其连接至有效负载贮存器，并被配置为通过第二信道以第二传送率与第二时钟同步地从有效负载贮存器接收有效负载。第二信道的长度比第一信道的长度更短，并且第一时钟信号与第二时钟信号异步。

**专利名称：堆叠式半导体封装件**

公开（公告）号：CN104779215A　　公开（公告）日：2015-07-15

申请号：CN201510018605.8　　申请日：2015-01-14

申请（专利权）人：三星电子株式会社

国际专利分类号：IPC（8）：H01L23/12

**摘要：**本公开提供了一种堆叠式半导体封装件，该堆叠式半导体封装件由于堆叠在下芯片上的上半导体芯片的特征而使得对下半导体芯片的设计限制最小化。该堆叠式半导体封装件包括：下芯片，其具有设置有多个穿通电极的穿通电极区域；以及至少一个上芯片，其堆叠在下芯片上并且具有设置有对应于多个穿通电极的多个接合焊盘的焊盘区域。所述焊盘区域沿着将上芯片的有源表面二等分的中心轴线设置。设置上芯片的焊盘区域的中心轴线布置在从下芯片的有源表面在纵向上的中心轴线移位的位置。

**专利名称：用于屏幕共享的方法和设备**

公开（公告）号：CN105900074A　　公开（公告）日：2016-08-24

申请号：CN201580004051.4　　申请日：2015-01-08

申请（专利权）人：三星电子株式会社

国际专利分类号：IPC（8）：G06F13/14 G06F13/38 G06F3/14

**摘要：**提供一种包括处理器的电子装置，所述处理器被配置为：识别一个或多个宿端装置；对于每个宿端装置，产生各自的显示数据结构；对于每个宿端装置，产生各自的数据流，其中，所述各自的数据流通过基于宿端装置各自的显示数据结构对由一个或多个应用产生的内容进行编码来产生；并把宿端装置的各个编码的数据流发送到每个宿端装置。

**专利名称：用于执行基于子块的预测的层间视频解码方法及其设备以及用于执行基于子块的预测的层间视频编码方法及其设备**

公开（公告）号：CN106063271A　　公开（公告）日：2016-10-26

申请号：CN201480076495.4　　申请日：2014-12-26

申请（专利权）人：三星电子株式会社

国际专利分类号：IPC（8）：H04N19/503 H04N19/30

**摘要：**提供了一种层间视频解码方法，包括：获得第二层图像的子块尺寸信息，其中，所述子块尺寸信息指示小于或等于编码单元的最大尺寸的范围内的子块的尺寸；通过使用所述子块尺寸信息，从等于或大于编码单元的最小尺寸且小于或等于编码单元的最大尺寸的范围确定子块的尺寸；确定包括在与第二层图像不同的第一层图像中的与包括在第二层图像中的当前块相应的候选块；当从当前块获得了第二层图像中通过使用子块的尺寸而确定的至少一个子块时，获得第一层图像中与第二层图像的子块相应的子块的运动信息；通过使用第一层图像的子块的运动信息来获得或预测当前块的运动信息，并通过使用获得的或预测出的当前块的运动信息来对当前块进行解码，其中，第一层图像的子块被确定为位于候选块内部的区域中。

**专利名称：立体图像处理方法、装置以及立体视频显示设备**

公开（公告）号：CN105791795A　公开（公告）日：2016-07-20

申请号：CN201410814752.1　申请日：2014-12-24

申请（专利权）人：北京三星通信技术研究有限公司　三星电子株式会社

国际专利分类号：IPC（8）：H04N13/00 H04N13/04

**摘要：**本申请公开了用于立体图像处理的方法和装置。该立体图像处理方法包括：判断图像帧中的立体图像内容是否存在立体误差，其中图像帧包括至少两个不同视角的图像；响应于存在立体误差，检测图像帧中是否存在与立体图像内容具有不同立体几何约束的对象；以及若检测到对象，则针对立体图像内容和对象分别进行处理。按照本申请实施方式的立体图像处理方法，通过对具有不同立体几何约束的立体图像内容与诸如后期插入对象之类的对象进行区别处理，使得能够显示高视觉质量的立体图像和视频。

**表 17-2-2　清华大学**

| 申请号 | 申请日 | 申请人 | 发明名称 | 技术领域 |
|---|---|---|---|---|
| CN201510618813.1 | 2015-09-24 | 清华大学深圳研究生院 | 一种基于分层采样的参考帧压缩方法 | 本发明涉及计算机视觉与数字图像处理领域，特别涉及一种基于分层采样的参考帧压缩方法 |
| CN201410638187.8 | 2014-11-05 | 清华大学、华为技术有限公司 | 一种视频数据编码、解码的方法及装置 | 本发明涉及通信技术，尤其涉及一种视频编码和解码的处理方法和装置 |
| CN201410212310.X | 2014-05-19 | 华为技术有限公司 清华大学 | 图像编解码方法和设备、系统 | 本发明实施例涉及图像处理技术领域，尤其涉及一种图像编解码方法和 设备、系统 |
| CN201210420721.9 | 2012-10-29 | 浙江大学、华为技术有限公司、清华大学、北京大学 | 视频编解码方法及装置 | 本发明实施例涉及视频编解码技术，尤其涉及一种视频编解码方法及装置 |

**专利名称：一种基于分层采样的参考帧压缩方法**

公开（公告）号：CN105245889A　公开（公告）日：2016-01-13

申请号：CN201510618813.1　申请日：2015-09-24

申请（专利权）人：清华大学深圳研究生院

国际专利分类号：IPC（8）：H04N19/132

**摘要：**本发明公开了一种基于分层采样的参考帧压缩方法，如下步骤：A1.获取原始参考帧图像 $f0$ 和数据传输的限定带宽 $B_c$；A2.计算当前层 $n$ 的参考帧缩略图 $f(n-1)$所需的传输带宽 $B$；A3.带宽判断：若所述传输带宽 $B$ 小于所述限定带宽 $B_c$，则结束参考帧压缩；否则，对所述参考帧缩略图 $f(n-1)$进行亚采样得到亚采样图像 $f(n)$，进一步对所述亚采样图像

$f(n)$上采样得到上采样图像$f'(n)$，计算所述上采样图像$f'(n)$与所述参考帧缩略图$f(n-1)$的采样误差 Dif$(n)$；A4.对所述采样误差 Dif$(n)$进行压缩编码，实现对所述采样误差 Dif$(n)$的压缩，并分层保存，然后回到步骤 A2 进行下一层 $n$+1 的相应处理；所述 $n$ 为自然数。本发明解决了现有技术存在的数据交互占用带宽过多、消耗能量过大的技术问题。

**专利名称：一种视频数据编码、解码的方法及装置**

公开（公告）号：CN104394418A　公开（公告）日：2015-03-04

申请号：CN201410638187.8　申请日：2014-11-05

申请（专利权）人：清华大学　华为技术有限公司

国际专利分类号：IPC（8）：H04N19/61 H04N19/126 H04N19/13

**摘要**：本发明实施例公开了视频数据编码、解码的方法及装置，用于便捷的对视频数据进行数据编码和解码。本发明实施例方法包括：算术编码；所述算术编码包括：获取图像数据二元符号；若所述二元符号为大概率符号 MPS，则在对数域上对所述 MPS 对应的第一编码区间进行更新；若更新后的所述编码区间小于算术编码区间的预置范围时，则在对数域上对所述第一编码区间进行归一化处理；若所述二元符号为小概率符号 LPS，则在原数域上对所述 LPS 对应的第二编码区间进行更新，并在原数域上对所述第二编码区间进行归一化处理。

**专利名称：图像编解码方法和设备、系统**

公开（公告）号：CN103974076A　公开（公告）日：2014-08-06

申请号：CN201410212310.X　申请日：2014-05-19

申请（专利权）人：华为技术有限公司　清华大学

国际专利分类号：IPC（8）：H04N19/517 H04N19/139 H04N19/61 H04N19/147 H04N19/176

**摘要**：本发明公开一种图像编解码方法和设备、系统，其中，编码端对待编码图像块对应的预测块进行奇异向量分解，获得所述预测块的特征向量矩阵 $U$ 和 $V$；根据所述预测块的特征向量矩阵 $U$ 和 $V$ 对残差数据进行编码处理，其中，所述残差数据为所述待编码图像块的像素值与所述对应的预测块的像素值之间的差值；可以降低编码码流的标识负载。

**专利名称：视频编解码方法及装置**

公开（公告）号：CN103796021A　公开（公告）日：2014-05-14

申请号：CN201210420721.9　申请日：2012-10-29

申请（专利权）人：浙江大学　华为技术有限公司　清华大学　北京大学

国际专利分类号：IPC（8）：H04N19/30 H04N19/44 H04N19/159

**摘要**：本发明实施例提供一种视频编解码方法及装置，该视频编码方法包括：确定待编码图像的层级值；对待编码图像进行编码生成编码图像，根据层级值判断是否将编码图像作为参考图像移入参考图像缓存，若是，则将编码图像移入参考图像缓存，根据层级值对参考图像缓存中的参考图像进行排序；将层级值写入编码图像的图像头中。本发明实施例提供的视频编解码方法及装置，避免了设置两个参考图像列表对参考图像进行维护所造成的排序过程复杂和增加系统开销的弊端，提高了视频编码效率。

# 关键领域六
# 人机交互

人机交互主要是基于用户与系统之间的信息交换。借助计算机的输入输出设备，以实现人与系统之间的信息交互。随着科技的发展，人们对人机交互的感受和理解逐渐加深，人机交互技术的专利申请量也逐渐上升。

人机交互（HCI）致力于人与计算机的协调，旨在消除两个智能系统之间的通信和线路的对话，使人与机器信息交换方便顺畅。计算机系统的人机交互是人与计算机之间的传输和转换过程，其由用户界面（UI）介导。用户将意图传达给计算机。用户通过多媒体通道（包括：视觉，听觉，触觉和嗅觉等）到用户界面感测频道，例如语音、图形和图像以及其他多媒体信息感知，首先使用逻辑思维和图像思维产生交互式意图的心理描述的能力，然后是对交互式输入要求（即手、嘴、眼睛、头、脚等）的用户界面以执行交替线；计算机将计算和反馈结果传递给人——使用其感知机制从精确的用户界面框架结构获得用户的交互信息，并完成交互行为信息的获取处理，确定用户的交互意图的认知处理和反馈响应的结果等一系列响应处理，并最终使用其输出机制给用户接口定义其输出的具体形式。

从技术层面上来讲，人机交互技术无论怎么发展。都必以围绕方便用户的使用为中心的宗旨，所以从任何角度来看，人机交互技术的发展体现了人为因素越来越受到重视，这样人机交互形式更趋于自然，使人利用自然技能，使认知负荷降低，缩短适用的过程，提高工作效率。在人机交互技术的研究中以人为中心的思想得到体现。❶

❶ 黄超俊. 浅谈电子政务系统中人机交互技术的应用[J]. 电子商务，2011（6）.

# 第18章 人机交互技术全球专利分析

## 18.1 全球专利申请趋势

将人机交互技术点的全球专利申请量按照年份进行统计分析，得到如下全球专利申请趋势图。可以看到全球专利申请量整体呈上升态势，尤其是 2001 年之后有了较大的增幅，并呈现直线上升的趋势，在 2015 年之后申请量有所减少，说明中国在人机交互这一技术点上日渐成熟，并逐渐趋于饱和。而美国、日本、中国台湾、德国在该技术点上专利数量没有很突出。

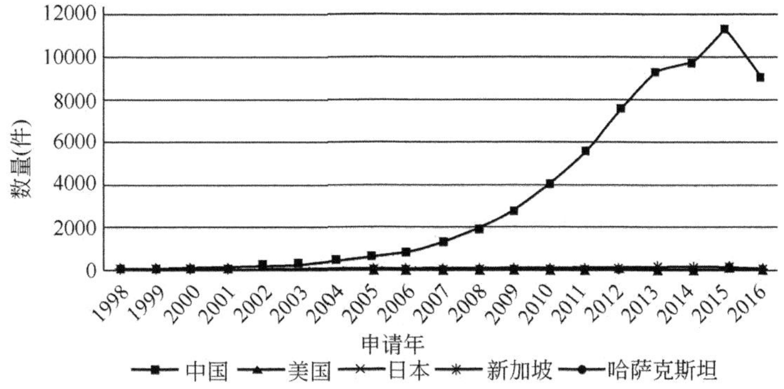


图 18-1-1　人机交互行业全球专利申请趋势图

## 18.2 专利申请国分布情况

专利申请国可以体现专利权人想在哪些国家或地区保护该发明。这一参数也反映了该发明未来可能的实施国家或地区。从人机交互专利受理国家分布情况的统计（图 18-2-1）可以发现，中、美、世界产权组织为人机交互行业专利重点申请国家或组织，数量分布为中国 67586 件、美国 885 件、世界产权组织 2145 件，这三者占了总量的 97.73%，其他还包括欧洲 294 件，中国台湾 273 件，日本 266 件，韩国 161 件，英国 91 件，德国 86 件，加拿大 85 件，其他地区 385 件。

专利的国家分布情况表明，世界产权组织、美国是国外人机交互行业专利布局的主要地区，企业可以跟踪、引进和消化相关技术领域技术，在此基础上实现技术突破。

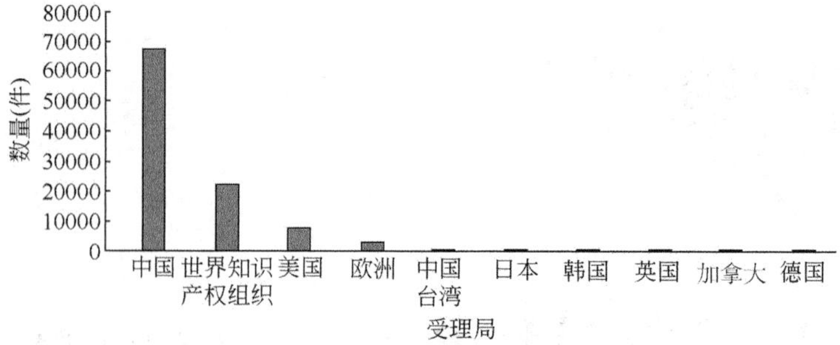


图 18-2-1　人机交互行业专利受理国家（地区）分布情况

# 18.3　专利技术主要来源国分析

由全球专利文献的专利权人国籍统计分析，得到人机交互行业专利的来源国（地区）分布图（图 18-3-1），可以看出：人机交互行业专利的发明专利主要来自中国和美国，其中美国的专利申请数量为 1339 件，超过美国国内专利数量 885 件，显示美国申请人更加趋向于在美国以外的地区进行专利布局。❶

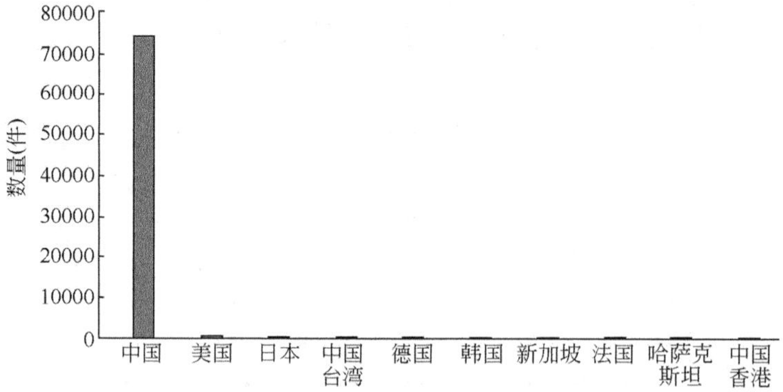


图 18-3-1　人机交互行业专利技术主要来源国（地区）情况

# 18.4　专利 IPC 分布

国际专利分类号（IPC）是世界通用专利分类系统，可用于分析专利结果的主体分布。人机交互按照分类号（IPC）进行统计，结果如图 18-4-1，可以看到 G06F（电数字数据处理）的专利数量最多，达到 37%。另外还有 G05B（一般的控制系统或调节系统，这种系统的功能单元；用于这种系统或单元的监视或测试装置）、G06K（数据识别；数据表示；记录载体；记录载体的处理）、G01R（测量电变量；测量磁变量）、G06Q（专门适用于行政、商业、金融、管理、监督或预测目的的数据处理或方法）、G06T（一般的图像数据处理或产生）等。

❶ 陈汉君. 安防领域人机交互技术发展研究[J]. 科技创新与应用, 2017.

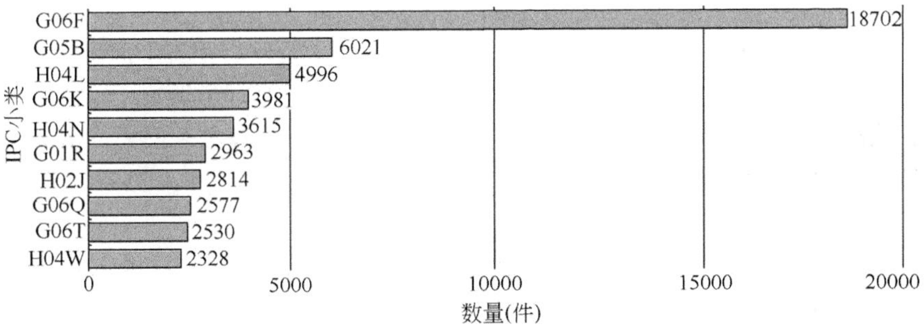


图 18-4-1　人机交互行业 IPC 小类分布情况

# 第19章 人机交互技术国内专利分析

## 19.1 国内专利概况

在中国专利中，经过检索获得人机交互行业专利共 67584 件。如图 19-1-1 所示，其中发明专利达 46359 件，占总数的 68.59%，实用新型 20126 件，占总数的 29.78%。

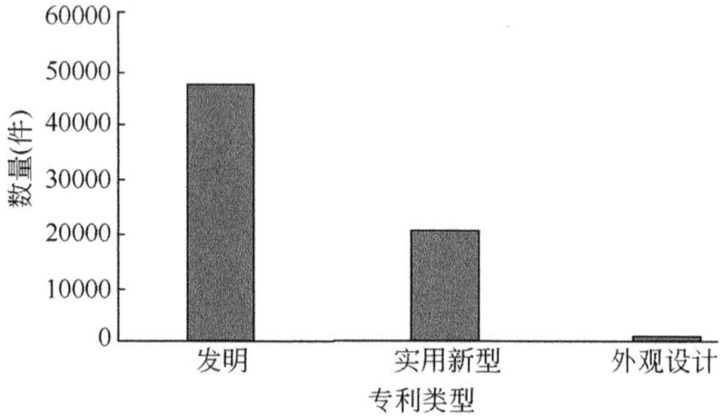


图 19-1-1 人机交互行业国内专利类型分布情况

## 19.2 国内专利申请趋势

图 19-2-1 的专利申请趋势表明，国内的人机交互行业的研究整体还处于上升趋势，尤其在 2004 年以后有较大的增幅，并逐步呈现上升态势，这表明我国人机交互行业还处于技术发展期，整个人机交互行业的技术创新意识和能力在不断提高。说明我国在人机交互方面足够重视，鉴于我国专利的审查程序，图中 2015 年和 2016 年的申请量并不是最终的数据。

图 19-2-1 人机交互行业国内专利申请趋势

## 19.3 专利 IPC 分布

图 19-3-1 给出了人机交互行业专利排名前 10 位的申请人重点研究方向。从该图中可以看出，我国人机交互行业现阶段主要集中在物理类 G06F（电数字数据处理），专利量达 16527 件。

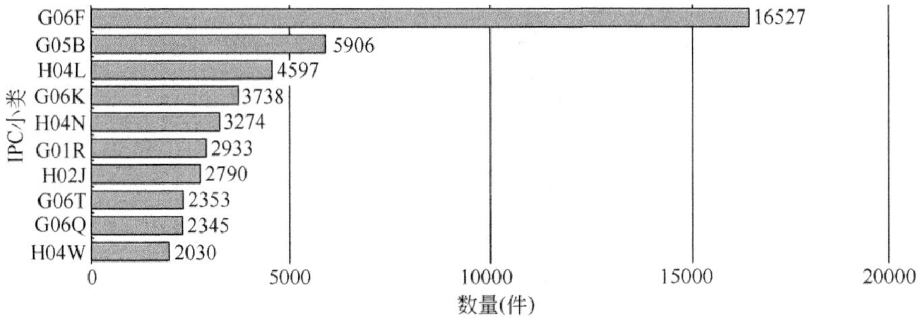


图 19-3-1 人机交互行业国内排名前十的技术类别情况

## 19.4 申请人分布分析

由图 19-4-1 可知，国内申请人申请的专利数量最多达到了 62839 件，占总数的 92.98%，其他申请人来源国还有美国、日本、新加坡等。

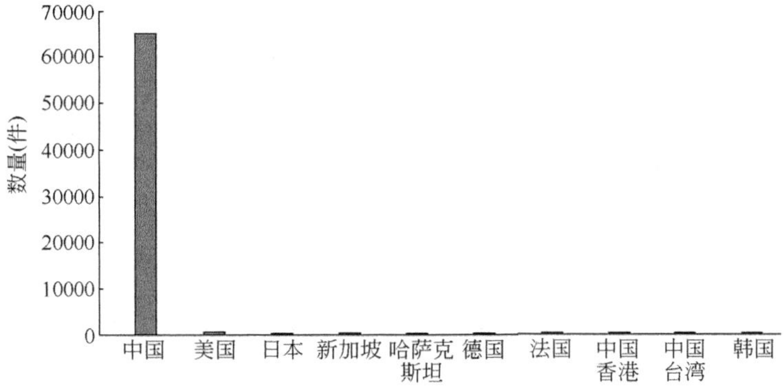


图 19-4-1 人机交互行业国内专利申请人分布情况

主要省市人机交互专利的申请状况见图 19-4-2，其中北京市申请量达到 12874 件，居首位，而浙江省专利申请量列第 5 位，作为一个现阶段科学技术发展迅速的省份数量不多。

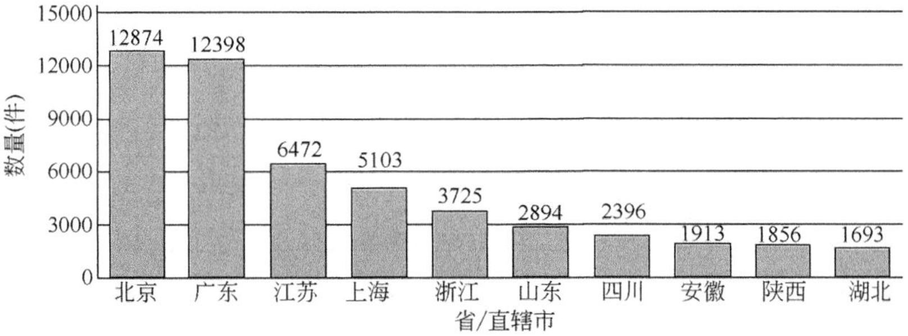


图 19-4-2 主要省市人机交互综合状况表

图 19-4-3 给出了国内人机交互行业专利申请量前 10 位的申请人情况。可以看出，人机交互行业的专利申请量前 10 位中有 5 家是国内企业，5 家院校。国内企业中做的最好的是国家电网，这表明这家企业的研发积累比较深，相关专利有必要加强关注和跟踪。

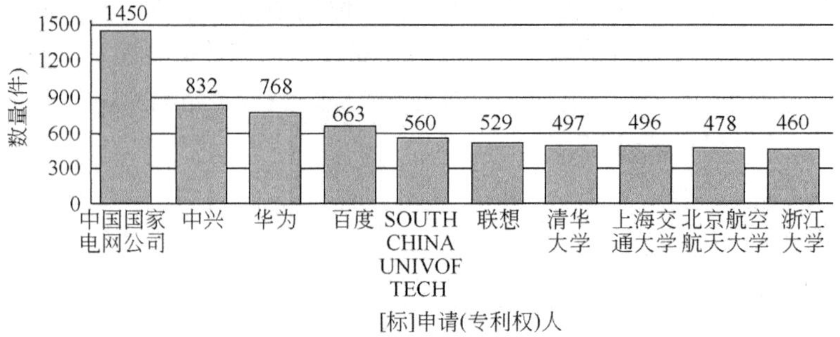


图 19-4-3　国内人机交互行业专利申请人分布分析

# 19.5　竞争态势分析

根据人机交互行业专利的检索结果对专利权人进行了进一步的分析，结果表明人机交互行业全球专利主要集中在中国专利权人手中。该领域综合实力领先的为百度、北京百度网讯科技有限公司、腾讯、华为，可见在人机交互行业的专利布局中，中国企业投入了大量资源，处于技术的垄断地位。

# 19.6　重要专利申请人分析

根据全国主要专利权人竞争态势分析，其中 4 家企业综合实力雄厚，专利质量高并且涉及了较多的专利纠纷，而百度专利拥有量最大。现对这 4 家企业的专利情况进行分析。

## 19.6.1　百度在线网络科技（北京）有限公司

百度在线网络科技（北京）有限公司（以下简称“百度”）是全球最大的中文搜索引擎，2000 年 1 月由李彦宏、徐勇两人创立于北京中关村，致力于向人们提供“简单，可依赖”的信息获取方式。

百度的专利经同族扩展后达到 365 项，图 19-6-1 反映了百度在全球市场上的专利申请分布状况，专利申请的国家和地区为中国、世界知识产权组织、韩国。

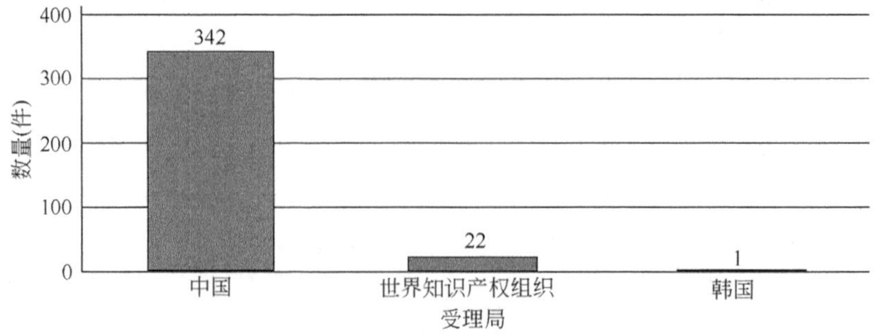


图 19-6-1　百度的相关专利受理国家（地区）分布情况

图 19-6-2 反映了百度在全球主要市场上的历年专利申请分布状况。百度 2012 年专利申请量最高达 85 件，2012 年以后申请量整体下降明显。

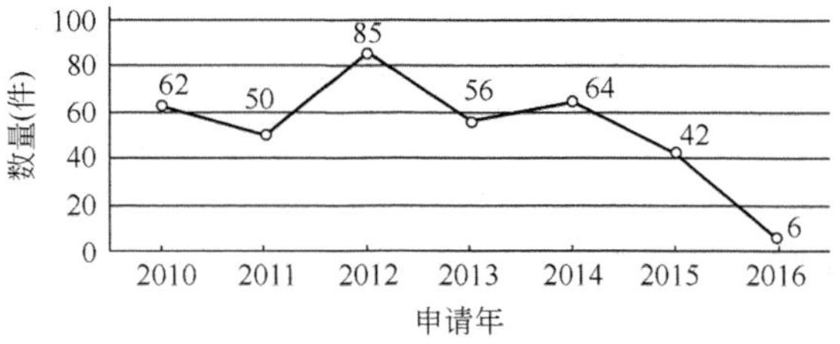


图 19-6-2 百度的专利申请趋势

图 19-6-3 为百度的 IPC 分类排名，显示百度在人机交互行业专利按照国际专利分类号（IPC）进行统计结果最多的物理类 G06F 专利重点研究方向，主要为电数字数据处理。

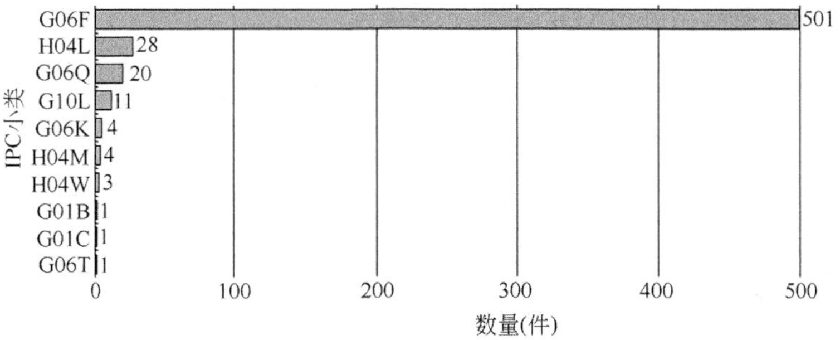


图 19-6-3 百度的物理类 IPC 小类分析图

## 19.6.2 北京百度网讯科技有限公司

北京百度网讯科技有限公司的专利经同族扩展后达到 189 项，图 19-6-4 反映了该公司在全球市场上的专利申请分布状况，专利申请的国家和地区为中国和世界知识产权组织。

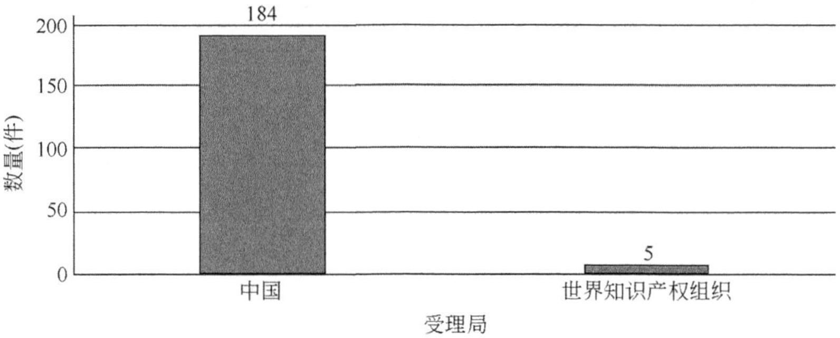


图 19-6-4 北京百度网讯科技有限公司的相关专利受理国家分布情况

图 19-6-5 反映了北京百度网讯科技有限公司在全球主要市场上的历年专利申请分布状况：2012 年专利申请量最高，达 65 件，2012 年以后申请量呈下滑趋势。

图 19-6-6 为北京百度网讯科技有限公司的 IPC 分类排名，北京百度网讯科技有限公司在人机交互行业专利按照国际专利分类号（IPC）进行统计，结果最多的物理类 G06F 专利为重点研究方向，主要为电数字数据处理。

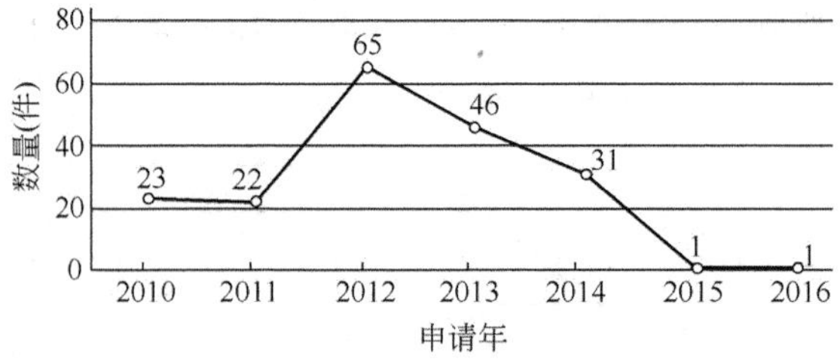


图 19-6-5　北京百度网讯科技有限公司的专利申请趋势

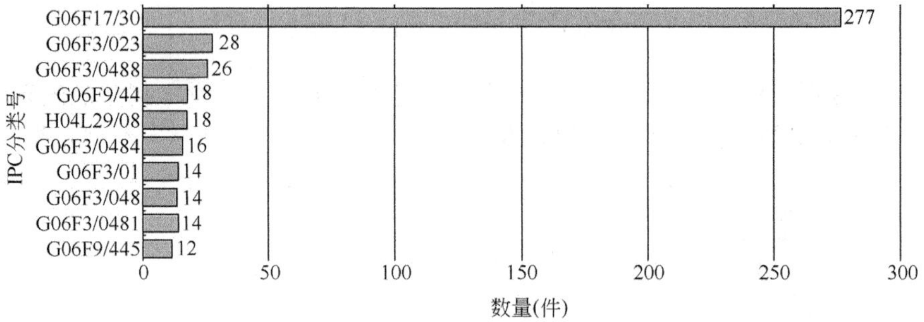


图 19-6-6　北京百度网讯科技有限公司的物理类 IPC 小类分析图

## 19.6.3　腾讯控股有限公司

腾讯控股有限公司（以下简称“腾讯”）是一家民营 IT 企业，成立于 1998 年 11 月，由马化腾、张志东、许晨晔、陈一丹、曾李青创办，总部在中国广东深圳，是中国最大的互联网综合服务提供商之一。腾讯多元化的服务包括：社交和通信服务 QQ 及微信/WeChat、社交网络平台 QQ 空间、腾讯游戏旗下 QQ 游戏平台、门户网站腾讯网、腾讯新闻客户端和网络视频服务腾讯视频等。

腾讯的专利经同族扩展后达到 117 项，图 19-6-7 反映了腾讯在全球市场上的专利申请分布状况，专利申请的国家和地区为中国、世界知识产权组织、中国台湾、美国、越南。

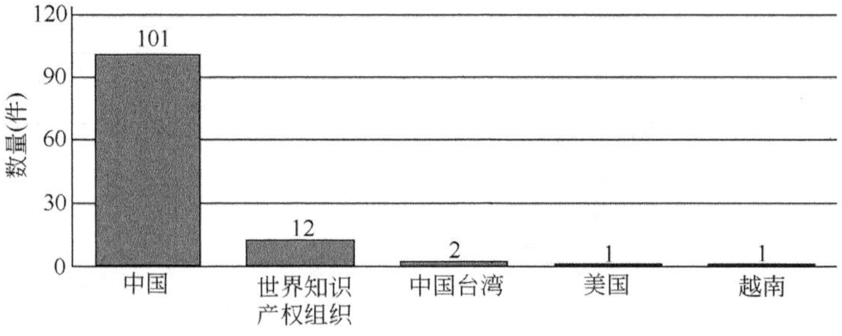


图 19-6-7　腾讯的相关专利受理国家（地区）分布情况

图 19-6-8 反映了腾讯在全球主要市场上的历年专利申请分布状况。腾讯 2013 年专利申请量最高达 30 件，2013 年以后申请量下滑趋势明显。

图 19-6-9 为腾讯的 IPC 分类排名，显示腾讯在人机交互行业专利按照国际专利分类号（IPC）进行统计，结果最多的是电学类 H04L，为专利重点研究方向，主要为数字信息的传输。

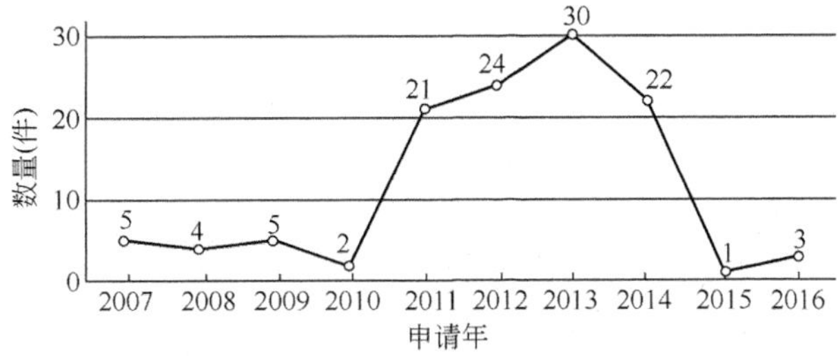


图 19-6-8 腾讯的专利申请趋势

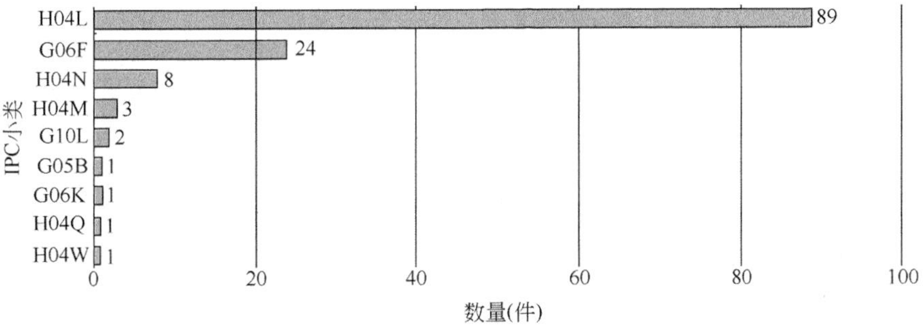


图 19-6-9 腾讯的物理类 IPC 小类分析图

## 19.6.4 华为技术有限公司

华为技术有限公司（以下简称“华为”）是一家生产销售通信设备的民营通信科技公司，其产品主要涉及通信网络中的交换网络、传输网络、无线及有线固定接入网络和数据通信网络及无线终端产品，为世界各地通信运营商及专业网络拥有者提供硬件设备、软件、服务和解决方案。

华为的专利经同族扩展后达到 68 项，图 19-6-10 反映了华为在全球市场上的专利申请分布状况，专利申请的国家和地区为中国、世界知识产权组织。

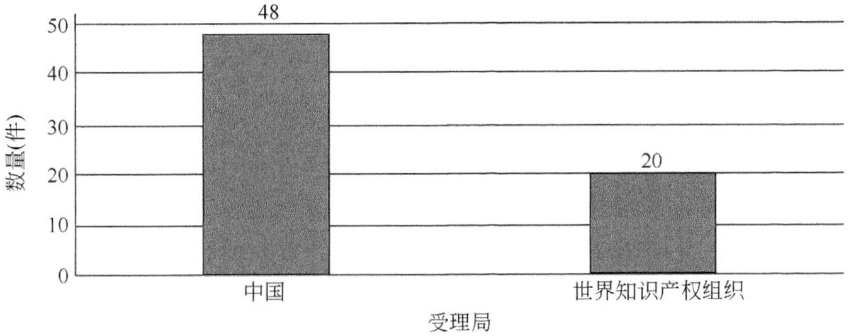


图 19-6-10 华为的相关专利受理国家分布情况

图 19-6-11 反映了华为在全球主要市场上的历年专利申请分布状况：华为的专利申请整体呈倒 V 形趋势，2012 年专利申请量最高达 11 件，2012 年以后申请量下滑趋势明显。

图 19-6-12 为华为公司的 IPC 分类排名，显示华为在人机交互行业专利按照国际专利分类号（IPC）进行统计，结果最多的物理类 H04L 专利为重点研究方向，主要为数字信息的传输。

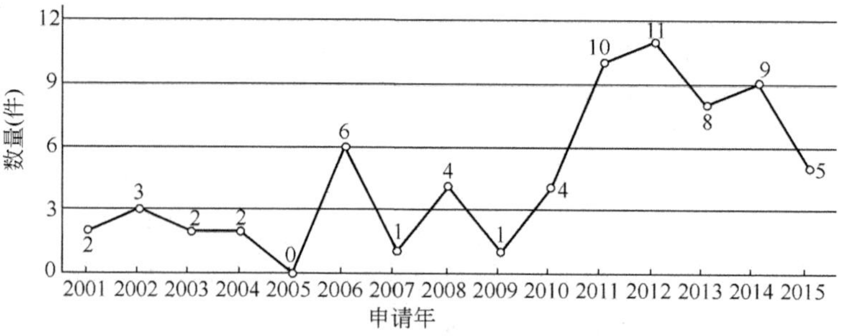


图 19-6-11　华为的专利申请趋势

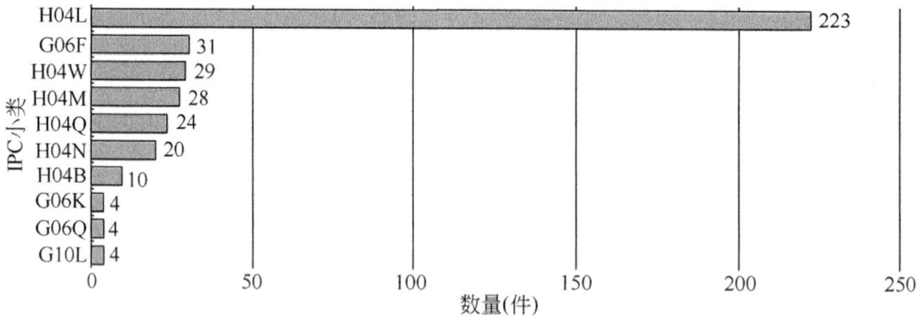


图 19-6-12　华为的 IPC 小类分析图

## 19.7　主要结论

作为安防产业有发展前景的行业之一，中国人机交互行业规模已经连续几年领先世界，但产业大而不强。H04L 作为专利的重要研究方向，专利总体数量却不多。国内相关专利相对于国外相关专利数量少，可以借鉴国外专利技术。国内相关目标市场尚有待开发且潜力巨大。

# 第20章 重点企业（部分）核心专利简介

以下专利摘要信息数据来自智慧芽专利数据分析平台，部分涉及专业词汇，为防止因翻译原因而产生理解偏差，请读者按照专利号检索并下载全文解读。

## 20.1 授权部分

表 20-1-1 百度在线网络技术(北京)有限公司

| 申请号 | 申请日 | 申请人 | 发明名称 | 技术领域 |
|---|---|---|---|---|
| CN201410143777.3 | 2014-04-10 | 百度在线网络技术(北京)有限公司 | 搜索引擎优化信息的获取方法和装置 | 本发明实施例涉及网络数据处理技术，尤其涉及一种搜索引擎优化信息的获取方法和装置 |
| CN201310706161.8 | 2013-12-19 | 百度在线网络技术(北京)有限公司 | 一种用于提供搜索结果的方法与设备 | 本发明涉及互联网技术领域，尤其涉及一种用于提供搜索结果的技术 |
| CN201310430763.5 | 2013-09-18 | 百度在线网络技术(北京)有限公司 | 一种移动设备、显示电子文件页面的方法及装置 | 本发明涉及电子技术领域，尤其涉及一种移动设备、显示电子文件页面的方法及装置 |
| CN201310279434.5 | 2013-07-04 | 百度在线网络技术(北京)有限公司 | 确定目标查询序列所对应的搜索引导信息的方法与设备 | 本发明涉及互联网技术领域，尤其涉及一种用于确定目标查询序列在目标资源集合下所对应的搜索引导信息的技术 |
| CN201310219296.1 | 2013-06-04 | 百度在线网络技术(北京)有限公司 | 一种用于确定资源的优选资源描述信息的方法与设备 | 本发明涉及互联网领域，尤其涉及一种用于确定资源的优选资源描述信息的技术 |
| CN201310177865.0 | 2013-05-14 | 百度在线网络技术(北京)有限公司 | 一种用于处理页面数据的方法与设备 | 本发明涉及互联网技术领域，尤其涉及一种用于处理页面数据的技术 |
| CN201310162881.2 | 2013-05-06 | 百度在线网络技术(北京)有限公司 | 用于确定目标对象所对应的站点信息模板的方法和设备 | 本发明涉及互联网技术领域，尤其涉及一种用于确定目标对象所对应的站点信息模板的技术 |
| CN201310157069.0 | 2013-04-28 | 百度在线网络技术(北京)有限公司 | 一种基于本地词库提供输入候选词条的方法与设备 | 本发明涉及输入法技术领域，尤其涉及一种用于基于本地词库提供输入候选词条的技术 |
| CN201310126422.9 | 2013-04-12 | 百度在线网络技术(北京)有限公司 | 一种用于对搜索结果进行处理的方法和装置 | 本发明涉及计算机技术领域，尤其涉及一种用于对搜索结果进行处理的方法和装置 |
| CN201310105086.X | 2013-03-28 | 百度在线网络技术(北京)有限公司 | 一种用于确定近义序列簇的方法与设备 | 本发明涉及互联网技术领域，尤其涉及一种用于确定近义序列簇的技术 |

续表

| 申请号 | 申请日 | 申请人 | 发明名称 | 技术领域 |
|---|---|---|---|---|
| CN201310104855.4 | 2013-03-28 | 百度在线网络技术(北京)有限公司 | 一种用于确定优选搜索结果的方法与设备 | 本发明涉及互联网技术领域，尤其涉及一种用于确定优选搜索结果的技术 |
| CN201210587441.7 | 2012-12-28 | 百度在线网络技术(北京)有限公司 | 一种用于确定查询请求中查询序列的需求信息的方法与设备 | 本发明涉及搜索技术领域，尤其涉及一种用于确定查询请求中查询序列的需求信息的技术 |
| CN201210429915.5 | 2012-10-31 | 百度在线网络技术(北京)有限公司 | 一种用于在移动终端上提供搜索结果的方法和设备 | 本发明涉及移动互联网技术领域，尤其涉及一种用于在移动终端上提供搜索结果的技术 |
| CN201210429974.2 | 2012-10-31 | 百度在线网络技术(北京)有限公司 | 一种用于在移动终端上提供搜索结果的方法和设备 | 本发明涉及移动互联网领域，尤其涉及一种用于在移动终端上提供搜索结果的技术 |
| CN201210429972.3 | 2012-10-31 | 百度在线网络技术(北京)有限公司 | 一种用于在移动终端上提供搜索结果的方法和设备 | 本发明涉及移动互联网领域，尤其涉及一种用于在移动终端上提供搜索结果的技术 |

**专利名称：搜索引擎优化信息的获取方法和装置**

公开（公告）号：CN103902725B　　公开（公告）日：2016-05-04

申请号：CN201410143777.3　　申请日：2014-04-10

申请（专利权）人：百度在线网络技术（北京）有限公司

国际专利分类号：IPC(8): G06F17/30

其他公开文献：CN103902725A

**摘要**：本发明公开了一种搜索引擎优化 SEO 信息的获取方法和获取装置。所述方法包括：通过搜索引擎的搜索输入栏获取用户网站 SEO 查询指令；根据所述用户网站 SEO 查询指令中的用户网站标识，在 SEO 数据库中进行查询，以获取对应的用户网站的网站 SEO 信息；将所述网站 SEO 信息推送至用户搜索显示页面。本发明通过使用搜索引擎实现 SEO 信息获取的方式，解决了由于使用第三方网站或者本地 APP 获取 SEO 信息时带来的操作不便的技术问题，使得 SEO 信息的获取更加简单、便捷，提高了 SEO 信息获取的有效性。

**专利名称：一种用于提供搜索结果的方法与设备**

公开（公告）号：CN103744876B　　公开（公告）日：2017-02-08

申请号：CN201310706161.8　　申请日：2013-12-19

申请（专利权）人：百度在线网络技术(北京)有限公司

国际专利分类号：IPC(8): G06F17/30

其他公开文献：CN103744876A

**摘要**：本发明的目的是提供一种用于提供搜索结果的方法与设备。具体地，获取与目标查询序列相对应的初始搜索结果；检测是否满足提供初始搜索结果所对应的原创结果信息的触发条件；当满足触发条件时，根据初始搜索结果及原创结果信息，确定与目标查询序列相对应的目标搜索结果；将目标搜索结果提供给目标查询序列所对应的用户。与现有技术相比，本发明通过检测是否满足提供与目标查询序列相对应的初始搜索结果所对应的原创结果信息的触发条件，当满足时，根据初始搜索结果及原创结果信息，确定对应的目标搜索结果，以将其提供给用户，在保证用户获取较高可信任度、准确度的信息的同时，还提高了用户获取信息的效率，提升了用户的搜索浏览体验。

**专利名称：一种移动设备、显示电子文件页面的方法及装置**

公开（公告）号：CN103500090B 公开（公告）日：2016-11-02

申请号：CN201310430763.5 申请日：2013-09-18

申请（专利权）人：百度在线网络技术(北京)有限公司

国际专利分类号：IPC(8): G06F9/44 G06F17/30 G06F3/14

其他公开文献：CN103500090A

**摘要：**本发明公开了一种移动设备、显示电子文件页面的方法及装置，方法包括：接收文件退出指令；将当前接收到文件退出指令时显示器显示的页面内容添加到所述目标文件的封面中，所述目标文件为所述文件退出指令指示退出的文件；按照所述文件退出指令，调取所有电子文件的封面到所述显示器进行显示，其中，所述目标文件的封面包含预览区，所述预览区显示的内容为所述当前接收到文件退出指令时显示器显示的页面内容。更高效的为用户提供了阅读进度信息。

**专利名称：确定目标查询序列所对应的搜索引导信息的方法与设备**

公开（公告）号：CN103399862B 公开（公告）日：2016-12-28

申请号：CN201310279434.5 申请日：2013-07-04

申请（专利权）人：百度在线网络技术(北京)有限公司

国际专利分类号：IPC(8): G06F17/30

其他公开文献：CN103399862A

**摘要：**本发明的目的是提供一种用于确定目标查询序列在目标资源集合下所对应的搜索引导信息的方法与设备，具体地，在关于目标资源集合的多个历史查询序列中，优选确定多个候选引导信息；根据多个候选引导信息，生成与目标资源集合相对应的引导映射关系；获取关于目标资源集合的目标查询序列；以在引导映射关系中进行匹配查询，获得搜索引导信息并提供。其中，与现有技术相比，本发明通过根据关于目标资源集合的目标查询序列，在包括查询序列及其对应的搜索引导信息的引导映射关系中进行匹配查询，获得与目标查询序列相对应的搜索引导信息，实现了为用户提供垂直化的搜索引导，不仅提升了用户需求满意度，也提高了用户获取信息的效率。

**专利名称：一种用于确定资源的优选资源描述信息的方法与设备**

公开（公告）号：CN103336784B 公开（公告）日：2016-04-20

申请号：CN201310219296.1 申请日：2013-06-04

申请（专利权）人：百度在线网络技术(北京)有限公司

国际专利分类号：IPC(8): G06F17/30

其他公开文献：CN103336784A

**摘要：**本发明的目的是提供一种用于确定资源的优选资源描述信息的方法与设备。处理设备通过对初始资源描述信息的资源名称信息进行预处理后，根据所获得的资源规范名称信息，获取与所述资源规范名称信息相匹配的参考资源描述信息，并根据所述初始资源描述信息，结合所述一个或多个参考资源描述信息，确定所述初始资源描述信息所对应资源的优选资源描述信息。与现有技术相比，本发明实现了对初始资源描述信息的资源名称规范化，并能够自动生成完整、全面的资源描述信息，提高了信息处理的效率与信息的完整性，进而改善了用户体验，提高了用户获取信息的效率。

**专利名称：一种用于处理页面数据的方法与设备**

公开（公告）号：CN103294781B　　公开（公告）日：2016-12-28

申请号：CN201310177865.0　　申请日：2013-05-14

申请（专利权）人：百度在线网络技术(北京)有限公司

国际专利分类号：IPC(8): G06F17/30

其他公开文献：CN103294781A

**摘要**：本发明的目的是提供一种用于处理页面数据的方法与设备，具体地，获取待处理的目标页面；根据与所述目标页面的页面类型相对应的多个属性分类模型，确定所述目标页面中的页面节点的节点属性信息；根据所述节点属性信息，对所述页面节点进行相应的数据处理。其中，与现有技术相比，本发明通过根据与待处理的目标页面的页面类型相对应的多个属性分类模型，确定所述目标页面中的页面节点的节点属性信息，进而根据所述节点属性信息，对所述页面节点进行相应的数据处理，实现了根据页面类型对应的多个属性分类模型来提取页面数据，不依赖于页面类型的站点数，提高了提取页面数据的效率。

**专利名称：用于确定目标对象所对应的站点信息模板的方法和设备**

公开（公告）号：CN103279495B　　公开（公告）日：2016-05-25

申请号：CN201310162881.2　　申请日：2013-05-06

申请（专利权）人：百度在线网络技术(北京)有限公司

国际专利分类号：IPC(8): G06F17/30 G06F17/27

其他公开文献：CN103279495A

**摘要**：本发明的目的是提供一种用于确定目标对象所对应的站点信息模板的方法和设备。其中，处理设备根据目标对象在参考站点所对应的参考站点模板，在所述参考站点中获取对应的参考文本；根据所述参考文本进行匹配查询，以确定与所述参考文本相匹配的一个或多个站点训练文本；根据所述一个或多个站点训练文本中至少一个站点训练文本，以及所述至少一个站点训练文本所对应的目标站点的站点相关信息，确定所述目标对象在所述目标站点中所对应的站点信息模板。与现有技术相比，本发明通过根据目标对象进行站点信息模板的确定，提高了信息获取的准确性，并且扩大了信息获取的范围，提高了信息的获取效率。

**专利名称：一种基于本地词库提供输入候选词条的方法与设备**

公开（公告）号：CN103984688B　　公开（公告）日：2015-11-25

申请号：CN201310157069.0　　申请日：2013-04-28

申请（专利权）人：百度在线网络技术(北京)有限公司

国际专利分类号：IPC(8): G06F17/30

其他公开文献：CN103984688A

**摘要**：本发明的目的是提供一种用于基于本地词库提供输入候选词条的方法与设备；获取用户输入的输入字符串；根据该输入字符串，在本地词库中进行匹配查询，获取对应的候选词条，其中，该本地词库根据用户历史分段上屏的输入词条记录建立或更新；根据该候选词条中所包括的末节子词条，在该本地词库中匹配查询得到对应的下文词条；将该候选词条与该下文词条进行合并处理，得到输入候选词条并提供给该用户。与现有技术相比，本发明准确、有效地扩大了提供的输入候选词条的范围，使得提供的输入候选词条更符合用户的输入需求，提升了用户的输入体验。

**专利名称：一种用于对搜索结果进行处理的方法和装置**

公开（公告）号：CN103258005B　　公开（公告）日：2017-02-08

申请号：CN201310126422.9　　申请日：2013-04-12

申请（专利权）人：百度在线网络技术(北京)有限公司

国际专利分类号：IPC(8): G06F17/30

其他公开文献：CN103258005A

**摘要：** 本发明的目的在于提供一种用于对搜索结果进行处理的方法和装置。根据本发明的方法包括：获取搜索结果中的一个或多个结果地址；对所获得的各个结果地址，模拟移动设备对所述各个结果地址信息发起访问请求，以获取与所述各个结果地址分别对应的、并基于该移动设备进行适配转换后的网页相关信息。本发明的优点在于，能够去除搜索结果中存在的大量重复的搜索内容，从而在不影响搜索结果的全面性的情况下，精简搜索结果，并且，能够减少用户设备的网络流量负担。

**专利名称：一种用于确定近义序列簇的方法与设备**

公开（公告）号：CN103246697B　　公开（公告）日：2016-12-28

申请号：CN201310105086.X　　申请日：2013-03-28

申请（专利权）人：百度在线网络技术(北京)有限公司

国际专利分类号：IPC(8): G06F17/30

其他公开文献：CN103246697A

**摘要：** 本发明的目的是提供一种用于确定近义序列簇的方法与设备。具体地，获取多个近义序列对；确定所述多个近义序列对所对应的初始近义序列簇；根据所述初始近义序列簇中序列的特征向量，对所述初始近义序列簇中的序列进行聚类处理，以获得一个或多个近义序列簇。其中，与现有技术相比，本发明通过确定多个近义序列对所对应的初始近义序列簇，以根据所述初始近义序列簇中序列的特征向量，对所述初始近义序列簇中的序列进行聚类处理，获得一个或多个近义序列簇，从而使得更加准确地确定近义序列簇，不仅提高了用户获取信息的效率，也提升了用户的搜索体验。

表 20-1-2　腾讯科技(深圳)有限公司

| 申请号 | 申请日 | 申请人 | 发明名称 | 技术领域 |
|---|---|---|---|---|
| CN201310172861.3 | 2013-05-10 | 腾讯科技(深圳)有限公司 | 一种跨设备的图形文件处理方法及装置 | 本发明涉及计算机图形文件处理技术，尤其涉及一种跨设备的图形文件处理方法及装置 |
| CN201210547780.2 | 2012-12-17 | 腾讯科技(深圳)有限公司 | 一种播放浏览器中多媒体的方法和装置 | 本发明实施方式涉及信息处理技术领域，更具体地，涉及一种播放浏览器中多媒体的方法和装置 |
| CN201210188741.8 | 2012-06-08 | 腾讯科技(深圳)有限公司 | 一种基于网页内容的手写输入控制方法、系统及浏览器 | 本发明属于计算机技术领域，尤其涉及一种基于网页内容的手写输入控制方法、系统及浏览器 |
| CN201210118186.1 | 2012-04-20 | 腾讯科技(深圳)有限公司 | 电子地图路况信息的展示方法和系统 | 本发明涉及电子地图的信息搜索和展现技术领域，尤其涉及一种电子地图路况信息的展示方法和系统 |
| CN201210113755.3 | 2012-04-18 | 腾讯科技(深圳)有限公司 | 一种地图搜索结果的展现方法和装置 | 本发明涉及电子地图的信息搜索技术领域，尤其涉及一种地图搜索结果的展现方法和装置 |

续表

| 申请号 | 申请日 | 申请人 | 发明名称 | 技术领域 |
|---|---|---|---|---|
| CN201110422780.5 | 2011-12-16 | 腾讯科技(深圳)有限公司 | 在社交网络系统中对用户生成内容的处理方法和装置 | 本发明涉及互联网信息处理技术，尤其涉及一种在社交网络系统中对用户生成内容(UGC，User Generated Content)的处理方法和装置 |
| CN201110419966.5 | 2011-12-15 | 腾讯科技(深圳)有限公司 | 一种搜索结果的展现方法与装置 | 本发明涉及互联网信息处理技术，尤其涉及一种互联网搜索结果的信息聚合展现方法与装置 |
| CN201110306730.0 | 2011-10-11 | 腾讯科技(深圳)有限公司 | 一种相关文章的推荐处理方法和处理系统 | 本发明涉及互联网信息处理技术，尤其涉及一种互联网搜索结果的信息聚合展现方法与装置 |
| CN201110239162.7 | 2011-08-19 | 腾讯科技(深圳)有限公司 | 一种人物搜索方法及装置 | 本发明涉及互联网信息搜索技术，尤其涉及一种人物搜索方法及装置 |
| CN201110103978.7 | 2011-04-25 | 腾讯科技(深圳)有限公司 | 网页应用上实现多工作区多桌面的布局方法及系统 | 本发明涉及桌面布局技术，尤其涉及一种在网页应用上实现多工作区多桌面的布局方法及系统 |
| CN200910137682.X | 2009-05-07 | 腾讯科技(深圳)有限公司 | 一种实现英文提示的输入方法和装置 | 本发明涉及计算机领域，特别涉及一种实现英文提示的输入方法和装置 |
| CN200910105450.6 | 2009-02-17 | 腾讯科技(深圳)有限公司 | 一种即时通讯工具中的会话保留方法和系统 | 本发明属于即时通讯领域，尤其涉及一种即时通讯工具及其会话保留方法和系统 |
| CN200810096947.1 | 2008-05-12 | 腾讯科技(深圳)有限公司 | 一种用户信息挖掘方法和一种用户信息挖掘系统 | 本发明涉及知识挖掘领域，特别是涉及一种信息挖掘的方法及系统 |
| CN200710177153.3 | 2007-11-09 | 腾讯科技(深圳)有限公司 | 一种实现场景化文字输入的方法 | 本发明涉及计算机输入法的调整技术，特别涉及一种能够根据输入场景对输入策略进行动态调整的技术 |
| CN200710177036.7 | 2007-11-08 | 腾讯科技(深圳)有限公司 | 显示面板的管理系统和管理方法 | 本发明涉及计算机界面显示技术，尤其涉及一种对计算机通信工具的显示面板进行管理的系统和方法 |

**专利名称：一种跨设备的图形文件处理方法及装置**

公开（公告）号：CN104090877B　　公开（公告）日：2017-02-08

申请号：CN201310172861.3　　申请日：2013-05-10

申请（专利权）人：腾讯科技(深圳)有限公司

国际专利分类号：IPC(8): G06F17/30 G06F3/0484

其他公开文献：CN104090877A

**摘要**：本发明实施例公开了一种跨设备的图形文件处理方法及装置，其中，所述方法包括：根据在预置的用于控制图形文件的人机交互界面上的搜索操作，搜索本地局域网中的图形文件远程连接的 IP 接口；通过所述图形文件远程连接的 IP 接口提取图形文件；在检测到对所述人机交互界面上提供的控制程序接口的点击操作时，对提取到的图形文件进行相应的处理。采用本发明，能够简单快速地在局域网内跨设备提取图形处理文件中的图形文件。

**专利名称：一种播放浏览器中多媒体的方法和装置**

公开（公告）号：CN102968509B　　公开（公告）日：2016-03-09

申请号：CN201210547780.2　　申请日：2012-12-17

申请（专利权）人：腾讯科技(深圳)有限公司
国际专利分类号：IPC(8): G06F17/30
其他公开文献：CN102968509A

**摘要**：本发明实施方式提出了一种播放浏览器中多媒体的方法和装置。方法包括：在位于浏览器可视区域内的多媒体播放容器中播放多媒体文件；移动浏览器的可视区域，并监控该多媒体播放容器相对于浏览器可视区域的位置；当根据多媒体播放容器相对于浏览器可视区域的位置判定该多媒体播放容器移出浏览器可视区域时，设置多媒体播放容器的位置属性以将多媒体播放容器移动到浏览器可视区域中。本发明实施方式实现了当多媒体播放区域移出当前可视区域时，依然可以让用户正常浏览多媒体，而且还降低了操作复杂度。

**专利名称：一种基于网页内容的手写输入控制方法、系统及浏览器**
公开（公告）号：CN103473242B　　公开（公告）日：2016-03-02
申请号：CN201210188741.8　　申请日：2012-06-08
申请（专利权）人：腾讯科技(深圳)有限公司
国际专利分类号：IPC(8): G06F17/30 G06F3/0488
其他公开文献：CN103473242A

**摘要**：本发明适用于计算机技术领域，提供了一种基于网页内容的手写输入控制方法、系统及浏览器，该方法包括：接收输入的手写输入事件，获取手写输入事件对应的命令索引值，根据预先建立的命令索引值与网页 HTML 元素的关联关系，在被访问网页对应的 HTML 标签中查找所述命令索引值对应的元素，获取查找到的元素中所述手写输入事件对应的属性，根据所述属性的属性值执行所述属性值对应的事件处理程序。在本发明中通过预先建立的命令索引值与网页 HTML 元素的关联关系，根据网页 HTML 元素中手写输入事件对应的属性，执行对应的事件处理程序，克服了现有技术无法通过手写输入进行网页内容控制命令输入的问题，进一步提高了手写输入的可用性。

**专利名称：电子地图路况信息的展示方法和系统**
公开（公告）号：CN103377559B　　公开（公告）日：2016-03-16
申请号：CN201210118186.1　　申请日：2012-04-20
申请（专利权）人：腾讯科技(深圳)有限公司
国际专利分类号：IPC(8): G08G1/0967 G06F17/30
其他公开文献：CN103377559A

**摘要**：本发明公开了一种电子地图路况信息的展示方法和系统。该方法和系统预先设置道路路段索引，以及各路段的地理信息索引和路况索引，在接收到检索词和路况查询指令后，进行查询。包括：根据所述道路路段索引，查询与所述检索词匹配的道路，并查询匹配道路所包含的路段；根据路段的地理信息索引，查询所述匹配道路所包含路段的地理信息；根据路段的路况索引，查询所述匹配道路所包含路段的路况信息；根据所述匹配道路所包含路段的地理信息和路况信息，在电子地图上对应路段的位置上展示路况标记。利用本发明，可以直接展现用户关注的指定道路的路况，以节省机器侧的计算资源，降低网络通信的延时。

**专利名称：一种地图搜索结果的展现方法和装置**
公开（公告）号：CN103377204B　　公开（公告）日：2016-02-24
申请号：CN201210113755.3　　申请日：2012-04-18

申请（专利权）人：腾讯科技(深圳)有限公司
国际专利分类号：IPC(8): G06F17/30
其他公开文献：CN103377204A

**摘要：**本发明公开了一种地图搜索结果的展现方法和装置。包括：折叠选定模块根据搜索结果与搜索词的相关性，选定折叠搜索结果；聚合选择模块选择与所述折叠搜索结果地址字段匹配的搜索结果；展现模块在结果页面的第一层节点展示所述折叠搜索结果，在隶属折叠搜索结果的第二层节点上聚合展示与该折叠搜索结果地址字段匹配的搜索结果。利用本发明，可以降低查找目标地点所耗费的人工成本和机器资源成本。

**专利名称：在社交网络系统中对用户生成内容的处理方法和装置**
公开（公告）号：CN103164472B　　公开（公告）日：2016-03-09
申请号：CN201110422780.5　　申请日：2011-12-16
申请（专利权）人：腾讯科技(深圳)有限公司
国际专利分类号：IPC(8): G06F17/30
其他公开文献：CN103164472A

**摘要：**本发明公开了一种在社交网络系统中对用户生成内容（UGC）的处理方法和装置。所述方法包括：接收社交网络系统中登录用户的日历建立请求，建立日历项；查找社交网络系统中与所述日历项的内容匹配的 UGC，显示查找到的 UGC；检测所述登录用户对所显示的 UGC 的选择指令，将用户所选的 UGC 与所述日历项关联；在社交网络系统中显示日历项的同时显示该日历项关联的 UGC 的信息。所述装置对应包括：日历创建模块、UGC 查找模块、关联模块、以及日历显示模块。利用本发明，可以降低用户查看相关的多个 UGC 时的人机交互次数，节约互联网机器侧的资源。

**专利名称：一种搜索结果的展现方法与装置**
公开（公告）号：CN103164449B　　公开（公告）日：2016-04-13
申请号：CN201110419966.5　　申请日：2011-12-15
申请（专利权）人：腾讯科技(深圳)有限公司
国际专利分类号：IPC(8): G06F17/30
其他公开文献：CN103164449A

**摘要：**本发明公开了一种搜索结果的展现方法和装置。方法包括：A，接收搜索请求，根据其中的检索词确定所要聚合的至少两种数据源的种类；B，从步骤 A 所确定的各类数据源中检索与所述检索词匹配的搜索结果；C，将步骤 B 检索出的各类数据源中的搜索结果进行聚合展现。所述系统包括：搜索请求接收模块；分类模块，用于根据所述接收到的搜索请求中的检索词确定所要聚合的数据源的种类；检索模块，用于从所述分类模块所确定的各类数据源中检索与所述检索词匹配的搜索结果；聚合展现模块，用于将所述检索模块检索出的各类数据源中的搜索结果进行聚合展现。利用本发明，在搜索结果展现页面中可以为用户提供多种类的、更加丰富的聚合信息。

**专利名称：一种相关文章的推荐处理方法和处理系统**
公开（公告）号：CN103049440B　　公开（公告）日：2016-04-13
申请号：CN201110306730.0　　申请日：2011-10-11
申请（专利权）人：腾讯科技(深圳)有限公司

国际专利分类号：IPC(8): G06F17/30

其他公开文献：CN103049440A

**摘要**：本发明公开了一种相关文章的推荐处理方法和系统。所述方法包括：A，根据给定文章的内容特征检索出候选相关文章；B，根据给定用户特征和每篇候选相关文章的用户特征，确定每篇候选相关文章的用户相关性；C，针对所述给定文章，优先推荐所述相关性高的候选相关文章。所述系统包括：特征检索模块，用于根据给定文章的内容特征检索出候选相关文章；相关性确定模块，用于根据所述每篇候选相关文章的内容特征和用户特征，确定所述每篇候选相关文章的相关性；推荐控制模块，用于针对所述给定文章，优先推荐所述相关性高的候选相关文章。利用本发明，可以提高相关文章推荐结果的准确度，减少用户为寻找目标文章而导致的人机交互次数，降低对机器侧资源的占用。

**专利名称：一种人物搜索方法及装置**

公开（公告）号：CN102955781B　　　　公开（公告）日：2016-04-20

申请号：CN201110239162.7　　　　申请日：2011-08-19

申请（专利权）人：腾讯科技(深圳)有限公司

国际专利分类号：IPC(8): G06F17/30

其他公开文献：CN102955781A

**摘要**：本发明公开了一种人物搜索方法及装置，方法包括：接收针对人物的搜索请求，其中包括搜索关键字；获取当前用户的人际关系链数据；从当前用户的人际关系链数据对应的人物信息中，查找与所述搜索关键字匹配的人物；将所匹配的人物作为搜索结果。所述装置包括：搜索请求模块，用于接收针对人物的搜索请求，其中包括搜索关键字；数据获取模块，用于获取当前用户的人际关系链数据；匹配模块，用于从当前用户的人际关系链数据对应的人物信息中，查找与所述搜索关键字匹配的人物；结果模块，用于将所匹配的人物作为搜索结果。利用本发明，可以提高搜索结果与用户的人际相关性，降低对网络资源的占用。

**专利名称：网页应用上实现多工作区多桌面的布局方法及系统**

公开（公告）号：CN102760123B　　　　公开（公告）日：2015-12-16

申请号：CN201110103978.7　　　　申请日：2011-04-25

申请（专利权）人：腾讯科技(深圳)有限公司

国际专利分类号：IPC(8): G06F17/30

其他公开文献：CN102760123A

**摘要**：本发明公开了一种网页应用上实现多工作区多桌面的布局方法，该方法包括：获取配置数据，通过配置数据创建并布局多工作区多桌面的 WebApp 快捷方式对象和 WebApp 窗口对象，通过 WebApp 快捷方式对象触发运行 WebApp 窗口对象。本发明还公开了一种网页应用上实现多工作区多桌面的布局系统，系统中的布局单元用于在获取配置数据的情况下，通过配置数据创建并布局多工作区多桌面的 WebApp 快捷方式对象和 WebApp 窗口对象，通过 WebApp 快捷方式对象触发运行 WebApp 窗口对象。采用本发明的方法及系统，在为用户使用带来方便的同时，提高用户登录 Web 客户端运行网页应用中的 WebApp 的效率和降低系统资源占用。

表 20-1-3　华为技术有限公司

| 申请号 | 申请日 | 申请人 | 发明名称 | 技术领域 |
|---|---|---|---|---|
| CN201380000902.9 | 2013-03-28 | 华为技术有限公司 | 一种访问控制权限管理方法和装置 | 本发明涉及计算机领域，特别涉及一种访问控制权限管理方法和装置 |
| CN201210210349.9 | 2012-06-25 | 华为技术有限公司 | 一种挖掘社交网络中话题核心圈的方法及系统 | 本发明属于社交网络技术领域，尤其涉及一种挖掘社交网络中话题核心圈的方法及系统 |
| CN201210151853.6 | 2012-05-16 | 华为技术有限公司 | 数据处理方法、节点和提取、转换和加载 ETL 系统 | 本发明涉及信息技术，尤其涉及一种数据处理方法、节点和提取、转换和加载 ETL 系统 |
| CN201180001057.8 | 2011-06-29 | 华为技术有限公司 | 一种业务交叉时的项目推荐方法及系统 | 本发明涉及通信及互联网技术领域，尤其涉及一种数字媒体或电子商务业务交叉时的项目推荐方法及系统 |
| CN201010620307.3 | 2010-12-23 | 华为技术有限公司 | 配置事务的处理方法和装置 | 本发明涉及通信技术领域，尤其涉及一种配置事务的处理方法和装置 |
| CN200810067607.6 | 2008-05-26 | 华为技术有限公司 | 信息交互的方法、装置和系统 | 本发明通信领域，尤其是一种信息交互的方法、装置和信息交互系统 |
| CN200610167277.9 | 2006-12-15 | 华为技术有限公司 | 一种访问用户数据的方法及用户档案管理服务器 | 本发明涉及通信及网络领域，特别是涉及一种访问用户数据的方法及用户档案管理服务器 |
| CN200610103520.0 | 2006-07-19 | 华为技术有限公司 | 安全事件关联分析方法和系统 | 本发明涉及网络安全技术领域，具体涉及一种安全事件关联分析方法和系统 |
| CN200410033123.1 | 2004-04-05 | 华为技术有限公司 | 人机语言生成系统及其方法 | 本发明涉及电信设备的操作和维护技术，特别涉及使用人机语言对电信设备进行操作维护的技术 |
| CN03137424.7 | 2003-06-20 | 华为技术有限公司 | 基于人机语言对用户进行在线帮助的方法 | 本发明涉及数据通信设备中所使用的在线帮助系统，特别涉及在通信设备中基于 MML(人机语言)为用户提供在线帮助的方法 |

**专利名称：一种访问控制权限管理方法和装置**

公开（公告）号：CN103620616B　　　公开（公告）日：2016-03-09

申请号：CN201380000902.9　　　申请日：2013-03-28

申请（专利权）人：华为技术有限公司

国际专利分类号：IPC(8): G06F21/62 G06F17/30 H04L29/08

其他公开文献：CN103620616A

**摘要**：本发明的实施例公开一种访问控制权限管理方法和装置。涉及计算机领域，便于对大量的访问控制权限信息的管理，提升系统运行效率。一种对访问控制权限进行管理的方法：当接收到用户对目标文件的控制指令时，获取索引表中的索引表项；在获取的索引表项中获取目标权限表项索引号；根据目标权限表项索引号从所述权限表中获取记录有所述目标文件的访问控制权限的权限表项，从获取的权限表项中选择记录所述用户标识的目标权限表项；判断所述控制指令是否符合所述目标权限表项中记录的访问控制权限，当符合时，执行所述控制指令。本发明主要应用于计算机权限管理中。

**专利名称：一种挖掘社交网络中话题核心圈的方法及系统**

公开（公告）号：CN102799625B　　　公开（公告）日：2014-12-24

申请号：CN201210210349.9　　　　　申请日：2012-06-25
申请（专利权）人：华为技术有限公司
国际专利分类号：IPC(8): G06F17/30
其他公开文献：CN102799625A

**摘要**：本发明实施例适用于社交网络领域，提供了一种挖掘社交网络中话题核心圈的方法及系统，所述方法包括：构建社交网络图，所述社交网络图中包含多个相互连接的节点；从所述社交网络图中选择一个节点作为核心圈的第一节点，将与所述第一节点连接最多的第二节点划入所述核心圈，将核心圈外与所述核心圈内节点连接最多的第三节点划入所述核心圈，依此执行，直到核心圈外的第 $N$ 节点划入所述核心圈，所述 $N$ 为预先设定的所述核心圈包含的节点数；对所述包含 $N$ 个节点的核心圈进行话题聚类，获取所述包含 $N$ 个节点的核心圈内每个节点的关注话题。通过本发明实施例可有效挖掘出社交网络中话题相似、联系紧密的核心圈。

**专利名称：数据处理方法、节点和提取、转换和加载 ETL 系统**
公开（公告）号：CN102693297B　　　　　公开（公告）日：2015-03-11
申请号：CN201210151853.6　　　　　申请日：2012-05-16
申请（专利权）人：华为技术有限公司
国际专利分类号：IPC(8): G06F17/30
其他公开文献：CN102693297A

**摘要**：本发明实施例提供一种数据处理方法、节点和提取、转换和加载 ETL 系统。包括：前置节点从源数据源中获取待处理数据对应的多个文件的文件名和存储路径；所述前置节点将所述多个文件的文件名和存储路径均衡地分发给网络中的多个提取、转换和加载 ETL 处理节点中的各 ETL 处理节点，以使所述各 ETL 处理节点根据收到的所述存储路径从所述源数据源中获取与收到的所述文件名对应的文件中的待处理数据。本发明实施例，提高 ETL 系统的处理海量数据的能力。

**专利名称：一种业务交叉时的项目推荐方法及系统**
公开（公告）号：CN102959539B　　　　　公开（公告）日：2015-09-23
申请号：CN201180001057.8　　　　　申请日：2011-06-29
申请（专利权）人：华为技术有限公司
国际专利分类号：IPC(8): G06F17/30
其他公开文献：CN102959539A

**摘要**：本发明实施例公开了数字媒体或电子商务业务交叉时的项目推荐方法及系统，所述方法包括：通过计算机网络接口获取目标用户正在使用的数字媒体或电子商务业务标识和目标用户标识，并根据所述业务标识从存储器中获取预先存储的业务源数据；为所述目标用户生成候选推荐项目集合；获取所述候选推荐项目集合中每一个候选推荐项目的预测评分；根据所述候选推荐项目的预测评分从所述候选推荐项目中抽取符合条件的候选推荐项目生成所述目标用户的最终推荐项目列表；将所述最终项目推荐列表发送至所述目标用户的客户端进行展示。采用本发明实施例的方法或系统，能够减少项目推荐时的处理时间，从而提升项目推荐的效率。

**专利名称：配置事务的处理方法和装置**

公开（公告）号：CN102111293B　　　　公开（公告）日：2013-10-02

申请号：CN201010620307.3　　　　申请日：2010-12-23

申请（专利权）人：华为技术有限公司

国际专利分类号：IPC(8): H04L12/24 H04L12/70 G06F17/30 H04L12/801

其他公开文献：CN102111293A

**摘要**：本发明实施例提供了一种配置事务的处理方法和装置。该方法主要包括：在用户启动了配置事务后，给所述配置事务分配一个候选数据库；将配置数据表中的所述配置事务需要操作的记录的候选数据库标识字段的值设置为所述候选数据库的标识，在所述候选数据库中记录所述配置事务需要操作的记录的标识信息；在提交所述本次配置事务后，将配置数据表中的所述配置事务需要操作的记录的候选数据库标识字段的值设置为指定值，使所述配置事务需要操作的记录生效。利用本发明实施例，实现了多个用户的各个配置事务之间互相隔离，各配置事务都不会对配置数据库中的记录产生锁定，不会产生配置事务之间的阻塞现象。

**专利名称：信息交互的方法、装置和系统**

公开（公告）号：CN101594407B　　　　公开（公告）日：2012-08-15

申请号：CN200810067607.6　　　　申请日：2008-05-26

申请（专利权）人：华为技术有限公司

国际专利分类号：IPC(8): H04M1/253 H04N7/14 G06F17/30

其他公开文献：CN101594407A

**摘要**：本发明实施例涉及通信领域，提供了一种信息交互的方法、装置和信息交互系统。通过接收终端发送的按键信息；根据输入法信息确定所述按键信息对应的文字结果；将所述文字结果转化成图像数据；向所述终端发送所述图像数据。能够在不需要升级现有普通音视频电话终端设备的基础上，使用户利用通用音视频终端设备便可完成的复杂文字交互，发送复杂文字给服务器，获取更多的信息和服务。

**专利名称：一种访问用户数据的方法及用户档案管理服务器**

公开（公告）号：CN100542140C　　　　公开（公告）日：2009-09-16

申请号：CN200610167277.9　　　　申请日：2006-12-15

申请（专利权）人：华为技术有限公司

国际专利分类号：IPC(8): H04L12/56 H04L29/06 G06F17/30

其他公开文献：CN1996955A

**摘要**：本发明公开了一种访问用户数据的方法及用户档案管理服务器，用以解决现有技术无法兼顾用户档案之间的关联访问的问题。本发明方法包括：用户档案管理服务器 PMS 收到请求方发来的关联数据访问请求消息，则在判定允许该请求方对源访问用户进行关联访问后，根据存储的源访问用户的关联访问控制列表和该关联数据访问请求消息中携带的过滤参数，确定目标关联用户集合，并将该关联访问请求消息转换为对各目标关联用户的数据访问请求，所述关联访问控制列表中记录了通过该关联访问控制列表对应的用户可以关联访问的关联用户标识和每个关联用户的授权信息；以及 PMS 对指向各目标关联用户的数据访问请求分别进行鉴权，并根据鉴权结果，提供相关数据。

**专利名称：安全事件关联分析方法和系统**

公开（公告）号：CN100518089C　　公开（公告）日：2009-07-22

申请号：CN200610103520.0　　申请日：2006-07-19

申请（专利权）人：华为技术有限公司

国际专利分类号：IPC(8): H04L12/24 H04L29/06 H04L12/26 G06F17/30

其他公开文献：CN1878093A

**摘要**：本发明公开了一种安全事件关联分析方法和系统，其核心思想是，采用规则关联和统计关联并行机制，通过仲裁获得唯一的安全事件，以实现两种关联方式的优势互补，弥补各自的缺陷。本发明进一步提出，将对统计关联进行数据挖掘获得的规则应用于规则关联，从更深层次上进行两种关联方式的融合，既避免了统计关联的模糊性，又赋予了规则关联对未知攻击的检测能力，提高整个检测体系的自学习能力。本发明还提供了优选的统计关联方法和数据挖掘方法，来提高相应处理过程的效率和准确度。

**专利名称：人机语言生成系统及其方法**

公开（公告）号：CN100474297C　　公开（公告）日：2009-04-01

申请号：CN200410033123.1　　申请日：2004-04-05

申请（专利权）人：华为技术有限公司

国际专利分类号：IPC(8): G06F17/30 G06F3/00

**摘要**：本发明涉及电信设备的操作和维护技术，公开了一种人机语言生成系统及其方法，使得操作人员可以快速实现人机语言命令操作，命令记忆负担小。这种人机语言生成系统及其方法对所有业务按照面向对象的方式进行整理，根据用户选择的业务对象和动作，以及这个业务对象的已知属性，在产品描述数据库中查询信息自动生成人机语言；对于含有未知参数的，提示用户补充输入。

**专利名称：基于人机语言对用户进行在线帮助的方法**

公开（公告）号：CN100356352C　　公开（公告）日：2007-12-19

申请号：CN03137424.7　　申请日：2003-06-20

申请（专利权）人：华为技术有限公司

国际专利分类号：IPC(8): G06F13/00 G06F17/30

其他公开文献：CN1567264A

**摘要**：本发明提供了一种基于人机语言对用户进行在线帮助的方法。该方法包括如下步骤：接收用户对输入命令的查询请求；确定该查询请求所对应的查询方式；根据所确定的查询方式，搜索与该查询方式对应的存储区域，所述存储区域包括命令字存储区域和命令参数存储区域；输出与该查询方式相应的帮助信息。根据本发明，可以大大提高通信设备和系统的操作效率，从而提高其易用性和可维护性。

## 20.2 实审部分

以下专利摘要信息数据截至 2017 年 2 月 1 日，该部分专利法律状态为审查中。

表 20-2-1　百度在线网络技术(北京)有限公司

| 申请号 | 申请日 | 申请人 | 发明名称 | 技术领域 |
|---|---|---|---|---|
| CN201610648845.0 | 2016-08-09 | 百度在线网络技术(北京)有限公司 | 一种用于提供呈现信息的方法与设备 | 本发明涉及互联网技术领域，尤其涉及一种用于提供呈现信息的技术 |
| CN201610648294.8 | 2016-08-09 | 百度在线网络技术(北京)有限公司 | 确定目标呈现信息的资源配置概率分布的方法与设备 | 本发明涉及互联网技术领域，尤其涉及一种用于确定目标呈现信息的资源配置概率分布的技术 |
| CN201610649746.4 | 2016-08-09 | 百度在线网络技术(北京)有限公司 | 用于调整推广信息的出价的方法和装置 | 本发明涉及计算机技术领域，尤其涉及一种用于调整推广信息的出价的方法和装置 |
| CN201610641407.1 | 2016-08-05 | 百度在线网络技术(北京)有限公司 | 用于对无线热点和POI 进行匹配的方法和装置 | 本发明涉及计算机技术领域，尤其涉及一种用于对无线热点和 POI 进行匹配的方法和装置 |
| CN201610616201.3 | 2016-07-29 | 百度在线网络技术(北京)有限公司 | 一种在输入法中进行信息推荐的方法与装置 | 本发明涉及输入法技术领域，尤其涉及一种用于在输入法中进行信息推荐的技术 |
| CN201510958976.4 | 2015-12-18 | 百度在线网络技术(北京)有限公司 | 金融事件预测方法和装置 | 本发明实施例涉及数据处理技术，尤其涉及一种金融事件预测方法和装置 |
| CN201510908950.9 | 2015-12-10 | 百度在线网络技术(北京)有限公司 | 推送语音搜索数据的方法和装置 | 本申请涉及计算机技术领域，具体涉及互联网技术领域，尤其涉及推送语音搜索数据的方法和装置 |
| CN201510745566.1 | 2015-11-05 | 百度在线网络技术(北京)有限公司 | 搜索推荐方法及装置 | 本发明涉及互联网技术领域，尤其涉及一种搜索推荐方法及装置 |
| CN201510745578.4 | 2015-11-05 | 百度在线网络技术(北京)有限公司 | 基于人工智能机器人的信息提供方法和装置 | 本发明涉及人工智能技术领域，尤其涉及一种基于人工智能机器人的信息提供方法和装置 |
| CN201510749508.6 | 2015-11-03 | 百度在线网络技术(北京)有限公司 | 一种用于展现交互界面的方法和装置 | 本发明涉及计算机技术领域，尤其涉及一种用于展现交互界面的方法和装置 |
| CN201510696307.4 | 2015-10-22 | 百度在线网络技术(北京)有限公司 | 一种用于在移动应用中提供目标页面的方法与设备 | 本发明涉及互联网技术领域，尤其涉及一种用于在移动应用中提供目标页面的技术 |
| CN201510641994.X | 2015-09-30 | 百度在线网络技术(北京)有限公司 | 展现搜索结果的方法及装置 | 本发明属于互联网领域，尤其涉及一种展现搜索结果的方法及装置 |
| CN201510624856.0 | 2015-09-25 | 百度在线网络技术(北京)有限公司 | 一种用于在移动应用中提供目标页面的方法与设备 | 本发明涉及互联网技术领域，尤其涉及一种用于在移动应用中提供目标页面的技术 |
| CN201510616830.1 | 2015-09-24 | 百度在线网络技术(北京)有限公司 | 信息提供方法和装置 | 本发明涉及计算机技术领域，尤其涉及一种信息提供方法和装置 |
| CN201510609830.9 | 2015-09-22 | 百度在线网络技术(北京)有限公司 | 一种用于生成查询结果的方法和装置 | 本发明涉及计算机技术领域，尤其涉及一种用于生成查询结果的方法和装置 |

**专利名称：一种用于提供呈现信息的方法与设备**

公开（公告）号：CN106326353A　　公开（公告）日：2017-01-11

申请号：CN201610648845.0　　申请日：2016-08-09

申请（专利权）人：百度在线网络技术(北京)有限公司

国际专利分类号：IPC(8): G06F17/30

**摘要：** 本发明的目的是提供一种提供呈现信息的方法与设备。具体地，检测用户的目标查询序列是否满足预定触发条件；若满足预定触发条件，根据目标查询序列，在答案数据库中进行匹配查询，以获得与目标查询序列相对应的目标答案结果信息；获取与目标答案结果信息相对应的呈现信息；将呈现信息提供给用户。与现有技术相比，本发明在用户的目标查询序列满足预定触发条件时，基于用户的目标查询序列，在答案数据库中进行查询，并利用查询得到目标答案结果信息来提供呈现信息，不仅提高了用户获取信息的效率及信息呈现效率，也提升了用户的搜索体验，相应地，也提高了用户需求满意度。

**专利名称：确定目标呈现信息的资源配置概率分布的方法与设备**

公开（公告）号：CN106294729A　　公开（公告）日：2017-01-04

申请号：CN201610648294.8　　申请日：2016-08-09

申请（专利权）人：百度在线网络技术(北京)有限公司

国际专利分类号：IPC(8): G06F17/30

**摘要：** 本发明的目的是提供一种用于确定目标呈现信息的资源配置概率分布的方法与设备。具体地，获取待处理的目标呈现信息的装置；根据所述目标呈现信息所对应的呈现特征信息，确定所述目标呈现信息在其预定资源区间内的资源配置概率分布。与现有技术相比，本发明通过目标呈现信息所对应的呈现特征信息来确定所述目标呈现信息在其预定资源区间内的资源配置概率分布，从而不但提高了确定目标呈现信息的资源配置的准确率，相应地，也有效地提高了信息呈现效率。

**专利名称：用于调整推广信息的出价的方法和装置**

公开（公告）号：CN106296287A　　公开（公告）日：2017-01-04

申请号：CN201610649746.4　　申请日：2016-08-09

申请（专利权）人：百度在线网络技术(北京)有限公司

国际专利分类号：IPC(8): G06Q30/02 G06F17/30

**摘要：** 本发明的目的是提供一种用于调整推广信息的出价的方法和装置。根据本发明的方法包括以下步骤：获取推广信息的出价信息和预估价值信息；基于所述预估价值信息和出价信息，并基于预定的价格变换函数，计算所述推广信息的虚拟价值；基于所述虚拟价值，调整所述推广信息的出价信息，以基于调整后的出价信息进行排序或计费。本发明具有以下优点：突破了现有技术中仅基于出价来对推广信息进行排名和计费的方式，使得排名结果和计费结果更加符合投放客户的需求，从而能够避免在线推广系统中出现垄断现象，促进良性竞争，提升系统效率。

**专利名称：用于对无线热点和 POI 进行匹配的方法和装置**

公开（公告）号：CN106303955A　　公开（公告）日：2017-01-04

申请号：CN201610641407.1　　申请日：2016-08-05

申请（专利权）人：百度在线网络技术(北京)有限公司

国际专利分类号：IPC(8): H04W4/02 H04W48/16 G06F17/30

**摘要：** 本发明的目的是提供一种用于对无线热点和 POI 进行匹配的方法和装置。根据本发明的方法包括以下步骤：基于用户已扫描的各个无线热点的热点扫描信息，获取所述用户所在的无线热点的位置信息；根据所述位置信息，获取该无线热点附近的一个或多个候选 POI；基于对应于所述无线热点和所述各个候选 POI 的特征信息，对各个候选 POI 进行排序，从而确定与该无线热点相匹配的 POI，其中，所述特征信息包括到访特征信息。与现有技术相比，本发明具有以下优点：基于用户扫描无线热点的相关数据得到与无线热点相匹配的 POI，来预测用户实际到访过的 POI，而无需人工采集数据或用户反馈的过程，提升了效率。

**专利名称：一种在输入法中进行信息推荐的方法与装置**

公开（公告）号：CN106293119A　　公开（公告）日：2017-01-04

申请号：CN201610616201.3　　申请日：2016-07-29

申请（专利权）人：百度在线网络技术(北京)有限公司

国际专利分类号：IPC(8): G06F3/023 G06F17/30

**摘要**：本发明的目的是提供一种用于在输入法中进行信息推荐的方法与装置。本发明首先确定用户的一个或多个兴趣信息；然后当所述用户输入信息时，基于所述用户的输入序列，结合所述兴趣信息，确定与所述输入序列以及所述兴趣信息相对应的一个或多个推荐链接；最后在输入法中将所述推荐链接呈现给所述用户。与现有技术相比，本发明实现了一步到位的信息推荐，能够便捷地为用户提供符合用户需求的推荐信息，减少了用户获取信息的操作步骤，提高了用户获取信息的效率，改善了用户体验。

**专利名称：金融事件预测方法和装置**

公开（公告）号：CN105405051A　　公开（公告）日：2016-03-16

申请号：CN201510958976.4　　申请日：2015-12-18

申请（专利权）人：百度在线网络技术(北京)有限公司

国际专利分类号：IPC(8): G06Q40/06 G06F17/30

**摘要**：本发明实施例公开了一种金融事件预警方法和装置，所述预警方法包括：实时监测互联网以获取用户输入类数据；按照金融事件关联规则，从所述用户输入类数据中提取金融事件关联数据；按照金融事件预警规则，基于所述金融事件关联数据产生金融事件预警信息。本发明的技术方案不再依据与金融事件直接相关的量价数据对金融事件进行预警，而是通过分析处理互联网中海量的用户输入类数据，产生金融事件预警信息，优化了现有的金融事件预测技术，在丰富了金融事件的预测形式的同时也提高了金融事件的预测精度。

**专利名称：推送语音搜索数据的方法和装置**

公开（公告）号：CN105302925A　　公开（公告）日：2016-02-03

申请号：CN201510908950.9　　申请日：2015-12-10

申请（专利权）人：百度在线网络技术(北京)有限公司

国际专利分类号：IPC(8): G06F17/30

**摘要**：本申请公开了推送语音搜索数据的方法和装置。所述方法的一具体实施方式包括：响应于接收到语音识别指令，以预设时间长度为周期获取语音片段；响应于获取到语音片段，上传语音片段至服务器；响应于接收到从服务器返回的文本信息片段，呈现文本信息片段，其中，文本信息片段为服务器识别已上传的语音片段得到；响应于接收到从服务器返回的临时搜索数据，呈现临时搜索数据，其中，临时搜索数据为服务器基于从文本信息片段中提取的关键字向用户终端推送的搜索数据。该实施方式从而有效利用了识别过程中得到的文本信息片段，提高了向用户推送搜索数据的效率。

**专利名称：搜索推荐方法及装置**

公开（公告）号：CN105389361A　　公开（公告）日：2016-03-09

申请号：CN201510745566.1　　申请日：2015-11-05

申请（专利权）人：百度在线网络技术(北京)有限公司

国际专利分类号：IPC(8): G06F17/30

**摘要：**本发明公开了一种搜索推荐方法及装置。所述方法包括：接收用户输入的搜索词；获取搜索词的搜索结果和推荐内容，并将推荐内容添加至推荐中间页面中；在搜索结果页面中显示搜索结果和引导信息；以及接收用户对引导信息的第一触发操作，并根据第一触发操作显示推荐中间页面。本发明实施例提供的搜索推荐方法及装置，在推荐中间页面为用户提供搜索词的推荐内容，推荐中间页面可以为用户提供更多与搜索词相关的推荐内容，方便了用户查看搜索词的推荐内容，进而方便了用户直接在推荐中间页面中进行其他相关选择，提高了用户的搜索体验。

**专利名称：基于人工智能机器人的信息提供方法和装置**

公开（公告）号：CN105426436A　　公开（公告）日：2016-03-23

申请号：CN201510745578.4　　申请日：2015-11-05

申请（专利权）人：百度在线网络技术(北京)有限公司

国际专利分类号：IPC(8): G06F17/30

**摘要：**本发明公开了一种基于人工智能机器人的信息提供方法和装置，方法包括：接收用户的输入信息；根据输入信息获取意图信息，并根据意图信息确定输入信息的需求类型；以及根据输入信息和需求类型查询需求类型对应的数据库，并将查询到的搜索结果提供至用户。本发明实施例的基于人工智能机器人的信息提供方法和装置，实现了人工智能从工具化转变为拟人化，让用户在智能交互的过程中获得轻松愉悦的交互体验，而不再仅限于搜索和问答；基于自然语言的搜索，用户可以使用灵活自如的自然语言来表达需求，多轮的交互过程更接近人与人之间的交互体验；实现从用户主动搜索演变为全天候的陪伴式服务，基于用户的个性化模型可以随时随地为用户提供推荐等服务。

**专利名称：一种用于展现交互界面的方法和装置**

公开（公告）号：CN105389362A　　公开（公告）日：2016-03-09

申请号：CN201510749508.6　　申请日：2015-11-03

申请（专利权）人：百度在线网络技术(北京)有限公司

国际专利分类号：IPC(8): G06F17/30 G06F3/0485

**摘要：**本发明的目的是提供一种用于展现交互界面的方法和装置。根据本发明的方法包括以下步骤：在一交互界面响应于滚动操作的滚动过程中，当所述多个内容栏中有内容栏的内容信息已展现完毕时，停止该内容栏对于滚动操作的响应。本发明的优点在于：通过在有内容栏展现完毕时停止该内容栏对于滚动操作的响应，在用户继续滚动页面浏览其他内容栏的内容时能够继续展现该内容栏的内容信息，而不会出现空白，减少了页面空间的浪费。并且，无需用户来回滚动页面来回看已展现完毕的内容栏的内容，减少了用户操作。

表 20-2-2 腾讯科技(深圳)有限公司

| 申请号 | 申请日 | 申请人 | 发明名称 | 技术领域 |
|---|---|---|---|---|
| CN201610395583.1 | 2016-06-06 | 腾讯科技(深圳)有限公司 | 目标对象的社交账号挖掘方法及服务器 | 本发明涉及信息技术领域，尤其涉及一种目标对象的社交账号挖掘方法及服务器 |
| CN201410483125.4 | 2014-09-19 | 腾讯科技(深圳)有限公司 | 信息处理方法及装置 | 本发明涉及信息处理技术，尤其涉及一种信息处理方法及装置 |
| CN201410406835.7 | 2014-08-18 | 腾讯科技(深圳)有限公司 | 搜索词的纠错方法和装置 | 本发明涉及数据处理领域，具体而言，涉及一种搜索词的纠错方法和装置 |
| CN201410210926.3 | 2014-05-19 | 腾讯科技(深圳)有限公司 | 未读消息显示方法及装置 | 本发明涉及计算机技术，尤其涉及一种未读消息显示方法及装置 |
| CN201410204688.5 | 2014-05-15 | 腾讯科技(深圳)有限公司 | 电子地图的信息显示控制方法和装置 | 本发明涉及电子地图技术领域，尤其涉及一种电子地图的信息显示控制方法和装置 |
| CN201410135781.5 | 2014-04-04 | 腾讯科技(深圳)有限公司 | 用户生成内容标签数据生成方法、装置及相关方法和装置 | 本申请涉及计算机和互联网数据处理技术领域，尤其涉及一种用户生成内容（UGC，User Generated Content）标签数据生成方法、装置及相关方法和装置 |
| CN201410078785.4 | 2014-03-05 | 腾讯科技(深圳)有限公司 | 一种在浏览器中实现搜索的方法、装置及终端设备 | 本发明涉及浏览器搜索引擎技术领域，尤其涉及一种在浏览器中实现搜索 的方法、装置及终端设备 |
| CN201410077687.9 | 2014-03-05 | 腾讯科技(深圳)有限公司 | 一种网页页面的生成方法、装置及终端设备 | 本发明涉及计算机应用技术领域，尤其涉及一种网页页面的生成方法、装置及终端设备 |
| CN201410077457.2 | 2014-03-04 | 腾讯科技(深圳)有限公司 | 一种对浏览器中网页加载的检测方法、装置及移动终端 | 本发明涉及计算机应用技术领域，尤其涉及一种对浏览器中网页加载的检测方法及装置 |
| CN201410048155.2 | 2014-02-11 | 腾讯科技(深圳)有限公司 | 网页显示方法、客户端及系统 | 本发明涉及互联网技术，尤其涉及一种网页显示方法、客户端及系统 |
| CN201410011316.0 | 2014-01-10 | 腾讯科技(深圳)有限公司 | 网页信息的预取处理方法、装置及对应的网页浏览装置 | 本发明涉及互联网信息处理技术，尤其涉及一种网页信息的预取处理方法、装置及对应的网页浏览装置 |
| CN201310461270.8 | 2013-09-26 | 腾讯科技(深圳)有限公司 | 一种信息处理方法、装置、终端设备及系统 | 本发明涉及计算机信息技术领域，尤其涉及一种信息处理方法、装置、终端设备及系统 |
| CN201310438446.8 | 2013-09-24 | 腾讯科技(深圳)有限公司 | 一种媒介交互方法、装置和系统 | 本发明实施方式涉及信息处理技术领域，更具体地，涉及一种媒介交互方法、装置和系统 |
| CN201310426098.2 | 2013-09-17 | 腾讯科技(深圳)有限公司 | 数据选择的方法及装置 | 本发明涉及互联网应用领域，尤其涉及一种数据选择的方法及装置 |
| CN201310413001.4 | 2013-09-11 | 腾讯科技(深圳)有限公司 | 数据分析的方法、装置及系统 | 本发明涉及互联网技术领域，尤其涉及一种数据分析的方法、装置及系统 |

**专利名称：目标对象的社交账号挖掘方法及服务器**

公开（公告）号：CN106126521A　　公开（公告）日：2016-11-16

申请号：CN201610395583.1　　申请日：2016-06-06

申请（专利权）人：腾讯科技(深圳)有限公司

国际专利分类号：IPC(8): G06F17/30 H04L12/58

**摘要**：本发明实施例公开了一种目标对象的社交账号挖掘方法及服务器，所述方法包括：利用目标对象的属性信息，定位所述目标对象所在的目标社交群；解析所述目标社交群中社交账号的预定信息，获取所述社交账号对应的用户的第一身份信息；将所述第一身份信息与目标对象的第二身份信息进行匹配；确定与所述第二身份信息匹配的所述第一身份信息的社交账号为所述目标对象的社交账号。

**专利名称：信息处理方法及装置**

公开（公告）号：CN104199964A　　公开（公告）日：2014-12-10

申请号：CN201410483125.4　　申请日：2014-09-19

申请（专利权）人：大连民族学院

国际专利分类号：IPC(8): G06F17/30 H04M1/725 H04M1/2745

**摘要**：本发明公开了一种信息处理方法及装置；所述方法包括：解析联系人信息，确定与所述联系人信息对应的拓扑信息，所述联系人信息包括联系人的至少一个维度的属性，所述拓扑信息包括节点之间的关联信息；基于所述拓扑信息，在所述节点中确定至少一个节点作为待建立分组的原始节点，所述原始节点与所述待建立分组一一对应；对应每个所述原始节点建立分组，基于所述原始节点与邻居节点在不同维度的属性，标识至少一个所述邻居节点为归属于所述分组的节点；其中，所述邻居节点为与所述原始节点关联的节点，且所述邻居节点为基于所述节点之间的关联信息确定。采用本发明能够准确快速地对联系人进行管理，以节省用户操作时间，提升用户体验。

**专利名称：搜索词的纠错方法和装置**

公开（公告）号：CN104156454A　　公开（公告）日：2014-11-19

申请号：CN201410406835.7　　申请日：2014-08-18

申请（专利权）人：腾讯科技(深圳)有限公司

国际专利分类号：IPC(8): G06F17/30

**摘要**：本发明公开了一种搜索词的纠错方法和装置。其中，搜索词的纠错方法包括：获取搜索词；拆分搜索词，得到多个第一搜索词片段；对第一搜索词片段进行纠错，得到多个第二搜索词片段；拼接多个第二搜索词片段，得到候选结果；判断候选结果是否是关联数据库中的关联数据；以及在判断候选结果是关联数据库中的关联数据的情况下，确定候选结果为对搜索词进行纠错后的目标搜索词。本发明解决了现有技术中搜索词的查询纠错方式因需要依赖大量用户记录而导致的覆盖率较低的问题，实现了可以不依赖用户记录对搜索词的纠错，进而达到了提高对搜索词进行纠错的覆盖率和独立性的效果。

**专利名称：未读消息显示方法及装置**

公开（公告）号：CN104967550A　　公开（公告）日：2015-10-07

申请号：CN201410210926.3　　申请日：2014-05-19

申请（专利权）人：腾讯科技(深圳)有限公司

国际专利分类号：IPC(8): H04L12/58 G06F3/0482 G06F17/30

**摘要**：本发明公开一种未读消息显示方法及装置，所述方法包括终端检测用户触发的取消显示消息列表界面中未读消息提醒标识的取消操作事件；当检测到用户触发所述取消操作事件时，基于所述消息列表界面，更新与所述取消操作事件相关联的未读消息提醒标识；达到了快速、便捷地消除未读消息提醒标识的目的；进一步地，由于可以在消息列表界面直接执行而无需终端切换至其他操作界面，因此，提高了人机的可交互性以及通讯程序使用的便捷性。

**专利名称：电子地图的信息显示控制方法和装置**

公开（公告）号：CN104598504A　　公开（公告）日：2015-05-06

申请号：CN201410204688.5　　申请日：2014-05-15

申请（专利权）人：腾讯科技(深圳)有限公司

国际专利分类号：IPC(8): G06F17/30 G09B29/10

**摘要**：本申请公开了一种电子地图的信息显示控制方法和装置，包括：确定移动终端在电子地图上的当前坐标，以及移动终端当前的朝向信息；以移动终端的当前坐标为基准点，查找地点坐标处于该基准点周围指定距离之内的，且在当前朝向的范围内的地点 POI；显示移动终端当前坐标和朝向范围对应的实景图片，在该实景图片上显示所述查找到的 POI 的标记；在所述 POI 的标记被触发后，显示该 POI 对应的地点详情界面。利用本发明，可以提高对目标地点的查找效率，减少人机交互操作，降低对机器资源的占用。

**专利名称：用户生成内容标签数据生成方法、装置及相关方法和装置**

公开（公告）号：CN104978332A　　公开（公告）日：2015-10-14

申请号：CN201410135781.5　　申请日：2014-04-04

申请（专利权）人：腾讯科技(深圳)有限公司

国际专利分类号：IPC(8): G06F17/30 G06F17/27

**摘要**：本申请公开了一种用户生成内容（UGC）的标签数据的生成方法、装置及相关方法和装置，包括：获取 UGC 数据；对所述 UGC 数据进行分词，计算各词的词频，选择词频排在前指定位的词组成词表；计算所述词表中的词的两两之间的词距离，对该词表中的词进行聚类，得到 $N$ 个词集合；对所述各词集合中的每个词进行扩展，得到扩展后词表，计算拓展后词表中的词的两两之间的词距离，对该扩展后词表中的词进行聚类，得到 $B$ 个词集合；判断 $B-N$ 是否小于指定值，如果是则跳到下一步，否则重复本步骤；从所述 $B$ 个词集合中识别指定类型的词，根据所识别出的词生成 UGC 的标签数据。利用本发明，可以提高用户获取有效目标信息的获取效率，降低获取成本。

**专利名称：一种在浏览器中实现搜索的方法、装置及终端设备**

公开（公告）号：CN104346416A　　公开（公告）日：2015-02-11

申请号：CN201410078785.4　　申请日：2014-03-05

申请（专利权）人：腾讯科技(深圳)有限公司

国际专利分类号：IPC(8): G06F17/30

**摘要**：本发明实施例公开了一种在浏览器中实现搜索的方法、装置及终端，其中，所述方法包括：基于浏览器当前搜索引擎中录入的搜索关键字搜索数据，并显示所述当前搜索引擎的搜索结果页面；当检测到用户在所述搜索结果页面中的操作事件满足预置的切换规则时，显示备选搜索引擎；在用户选择所述备选搜索引擎后，提取所述备选搜索引擎的搜索地址模板，将在所述当前搜索引擎中录入的搜索关键字加载到所述搜索地址模板中搜索数据，并显示所述备选搜索引擎的搜索结果页面。采用本发明，方便用户快速从当前的搜索引擎切换至其他搜索引擎进行基于相应关键字的数据搜索，满足了用户的自动化、智能化需求，节约了用户的时间，提高了搜索切换效率。

**专利名称：一种网页页面的生成方法、装置及终端设备**

公开（公告）号：CN104899203A　　公开（公告）日：2015-09-09

申请号：CN201410077687.9　　申请日：2014-03-05

申请（专利权）人：腾讯科技(深圳)有限公司

国际专利分类号：IPC(8): G06F17/30

**摘要**：本发明实施例公开了一种网页页面的生成方法、装置及终端设备，其中，所述方法包括：在检测到对已配置的页面内容执行脚本配置操作时，扫描所述已配置的页面内容中包括脚本标记的对象元素；读取所述包括脚本标记的对象元素中的网页用户属性的内容信息，并识别所述内容信息的信息类型，根据识别得到的信息类型选择脚本处理逻辑；将选择的脚本处理逻辑配置为所述已配置的页面内容的脚本，编译得到包括所述页面内容和脚本处理逻辑的网页页面。采用本发明，可快捷、有效地完成网页脚本的配置，节省了人力成本，满足网页开发用户的自动化、智能化需求。

**专利名称：一种对浏览器中网页加载的检测方法、装置及移动终端**

公开（公告）号：CN104899131A　　公开（公告）日：2015-09-09

申请号：CN201410077457.2　　申请日：2014-03-04

申请（专利权）人：腾讯科技(深圳)有限公司

国际专利分类号：IPC(8): G06F11/36 G06F17/30

**摘要**：本发明实施例公开了一种对浏览器中网页加载的检测方法、装置及移动终端，其中，方法包括：当检测到浏览器中向网络站点发起网络连接请求时，根据发起网络连接请求时的时间确定为初始时间值；接收网络站点响应网络连接请求返回的网页资源数据，并检测对网页资源数据的网页加载过程中网页主体的高度值；若网页主体的高度值不小于已配置的屏幕可现高度值，将当前时间确定为终止时间值，并记录初始时间值和终止时间值。采用本发明，可自动、快捷地获取浏览器对网页的加载时长，满足浏览器开发以及测试用户对浏览器性能等测试的自动化、智能化需求，方便后台服务器等挖掘潜在的规律和信息，确定浏览器的性能，并对某些网址对应的站点进行优化。

**专利名称：网页显示方法、客户端及系统**

公开（公告）号：CN104834646A　　公开（公告）日：2015-08-12

申请号：CN201410048155.2　　申请日：2014-02-11

申请（专利权）人：腾讯科技(深圳)有限公司

国际专利分类号：IPC(8): G06F17/30

**摘要**：本发明公开一种网页显示方法、客户端及系统。本发明实施例客户端根据服务器对组成网页的内容版块标记的权重值，排列各内容版块，生成对应的文档对象模型，基于生成的所述文档对象模型对所述内容版块进行排版，并显示排版后的所述内容版块所组成的网页；具有根据客户端对各内容版块的访问频率来显示网页内容的有益效果，提高了人机的可交互性。

表 20-2-3　华为技术有限公司

| 申请号 | 年份 | 申请人 | 发明名称 | 技术领域 |
|---|---|---|---|---|
| CN201510188142.X | 2015-04-20 | 华为技术有限公司 | 一种别名获取方法及装置 | 本发明涉及信息处理领域，尤其涉及一种别名获取方法及装置 |

续表

| 申请号 | 年份 | 申请人 | 发明名称 | 技术领域 |
| --- | --- | --- | --- | --- |
| CN201510073491.7 | 2015-02-11 | 华为技术有限公司 | 一种处理事件的方法及装置 | 本发明涉及数据处理技术领域，尤其涉及一种处理事件的方法及装置 |
| CN201410741263.8 | 2014-12-08 | 华为技术有限公司 | 基于二维码的信息搜索装置与方法及移动终端 | 本发明涉及信息处理领域，尤其涉及基于二维码的信息搜索装置与方法及移动终端 |
| CN201410513189.4 | 2014-09-29 | 华为技术有限公司、中国科学院自动化研究所 | 知识库中问句解析的方法及设备 | 本发明实施例涉及通信领域，并且更具体地，涉及一种知识库中问句解析的方法及设备 |
| CN201410410610.9 | 2014-08-19 | 华为技术有限公司 | 一种数据处理方法和数据处理装置 | 本发明涉及电子技术领域，尤其涉及一种数据处理方法和数据处理装置 |
| CN201410217040.1 | 2014-05-22 | 华为技术有限公司 | 一种回复信息推荐方法及装置 | 本发明涉及数据库领域，尤其涉及一种回复信息推荐方法及装置 |
| CN201410168627.8 | 2014-04-24 | 华为技术有限公司 | 一种筛选信息的方法和用户终端 | 本发明实施例涉及通信技术领域，尤其涉及一种筛选信息的方法和用户终端 |
| CN201310586615.2 | 2013-11-20 | 华为技术有限公司 | 一种大数据分析方法及装置 | 本发明涉及计算机领域，尤其涉及一种大数据分析方法及装置 |
| CN201310373456.8 | 2013-08-23 | 华为技术有限公司 | 一种数据文件的管理方法及装置 | 本发明涉及一种数据文件的管理方法及装置 |
| CN201210361466.5 | 2012-09-25 | 华为技术有限公司 | 人机交互数据处理方法和装置 | 本发明实施例涉及通信技术，尤其涉及一种人机交互数据处理方法和装置 |
| CN201210176844.2 | 2012-05-31 | 华为技术有限公司 | 一种媒体获取方法、装置及系统 | 本发明涉及通信领域，尤其涉及一种媒体获取方法、装置及系统 |

**专利名称：一种别名获取方法及装置**

公开（公告）号：CN106156181A　　公开（公告）日：2016-11-23

申请号：CN201510188142.X　　申请日：2015-04-20

申请（专利权）人：华为技术有限公司

国际专利分类号：IPC(8): G06F17/30

**摘要**：本发明实施例提供一种别名获取方法及装置，涉及信息处理领域，能够针对给定的全名，获取该全名对应的可能的别名。该别名获取方法包括：获取源领域的别名预测模型和目标领域的训练数据；根据源领域的别名预测模型和目标领域的训练数据，计算目标领域的别名预测模型；根据目标领域的别名预测模型，确定目标领域内的第一全名对应的第一别名集合，第一别名集合中包括至少一个别名，第一全名为目标领域内的任一全名。

**专利名称：一种处理事件的方法及装置**

公开（公告）号：CN105988863A　　公开（公告）日：2016-10-05

申请号：CN201510073491.7　　申请日：2015-02-11

申请（专利权）人：华为技术有限公司

国际专利分类号：IPC(8): G06F9/46 G06F17/30

**摘要**：本发明实施例公开了一种处理事件的方法及装置，涉及数据处理技术领域，能够减少 CEP 系统在复杂场景中进行模式匹配时的内存开销。本发明实施例的方法包括：当第 $X$ 事件出现后，状态机实例在当前匹配周期中进行匹配；当未得到匹配成功的结果时，所述状态机实例检测当前已出现的事件数量是否大于 1；若所述当前已出现的事件数量大于 1，则以第 $X+1$ 事件出现的时刻作为下一匹配周期的起始时刻，并在所述下一匹配周期中重新进行匹配。本发明适用于运行了具有模式匹配功能的系统的设备。

**专利名称：基于二维码的信息搜索装置与方法及移动终端**

公开（公告）号：CN105740242A　　公开（公告）日：2016-07-06

申请号：CN201410741263.8　　申请日：2014-12-08

申请（专利权）人：华为技术有限公司

国际专利分类号：IPC(8): G06F17/30

**摘要：**本发明实施例公开了基于二维码的信息搜索装置与方法及移动终端。所述方法包括：解析出二维码所承载的原始数据；采用与原始数据的数据类型相对应的抽取规则从原始数据中抽取出原始关键词；扩充原始关键词，得到增强关键词；根据增强关键词的语义选择垂直搜索引擎；使用垂直搜索引擎搜索增强关键词得到垂直搜索结果。采用本发明实施例，移动终端可以根据二维码所承载的原始数据抽取原始关键词，并利用垂直搜索引擎对增强关键词进行搜索得到搜索结果，搜索过程自动完成，无需用户手动操作，易用性高；移动终端自动选择垂直操作引擎并且对增强关键词进行搜索，搜索结果的准确度可以有效避免多次搜索，进一步提升易用性，方便用户使用。

**专利名称：知识库中问句解析的方法及设备**

公开（公告）号：CN105528349A　　公开（公告）日：2016-04-27

申请号：CN201410513189.4　　申请日：2014-09-29

申请（专利权）人：华为技术有限公司　中国科学院自动化研究所

中国科学院自动化研究所

国际专利分类号：IPC(8): G06F17/30

**摘要：**本发明实施例提供一种知识库中问句解析的方法，包括：接收用户输入的问句；对问句进行短语检测确定候选短语；将候选短语映射到知识库中的资源项；进一步确定观察谓词的值和可能的问句分析空间。对可能的问句分析空间中的每一个命题集合，根据观察谓词和隐含谓词的值进行不确定性推理计算置信度，并获取置信度满足预设条件的命题集合中的真命题的组合；根据所述真命题的组合，生成形式化查询语句。本发明实施例利用观察谓词和隐含谓词，进行不确定性推理，能够将自然语言问句转化为形式化查询语句。并且，不确定性推理的方法能够应用于任何领域的知识库，具有领域扩展性，这样无需针对知识库人工地配置转换规则。

**专利名称：一种数据处理方法和数据处理装置**

公开（公告）号：CN104182508A　　公开（公告）日：2014-12-03

申请号：CN201410410610.9　　申请日：2014-08-19

申请（专利权）人：华为技术有限公司

国际专利分类号：IPC(8): G06F17/30

**摘要：**本申请提供了一种数据处理方法和数据处理装置，用以提高数据处理效率，降低对系统资源的消耗。所述方法应用于存储介质，所述存储介质存储有多个键以及各个键

（Key）对应的值（Value），所述方法包括：获得目标键；确定所述目标键所属于的键类型，并确定所述目标键的键类型对应的目标索引区；通过查询所述目标索引区，获取所述目标键的目标索引项；根据所述目标索引项，获得数据区中与所述目标键对应的数据。

**专利名称：一种回复信息推荐方法及装置**

公开（公告）号：CN105095182A　　公开（公告）日：2015-11-25

申请号：CN201410217040.1　　申请日：2014-05-22

申请（专利权）人：华为技术有限公司

国际专利分类号：IPC(8): G06F17/27 G06F17/30

**摘要：**本发明实施例公开了一种回复信息推荐方法及装置，涉及数据库领域，能在用户回复信息时快速准确的计算出切合语境的推荐回复信息。具体方案为：获取用户收到的待回复信息和所述用户输入的对应所述待回复信息的预回复信息；对所述待回复信息进行分割处理得到分割处理结果；学习存储的所述用户的文字交互历史集得出回复模型；结合对所述待回复信息的分割处理结果和所述回复模型得出候选回复信息；结合所述候选回复信息和所述预回复信息计算出推荐回复信息的集合。本发明的实施例用于回复信息推荐。

**专利名称：一种筛选信息的方法和用户终端**

公开（公告）号：CN103955504A　　公开（公告）日：2014-07-30

申请号：CN201410168627.8　　申请日：2014-04-24

申请（专利权）人：华为技术有限公司

国际专利分类号：IPC(8): G06F17/30

**摘要：**本发明提供一种筛选信息的方法和用户终端，该方法包括：当进入查找列表时，检测触摸点的数目；根据所述触摸点的数目对所述查找列表中的信息进行筛选，并确定索引信息使得用户在所述索引信息中查找目标名称；检测到的所述触摸点的数目为至少一个；所述查找列表中包括多个名称，所述用户查找的名称作为所述目标名称，这样用户可以根据多个触摸点对查找列表中的名称进行查找，从而方便用户在大量的数据中对需要查找的信息进行筛选，进而可以快速的定位和查找，既省时又省力。

**专利名称：一种大数据分析方法及装置**

公开（公告）号：CN103631897A　　公开（公告）日：2014-03-12

申请号：CN201310586615.2　　申请日：2013-11-20

申请（专利权）人：华为技术有限公司

国际专利分类号：IPC(8): G06F17/30

**摘要：**本发明实施例提供了一种大数据分析方法及装置，涉及计算机领域，可以提高用户的工作效率。所述方法包括：根据用户输入的抽样条件，从原始数据中分析获得分析结果数据；根据用户输入的与所述分析结果数据对应的成因参数，从所述原始数据中分析获得每个成因参数对应的一种成因参数数据，所述成因参数至少有一个；将所述分析结果数据转化为分析结果图表显示在显示屏上，将所述成因参数数据转化为成因图表显示在所述显示屏上。

**专利名称：一种数据文件的管理方法及装置**

公开（公告）号：CN104424219A　　公开（公告）日：2015-03-18

申请号：CN201310373456.8　　申请日：2013-08-23

申请（专利权）人：华为技术有限公司
国际专利分类号：IPC(8): G06F17/30

**摘要：**本申请公开了一种数据文件的管理方法及装置。其中，数据文件的管理方法包括：在增量数据存储区达到第一数据文件合并条件时，将增量数据存储区中的各数据文件中每个主键对应的记录片段分别与查找到的主键对应的历史完整记录合并，形成每个主键对应的合并时刻的完整记录；将每个主键对应的合并时刻的完整记录写入完整数据存储区的一个新建的数据文件中，其中，每个主键对应的合并时刻的完整记录作为在完整数据存储区精确查询主键的输出结果。通过上述方式，本申请能够使主键的记录集中化，为在完整数据存储区主键精确查询减少 I/O 开销。

**专利名称：人机交互数据处理方法和装置**
公开（公告）号：CN103678417A　　公开（公告）日：2014-03-26
申请号：CN201210361466.5　　申请日：2012-09-25
申请（专利权）人：华为技术有限公司　张弓
国际专利分类号：IPC(8): G06F17/30 H04L29/08

**摘要：**本发明实施例提供一种人机交互数据处理方法和装置。本发明人机交互数据处理方法，包括：接收用户终端发送的数据采集信息，数据采集信息包括用户终端的标识信息、传感器数据和数据采集时间信息；获取与标识信息和数据采集时间信息对应的应用业务内容信息，并从应用业务内容信息中提取用户活动行为特征；根据用户终端的用户活动行为特征，对传感器数据进行标记处理。本发明实施例由于对于每一个用户均可以采用本实施例提供的方法来进行传感器数据的采集，避免需要用户主动配合的方式，同时保证了大规模的传感器数据量，使后续处理更加简便准确。

# 关键领域七
# 网络传输

随着网络传输技术的发展，计算机网络已经渗透到了人们生活和工作中的方方面面。当前人们的生活和生产对计算机网络的依赖程度日益提高，这一方面满足了人们日益增长的信息传输和资源共享需求，另一方面也因为网络传输本身的特点，在为人们提供各种数据交流与共享服务的同时也暴露出了一些问题。例如当前网络传输技术的效率虽然较以往有了明显的提高，但依然还不能完全满足网络使用者的需要；又例如计算机网络还面临着黑客攻击、病毒木马肆虐等不少安全威胁，而这些都对网络传输技术的应用形成了制约。[1]网络信息的传输效率在很大程度上直接影响着网络用户的体验感，因此网络传输效率的提升具有着至关重要的作用[2]。

❶ 郑浩.关于网络传输技术的效率提升与安全防控的探讨[J].数字通信世界，2015（9）.

❷ 王玉琴.网络传输技术的效率提升与安全防范措施[J].信息系统工程，2016（5）.

# 第21章 网络传输行业全球专利情况

## 21.1 专利申请国分布情况

专利申请国可以体现专利权人想在哪些国家或地区保护该发明。这一参数也反映了该发明未来可能的实施国家或地区。通过对网络传输专利受理国家分布情况的统计（图 21-1-1）可以发现，中国、美国、中国台湾为网络传输专利重点申请国家和地区，数量分布为中国 50335 件、美国 7177 件、中国台湾 2161 件，占了专利申请总量的 92.49%。

图 21-1-1 专利的国家分布情况表明，美国、日本、韩国、德国 4 个地区是国外网络传输行业专利布局的主要地区，企业可以跟踪、引进和消化相关领域技术，在此基础上实现技术突破。

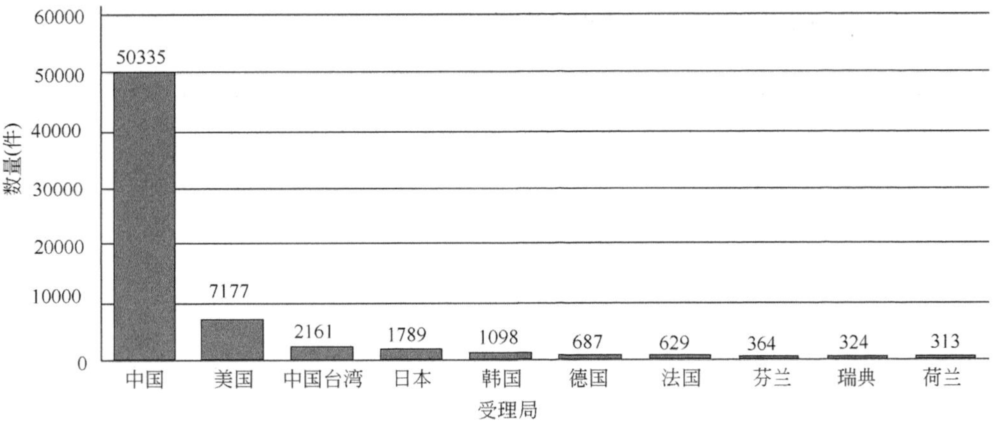


图 21-1-1 网络传输行业专利受理国家（地区）分布情况

## 21.2 全球专利申请趋势

从全球专利申请趋势图（图 21-2-1）中可以看出，20 世纪 90 年代末，得益于计算机技术的发展，网络传输技术进入了萌芽期。2000 年后，随着数字化科技的发展，技术研发人员越来越重视并加大对智能视频监控技术的研发力度。随着数字化革命的延续以及计算机网络、通信技术的高速迅猛发展，网络传输领域年专利申请量实现了高速增长。

从图 21-2-1 中可以看出，中国从 2000 年的 373 件一直到 2006 年的 3265 件，增长了近 8 倍，2007—2016 年，中国在智能视频监控领域的专利申请量进入一个不断增长的趋势，凸显了其在安防领域的重要性。

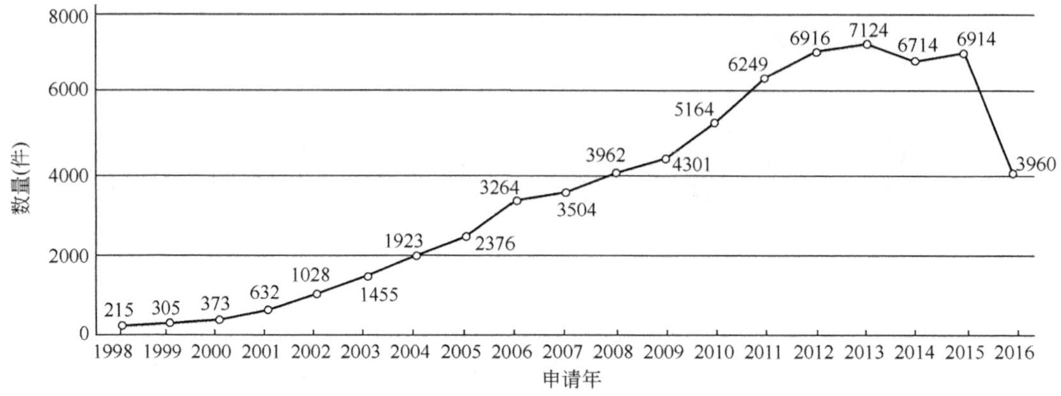


图 21-2-1　全球专利申请趋势图

## 21.3　专利主要来源国（地区）分析

通过对全球专利文献的专利权人国籍统计分析，得到如下网络传输行业专利的来源国（地区）分布图（图 21-3-1），可以看出：网络传输行业专利的发明专利主要来自中国、美国、中国台湾、日本，其中中国、美国、中国台湾申请人申请的专利分别达 48947 件、7128 件、2140 件；中国在占得比例中占了绝对的优势。

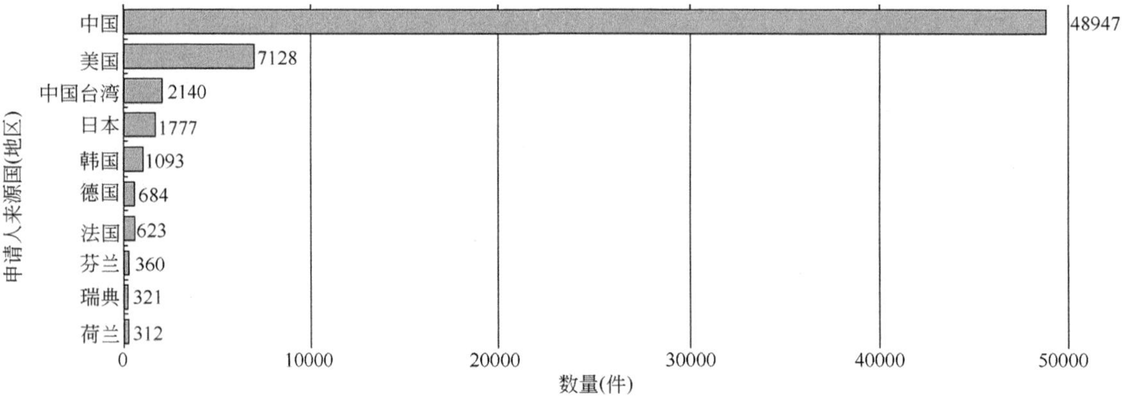


图 21-3-1　专利主要来源国（地区）情况

## 21.4　专利 IPC 分布

网络传输行业专利按照国际专利分类号（IPC）进行统计，结果如图 21-4-1，从图中可以看出前三件中电学占了两个，H04L（数字信息的传输）占了 34%的比重，拥有 24582 件专利，其次的 H04N（图像通信）占了 16%，专利拥有量为 11304 件。

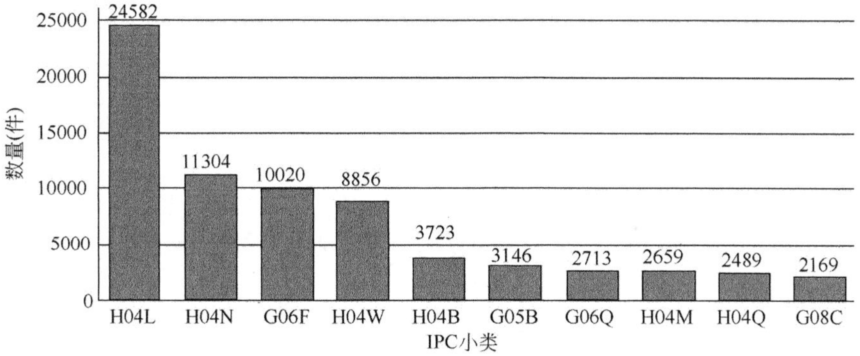


图 21-4-1 网络传输行业 IPC 小类分布情况

# 21.5 竞争态势分析

根据网络传输行业专利的检索结果进行分析，全球相关专利的申请企业和个人数量达 91155 件，综合实力排名前十的的企业的专利总量为 11702 件，占行业专利总量的 12.83%，中国企业在综合实力排名进入前 10 位的公司的专利所占比例为 67.34%。其中中国企业优势明显占了 5 家，美国 3 家，韩国 2 家。从竞争态势上分析，华为技术有限公司的专利拥有量最多达 3851 件，是第三位的高通股份有限公司的近两倍。专利的具体数量如图 21-5-1 所示。

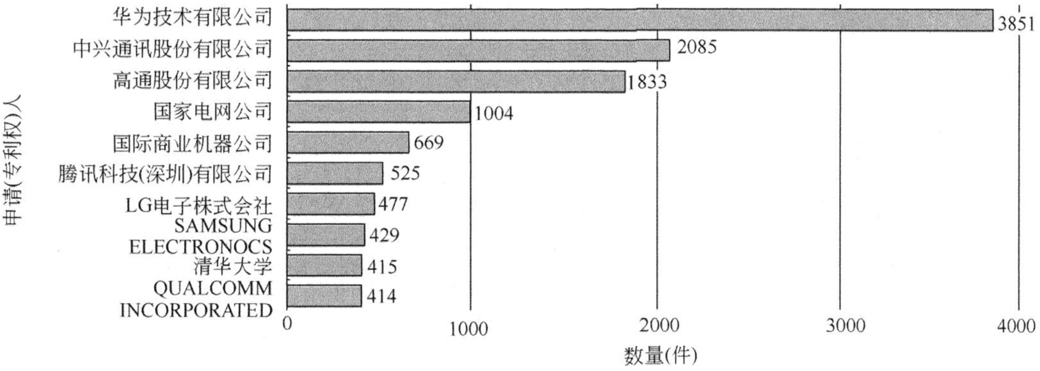


图 21-5-1 网络传输行业全球专利前 10 位的专利申请人数量情况

# 21.6 重要专利申请人分析

全球主要专利权申请人中华为科技有限公司、中兴通讯股份有限公司、高通股份有限公司、国家电网的排名比较靠前，而华为科技的专利拥有量最大，现对这 4 家企业的专利申请趋势做分析，如图 21-6-1 所示，可以看出高通起步要比其他三个公司来得早，在今后的申请趋势上也可以看出上升的趋势比其他公司高，但在 2000 年随着国内数字信息化脚步的加快，国内的中兴与华为的专利数也明显增加，直到 2008—2010 年这段时间三家公司的申请数量有缓慢的回落，而国家电网从较少的 3527 件开始明显上升，到 2015 年变为四家公司中专利数最多的一家公司。

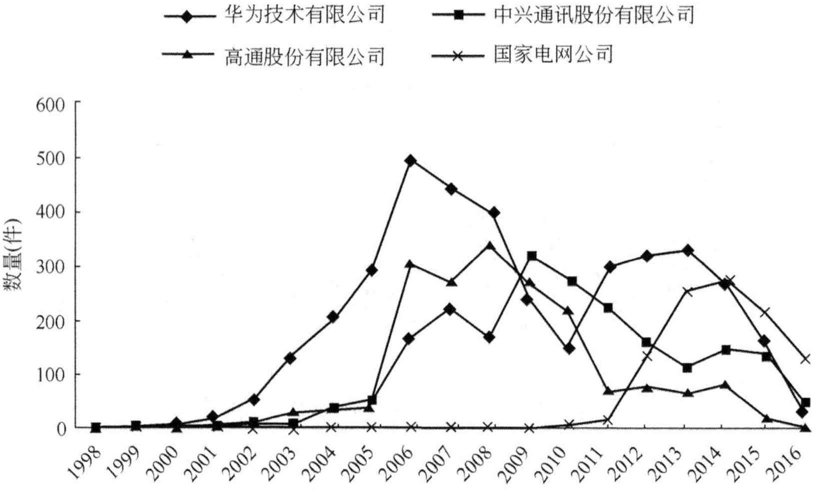


图 21-6-1　重要专利申请人专利申请趋势

## 21.6.1　华为技术有限公司

如图 21-6-2 所示，华为在网络传输行业的相关专利经同族扩展后达到 171221 项。

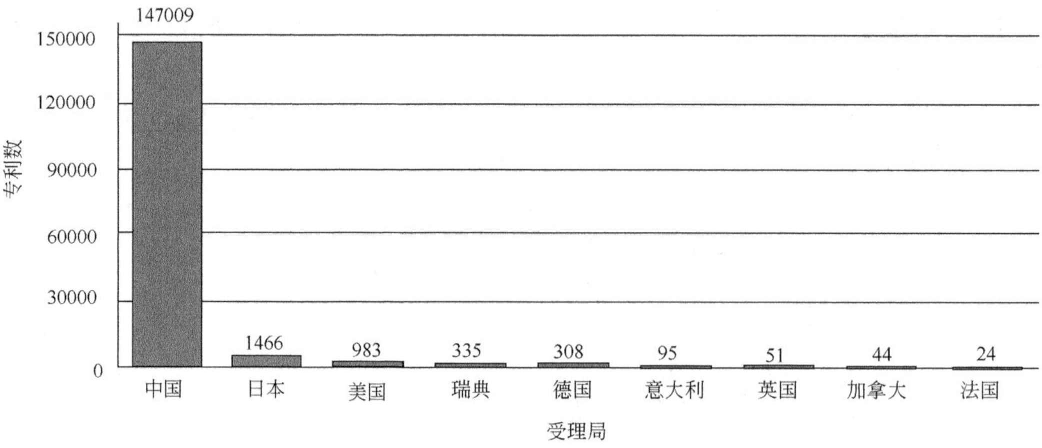


图 21-6-2　华为的专利申请地域分布情况

图 21-6-3 反映了华为在全球主要市场上的历年专利申请分布状况，从 1998 年开始专利申请数量逐步往上增加，到 2006 年到达峰值之后有所回落，2010 年以后再次呈上升趋势。

图 21-6-4 显示华为在专利按照国际专利分类号（IPC）进行统计的结果，最多的电类 H04L 专利为重点研究方向，其中包括数字信息的传输、无线通讯等。

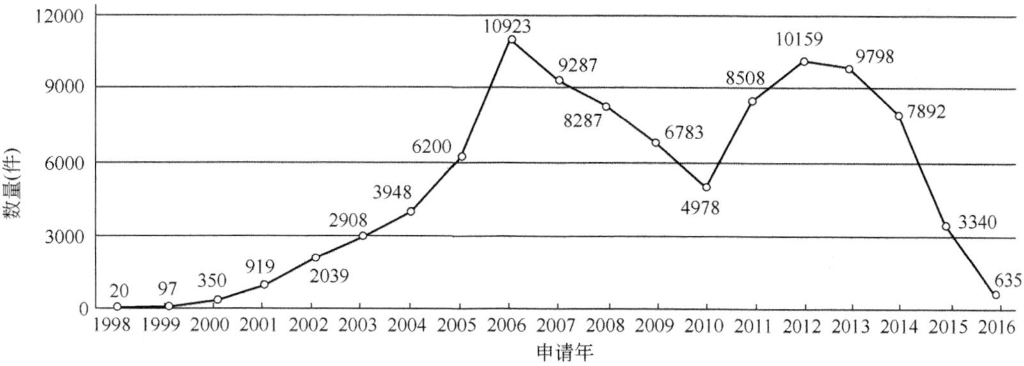


图 21-6-3 华为的专利申请趋势

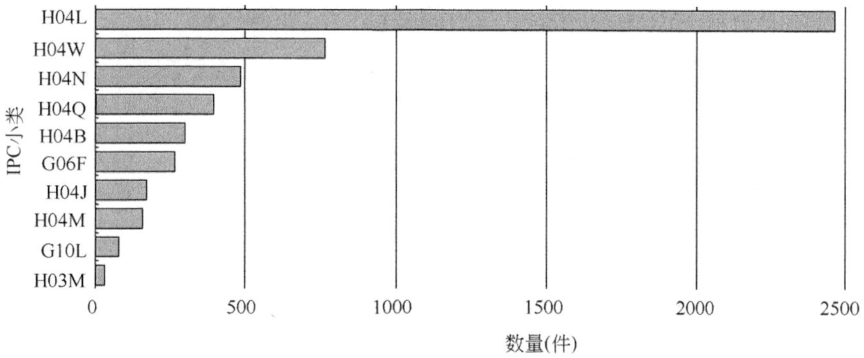


图 21-6-4 华为电学 IPC 小类分析图

## 21.6.2 中兴通讯股份有限公司

中兴通讯股份有限公司（以下简称“中兴通讯”）是全球领先的综合通信解决方案提供商。公司通过为全球 160 多个国家和地区的电信运营商和企业网客户提供创新技术与产品解决方案，让全世界用户享有语音、数据、多媒体、无线宽带等全方位沟通。

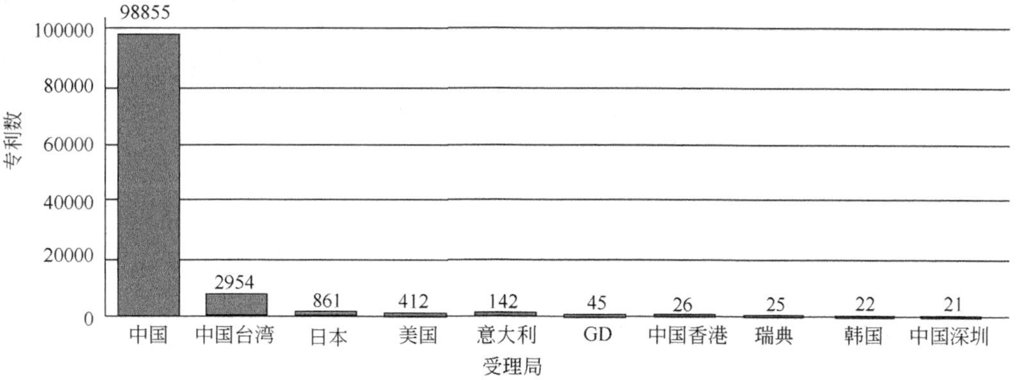


图 21-6-5 中兴通讯申请地域分布情况

图 21-6-6 反映了中兴通讯在全球主要市场上的历年专利申请分布状况。中兴通讯的申请趋势在 2010 年之前一直呈上升趋势，在华为走向低谷的时期，中兴到达顶峰时期，专利量达 17792 件，之后就呈下行趋势。

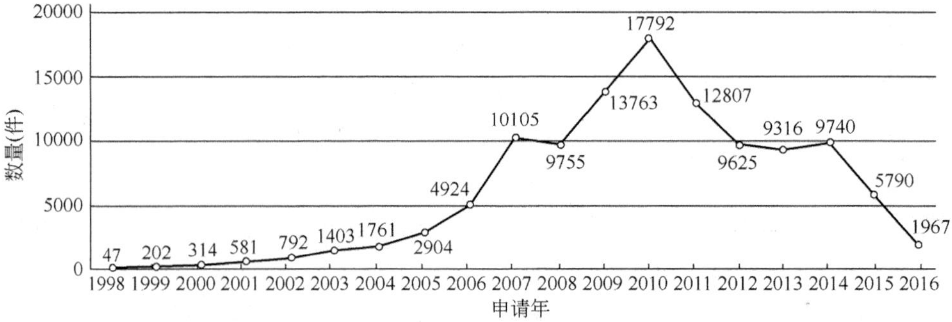


图 21-6-6　中兴通讯专利申请趋势

图 21-6-7 显示中兴通讯在专利按照国际专利分类号（IPC）进行统计结果最多的电类 H04L 专利重点研究方向，其中包括数字信息的传输、无线通讯等。

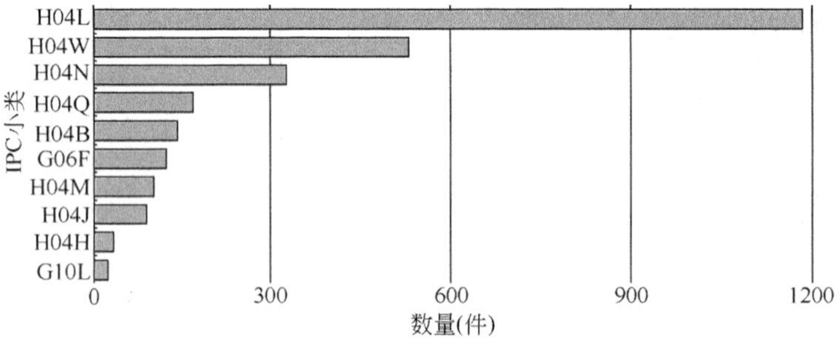


图 21-6-7　中兴通讯电学 IPC 小类分析图

## 21.6.3　高通股份有限公司

高通股份有限公司（以下简称“高通”）是全球 3G、4G 与下一代无线技术的领军企业，并致力于引领全球 5G 之路。移动行业与相邻行业重要的创新推动者。30 多年来，高通的创想和创新推动了数字通信的演进，将各地的人们与信息、娱乐和彼此之间更紧密地联系在一起。目前已经向全球 100 多位制造商提供技术使用授权，涉及世界上所有电信设备和消费电子设备的品牌。

高通创立于 1985 年，总部设于美国加利福尼亚州圣迭戈市，33000 多名员工遍布全球。高通连续 12 年入选《财富》“美国 500 强”，并入围 2014 年《财富》“世界 500 强”；连续 16 年被《财富》评为美国 100 家“最适合工作的公司”之一。

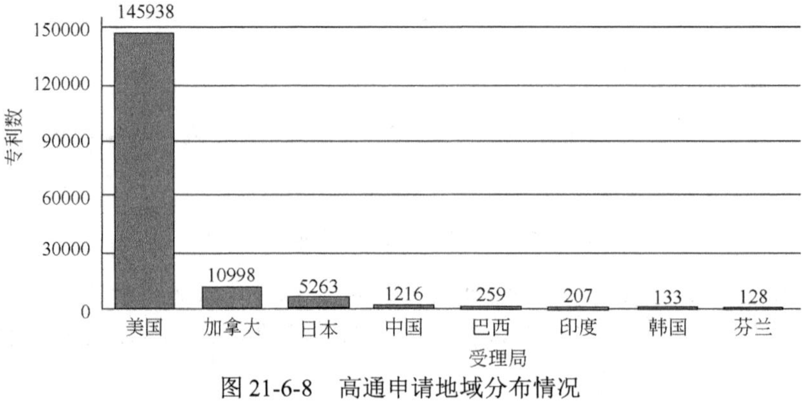


图 21-6-8　高通申请地域分布情况

图 21-6-9 反映了高通在全球主要市场上历年的专利申请分布状况。高通起步比其他三家公司都早，在图中可以看出，从 1998 年到 2009 年一直呈上升趋势，之后有所下降，在 2011 年又有所回升。

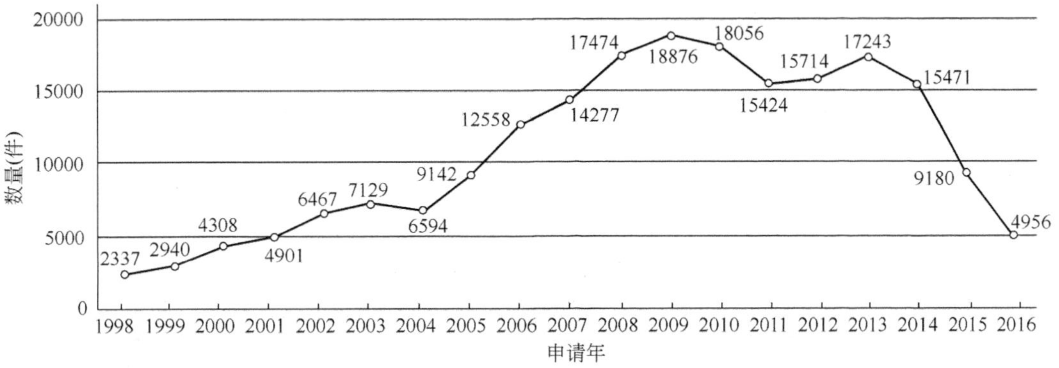


图 21-6-9 高通专利申请趋势

图 21-6-10 显示高通在专利按照国际专利分类号（IPC）进行统计的结果，数量最多的电类 H04W 为重点研究方向，其中包括无线通讯网络、数字信息的传输等等。

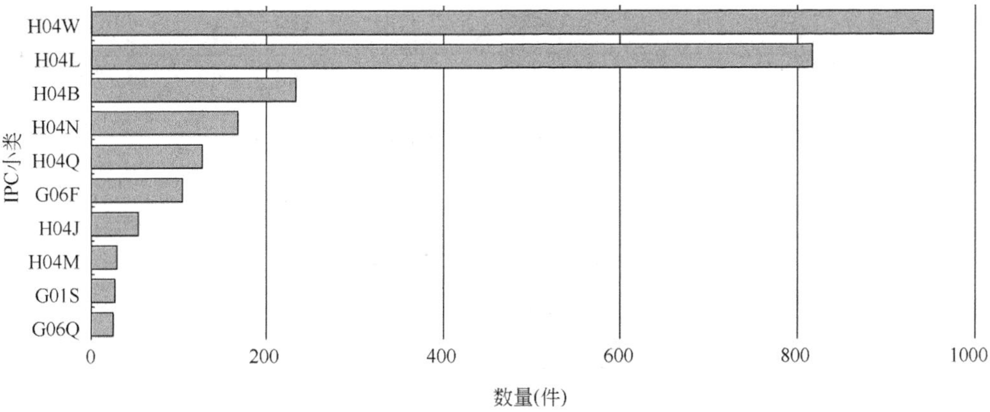


图 21-6-10 高通电学 IPC 小类分析图

## 21.6.4 中国国家电网公司

中国国家电网公司（以下简称“国家电网”）专利主要授权是在中国。国家电网网络传输相关专利经同族扩展后达到 101754 件。图 21-6-11 反映了国家电网在全球主要市场上的相关专利申请分布状况。

图 21-6-12 反映了国家电网公司在全球主要市场上的历年专利申请分布状况，呈逐年上升趋势，2011 年以后呈爆炸上升趋势。

图 21-6-13 显示国家电网公司在网络传输行业专利按照国际专利分类号（IPC）进行统计，结果最多的电学类 H04L 为重点研究方向，包括数字信息的传输，例如电报通信等。

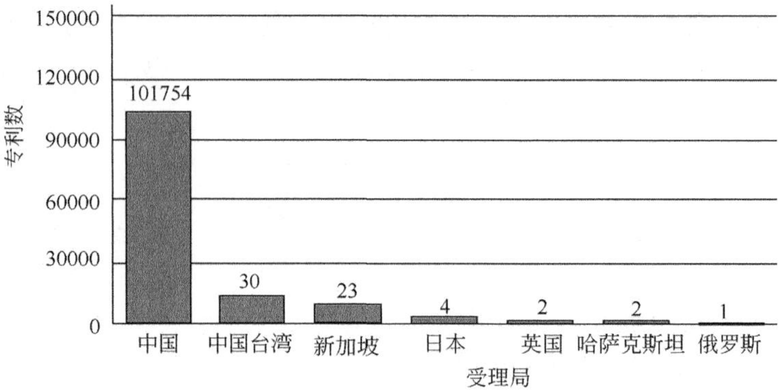


图 21-6-11　国家电网申请地域分布情况

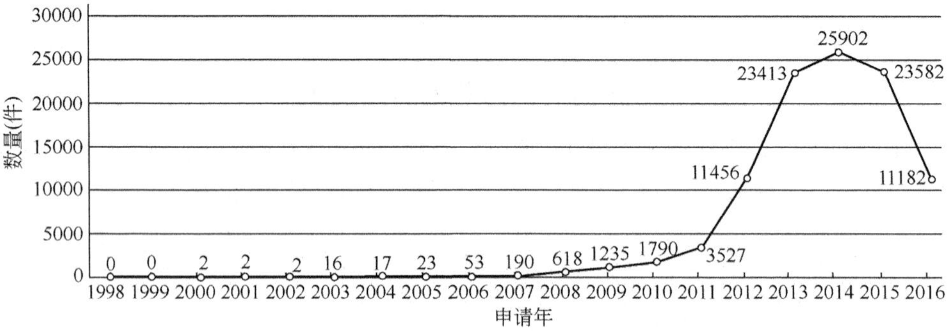


图 21-1-12　国家电网的专利申请趋势

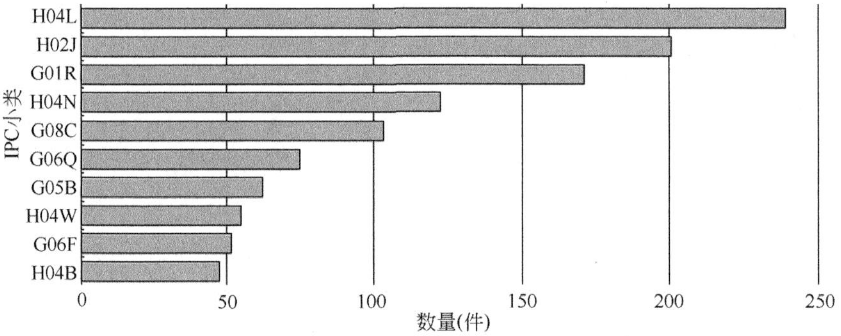


图 21-6-13　国家电网电学 IPC 小类分析图

# 第22章 网络传输行业国内专利情况

## 22.1 国内专利概况

在中国专利中，经过检索获得网络传输行业专利共 64885 件。如图 22-1-1 所示，其中发明专利达 53840 件，占总数的 81%，实用新型 11890 件，占总数的 19%。

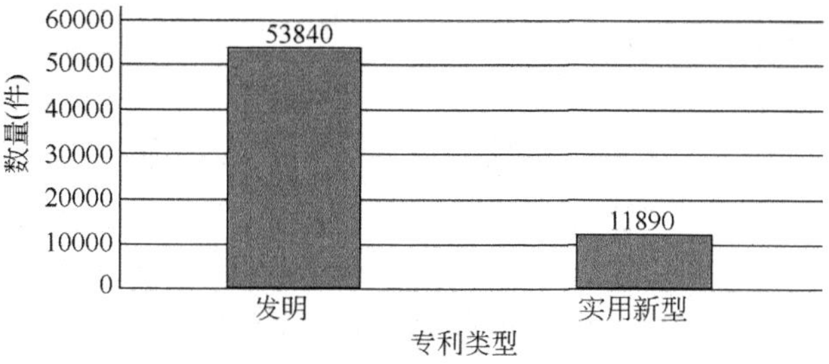


图 22-1-1 网络传输行业国内专利类型分布情况

## 22.2 国内专利申请趋势

从图 22-2-1 可以看出，20 世纪 90 年代初，得益于计算机技术的发展，网络传输技术进入了萌芽期。2000 年后，随着数字化科技的发展，技术研发人员越来越重视并加大对智能视频监控技术的研发力度。随着数字化革命的延续以及计算机网络、通信技术的高速迅猛发展，网络传输领域年专利申请量实现了高速增长，从 2000 年的 370 件到 2006 年的 3161 件，增长了近 7.5 倍。

图 22-2-1 网络传输行业国内专利申请趋势图

# 22.3 专利 IPC 分布

图 22-3-1 给出了国内网络传输行业专利排名前 10 位的技术领域分布及其专利数量情况。从图中可以看出，我国网络传输行业的专利目前主要集中在电学 H04L 数字型号的传输、图像通讯、无线通讯网络上，专利量达 24000 件。

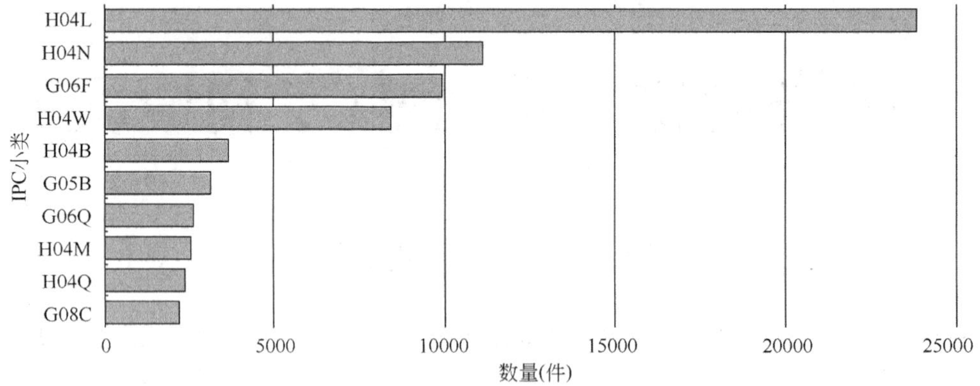


图 22-3-1　国内网络传输行业专利前 10 位技术领域综合情况

# 22.4 申请人分布分析

由网络传输行业国内专利申请国（地区）分布情况图 22-4-1 可见，国内专利在各申请国申请的专利数量最多达到了 46845 件，占总数的 72.64%，其他申请人来源地还有美国、中国台湾、日本等。

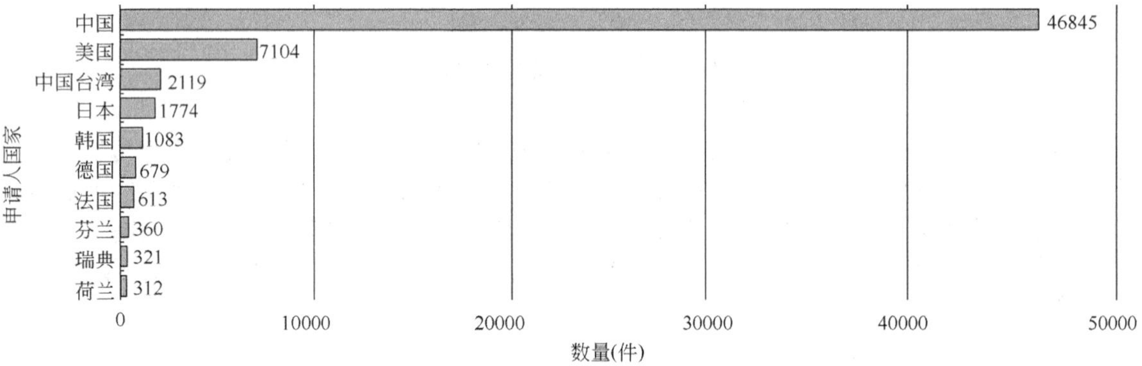


图 22-4-1　网络传输行业国内专利申请国（地区）分布情况

国内主要省市网络传输专利的申请状况见图 22-4-2，其中广东省申请量达到 11492 件，居首位，而浙江省专利申请量列第 5 位，作为一个科技发展迅速的大省数量普通。

图 22-4-3 给出了国内网络传输行业专利申请量前十位的申请人情况。可以看出，网络传输行业的专利申请量排名前十位的有六家是国内企业，三家院校，一家国外企业。国内企业中做的最好的是国家电网，活动年期 9 年。这表明这家企业的研发积累比较深，相关专利有必要加强关注和跟踪。

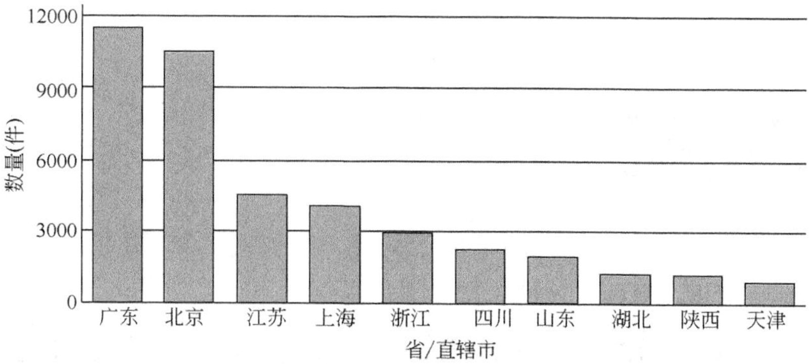


图 22-4-2 主要省市网络传输专利综合状况

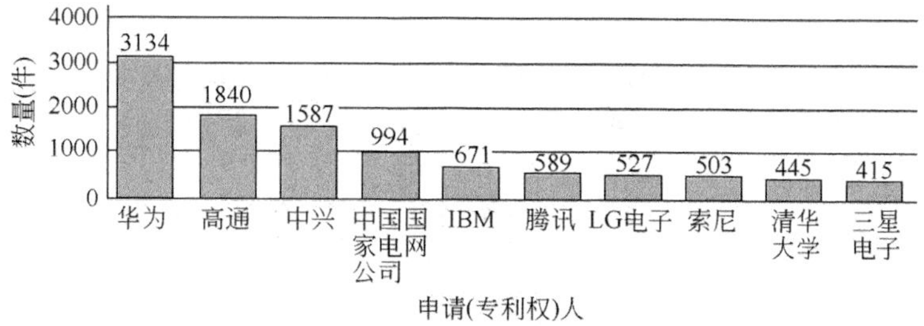


图 22-4-3 国内网络传输行业专利申请人排名

# 22.5 主要结论

数字信息传输、无线通讯网络、图像通信技术在主要竞争者近几年申请的专利中出现的次数比较频繁，可以推断其代表的网络传输技术，必将在未来的安防领域中拥有广阔的市场前景。我国的安防企业应以网络传输技术作为新的技术突破点，提升自己的安防产品与解决方案的市场竞争力[1]

[1] 霍雨佳，陈汉君，甘华玲.浅谈面向安防领域的网络传输技术[J].科技创新与应用，2017（6）.

# 第23章 重点企业（部分）核心专利简介

以下专利摘要信息数据来自智慧芽专利数据分析平台，部分涉及专业词汇，为防止因翻译原因而产生理解偏差，请读者按照专利号检索并下载全文解读。

## 23.1 授权部分

表 23-1-1　高通股份有限公司

| 申请号 | 申请日 | 申请人 | 发明名称 | 技术领域 |
|---|---|---|---|---|
| CN201380026825.4 | 2013-05-22 | 高通股份有限公司 | 用于高效重传通信的方法和设备 | 一般涉及无线通信，尤其涉及由于错误信息的接收而重传信息的方法和设备 |
| CN201280062049.9 | 2012-12-05 | 高通股份有限公司 | 自动化用户/传感器定位辨识以在分布式多传感器环境中定制音频性能 | 一般涉及无线装置、多麦克风以及多扬声器音频系统。在一个实例中，无线装置适于自动地执行麦克风、扩音器和/或用户检测和定位以为用户提供定制的三维浸入声音体验 |
| CN201280059126.5 | 2012-10-24 | 高通股份有限公司 | 用于针对功率降低的自适应接收分集控制的方法和装置 | 概括地说，本发明的实施例涉及无线通信，更具体地说，涉及针对功率降低的自适应接收分集控制 |
| CN201280031422.4 | 2012-06-29 | 高通股份有限公司 | 促成对等覆盖网络中对数据对象的群访问控制 | 本文所公开的各种特征一般涉及对等覆盖网络，并且至少一些特征涉及用于促成对等覆盖网络中对数据对象的群访问控制的设备和方法 |
| CN201280037436.7 | 2012-05-25 | 高通股份有限公司 | 经由触摸屏的安全输入 | 各种特征涉及保护使用输入设备键入的信息，尤其涉及保护对经由触摸屏输入设备键入的信息的访问 |
| CN201280027088.5 | 2012-05-21 | 高通股份有限公司 | 用于对多个装置状态分类的方法和设备 | 本文描述用于使用单独贝叶斯分类器来对多个装置状态分类的技术 |
| CN201280017780.X | 2012-04-13 | 高通股份有限公司 | 用于在路由器处管理通信的技术 | 路由器可在路由器本地的网络协议栈处处理从局域网接收到的数据，同时如常处理从广域网接收到的数据 |
| CN201280022619.1 | 2012-04-05 | 高通股份有限公司 | 使用文件递送方法的 IP 广播流式传输服务分布 | 本发明涉及经译码视频数据的输送 |

续表

| 申请号 | 申请日 | 申请人 | 发明名称 | 技术领域 |
|---|---|---|---|---|
| CN201280025480.6 | 2012-04-04 | 高通股份有限公司 | 用于能够使处于非专用信道状态下的用户设备进行更软切换的系统和方法 | 本申请的各方面通常涉及无线通信系统，并且更具体地说，涉及实现在无线通信系统中，由用户装置进行切换 |
| CN201280015344.9 | 2012-03-08 | 高通股份有限公司 | 在视频译码中的变换 | 本发明涉及视频译码，且更明确地说，涉及在视频译码中使用变换 |
| CN201280011885.4 | 2012-03-06 | 高通股份有限公司 | 用于提供针对单个数据流的多种重传策略的方法和设备 | 概括地说，一个特征涉及通信系统，更具体地说，涉及针对于单个数据流中的不同介质访问控制协议数据单元(MPDU)，提供多种重传策略的方法 |
| CN201280011976.8 | 2012-03-06 | 高通股份有限公司 | 视频编解码器中的缓冲器管理 | 本发明涉及视频译码 |
| CN201280011885.4 | 2012-03-06 | 高通股份有限公司 | 通过将差分服务代码点（DSCP）比特字段映射到介质访问控制协议数据单元（MPDU）比特字段来提供针对单个数据流的多种重传策略 | 概括地说，一个特征涉及通信系统，更具体地说，涉及针对于单个数据流中的不同介质访问控制协议数据单元（MPDU），提供多种重传策略的方法 |
| CN201280010821.2 | 2012-03-02 | 高通股份有限公司 | 用于无线设备中的WLAN卸载的架构 | 本申请通常涉及无线设备的设计和操作，并且更具体地，涉及提供 WLAN 卸载的无线设备 |
| CN201280010361.3 | 2012-01-20 | 高通股份有限公司 | 用于无线显示器的用户输入返回信道 | 本公开内容涉及用于在无线源设备和无线宿设备之间发送数据的技术 |

**专利名称：用于高效重传通信的方法和设备**

公开（公告）号：CN104335516B　　公开（公告）日：2016-07-13

申请号：CN201380026825.4　　申请日：2013-05-22

申请（专利权）人：高通股份有限公司

国际专利分类号：IPC(8): H04L1/16 H04L1/18 H04B7/04

其他公开文献：CN104335516A

**摘要：**公开了用于在多用户多输入多输出(MU-MIMO)通信系统中重传媒体接入控制(MAC)协议数据单元(MPDU)的方法、设备和系统。在第一传输窗口内传送并发数据流。每一并发数据流与不同的接收者相关联并且包括相等数目的 MPDU。如果存在错误，则可以获取针对每一并发数据流要重传的 MPDU 的重传子集的指示。针对每一并发数据流的该重传子集在第二传输窗口内被重传。第二传输窗口的长度与这些并发数据流的重传子集中的最长者一样长。可以将一个或多个新的 MPDU 添加到该第二传输窗口中的这些并发数据流，以使得该第二传输窗口中的每个并发数据流携带相同数目的 MPDU。

**专利名称：自动化用户/传感器定位辨识以在分布式多传感器环境中定制音频性能**

公开（公告）号：CN103999488B　　公开（公告）日：2016-10-05

申请号：CN201280062049.9　　申请日：2012-12-05

申请（专利权）人：高通股份有限公司

国际专利分类号：IPC(8): H04S7/00 H04R1/32 H04R3/12

其他公开文献：CN103999488A

**摘要：**提供一种无线装置，所述无线装置利用其他附近的音频换能器装置以产生用于目标用户的环绕声音效果。为此，所述无线装置首先断定是否存在任何附近的外部麦克风和/或扩音器装置。所述无线装置的内部麦克风以及任何其他附近的外部麦克风可用于断定所要/目标用户以及所述附近的扩音器装置的定位。随后使用此信息通过使所述无线装置将音频信号导引到其内部扩音器和/或所述附近的外部扩音器装置来产生用于所述所要/目标用户的环绕声音效果。

**专利名称：用于针对功率降低的自适应接收分集控制的方法和装置**

公开（公告）号：CN103959674B　　公开（公告）日：2016-11-30

申请号：CN201280059126.5　　申请日：2012-10-24

申请（专利权）人：高通股份有限公司

国际专利分类号：IPC(8): H04B7/08

其他公开文献：CN103959674A

**摘要：**本发明公开了用于执行无线通信的方法和设备，其中该方法包括：获取用于从无线节点接收通信的多个接收链的历史通信信息；基于所述历史通信信息，确定在非连续接收模式下从所述多个接收链中要启用的接收链的数量；以及启用所述数量的接收链，以在通信循环中从所述无线节点接收通信。此外，还主张和描述了其他方面、实施例和特征。

**专利名称：促成对等覆盖网络中对数据对象的群访问控制**

公开（公告）号：CN103621040A　　公开（公告）日：2014-03-05

申请号：CN201280031422.4　　申请日：2012-06-29

申请（专利权）人：高通股份有限公司

国际专利分类号：IPC(8): H04L29/06

其他公开文献：CN103621040B

**摘要：**提供了用于促成对等或其他类似覆盖网络中的群访问控制的方法和装置。群管理员可在覆盖网络中创建群，并且可向该群的每个成员指派因对等方而异的证书以用于指示在该群中的成员关系。群成员对等节点可使用其相应的因对等方而异的证书以认证其自己为群成员来访问该覆盖网络中的数据对象。该认证是由该网络中的另一对等节点执行的。证实方对等节点可使用与被颁予该因对等方而异的证书的对等节点相关联的公钥来认证该群成员是该因对等方而异的证书的合法拥有者。证实方对等节点还可使用颁发该因对等方而异的证书的装置的公钥来证实该因对等方而异的证书是被正当地颁予该群成员的。

**专利名称：经由触摸屏的安全输入**

公开（公告）号：CN103718187A　　公开（公告）日：2014-04-09

申请号：CN201280037436.7　　申请日：2012-05-25

申请（专利权）人：高通股份有限公司

国际专利分类号：IPC(8): G06F21/83 G06F3/0488

其他公开文献：CN103718187B

**摘要：**提供了用于从触摸屏安全地获得输入的方法和装置。可以（例如，在处理器处）实现安全执行环境，其中该安全执行环境可包括触摸屏驱动器。可以从安全执行环境发送按键板图像以由触摸屏显示。可以在安全执行环境处从触摸屏驱动器接收输入位置。此类输入位置可在安全执行环境处被转换成字符、符号、或者改变在触摸屏处显示的按键板图像的请求。在一个实现中，安全执行环境还可实现向触摸屏发送按键板图像的显示驱动器。安全执行环境可实现将按键板图像映射成字符集的驱动器按键板图像映射功能。

**专利名称：用于对多个装置状态分类的方法和设备**

公开（公告）号：CN103597424A　　　公开（公告）日：2014-02-19

申请号：CN201280027088.5　　　申请日：2012-05-21

申请（专利权）人：高通股份有限公司

国际专利分类号：其他公开文献：CN103597424B

**摘要**：描述用于使用单独贝叶斯分类器来对多个装置状态分类的技术。所描述的方法的实例包含：存取装置的传感器信息，其中所述传感器信息中的至少一些用于第一特征集中且所述传感器信息中的至少一些用于第二特征集中；使用经配置以确定第一状态类型的第一建议状态和第二状态类型的第一建议状态的第一分类算法来处理所述第一特征集；使用经配置以确定所述第一状态类型的第二建议状态和所述第二状态类型的第二建议状态的第二分类算法来处理所述第二特征集；以及将装置的建议状态确定为所述第一状态类型的所述第一建议状态和所述第二状态类型的所述第二建议状态。

**专利名称：用于在路由器处管理通信的技术**

公开（公告）号：CN103460668A　　　公开（公告）日：2013-12-18

申请号：CN201280017780.X　　　申请日：2012-04-13

申请（专利权）人：高通股份有限公司

国际专利分类号：IPC(8): H04L29/06 H04L12/771

其他公开文献：CN103460668B

**摘要**：路由器可在路由器本地的网络协议栈处处理从局域网接收到的数据，同时如常处理从广域网接收到的数据。将栈处理从数据的源卸载到路由器降低了基于接收到的数据的分组和来自分组的目的地的确认两者必须行进的网络跳跃数，由此降低了通信等待时间。另外，将栈处理卸载到路由器可降低数据源处的处理负荷。此外，路由器可针对局域话务和广域话务实现不同的服务质量或其他处理协议。

**专利名称：使用文件递送方法的 IP 广播流式传输服务分布**

公开（公告）号：CN103518351B　　　公开（公告）日：2016-12-28

申请号：CN201280022619.1　　　申请日：2012-04-05

申请（专利权）人：高通股份有限公司

国际专利分类号：IPC(8): H04L12/18

其他公开文献：CN103518351A

**摘要**：在一个实例中，装置包含一个或一个以上处理单元，所述一个或一个以上处理单元经配置以：经由网络发送检索媒体内容的至少一部分的请求，其中所述媒体内容符合 HTTP 动态自适应流式传输 DASH，且其中所述请求包括根据文件递送服务递送所述至少部分的请求；以及响应于所述请求而根据所述文件递送服务经由所述网络接收所述媒体内容的所述至少部分的流式传输数据。所述装置可用所述接收的数据预先填充浏览器高速缓冲存储器，使得浏览器可实际上使用所述文件递送服务来流式传输数据。所述装置可初始使用单播来检索所述媒体内容的数据，直到达到经由所述文件递送服务接收的所述数据的切换点为止。

**专利名称：用于能够使处于非专用信道状态下的用户设备进行更软切换的系统和方法**
公开（公告）号：CN103563446B　　公开（公告）日：2016-11-16
申请号：CN201280025480.6　　申请日：2012-04-04
申请（专利权）人：高通股份有限公司
国际专利分类号：IPC(8): H04W36/30 H04W74/00
其他公开文献：CN103563446A

**摘要**：一种特征提供了用于能够使处于非专用信道状态（例如，Cell_FACH 状态）中的用户设备进行更软切换的装置、系统和方法。用户设备经由基站的第一扇区与该基站进行通信，接收前导签名划分列表。用户设备确定基站的第二扇区可用于更软切换，从前导签名划分列表中选择与和第一扇区及第二扇区相关联的更软切换配置相对应的前导签名。随后，用户设备可以在处于非专用信道状态（例如，Cell_FACH）时，发送包括前导签名的更软切换发起消息。

**专利名称：在视频译码中的变换**
公开（公告）号：CN103444177A　　公开（公告）日：2013-12-11
申请号：CN201280015344.9　　申请日：2012-03-08
申请（专利权）人：高通股份有限公司
国际专利分类号：IPC(8): H04N7/26 H04N7/50
其他公开文献：CN103444177B

**摘要**：本发明涉及一种对视频数据译码的方法。在一实例中，所述方法包含确定对与视频数据块相关联的亮度信息应用第一变换的第一残余四叉树 RQT 深度，其中所述 RQT 表示对亮度信息和色度信息应用变换的方式。所述方法还包含确定对与所述视频数据块相关联的所述色度信息应用第二变换的第二 RQT 深度，其中所述第二 RQT 深度不同于所述第一 RQT 深度。所述方法还包含在所述第一 RQT 深度处对所述亮度信息译码且在所述第二 RQT 深度处对所述色度信息译码。

**表 23-1-2　国家电网公司**

| 申请号 | 申请日 | 申请人 | 发明名称 | 技术领域 |
|---|---|---|---|---|
| CN201520308564.1 | 2015-05-14 | 国家电网公司、国网山东省电力公司烟台供电公司 | 一种市级供电公司用视频会议系统 | 本实用新型涉及一种电力系统使用的视频会议系统，属于电力通信及多媒体通信技术领域 |
| CN201520979350.7 | 2015-12-01 | 国网重庆市电力公司、电力科学研究院、国家电网公司 | 一种人工巡检管理系统 | 本实用新型涉及一种管理系统，特别是一种人工巡检管理系统。背景技术 |
| CN201520709866.X | 2015-09-14 | 国网浙江省电力公司湖州供电公司、国家电网公司 | 一种用于倒闸操作安全稽查的可视化平台装置 | 本实用新型涉及电力操作设备技术领域，尤其涉及一种用于倒闸操作安全稽查的可视化平台装置 |
| CN201520807262.9 | 2015-10-19 | 国家电网公司、国网安徽省电力公司宣城供电公司、国网安徽省郎溪县供电有限责任公司 | 基于音视频的电力现场作业远程交互平台 | 本实用新型属于电力现场作业设备的技术领域，尤其涉及一种基于音视频的电力现场作业远程交互平台 |
| CN201210265231.6 | 2012-07-27 | 中国电力科学研究院、国家电网公司 | 一种提高变电站网络采样可靠性的系统方法 | 本发明涉及一种电力自动化领域的系统方法，具体涉及一种提高变电站网络采样可靠性的系统方法 |

续表

| 申请号 | 申请日 | 申请人 | 发明名称 | 技术领域 |
| --- | --- | --- | --- | --- |
| CN201210041141.9 | 2012-02-23 | 国家电网公司、江苏省电力公司、江苏省电力公司泰州供电公司 | 一种变电站遥信功能自动校验系统 | 本发明涉及一种变电站遥信功能自动校验系统 |
| CN201520449541.2 | 2015-06-25 | 国家电网公司、国网山东省电力公司聊城供电公司 | 一种多功能 UPS 电源远程在线监测系统 | 本实用新型属于 UPS 监测系统技术领域，尤其涉及一种多功能 UPS 电源远程在线监测系统 |
| CN201220186126.9 | 2012-04-27 | 山西省电力公司大同供电分公司、国家电网公司 | 电气设备过热检测系统 | 本实用新型涉及自动化测量技术领域，尤其涉及一种可用于变电站一次设备过热监视的电气设备过热检测系统 |
| CN201420141117.7 | 2014-03-26 | 国家电网公司、国网山西省电力公司检修分公司 | 一种基于图像识别输电线路的雾等级的系统 | 本实用新型关于电力监测技术领域，特别是关于电力系统中输电线路的检测技术，具体的讲是一种基于图像识别输电线路的雾等级的系统 |
| CN201220691615.X | 2012-12-14 | 四川省电力公司眉山公司、国家电网公司 | 电力数据交互系统 | 本实用新型涉及电力电能数据传递装置，具体为一种电力数据交互系统 |
| CN201420405273.X | 2014-07-22 | 国家电网公司 | 一种基于变电站作业人员图像捕捉定位网络传输装置 | 本实用新型属于网络传输装置技术领域，具体涉及一种基于变电站作业人员图像捕捉定位网络传输装置 |
| CN201320801502.5 | 2013-12-09 | 国家电网公司 | 一种基于 Zigbee 网络的输电杆塔倾角监测系统 | 本实用新型属于输电杆塔的检测系统，具体地说，涉及一种 Zigbee 网络的输电杆塔倾角监测系统 |
| CN201620039212.5 | 2016-01-15 | 国家电网公司 | 一种用于室内变电站的实时监测系统 | 本实用新型涉及环境监测的技术领域，特别是室内变电站的实时监测系统的技术领域 |
| CN104269937B | 2016-08-24 | 国家电网公司 | 一种分布式光伏电站的运行监控系统 | 本申请涉及光伏发电技术领域，更具体地说，涉及一种分布式光伏电站的运行监控系统 |
| CN201220186648.9 | 2012-04-27 | 国家电网公司 | 输电线路覆冰厚度监测系统 | 本实用新型涉及自动化测量技术领域，尤其涉及一种可远距离、大范围内自动监测输电线路覆冰情况的输电线路覆冰厚度监测系统 |

**专利名称：一种市级供电公司用视频会议系统**

公开（公告）号：CN204652549U　　公开（公告）日：2015-09-16

申请号：CN201520308564.1　　申请日：2015-05-14

申请（专利权）人：国家电网公司　国网山东省电力公司烟台供电公司

国际专利分类号：IPC(8): H04N7/15 H04N5/76

**摘要：**本实用新型公开了一种市级供电公司用视频会议系统，其特征在于终端单元（3）分别与网络传输单元（2）、视频单元（5）、音频单元（6）及控制单元（4）相连，控制单元（4）分别与终端单元（3）、视频单元（5）及音频单元（6）相连，电源单元（7）分别与终端单元（3），视频单元（5），音频单元（6），控制单元（4）连接，本实用新型能够实现“双电源、双设备、双路由”，保证视频会议系统时刻能够正常运转，不会影响视频会议的正常召开，可以实现对视频会议内容的录像和反复播放。

**专利名称：一种人工巡检管理系统**

公开（公告）号：CN205263889U　　公开（公告）日：2016-05-25

申请号：CN201520979350.7　　申请日：2015-12-01

申请（专利权）人：国网重庆市电力公司电力科学研究院　国家电网公司

国际专利分类号：IPC(8): G07C1/20

**摘要：**本实用新型一种涉及人工巡检管理系统，包括 RFID 定位模块、网络传输模块和管理系统模块；RFID 定位模块包括设置在巡检人员身上的 RFID 标签和设置在巡检区域的 RFID 阅读器；RFID 标签用于记载巡检人员的身份信息；RFID 阅读器用于识别在其范围内的 RFID 标签的信息，并通过网络传输模块上传至管理系统模块；网络传输模块用于将 RFID 阅读器识别的信息传输至管理系统模块；管理系统模块接受并存储网络传输模块上传的信息并做最终的分析处理，最后将处理结果保存并通过显示设备显示出来。本实用新型能实时跟踪巡检人员的位置，监控巡检人员的工作状态，提高了巡检人员的工作质量，减轻了管理人员的压力，进一步实现管理过程从手工模式向系统化的科学管理模式转变。

**专利名称：一种用于倒闸操作安全稽查的可视化平台装置**

公开（公告）号：CN205071191U　　公开（公告）日：2016-03-02

申请号：CN201520709866.X　　申请日：2015-09-14

申请（专利权）人：国网浙江省电力公司湖州供电公司　国家电网公司

国际专利分类号：IPC(8): H04N7/18

**摘要：**本实用新型公开了一种用于倒闸操作安全稽查的可视化平台装置，涉及电力操作设备技术领域，包括高清显示屏、高清摄像机、网络传输通道、通信设备及用于固定高清摄像机的支撑架；高清显示屏设于稽查人员所在处，高清摄像机设于倒闸操作现场，高清摄像机和高清显示屏通过网络传输通道连接使稽查人员对操作人实行单向视频；稽查人员所在处和操作现场均设有通信设备，稽查人员和操作人之间通过通信设备实行双向通话和双向接听。采用本实用新型提供的用于倒闸操作安全稽查的可视化平台装置，稽查人员可以对操作人的倒闸操作进行远程稽查，不用驱车赶往操作现场，节约人力物力。节约了稽查人员的有效工作时间，便于提高稽查频度，使操作人养成良好的操作习惯。

**专利名称：基于音视频的电力现场作业远程交互平台**

公开（公告）号：CN204993685U　　公开（公告）日：2016-01-20

申请号：CN201520807262.9　　申请日：2015-10-19

申请（专利权）人：国家电网公司　国网安徽省电力公司宣城供电公司　国网安徽省郎溪县供电有限责任公司

国际专利分类号：IPC(8): H04N7/18 G08B13/196

**摘要：**本实用新型涉及基于音视频的电力现场作业远程交互平台，包括主站端、作业现场监控系统以及网络传输系统，所述主站端包括主控制器、影音监控系统、影音播放系统、存储系统、远程监控系统、定位系统、报警系统、无线监控系统以及移动监控系统，所述无线监控系统通过网络传输系统与移动监控系统相连，所述影音监控系统与影音播放系统相连；所述作业现场监控终端包括太阳能储能装置、固定式监视装置、便携移动式监视装置以及车载移动式监视装置；本实用新型设有固定式监视装置、便携移动式监视装置以及车载移动式监视装置，可以随时随地进行监控，并将把现场作业音频、视频传送到电力安全生产监控中心，有效发挥作业指挥和督导的作用。

**专利名称：一种提高变电站网络采样可靠性的系统方法**

公开（公告）号：CN102801557B　　公开（公告）日：2016-08-10
申请号：CN201210265231.6　　申请日：2012-07-27
申请（专利权）人：中国电力科学研究院　国家电网公司
国际专利分类号：IPC(8): H04L12/24 H04L7/00
其他公开文献：CN102801557A

**摘要**：本发明涉及一种提高变电站网络采样可靠性的系统方法，该方法包括下述步骤：（1）采样环节的高精度同步对时；（2）采样发送环节的等间隔传输；（3）对网络传输环节进行优化设计；（4）采样接收设备对接收的采样数据进行重采样，对采样数据进行统一处理。该方法能够从系统层面统一考虑，解决网络采样的同步对时问题、网络传输延时问题以及报文丢失或者延迟后数据的处理问题，不仅能够提高网络采样的可靠性，有效提高采样同步精度和降低网络传输延时，同时还能够有效应对在采样报文丢失或者延迟等情况下保护、测控装置的处理问题，能够有效指导变电站建设，推动网络采样技术在变电站内的应用。

**专利名称：一种变电站遥信功能自动校验系统**

公开（公告）号：CN102621944B　　公开（公告）日：2013-11-27
申请号：CN201210041141.9　　申请日：2012-02-23
申请（专利权）人：国家电网公司　江苏省电力公司　江苏省电力公司泰州供电公司
国际专利分类号：IPC(8): G05B19/418
其他公开文献：CN102621944A

**摘要**：本发明公开了一种变电站遥信功能自动校验系统，它包括数据采集模块、Open3000 系统和企业管理信息系统，采集模块的输入端与变电站连接，采集模块的输出端与 Open3000 系统的网络传输装置连接，Open3000 系统的网络接口与企业管理信息系统连接，采集模块将变电站内的各状态量信号进行采集后经过 Open3000 系统的网络传输装置传送给 Open3000 系统，Open3000 系统将信号与数据库中的数据进行校验处理后传送给企业管理信息系统，企业管理信息系统对外部系统开放数据访问的功能，便于技术人员查询。

**专利名称：一种多功能 UPS 电源远程在线监测系统**

公开（公告）号：CN204759127U　　公开（公告）日：2015-11-11
申请号：CN201520449541.2　　申请日：2015-06-25
申请（专利权）人：国家电网公司　国网山东省电力公司聊城供电公司
国际专利分类号：IPC(8): G05B19/042

**摘要**：本实用新型提供一种多功能 UPS 电源远程在线监测系统，包括控制主机、远程控制装置、报警装置、网络传输交换机、一号监控适配器、二号监控适配器、三号监控适配器、监测仪表、主用 UPS 电源、备用 UPS 电源、导线和无线路由器。所述的控制主机通过导线连接在网络传输交换机的上部；所述的远程控制装置或者网络传输交换机均通过无线局域网的方式连接无线路由器。本实用新型通过控制主机、远程控制装置、报警装置、监测仪表、主用 UPS 电源、备用 UPS 电源和无线路由器的设置，有利于提高对 UPS 电源监测的稳定性，使用操作方便，实现故障早发现、早维修，避免更大经济损失，并可对电力设施提供双重保护功能，保证电力设施正常运行，降低使用成本，延长使用寿命。

**专利名称：电气设备过热检测系统**

公开（公告）号：CN202720050U　　公开（公告）日：2013-02-06
申请号：CN201220186126.9　　申请日：2012-04-27
申请（专利权）人：山西省电力公司大同供电分公司　国家电网公司
国际专利分类号：IPC(8): G01J5/00 G08C19/00

**摘要**：本实用新型提供一种电气设备过热检测系统，包括热源数据采集发送设备和计算机监控主站设备。所述热源数据采集发送设备和计算机监控主站设备通过无线通信连接。所述热源数据采集发送设备包括用于测量变电站一次设备运行温度的测温仪、与测温仪连接的用于将测温仪的测量温度数据转换成网络传输数据的局域网交换机以及与局域网交换机连接的用于发送网络传输数据的远端服务器。所述计算机监控主站设备包括用于接收网络传输数据的网络交换机、用于将网络传输数据转换成预定格式数据的数据服务器以及用于对预定格式数据进行处理并显示的监控计算机。所述电气设备过热检测系统可及时检测变电站一次设备的温度情况，降低运行维护成本。

**专利名称：一种基于图像识别输电线路的雾等级的系统**

公开（公告）号：CN203825644U　　公开（公告）日：2014-09-10
申请号：CN201420141117.7　　申请日：2014-03-26
申请（专利权）人：国家电网公司　国网山西省电力公司检修分公司
国际专利分类号：IPC(8): G06K9/62

**摘要**：本实用新型提供一种基于图像识别输电线路的雾等级的系统，包括安装于所述输电线路上的摄像装置；与所述的摄像装置相连接的网络通信模块；与所述网络通信模块相连接的远程识别装置，其中，所述的摄像装置用于采集输电线路在晴天、轻雾、雾、大雾、浓雾、强浓雾天气的多个训练图像；所述的远程识别装置，用于接收所述的多个训练图像，根据所述的训练图像输出雾等级识别模板库；所述的摄像装置还用于采集输电线路的待识别图像；所述的远程识别装置还用于接收所述的待识别图像，根据所述的雾等级识别模板库输出所述待识别图像的识别结果。本实用新型提供的系统实现了对雾的等级的分类识别。

**专利名称：电力数据交互系统**

公开（公告）号：CN203027295U　　公开（公告）日：2013-06-26
申请号：CN201220691615.X　　申请日：2012-12-14
申请（专利权）人：四川省电力公司眉山公司　国家电网公司
国际专利分类号：IPC(8): H04L29/08 G08C17/02 H04L12/12

**摘要**：本实用新型涉及电力电能数据传递装置，具体为一种电力数据交互系统。电力数据交互系统，配电房电能表、控制开关设置在电力分线出口，进户电能表、控制开关设置在用户电力线路入口，配电房电能表、进户电能表分别连接无线采集电路，无线采集电路连接网络传输器，网络传输器连接稽查监控计算机，网络传输器连接控制开关。本实用新型有效地防止非法窃电现象的发生，减少供电部门的损失，提高防窃电的智能化管理水平。

表 23-1-3 华为技术有限公司

| 申请号 | 年份 | 申请人 | 发明名称 | 技术领域 |
|---|---|---|---|---|
| CN201410426046.X | 2014-08-26 | 华为技术有限公司 | 一种音频编码方法和装置 | 本发明涉及通信领域，尤其涉及一种音频编码方法和装置 |
| CN201410077044.4 | 2014-03-04 | 华为技术有限公司 | 导航方法、终端和通信设备 | 本发明涉及通信领域，并且更具体地，涉及导航方法、终端和通信设备 |
| CN201310616278.7 | 2013-11-27 | 华为技术有限公司 | 一种软件定义网络系统中网络设备的管理方法和控制器 | 本发明涉及通信领域，尤其涉及一种软件定义网络系统中网络设备的管理方法和控制器 |
| CN201310567832.7 | 2013-11-14 | 华为技术有限公司 | 设备远程访问的方法、瘦客户端和虚拟机 | 本发明涉及通信技术领域，尤其涉及一种设备远程访问的方法、瘦客户端和虚拟机 |
| CN201310557049.2 | 2013-11-08 | 华为技术有限公司 | 一种优化的调度方法及管理设备 | 本发明涉及信息处理领域，尤其涉及一种优化的调度方法及管理设备 |
| CN201310522673.9 | 2013-10-29 | 华为技术有限公司 | 一种数据传输方法及装置 | 本发明涉及通信技术领域，尤其涉及一种数据传输方法及装置 |
| CN201310446322.4 | 2013-09-26 | 华为技术有限公司 | 数据包的处理方法和网络流量的管理方法及装置和系统 | 本发明涉及通信技术领域，尤其涉及一种数据包的处理方法和网络流量的管理方法及装置和系统 |
| CN201380001875.7 | 2013-09-13 | 华为技术有限公司 | 跨网通信方法及装置 | 本发明实施例涉及通信技术，尤其涉及一种跨网通信方法及装置 |
| CN201310323932.5 | 2013-07-29 | 华为技术有限公司 | 基于安全传输层协议的安全认证方法、设备及系统 | 本发明涉及通信技术领域，具体涉及基于安全传输层协议的安全认证方法、设备及系统 |
| CN201380002721.X | 2013-07-24 | 华为技术有限公司 | 一种信号发送和接收的方法、装置及系统 | 本发明涉及通信技术领域，特别涉及一种信号发送和接收的方法、装置及系统 |
| CN201380001118.X | 2013-07-12 | 华为技术有限公司 | GRE 隧道实现方法、接入设备和汇聚网关 | 本发明实施例涉及通信技术，尤其涉及一种 GRE 隧道实现方法、接入设备和汇聚网关 |
| CN201310283397.5 | 2013-07-05 | 华为技术有限公司 | RapidIO 报文和 InfiniBand 报文之间的转换方法及装置 | 本发明涉及通信技术领域，特别涉及 RapidIO 报文和 InfiniBand 报文之间的转换方法及装置 |
| CN201380000558.3 | 2013-06-26 | 华为技术有限公司 | 报文识别方法和防护设备 | 本发明涉及通信技术，尤其涉及一种报文识别方法和防护设备 |
| CN201310253625.4 | 2013-06-24 | 华为技术有限公司 | 处理语音数据的方法、终端、服务器及系统 | 本发明涉及网络技术领域，特别涉及一种处理语音数据的方法、终端、服务器及系统 |
| CN201380000699.5 | 2013-06-24 | 华为技术有限公司 | 一种数据传输的方法和装置 | 本发明涉及网络数据处理技术领域，特别涉及一种数据传输的方法和装置 |

**专利名称：一种音频编码方法和装置**

公开（公告）号：CN105225670B　　公开（公告）日：2016-12-28

申请号：CN201410426046.X　　申请日：2014-08-26

申请（专利权）人：华为技术有限公司

国际专利分类号：IPC(8): G10L19/04 G10L19/06

其他公开文献：CN105225670A

**摘要：** 本发明实施例公开了一种音频编码方法和装置，包括：对于音频中的每一音频帧，确定所述音频帧与所述音频帧的前一音频帧的信号特性满足预设修正条件时，根据所述音频帧的线性谱频率 LSF 差值和所述前一音频帧的 LSF 差值确定第一修正权重；确定所述音频帧与所述前一音频帧的信号特性不满足预设修正条件时，确定第二修正权重；所述预设修正条件用于确定所述音频帧与所述音频帧的前一音频帧的信号特性相近；根据确定的所述第一修正权重或者所述第二修正权重对所述音频帧的线性预测参数进行修正；根据所述音频帧修正后的线性预测参数对所述音频帧进行编码。本发明能够在码率不变或者码率变化不大的情况下编码带宽更宽的音频，且音频帧间频谱更为平稳。

**专利名称：一种软件定义网络系统中网络设备的管理方法和控制器**

公开（公告）号：CN103647658B　　公开（公告）日：2016-12-07
申请号：CN201310616278.7　　申请日：2013-11-27
申请（专利权）人：华为技术有限公司
国际专利分类号：IPC(8): H04L12/24
其他公开文献：CN103647658A

**摘要**：本发明公开了一种软件定义网络系统中网络设备的管理方法和控制器，涉及通信领域，在 SDN 场景下基于网络设备的物理特性提高网络设备的使用性能。其方法为：该软件定义网络系统包括控制器和网络设备，控制器用于管理网络设备通信，通过控制器接收网络设备上报的信息，信息包括网络设备的硬件信息及属性信息；其中，属性信息用于表明网络设备是否可以被控制器定义，当网络设备可以被控制器定义时，控制器根据硬件信息定义网络设备的数据控制功能，并向网络设备下发定义指令，使网络设备根据定义指令设定数据控制功能。

**专利名称：设备远程访问的方法、瘦客户端和虚拟机**

公开（公告）号：CN103595790A　　公开（公告）日：2014-02-19
申请号：CN201310567832.7　　申请日：2013-11-14
申请（专利权）人：华为技术有限公司
国际专利分类号：IPC(8): H04L29/08
其他公开文献：CN103595790B

**摘要**：本发明公开了一种设备远程访问的方法、瘦客户端和虚拟机。所述方法包括：瘦客户 TC 端的总线过滤驱动器接收虚拟机 VM 端对 TC 端的物理设备的远程访问请求；总线过滤驱动器将远程访问请求转换为物理设备驱动器能够读取的远程操作指令；总线过滤驱动器向物理设备驱动器发送远程操作指令，远程操作指令用于指示物理设备驱动器驱动物理设备执行读/写操作并返回携带读/写操作的执行结果的远程响应数据。本发明的设备远程访问的方法、瘦客户端和虚拟机，能够实现 VM 端对 TC 端的物理设备的远程访问，并且由于未修改设备驱动程序，因此 TC 端能够继续正常访问该物理设备。

**专利名称：一种优化的调度方法及管理设备**

公开（公告）号：CN103593240B　　公开（公告）日：2016-11-23
申请号：CN201310557049.2　　申请日：2013-11-08
申请（专利权）人：华为技术有限公司
国际专利分类号：IPC(8): G06F9/48

**摘要**：本发明实施例提供了一种优化的调度方法及管理设备，涉及信息处理领域，用于降低网络流量，缩短待处理程序的处理时间。所述方法包括：获取第一待处理程序与第一待处理程序所需的 $N$ 个数据间的相关性系数；根据每一个处理设备的计算资源，在 $L$ 个处理设备中确定出 $M$ 个第一处理设备；获取第一待处理程序所需的 $N$ 个数据与 $M$ 个第一处理设备间的关联性系数；根据所述第一待处理程序所需的 $N$ 个数据与 $M$ 个第一处理设备间的关联性系数，从 $M$ 个第一处理设备中确定出所述 $N$ 个数据中每一个数据对应的备选目标处理设备；在备选目标处理设备中确定出目标处理设备；将所述第一待处理程序发送至所述目标处理设备。本发明实施例适用于任务调度的场景。

**专利名称：一种数据传输方法及装置**

公开（公告）号：CN103546258A　　公开（公告）日：2014-01-29

申请号：CN201310522673.9　　申请日：2013-10-29

申请（专利权）人：华为技术有限公司

国际专利分类号：IPC(8): H04L1/18 H04L29/08

其他公开文献：CN103546258B

**摘要**：本发明涉及通信技术领域，尤其涉及一种数据传输方法及装置，用以解决在RDMA 数据传输过程中，一旦出现丢包，后续数据包都需要重传，导致出现雪崩效应，严重影响传输效率的问题；在本发明实施例中，第一网卡 NIC 接收第二 NIC 发送的请求数据包；所述第一 NIC 在确定当前接收的所述请求数据包为之前未接收的、后续待处理的请求数据包后，将当前接收的所述请求数据包缓存在所述第一 NIC 中，并回复 ACK 数据包；采用这种方法，在 RDMA 数据传输过程中，若其中一个数据包被丢失，接收方仍然可以处理接收到的后续数据包，使后续数据包可以正常传输，从而提高传输效率。

**专利名称：数据包的处理方法和网络流量的管理方法及装置和系统**

公开（公告）号：CN103532878A　　公开（公告）日：2014-01-22

申请号：CN201310446322.4　　申请日：2013-09-26

申请（专利权）人：华为技术有限公司

国际专利分类号：IPC(8): H04L12/891

其他公开文献：CN103532878B

**摘要**：本发明实施例公开了一种数据包的处理方法和网络流量的管理方法及装置和系统，在只建立一个 TCP 连接的情况下也可以使用多个网络，且可以控制各个网络的使用流量。其中一种方法包括：终端获取聚合流表，聚合流表包括对第一网络的网络流量和第二网络的网络流量进行管理的管理策略；终端根据聚合流表从第一网络和第二网络中确定用于传输第一上行数据包的传输网络；终端若确定使用第一网络传输第一上行数据包，通过第一网络对应的第一网卡将第一上行数据包发送到第一网络上，通过第一网络转发到网关；终端若确定使用第二网络传输第一上行数据包，通过第二网络对应的第二网卡将第一上行数据包发送到第二网络上，通过第二网络转发到网关。

**专利名称：跨网通信方法及装置**

公开（公告）号：CN103688510A　　公开（公告）日：2014-03-26

申请号：CN201380001875.7　　申请日：2013-09-13

申请（专利权）人：华为技术有限公司

国际专利分类号：IPC(8): H04L29/06 H04L12/46 H04L12/701

**摘要：**本发明实施例提供一种跨网通信方法及装置，该方法包括：通过传输信令协议消息进行信令建路，从而建立第二网络跨第一网络与第三网络通信的业务路径，实现业务数据可根据业务路径，从第二网络跨第一网络传递到第三网络的端到端的传输过程。该传输过程中，无需在第一网络的网络控制器上部署第二协议，降低跨通信的过程中网络控制器的信令开销，进而降低对网络控制器的性能要求，节约成本。

**专利名称：基于安全传输层协议的安全认证方法、设备及系统**
公开（公告）号：CN103581167B　　公开（公告）日：2016-12-28
申请号：CN201310323932.5　　申请日：2013-07-29
申请（专利权）人：华为技术有限公司
国际专利分类号：IPC(8): H04L29/06
其他公开文献：CN103581167A

**摘要：**本发明实施例公开了基于 TLS 的安全认证方法和相关设备及通信系统。一种基于 TLS 协议的安全认证的方法，包括：客户端向服务器发送客户端初始化握手消息，客户端初始化握手消息中携带 *N* 个算法套标识，*N* 个算法套标识中的 *M* 个算法套标识中的每个算法套标识所对应的算法套中包括 SM2 算法；接收服务器发送的服务器初始化握手消息，服务器初始化握手消息中携带第一算法套标识，第一算法套标识为 *M* 个算法套标识之中的一个；基于第一算法套标识所对应的第一算法套与服务器进行安全认证。本发明实施例的方案提供能够利用 SM2 算法进行数据传输的机制，有利于发挥 SM2 算法在安全性方面的优势，提高安全认证和数据传输的安全性和性能。

**专利名称：一种信号发送和接收的方法、装置及系统**
公开（公告）号：CN104508999B　　公开（公告）日：2017-02-01
申请号：CN201380002721.X　　申请日：2013-07-24
申请（专利权）人：华为技术有限公司
国际专利分类号：IPC(8): H04B10/07
其他公开文献：CN104508999A

**摘要：**本发明涉及移动通信技术领域，公开了一种信号发送和接收的方法、装置及系统，用以解决在传输信号时存在的数字信号质量较差、实现成本较高的问题，具体为：将接收到的一路数字信号拆分为第一路数字信号和第二路数字信号，然后，将第一路数字信号和第二路数字信号分别转换为 I 路模拟信号和 Q 路模拟信号，并将 I 路模拟信号和 Q 路模拟信号分别调制到两路互相垂直的偏正态的光信号上后，再将两路互相垂直的偏正态的光信号合成一路光信号发送至 ONU，ONU 再进行相应的解调发送至用户终端，这样，就解决了在传输信号时存在的数字信号质量较差、实现成本较高的问题。

**专利名称：GRE 隧道实现方法、接入设备和汇聚网关**
公开（公告）号：CN105264835B　　公开（公告）日：2016-12-28
申请号：CN201380001118.X　　申请日：2013-07-12
申请（专利权）人：华为技术有限公司
国际专利分类号：IPC(8): H04L12/46
其他公开文献：CN105264835A

**摘要：**本发明实施例提供一种 GRE 隧道实现方法、接入设备和汇聚网关，该方法包括：接入设备获取汇聚网关组的地址，汇聚网关组包括至少一个汇聚网关；以汇聚网关组的地址作为目的地址，发送封装有该接入设备的地址的隧道建立请求，隧道建立请求用于请求建立第一 GRE 隧道；接收第一汇聚网关返回的隧道建立接受响应，并从隧道建立接受响应中获取第一汇聚网关的地址，第一汇聚网关属于汇聚网关组；将该第一汇聚网关的地址配置为第一 GRE 隧道的网络侧目的地址。本发明实施例实现在采用汇聚技术的接入网络中动态建立 GRE 隧道。

**表 23-1-4　中兴通讯股份有限公司**

| 申请号 | 申请日 | 申请人 | 发明名称 | 技术领域 |
|---|---|---|---|---|
| CN201620731134.5 | 2016-07-11 | 中兴通讯股份有限公司 | 一种一体化机柜 | 本实用新型涉及通信技术领域，尤其涉及一种一体化机柜 |
| CN201620255789.X | 2016-03-30 | 中兴通讯股份有限公司 | 一种电子器件的安装装置及插箱 | 本实用新型涉及网络通信领域，特别是涉及一种电子器件的安装装置及插箱 |
| CN201420262186.3 | 2014-05-21 | 中兴通讯股份有限公司 | 一种智能家庭网关 | 本实用新型涉及通信技术领域，尤其涉及一种智能家庭网关 |
| CN201320189572.X | 2013-04-16 | 中兴通讯股份有限公司 | 一种集装箱数据中心架构 | 本实用新型涉及数据中心技术领域，尤其涉及一种集装箱数据中心架构 |
| CN201320175526.4 | 2013-04-09 | 中兴通讯股份有限公司 | 服务器机柜 | 本实用新型涉及服务器技术领域，特别涉及一种服务器机柜 |
| CN201310037596.8 | 2013-01-30 | 中兴通讯股份有限公司 | 一种获取 HTTP 用户行为轨迹的装置与方法 | 本发明涉及网络技术，具体涉及一种获取超文本传输协（HTTP，Hyper Text TransportProtocol）用户行为轨迹的装置与方法 |
| CN201210574680.9 | 2012-12-26 | 中兴通讯股份有限公司 | 一种 NAT 实现系统、方法及 Openflow 交换机 | 本发明涉及网络技术领域，具体涉及一种 NAT 实现系统、方法及 Openflow 交换机 |
| CN201210346457.9 | 2012-09-18 | 中兴通讯股份有限公司 | 一种实现虚拟网络的方法、控制器和虚拟网络 | 本发明涉及数据交换技术，特别是指一种实现虚拟网络的方法和虚拟网络 |
| CN201210345541.9 | 2012-09-17 | 中兴通讯股份有限公司 | 内容和网络联动的双重加速方法及系统 | 本发明涉及内容分发网(CDN，Content Delivery Network)及通信网络技术领域，尤其涉及一种内容和网络联动的双重加速方法及系统 |
| CN201210319016.X | 2012-08-31 | 中兴通讯股份有限公司 | CDN 与网络融合的业务控制方法及业务控制设备 | 本发明涉及通信技术领域，尤其涉及一种 CDN(Content Delivery Network，内容分发网络)与网络融合的业务策略控制方法及业务控制设备 |
| CN201210281700.3 | 2012-08-09 | 中兴通讯股份有限公司 | 一种带有解码自适应性视频录制方法及系统 | 本发明涉及通信技术领域，尤其涉及一种带有解码自适应性视频录制方法 及系统 |
| CN201210279969.8 | 2012-08-08 | 中兴通讯股份有限公司 | 业务保护的切换方法及装置 | 本发明涉及通信技术领域，尤其涉及一种业务保护的切换方法及装置 |
| CN201220291329.4 | 2012-06-20 | 中兴通讯股份有限公司 | 移动终端的拍摄装置以及移动终端 | 本实用新型涉及通信领域，具体而言，涉及一种移动终端的拍摄装置以及移动终端 |
| CN201210184219.2 | 2012-06-06 | 中兴通讯股份有限公司 | 一种基于机顶盒的医疗系统 | 本发明涉及物联网技术领域，尤其涉及一种基于机顶盒的医疗系统 |
| CN201210151325.0 | 2012-05-16 | 中兴通讯股份有限公司 | 一种无源光网络系统中的数据发送方法及系统 | 本发明涉及通信技术领域，特别是指一种无源光网络系统中的数据发送方法及系统 |

**专利名称：一种一体化机柜**

公开（公告）号：CN205921879U　　公开（公告）日：2017-02-01
申请号：CN201620731134.5　　申请日：2016-07-11
申请（专利权）人：中兴通讯股份有限公司
国际专利分类号：IPC(8): H05K7/20

**摘要**：本实用新型公开一种一体化机柜，包括插箱设备和空调，所述空调包括换热器、风机，其特征在于：所述插箱设备与所述空调相邻设置；所述插箱设备出来的热风排向所述换热器；经换热器后的热风转换成冷风进入所述风机；所述风机出来的冷风排向所述插箱设备的进风口。本实用新型的技术方案能够实现机柜内部的空调冷却散热的自循环，使冷气流和热气流分隔，达到节能的目的；使高功率机柜在机房中的热气流不扩散到其他机柜，不抢夺其他机柜的冷风，不影响其他机柜的温度；能够起到降低机柜在机房中噪声的作用。

**专利名称：一种电子器件的安装装置及插箱**

公开（公告）号：CN205611067U　　公开（公告）日：2016-09-28
申请号：CN201620255789.X　　申请日：2016-03-30
申请（专利权）人：中兴通讯股份有限公司
国际专利分类号：IPC(8): H05K1/18 H05K1/02 H05K7/10 H05K7/20

**摘要**：本实用新型提供一种电子器件的安装装置及插箱，以解决现有的光模块安装在单板上，不仅产生大量热量，而且光模块安装在单板上的安装空间，占用了安装在光模块上方的散热片的空间，影响了单板的散热性能的问题。其中电子器件的安装装置包括：一印刷电路板 PCB 板，所述 PCB 板上设置一开孔；安装连接板，包括主板面和位于所述主板面的相对两侧的侧板面，所述主板面与所述侧板面平行；其中，所述安装连接板设置于所述开孔处，所述主板面与所述 PCB 板处于不同平面且平行，所述侧板面与所述 PCB 板固定连接，且所述 PCB 板位于所述主板面和所述侧板面之间，待安装的电子器件安装于所述主板面与所述开孔形成的安装容纳空间内。

**专利名称：一种智能家庭网关**

公开（公告）号：CN203933671U　　公开（公告）日：2014-11-05
申请号：CN201420262186.3　　申请日：2014-05-21
申请（专利权）人：中兴通讯股份有限公司
国际专利分类号：IPC(8): H04L12/66

**摘要**：本实用新型公开了一种智能家庭网关。本实用新型的智能家庭网关包括：信号耦合模块和信号传输模块；所述信号耦合模块提取交流电信号中的电力线载波通信信号，并将所述电力线载波通信信号耦合到低压直流电信号上，传输给所述信号传输模块；所述信号传输模块提取所述低压直流信号中的电力线载波通信信号，并将所述电力线载波通信信号转换为网络信号后传输给外部网络；本实用新型提供的智能家庭网关可以解决现有技术中家庭网关的无线网络不能有效覆盖导致用户无法接入互联网的问题。

**专利名称：一种集装箱数据中心架构**

公开（公告）号：CN203238985U　　公开（公告）日：2013-10-16
申请号：CN201320189572.X　　申请日：2013-04-16
申请（专利权）人：中兴通讯股份有限公司

国际专利分类号：IPC(8): E04H1/12

**摘要**：本实用新型公开了一种集装箱数据中心架构，包括：具有设备间和配电间的集装箱箱体；布置在集装箱箱体顶部或底部的走线用线缆桥架；以及安装在集装箱箱体上的维护通道设施，其中所述设备间和所述配电间中分别设有若干舱室。本实用新型的集装箱数据中心架构可在短时间内快速、高效完成企业级数据中心的建设和扩容部署，降低投资成本，提高数据中心的能源效率和制冷效率，增加设备安装的便捷性；此外，该集装箱数据中心架构的结构布局可实现无缝升级，能够兼容绝大部分数据中心的建设要求。

**专利名称：服务器机柜**

公开（公告）号：CN203279373U　　公开（公告）日：2013-11-06

申请号：CN201320175526.4　　申请日：2013-04-09

申请（专利权）人：中兴通讯股份有限公司

国际专利分类号：IPC(8): H05K5/00 H05K7/20

**摘要**：本实用新型公开一种服务器机柜，包括机柜本体、隔热保温层、形状与服务器设备匹配的服务器插箱以及与所述机柜本体连接的空调器。本实用新型解决了客户高地价、高租金、快速部署、节能高效的一系列关键问题，为中小企业提供了一种个性化的定制数据中心。

**专利名称：一种获取 HTTP 用户行为轨迹的装置与方法**

公开（公告）号：CN103152387B　　公开（公告）日：2016-01-20

申请号：CN201310037596.8　　申请日：2013-01-30

申请（专利权）人：中兴通讯股份有限公司

国际专利分类号：IPC(8): H04L29/08

其他公开文献：CN103152387A

**摘要**：本发明公开了一种获取 HTTP 用户行为轨迹的装置，识别提取模块识别 HTTP 请求报文，提取出 HTTP 请求报文中的 URL 信息和 Referer 信息，并存储所述 URL 信息和 Referer 信息到关联表；分析模块依据关联表记录的指向关系生成有向图，根据有向图过滤掉浏览器自动发起的 HTTP 请求，形成 HTTP 用户行为轨迹图并输出至输出模块；输出模块输出 HTTP 用户行为轨迹图。同时本发明还公开了一种获取 HTTP 用户行为轨迹的方法，利用本发明可减少对网络设备计算与存储资源的占用，降低对网络传输的影响。

**专利名称：一种 NAT 实现系统、方法及 Openflow 交换机**

公开（公告）号：CN103067534B　　公开（公告）日：2016-09-28

申请号：CN201210574680.9　　申请日：2012-12-26

申请（专利权）人：中兴通讯股份有限公司

国际专利分类号：IPC(8): H04L29/12 H04L12/937

其他公开文献：CN103067534A

**摘要**：本发明公开了一种 NAT 实现系统，包括 Controller 和 Openflow 交换机；Controller 下发流表和改进组表；Openflow 交换机接收流表和改进组表，根据流表记录的地址转换匹配规则，匹配出需要进行地址转换的数据包；根据改进组表记录的地址转换规则执行私有地址与公有 IP 地址之间的转换，利用转换后的地址将数据包发送出去；本发明还公开了一种 NAT 实现方法及 Openflow 交换机，利用本发明，只需将流表和改进组表一次发送给 Openflow 交换机，无需 Openflow 交换机和 Controller 进行频繁交互，缩短数据包转发时延，提高网络传输效率。

**专利名称：一种实现虚拟网络的方法、控制器和虚拟网络**

公开（公告）号：CN102857416B　　公开（公告）日：2016-09-28

申请号：CN201210346457.9　　申请日：2012-09-18

申请（专利权）人：中兴通讯股份有限公司

国际专利分类号：IPC(8): H04L12/701 H04L12/46

其他公开文献：CN102857416A

**摘要：**本发明实施例提供一种实现虚拟网络的方法和虚拟网络，方法包括：步骤一，虚拟网络的控制器获取由主机发出的数据包的传送类型、来源地和目的地；步骤二，根据所述传送类型、来源地的端口标识、目的地的目的标识制定转发策略；步骤三，将所述转发策略发送给所述数据包，将要经过的各个虚拟访问交换机和中间交换机；由所述虚拟访问交换机和中间交换机对接收到的数据包执行所述转发策略。在数据包转发过程中，控制器能够获取数据包的各种属性作为目的标识，根据目的标识制定转发策略，更精细和灵活地转发数据包；支持了多租户、多路径转发、流量负载均衡，更有效地利用了网络资源。

**专利名称：内容和网络联动的双重加速方法及系统**

公开（公告）号：CN102904930B　　公开（公告）日：2016-01-20

申请号：CN201210345541.9　　申请日：2012-09-17

申请（专利权）人：中兴通讯股份有限公司

国际专利分类号：IPC(8): H04L29/08

其他公开文献：CN102904930A

**摘要：**本发明公开了一种内容和网络联动的双重加速方法，包括：CDN 节点服务器为用户选定的应用服务提供内容加速服务；CDN 节点服务器向策略控制服务器发送针对所述用户选定的应用服务的网络加速请求；策略控制服务器收到所述网络加速请求后向网络业务控制设备发送针对所述用户选定的应用服务的网络加速策略；网络业务控制设备收到所述网络加速策略后对所述用户选定的应用服务提供网络加速服务。本发明还公开了一种内容和网络联动的双重加速的系统，采用本发明能实现网络和内容的联动和协同，有效提高运营商的业务提供和能力保障，提升用户业务体验。

**专利名称：CDN 与网络融合的业务控制方法及业务控制设备**

公开（公告）号：CN102833339B　　公开（公告）日：2017-02-08

申请号：CN201210319016.X　　申请日：2012-08-31

申请（专利权）人：中兴通讯股份有限公司

国际专利分类号：IPC(8): H04L29/08

其他公开文献：CN102833339A

**摘要：**本发明公开一种 CDN 与网络融合的业务控制方法及业务控制设备，其方法包括：业务控制设备在用户访问应用后，维护用户的内容使用状态；根据内容使用状态及预先协商机制对用户进行应用策略和/或网络策略控制。本发明通过将 CDN 系统与网络设备融合形成业务控制设备，通过该设备内部 CDN 部件与网络部件之间的交互和协同，以及该设备与策略控制系统的交互，可针对特定用户的特定应用内容，在特定的时间段内，实施有针对性的网络加速和质量保障策略以及内容加速和质量保障策略；此外，还可以根据用户应用内容的使用状态触发策略请求、实施和撤销，从而有效提高系统的业务提供和保障能力，大幅提升用户业务体验。

## 23.2 实审部分

以下列专利信息截至2017年2月1日，该部分专利法律状态为审查中。

表23-2-1 高通股份有限公司

| 申请号 | 申请日 | 申请人 | 发明名称 | 技术领域 |
|---|---|---|---|---|
| CN201580013768.5 | 2015-03-31 | 高通股份有限公司 | 抵制旁信道信息泄露的椭圆曲线点相乘程序 | 各种特征涉及椭圆曲线密码学，特别是用于产生数字签名或其类似者的椭圆曲线点相乘程序 |
| CN201580016397.6 | 2015-03-27 | 高通股份有限公司 | 具有双向同步/控制字线的串行时分复用总线 | 一个特征涉及将音频处理子系统与音频编码器子系统互连的串行时分复用总线的同步 |
| CN201580015755.1 | 2015-03-24 | 高通股份有限公司 | 用于将媒体数据流式传送的定向广告插入 | 本公开内容涉及媒体数据的传输，例如，通过使用广播传输服务对媒体数据进行流式传送(streaming) |
| CN201580014340.2 | 2015-03-17 | 高通股份有限公司 | 实现冗余编码内容数据功能的选择性利用的传输加速器 | 根据本公开内容的实施例，提供了一种用于将内容递送至客户端设备的用户代理(UA)的传输加速器(TA)系统和方法 |
| CN201580011842.X | 2015-03-17 | 高通股份有限公司 | 用于多层视频译码的POC值设计 | 本发明涉及视频译码 |
| CN201580013619.9 | 2015-03-17 | 高通股份有限公司 | 实现请求管理器和连接管理器功能的传输加速器 | 根据本公开内容的实施例提供了用于从内容服务器向客户端设备的用户代理(UA)传递内容的传输加速器(TA)系统和方法 |
| CN201580012479.3 | 2015-03-16 | 高通股份有限公司 | 多层视频编解码器的级别定义 | 本发明涉及视频译码的领域，且更确切来说涉及在含有视频信息的多层位流的上下文中的解码器能力 |
| CN201580010793.8 | 2015-03-02 | 高通股份有限公司 | 用于采用消息验证码标签的系统的防止回退攻击的数据完整性保护 | 各种特征涉及数据验证，且尤其涉及用于存储在移动计算装置中的数据的消息验证码（MAC）标签 |
| CN201580010556.1 | 2015-2-28 | 高通股份有限公司 | 共享总线上的比特分配以促成检错优化 | 本公开涉及使得能够在共享总线上进行高效操作，尤其涉及根据期望的字格式来分配比特以促成共享总线上的检错优化 |
| CN201580010365.5 | 2015-02-27 | 高通股份有限公司 | 针对增强现实环境中的虚拟对象创建真实色彩 | 本文中所揭示的标的物涉及电子装置，且更特定来说，涉及供与电子装置实施的增强现实环境一起使用的方法及设备 |
| CN201580014268.3 | 2015-01-30 | 高通股份有限公司 | 在设备到设备广播通信中用于群组的信令流和缓冲器状态报告 | 本公开内容例如涉及无线通信系统，更具体地说，涉及在设备到设备广播通信中用于群组的信令流和缓冲器状态报告的技术 |
| CN201580004706.8 | 2015-01-16 | 高通股份有限公司 | 用于在无线接入技术（RAT）之间切换承载的技术 | 概括地说，本公开内容涉及通信系统，更具体地说，涉及在无线接入技术(RAT)之间切换承载的技术 |
| CN201580004196.4 | 2015-01-16 | 高通股份有限公司 | 用于可缩放视频译码的参考层样本位置导出 | 本发明与视频译码和压缩的领域有关。明确地说，本发明与可缩放视频译码（SVC）有关，包含用于高级视频译码（AVC）的SVC以及用于高效视频译码（HEVC）的SVC，其还被称作可缩放HEVC（SHVC） |

续表

| 申请号 | 申请日 | 申请人 | 发明名称 | 技术领域 |
| --- | --- | --- | --- | --- |
| CN201580004423.3 | 2015-01-16 | 高通股份有限公司 | DASH 的稳健实况操作 | 本公开内容涉及经编码的媒体数据的传输 |
| CN201580003706.6 | 2015-01-09 | 高通股份有限公司 | 用于 3D 视频译码的基于块的高级残差预测 | 本发明涉及视频译码 |

**专利名称：抵制旁信道信息泄露的椭圆曲线点相乘程序**

公开（公告）号：CN106105093A　　公开（公告）日：2016-11-09

申请号：CN201580013768.5　　申请日：2015-03-31

申请（专利权）人：高通股份有限公司

国际专利分类号：IPC(8): H04L9/32 H04L9/30 H04L9/00

**摘要**：一种特征，涉及用于产生数字签名的椭圆曲线 *EC* 点相乘。在一个方面中，在椭圆曲线上选择阶数（*n*）的基点（*P*）的标量乘数（*k*），以供与 *EC* 点相乘一起使用。接着从经限制值的范围内随机地产生整数值（*r*），以使得无关于在所述范围内获得的具体值（*r*），使用与所述整数乘数（*r*）及所述阶数（*n*）的乘积进行求和的所述标量乘数（*k*）执行的 *EC* 点相乘程序消耗独立于所述标量乘数（*k*）的值的装置资源，进而缩减或消除旁信道泄漏。此可通过针对 r 确定值的所述范围来达成，以使得 $k+(r*n)$的最高有效位的位置对于具体椭圆曲线将为平坦且固定的。

**专利名称：具有双向同步/控制字线的串行时分复用总线**

公开（公告）号：CN106133712A　　公开（公告）日：2016-11-16

申请号：CN201580016397.6　　申请日：2015-03-27

申请（专利权）人：高通股份有限公司

国际专利分类号：IPC(8): G06F13/42 H04J3/06

**摘要**：一个特征涉及将音频处理子系统（本地节点）与音频编解码器（CODEC）子系统（即远程节点）互连的串行时分复用总线的同步。沿着该总线的双向传输线从音频处理子系统向音频 CODEC 子系统传送控制信号。音频处理子系统在传送控制信号时跟踪内部状态机相位计数。音频 CODEC 子系统也在接收这些信号时跟踪内部状态机相位计数。基于该相位计数来周期性地暂停或挂起音频处理子系统对控制信号的传输达固定时间区间以允许音频 CODEC 子系统将同步指示符信号发回给音频处理子系统，音频处理子系统使用该同步指示符信号来验证同步。这可例如每一百二十个相位计数执行一次。

**专利名称：用于将媒体数据流式传送的定向广告插入**

公开（公告）号：CN106165434A　　公开（公告）日：2016-11-23

申请号：CN201580015755.1　　申请日：2015-03-24

申请（专利权）人：高通股份有限公司

国际专利分类号：IPC(8): H04N21/258 H04N21/442 H04N21/45 H04N21/81 H04N21/845 H04N21/854 G06Q30/02

**摘要**：在一个示例中，一种获取媒体数据的方法，包括通过客户端设备的多媒体广播多播服务（MBMS）客户端：接收一个或多个广告组的广告媒体数据；从所述客户端设备的基于 HTTP 的动态自适应流式传送（DASH）客户端接收针对所述广告组中的一个广告组的标识符值；提取与所述标识符值对应的该广告组的所述广告媒体数据；以及提供所提取的广告媒体数据给所述 DASH 客户端。

**专利名称：实现冗余编码内容数据功能的选择性利用的传输加速器**

公开（公告）号：CN106134150A　　　　公开（公告）日：2016-11-16

申请号：CN201580014340.2　　　　申请日：2015-03-17

申请（专利权）人：高通股份有限公司

国际专利分类号：IPC(8): H04L29/06 H04L29/08 H04L1/00

**摘要**：根据本公开内容的实施例，提供了一种用于将内容递送至客户端设备的用户代理（UA）的传输加速器（TA）系统和方法。实施例由所述 TA 的请求管理器（RM）来接收所述 UA 所提供的片段请求，以用于从内容服务器请求内容；以及确定针对所述片段请求中的一个片段请求要请求的冗余编码内容数据的量，以由所述 RM 在恢复所述片段时使用。

**专利名称：用于多层视频译码的 POC 值设计**

公开（公告）号：CN106105217A　　　　公开（公告）日：2016-11-09

申请号：CN201580011842.X　　　　申请日：2015-03-17

申请（专利权）人：高通股份有限公司

国际专利分类号：IPC(8): H04N19/597 H04N19/105 H04N19/70 H04N19/46 H04N19/30 H04N19/68

**摘要**：本实例中涉及一种对视频数据进行译码的方法，包含通过视频译码器对多层位流的可独立解码的非基础层的图片的至少一部分进行译码。所述方法还包含仅当所述图片具有所述图片的图片次序计数 POC 最低有效位 LSB 值等于零时，才通过所述视频译码器对指示所述图片的 POC 值重置的数据进行译码。

**专利名称：实现请求管理器和连接管理器功能的传输加速器**

公开（公告）号：CN106134147A　　　　公开（公告）日：2016-11-16

申请号：CN201580013619.9　　　　申请日：2015-03-17

申请（专利权）人：高通股份有限公司

国际专利分类号：IPC(8): H04L29/06 H04L29/08

**摘要**：根据本公开内容的实施例提供了用于从内容服务器向客户端设备的用户代理（UA）传递内容的传输加速器（TA）系统和方法。TA 的实施例操作为：由所述 TA 的请求管理器（RM）将由 UA 提供的分段请求各自细分成用于请求所述内容的块的多个块请求；以及，由所述 RM 向所述 TA 的连接管理器（CM）提供所述多个块请求中的块请求以用于请求所述内容的块。因此可以由所述 CM 经由在所述 CM 与所述内容服务器之间建立的多个连接作出对来自所述内容服务器的所述内容的所述块的请求。

**专利名称：多层视频编解码器的级别定义**

公开（公告）号：CN106105209A　　　　公开（公告）日：2016-11-09

申请号：CN201580012479.3　　　　申请日：2015-03-16

申请（专利权）人：高通股份有限公司

国际专利分类号：IPC(8): H04N19/30 H04N19/156 H04N19/44

**摘要**：本发明揭示用于定义用于解码含有视频信息的多层位流的解码器能力的方法，其中所述解码器基于多个单层解码器核心而被实施。在一个方面中，所述方法可包含识别所述位流的层至少一次分配到至少一层组中。所述方法可进一步包含检测每一层组是否能够专门指派给所述解码器核心中的一者以用于解码所述位流。所述方法还可包含至少部分地基于检测每一层组是否能够专门地指派给所述解码器核心中的一者而确定所述解码器是否能够解码所述位流。

**专利名称：用于采用消息验证码标签的系统的防止回退攻击的数据完整性保护**

公开（公告）号：CN106062770A　　公开（公告）日：2016-10-26

申请号：CN201580010793.8　　申请日：2015-03-02

申请（专利权）人：高通股份有限公司

国际专利分类号：IPC(8): G06F21/64

**摘要**：一个特征涉及用于将数据单元存储在存储装置中的高效过程，所述过程允许验证数据单元以防止回退攻击和其他攻击，例如剪切粘贴攻击。在一个方面中，基于初级密钥、待存储的数据单元、所述数据单元的对应的索引（例如页面索引）以及所述对应的数据单元的次级密钥而生成或以其他方式获得消息验证码 MAC，所述次级密钥针对每一新写入操作而生成。所述 MAC 和所述对应的数据单元存储在大容量存储装置中，例如相对较不安全的芯片外存储装置。次级密钥存储在单独的存储装置中，例如更加安全的芯片内存储装置。在一些实例中，新次级密钥在每一数据写入后基于非零随机或伪随机值生成。

**专利名称：共享总线上的比特分配以促成检错优化**

公开（公告）号：CN106068505A　　公开（公告）日：2016-11-02

申请号：CN201580010556.1　　申请日：2015-02-28

申请（专利权）人：高通股份有限公司

国际专利分类号：IPC(8): G06F13/42

**摘要**：公开了涉及促成共享总线上的检错优化的各个方面。主控设备耦合至从动设备，并且在主控设备与从动设备之间经由控制数据总线促成字的经编码通信。经编码通信是根据一个协议来编码的，该协议分配经编码通信的多个最低有效比特以促成检错常数最大化。该协议分配该多个最低有效比特以包括至少一个附加检错比特或者该字的数据部分的至少第一最高有效比特。

**专利名称：针对增强现实环境中的虚拟对象创建真实色彩**

公开（公告）号：CN106030665A　　公开（公告）日：2016-10-12

申请号：CN201580010365.5　　申请日：2015-02-27

申请（专利权）人：高通股份有限公司

**摘要**：本发明揭示一种用于针对由增强现实应用产生的增强现实环境中的虚拟对象创建真实色彩的方法及设备。在一个实施例中，所实施的功能包含：选择参考图像目标帧；选择所述参考图像目标帧中的多个样本点；获取后续新图像目标帧；确定所述新图像目标帧中的多个对应样本点，其中所述多个对应样本点对应于所述参考图像目标帧中的所述多个样本点；将所述参考图像目标帧中的所述多个样本点中的每一者的色彩与所述新图像目标帧中的所述对应样本点中的每一者的色彩进行比较，且至少部分基于所述比较而计算色彩传递函数；及将所述色彩传递函数应用到所述虚拟对象的所述色彩。

表 23-2-2 国家电网公司

| 申请号 | 申请日 | 申请人 | 发明名称 | 技术领域 |
| --- | --- | --- | --- | --- |
| CN201610894869.4 | 2016-10-14 | 国网浙江省电力公司绍兴供电公司、国家电网公司、国网浙江省电力公司 | 基于变电站信息安全的通信网络安全检测系统及方法 | 本发明涉及变电站信息安全领域，具体的涉及一种基于变电站信息安全的通信网络安全检测系统及方法 |
| CN201610859623.3 | 2016-09-28 | 江苏方天电力技术有限公司、国网江苏省电力公司泰州供电公司、国网江苏省电力公司、国家电网公司 | 一种支持三网合一网络的数字式继电保护装置 | 本发明涉及一种支持三网合一网络的数字式继电保护装置，属于电力系统智能变电站技术领域 |
| CN201610851547.1 | 2016-09-27 | 国网四川省电力公司内江供电公司、国家电网公司 | 一种基于无线网络的电力设备安全监控系统 | 本发明涉及电力设备网络监控技术领域，具体的涉及一种基于无线网络的电力设备安全监控系统 |
| CN201610841426.9 | 2016-09-22 | 国家电网公司、国网湖南省电力公司、国网湖南省电力公司经济技术研究院 | 配电线路区域视频监测的无线传感器网络数据传输方法 | 本发明具体涉及一种配电线路区域视频监测的无线传感器网络数据传输方法 |
| CN201610844423.0 | 2016-09-22 | 国家电网公司、国网湖北省电力公司宜昌供电公司 | 一种输电线路防外力破坏智能预警系统 | 本发明涉及一种输电线路防外力破坏智能预警系统，涉及输电线路安全预警领域 |
| CN201610726453.1 | 2016-08-25 | 国网新疆电力公司信息通信公司、国家电网公司 | 电源检测方法和装置 | 本发明涉及电源领域，具体而言，涉及一种电源检测方法和装置 |
| CN201610715753.X | 2016-08-24 | 国网青海省电力公司海西供电公司、国家电网公司、国网青海省电力公司 | 一种便于维护的数据采集装置 | 本发明涉及一种数据采集装置，具体地说是一种便于维护的数据采集装置，属于电力数据处理技术领域 |
| CN201610679223.4 | 2016-08-17 | 国家电网公司、国网河北省电力公司沧州供电分公司、国网河北省电力公司 | GIS 特高频局部放电在线监测系统 | 本发明涉及一种数据采集装置，具体地说是一种便于维护的数据采集装置，属于电力数据处理技术领域 |
| CN201610665578.8 | 2016-08-12 | 国网山东省电力公司临朐县供电公司、国网山东省电力公司潍坊供电公司、国家电网公司 | 一种基于物联网实现用户认证管理的电表箱 | 本发明涉及电力设备领域，尤其涉及一种基于物联网实现用户认证管理的电表箱 |
| CN201610647675.4 | 2016-08-10 | 国网江苏省电力公司南通供电公司、国家电网公司 | 安装方便的便携式球机支架 | 本发明涉及一种球机支架，是用于在电力系统生产现场临时性安装球型摄像机的支架 |
| CN201610623384.1 | 2016-08-02 | 江苏方天电力技术有限公司、国网江苏省电力公司、电力科学研究院、国网江苏省电力公司、国家电网公司 | 一种可快速切除大用户负荷的网荷互动终端 | 本发明涉及一种可快速切除大用户负荷的网荷互动终端，属于电力系统智能控制技术领域 |
| CN201610618675.1 | 2016-08-02 | 国网山东省电力公司潍坊供电公司、国家电网公司 | 光缆快速转接盒 | 本发明涉及一种可快速切除大用户负荷的网荷互动终端，属于电力系统智能控制技术领域 |
| CN201610618014.9 | 2016-08-01 | 国网河北省电力公司电力科学研究院、国家电网公司、河北省电力建设调整试验所 | 一种用于智能变电站低压母线的简易母线保护方法 | 本发明属于智能变电站保护配置技术领域，具体涉及一种用于智能变电站低压母线的简易母线保护方法 |

续表

| 申请号 | 申请日 | 申请人 | 发明名称 | 技术领域 |
|---|---|---|---|---|
| CN201610591287.9 | 2016-07-25 | 国网山东省电力公司聊城供电公司、国家电网公司 | 基于光学电流互感器的线路全电流差动保护判断方法 | 本发明属于电力系统继电保护领域，涉及一种线路全电流差动保护判断方法 |
| CN201610570534.7 | 2016-07-19 | 国网辽宁省电力有限公司鞍山供电公司、国网辽宁省电力有限公司、国家电网公司、东北大学 | 一种状态感知的软件定义组网方法 | 本发明涉及软件定义光纤网络关键技术领域，具体涉及一种状态感知的软件定义组网方法 |

**专利名称：基于变电站信息安全的通信网络安全检测系统及方法**

公开（公告）号：CN106302540A　　公开（公告）日：2017-01-04

申请号：CN201610894869.4　　申请日：2016-10-14

申请（专利权）人：国网浙江省电力公司绍兴供电公司　国家电网公司　国网浙江省电力公司

国际专利分类号：IPC(8): H04L29/06 H04L29/08 H04L12/26

**摘要：**本发明公开一种基于变电站信息安全的通信网络安全检测系统及方法，所述系统包括网络信息安全检测仪，以及与网络信息安全检测仪镜像连接的数个网络交换机，所述网络交换机分别与远程调度端和站控层的各个保护装置相连，网络信息安全检测仪通过对各个交换机端口的镜像连接完成通信报文采集，同时检测由调远程度端发往站控层保护装置的报文信息的安全性及完整性，当报文信息出现异常时，网络信息安全检测仪发出报警信息上送给远程调度端。进而完成综合检测通信链路安全的目的。本发明所述的基于变电站信息安全的通信网络安全检测系统及方法，通过网络信息安全检测仪截取交换机的镜像数据，综合检测通信链路的安全。

**专利名称：一种支持三网合一网络的数字式继电保护装置**

公开（公告）号：CN106300678A　　公开（公告）日：2017-01-04

申请号：CN201610859623.3　　申请日：2016-09-28

申请（专利权）人：江苏方天电力技术有限公司　国网江苏省电力公司泰州供电公司　国网江苏省电力公司　国家电网公司

国际专利分类号：IPC(8): H02J13/00

**摘要：**本发明公开了一种支持三网合一网络的数字式继电保护装置，包括支持与三网合一网络接口的多路以太网接口模块；支持 SV 采样值、GOOSE、站控层及 PTP 报文帧收发的以太网帧预处理 IP 核模块；自适应多路采样值数据同步模块；以及完成继电保护装置保护、测控、计量、联闭锁功能的数据接收和处理模块，实现智能变电站继电保护及自动化功能。本发明可用于智能变电站内，实现基于采样值组网或者三网合一共网传输的站内数据的收发处理和电网故障的快速保护，为目前智能变电站基于统一网络构架下继电保护设备的功能实现提供了一种解决方案，可简化继电保护设备的接口并降低其数据处理能力要求，提高继电保护设备运行的稳定性和可靠性。

**专利名称：一种基于无线网络的电力设备安全监控系统**

公开（公告）号：CN106230122A　　公开（公告）日：2016-12-14

申请号：CN201610851547.1　　　　　申请日：2016-09-27
申请（专利权）人：国网四川省电力公司内江供电公司　国家电网公司
国际专利分类号：IPC(8): H02J13/00

**摘要**：本发明公开了一种基于无线网络的电力设备安全监控系统，包括设备监控单元、无线收发模块、总无线收发器、远程监控平台、报警装置和智能移动终端，每一台电力设备内均设置设备监控单元和无线收发模块，电力设备内的无线收发模块有两种：一种包括源无线收发器，另一种包括中继无线收发器。本发明将 5～10 台电力设备分为一组，每组中只有一台电力设备内的无线收发模块与系统的总无线收发器之间通信，不但降低了源无线收发器的功耗，而且也加强了本发明的数据传输能力，使本发明运行更加稳定。此外，当远程监控平台监控到有电力设备出现异常时，维修人员无论身在何处，均可及时前往维修，缩短了电力设备的维修时间。

**专利名称：配电线路区域视频监测的无线传感器网络数据传输方法**
公开（公告）号：CN106231644A　　　　　公开（公告）日：2016-12-14
申请号：CN201610841426.9　　　　　申请日：2016-09-22
申请（专利权）人：国家电网公司　国网湖南省电力公司　国网湖南省电力公司经济技术研究院
国际专利分类号：IPC(8): H04W40/02 H04W40/10 H04W84/18 H04N5/232 H04N7/18

**摘要**：本发明公开了一种配电线路区域视频监测的无线传感器网络数据传输方法，包括将区域划分子区域；各个子区域中布置 WSN 传输节点；计算当前时刻 WSN 传输节点的能量比并据此将 WSN 传输节点分类；根据是否存在配电线路区域侵入异常状态选择 WSN 传输节点将信号传输到 WSN 接收节点，完成配电线路视频监测的无线传感器网络信号传输。本发明充分考虑配电线路区域侵入监测的特点，采用冗余方式布置传输节点，保证信号传输的可靠性；根据传输节点的剩余能量和传输数据量的大小选择路径传输，在保证数据传输高效率和可靠性的基础上有效降低 WSN 网络节点平均传输耗能，提高 WSN 配电线路视频监测网络传输性能，极大的延长了 WSN 网络的寿命。

**专利名称：一种输电线路防外力破坏智能预警系统**
公开（公告）号：CN106254838A　　　　　公开（公告）日：2016-12-21
申请号：CN201610844423.0　　　　　申请日：2016-09-22
申请（专利权）人：国家电网公司　国网湖北省电力公司宜昌供电公司
国际专利分类号：IPC(8): H04N7/18 H04N5/14 H04L29/08 H04M1/725 G08B3/10 G08B21/24 H02J13/00

**摘要**：一种输电线路防外力破坏智能预警系统，包括监控前端、风光互补独立电源、服务器、管理平台、手机客户端。监控前端包括控制箱、球机、扬声器。所述风光互补独立电源包括电源控制箱、太阳能电池板和风机。电源控制箱设置蓄电池、电源数据采集/处理模块，电源数据采集/处理模块用于记录太阳能、风能和负载输出的相关参数，监测设备状态。服务器包括管理服务器、视频转发服务器。管理平台用于对监控前端和风光互补独立电源集中管理。手机客户端包括账号注册模块、视频监控界面模块。本发明可以识别大型机械对输电线路的外力破坏的威胁，一旦系统识别这种威胁和破坏活动，会立即拍照通过网络发送到服务器，服务器负责处理，将照片保存图片记录拍照的时间和照片上面的地点，并且转发给相关负责人。

**专利名称：电源检测方法和装置**

公开（公告）号：CN106324530A　　公开（公告）日：2017-01-11

申请号：CN201610726453.1　　申请日：2016-08-25

申请（专利权）人：国网新疆电力公司信息通信公司　国家电网公司

国际专利分类号：IPC(8): G01R31/40

**摘要：**本发明公开了一种电源检测方法和装置。该电源检测方法包括：采集目标电源的电源信号，其中，目标电源为待检测的电源；对电源信号执行模数转换，得到目标电源的数字信号，其中，数字信号携带目标电源在运行过程中的运行数据；在运行数据超过预设阈值的情况下，确定目标电源出现故障；以及通过与预设移动终端建立的通信连接向预设移动终端发送用于指示目标电源出现故障的故障信息。本发明达到了提高电源检测效率的效果。

**专利名称：一种便于维护的数据采集装置**

公开（公告）号：CN106128088A　　公开（公告）日：2016-11-16

申请号：CN201610715753.X　　申请日：2016-08-24

申请（专利权）人：国网青海省电力公司海西供电公司　国家电网公司　国网青海省电力公司

国际专利分类号：IPC(8): G08C25/00 G08C17/02 H04L12/24 H02J13/00

**摘要：**本发明公开了一种便于维护的数据采集装置，它包括与配电终端相连的数据采集终端，用于采集配电终端内电网一次设备的电力信息，并将采集到的电力信息发送给配电主站系统或将其接收到的配电主站系统指令数据发送给配电终端；所述数据采集终端包括微处理器、数据采集通道、第一无线通信模块、第二无线通信模块、通信切换模块、存储单元和电源模块。本发明通过数据采集通道采集配电终端内电网一次设备的电力信息，将采集到的电力信息通过第一无线通信模块和第二无线通信模块接入通信网络发送给配电主站系统或将接收到的配电主站系统指令数据发送给配电终端，为配电自动化系统进行故障处理提供了准确、可靠的判据，满足了配电自动化系统的要求。

**专利名称：GIS 特高频局部放电在线监测系统**

公开（公告）号：CN106054046A　　公开（公告）日：2016-10-26

申请号：CN201610679223.4　　申请日：2016-08-17

申请（专利权）人：国家电网公司　国网河北省电力公司沧州供电分公司　国网河北省电力公司

国际专利分类号：IPC(8): G01R31/12

**摘要：**本发明公开了一种 GIS 特高频局部放电在线监测系统，涉及放电检测装置技术领域。所述系统包括特高频传感器、检测仪器主机以及处理终端，所述特高频传感器上设有信号发射单元，特高频传感器感应到的感应特高频无线电信号通过所述信号发射单元发送给信号接收单元，信号接收单元将特高频无线电信号发送给所述检测仪器主机进行预处理，预处理后的特高频无线电信号通过有线网络传输给处理终端进行处理，处理终端运行局部放电分析软件，对采集的数据进行处理，识别局部放电类型，判断放电强度。所述系统中传感器与检测仪器主机之间通过无线网络进行数据的传输，布置更容易，测量更方便，并可有效地实现电气隔离，安全性更高。

**专利名称：一种基于物联网实现用户认证管理的电表箱**

公开（公告）号：CN106291025A　　公开（公告）日：2017-01-04

申请号：CN201610665578.8　　申请日：2016-08-12

申请（专利权）人：国网山东省电力公司临朐县供电公司　国网山东省电力公司潍坊供电公司　国家电网公司

国际专利分类号：IPC(8): G01R11/04 G07C9/00 G07F15/06

**摘要：**本发明提出一种基于物联网实现用户认证管理的电表箱。本发明的电表箱采用全封闭式设计，不论是电能表登记用户还是用户以外的其他人，都不具有权限打开电表箱而直接接触到里面的电能表、总闸开关及相关线路；电表箱基于物联网技术而与电能表和用户的身份标识卡、操作终端进行数据通信；作为介于电能表、总闸开关与用户之间的中间媒介，电表箱能够认证用户身份和权限；在此基础上，具有权限的用户可以通过与电表箱的直接交互操作而实现查看表计数、插卡充值、开关总闸等功能，而不再需要打开电表箱并对箱内的电能表进行操作，也就不再需要使用不方便而又存有安全隐患的箱锁结构。

**专利名称：安装方便的便携式球机支架**

公开（公告）号：CN106195586A　　公开（公告）日：2016-12-07

申请号：CN201610647675.4　　申请日：2016-08-10

申请（专利权）人：国网江苏省电力公司南通供电公司　国家电网公司

国际专利分类号：IPC(8): F16M13/02 H04N5/225

**摘要：**本发明公开了一种安装方便的便携式球机支架，其特征是：包括底部托盘，底部托盘上装竖向设置的吊臂，吊臂的中部弯折，吊臂的顶部设置用于在实际安装时挂住整个支架的大挂钩，在吊臂的顶部和中部分别设置一个用于挂附件的小挂钩；所述底部托盘上设置用于固定球机的若干个螺孔；底部托盘的一侧呈弧形卡口形式。本发明结构合理，相对于传统的三脚架，质量轻、尺寸小、安装适应性好。

**表 23-2-3　华为技术有限公司**

| 申请号 | 申请日 | 申请人 | 发明名称 | 技术领域 |
| --- | --- | --- | --- | --- |
| CN201610671030.4 | 2016-08-15 | 华为技术有限公司 | 一种基于缩略图的图像分享方法和终端 | 本发明涉及媒体图像处理领域，具体涉及一种基于缩略图在不同应用程序间进行图像分享的方法和终端 |
| CN201610648234.6 | 2016-08-09 | 华为技术有限公司 | 频道切换的方法及装置 | 本发明实施例涉及视频领域，并且更具体地，涉及频道切换的方法及装置 |
| CN201610644515.4 | 2016-08-08 | 华为技术有限公司 | 设备仲裁的方法和设备 | 本发明涉及通信领域，尤其涉及一种设备仲裁的方法和设备 |
| CN201610528205.6 | 2016-07-06 | 华为技术有限公司 | 处理视频数据的方法和装置 | 本发明实施例涉及图像处理领域，更具体地，涉及处理视频数据的方法和装置 |
| CN201610439598.3 | 2016-06-17 | 华为技术有限公司 | 一种处理报文的方法及计算设备 | 本发明涉及网络传输领域，尤其涉及一种处理报文的方法及计算设备 |
| CN201610422371.8 | 2016-06-15 | 华为技术有限公司 | 网络摄像机的控制方法、装置及系统 | 本发明涉及信息技术领域，尤其涉及一种网络摄像机的控制方法、装置及系统 |
| CN201610401856.9 | 2016-06-07 | 华为技术有限公司 | 对摄像设备进行控制的方法及装置 | 本发明涉及多媒体技术领域，特别涉及一种对摄像设备进行控制的方法及装置 |

续表

| 申请号 | 申请日 | 申请人 | 发明名称 | 技术领域 |
|---|---|---|---|---|
| CN201610370643.4 | 2016-05-27 | 华为技术有限公司 | 一种接入 WIFI 网络的方法及装置 | 本申请涉及无线保真(英文：Wireless-Fidelity，缩写：WIFI)技术领域，特别涉及一种接入 WIFI 网络的方法及装置 |
| CN201610319322.1 | 2016-05-13 | 华为技术有限公司 | 一种存储系统中业务的链路切换方法和存储设备 | 本发明涉及存储领域，尤其涉及一种存储系统中业务的链路切换方法和存储设备 |
| CN201610319058.1 | 2016-05-13 | 华为技术有限公司 | 一种数据传输方法及装置 | 本发明涉及通信领域，尤其涉及一种数据传输方法及装置 |
| CN201610286777.8 | 2016-04-29 | 华为技术有限公司 | 一种文件存储方法及名称节点 | 本发明涉及通信技术领域，尤其涉及一种文件存储方法及名称节点 |
| CN201610209567.9 | 2016-04-06 | 华为技术有限公司 | 视频显示质量的计算方法及设备 | 本发明涉及多媒体技术领域，特别涉及一种视频显示质量的计算方法及设备 |
| CN201610150188.7 | 2016-03-16 | 华为技术有限公司 | 基于隧道绑定的通信方法和网络设备 | 本发明涉及多媒体技术领域，特别涉及一种视频显示质量的计算方法及设备 |
| CN201610112998.3 | 2016-02-29 | 华为技术有限公司 | 一种软件定义网络 SDN 中发现网络拓扑的方法和装置 | 本发明实施例涉及通信领域，尤其涉及一种软件定义网络 SDN 中发现网络拓扑的方法和装置 |
| CN201610094947.2 | 2016-02-19 | 华为技术有限公司 | 一种视频处理方法及装置 | 本发明涉及多点视频会议系统领域，尤其涉及一种视频处理方法及装置 |

**专利名称：一种基于缩略图的图像分享方法和终端**

公开（公告）号：CN106294798A　　公开（公告）日：2017-01-04

申请号：CN201610671030.4　　申请日：2016-08-15

申请（专利权）人：华为技术有限公司

国际专利分类号：IPC(8): G06F17/30 H04M1/725

**摘要**：本发明的实施例提供了一种基于缩略图的图像显示的方法和终端，所述方法包括：在屏幕上显示缩略图；对所述缩略图进行特征提取，得到缩略图的特征因子；如果所述缩略图的特征因子与预设的特征因子索引库中的特征因子相匹配，在所述屏幕上显示提示信息，其中，所述特征因子索引库表示特征因子和图像存储地址的对应关系，所述提示信息表示存在与所述缩略图相匹配的原始图像；得到原始图像获取请求；根据所述原始图像获取请求，在所述屏幕上显示所述原始图像。根据本发明实施例提供的图像显示的方法和终端，对各个应用在内存和缓存以及图库中的所有图片创建特征索引，利用缩略图的特征因子搜索出高分辨率原图，实现不同应用程序之间的高清图像分享。

**专利名称：频道切换的方法及装置**

公开（公告）号：CN106303682A　　公开（公告）日：2017-01-04

申请号：CN201610648234.6　　申请日：2016-08-09

申请（专利权）人：华为技术有限公司

国际专利分类号：IPC(8): H04N21/438 H04N21/643

**摘要**：本发明实施例公开了频道切换方法和相关装置。频道切换方法包括：接收第一频道的直播码流，所述第一频道的直播码流中包含 $N$ 个媒体文件集合；采用不同编码方式对所述第一频道的直播码流分别进行编码，同时生成主流和辅流；根据所述第一频道的频道信息、所述主流的编码信息和所述辅流的编码信息，生成所述第一频道的播放列表，所述播放列表用于当客户端发出频道切换指令时，指引所述客户端根据所述主流和所述辅流进行频道切换。本发明实施例提供技术方案有利于提高 OTT 视频业务中的频道切换效率。

**专利名称：设备仲裁的方法和设备**

公开（公告）号：CN106301900A　　公开（公告）日：2017-01-04

申请号：CN201610644515.4　　申请日：2016-08-08

申请（专利权）人：华为技术有限公司

国际专利分类号：IPC(8): H04L12/24 G06F11/20

**摘要**：本发明实施例公开了一种设备仲裁的方法和设备，该方法包括：第一存储设备向仲裁服务器发送仲裁请求消息；所述仲裁服务器根据所述仲裁请求消息、所述第一存储设备的注册信息以及所述第二存储设备未接管主机业务，向所述第一存储设备发送指示所述第一存储设备接管主机业务的指示消息，并删除所述第二存储设备的注册信息；所述第一存储设备向所述仲裁服务器发送预留请求消息，指示所述仲裁服务器禁止所述第二存储设备进行注册。本发明实施例提供的设备仲裁的方法和设备，可以避免可能出现的多个设备同时接管主机业务导致数据不同步的情况，提高了双活仲裁系统的容错能力、可靠性和安全性。

**专利名称：处理视频数据的方法和装置**

公开（公告）号：CN106162192A　　公开（公告）日：2016-11-23

申请号：CN201610528205.6　　申请日：2016-07-06

申请（专利权）人：华为技术有限公司

国际专利分类号：IPC(8): H04N19/426

**摘要**：本发明实施例提供了一种处理视频数据的方法和装置，能够减小解码后的视频数据对帧存空间的内存占用，从而有效提高系统性能。该装置包括：数据输入端，用于接收第一视频数据；处理器，用于对该第一视频数据进行基于第一解码算法的解码以获得第二视频数据，对该第二视频数据进行基于第二编码算法的压缩以获得第三视频数据，将该第三视频数据存入存储器，从该存储器读取该第三视频数据，并对该第三视频数据进行基于与该第二编码算法对应的第二解码算法的解码以获得第四视频数据，对该第四视频数据进行显示处理得到待显示数据帧；该第一视频数据是视频图像的码流。

**专利名称：一种处理报文的方法及计算设备**

公开（公告）号：CN105871739A　　公开（公告）日：2016-08-17

申请号：CN201610439598.3　　申请日：2016-06-17

申请（专利权）人：华为技术有限公司

国际专利分类号：IPC(8): H04L12/801 H04L12/851 H04L12/865 H04L29/06

**摘要**：本发明公开了一种处理数据报文的方法及计算设备，涉及网络传输领域，所述计算设备预先与对端计算设备建立业务流连接；所述方法包括：接收到来自所述业务流连接的报文，获取所述报文中携带的序号和净荷数据；根据所述报文的序号确定在所述业务流连接对应的接收队列中存储所述净荷数据的偏移位置；基于所述偏移位置将所述净荷数据存储到所述接收队列中。以此解决现有技术中报文处理时延问题，提高计算设备的处理性能。

**专利名称：网络摄像机的控制方法、装置及系统**
公开（公告）号：CN105872391A　　公开（公告）日：2016-08-17
申请号：CN201610422371.8　　申请日：2016-06-15
申请（专利权）人：华为技术有限公司
国际专利分类号：IPC(8): H04N5/232

**摘要：**本发明提供一种网络摄像机的控制方法、装置及系统，该方法包括：网络摄像机等待接收待机指令，网络摄像机当前处于工作状态；若网络摄像机接收到服务器发送的待机指令，则网络摄像机从工作状态切换到待机状态。本发明提供的网络摄像机的控制方法、装置及系统，可以避免网络摄像机一直处于工作状态，从而降低网络摄像机的功耗。

**专利名称：对摄像设备进行控制的方法及装置**
公开（公告）号：CN105979196A　　公开（公告）日：2016-09-28
申请号：CN201610401856.9　　申请日：2016-06-07
申请（专利权）人：华为技术有限公司
国际专利分类号：IPC(8): H04N7/15 H04N5/268 H04N5/232

**摘要：**本发明公开了一种对摄像设备进行控制的方法及装置，属于多媒体技术领域。方法包括：向直连的第一级摄像设备发送 ID 叠加指令，由第一级摄像设备逐级传递至最后一级摄像设备，ID 叠加指令用于控制每级摄像设备在输出图像的指定区域叠加本机设备的 ID，并依次返回 ACK；当接收到最后一级摄像设备返回的 ACK 时，获取检测图像；从预先建立的图片数据库中查找与检测图像相匹配的目标图片，并将目标图片对应的 ID 作为目标 ID；对目标 ID 对应的摄像设备进行控制。本发明无需额外配置控制设备，节省了控制成本，且无需用户介入，通过接收摄像设备在输出的图像中叠加的本机设备的 ID，即可智能识别待控制的摄像设备，提高了控制准确性。

**专利名称：一种接入 WIFI 网络的方法及装置**
公开（公告）号：CN106102098A　　公开（公告）日：2016-11-09
申请号：CN201610370643.4　　申请日：2016-05-27
申请（专利权）人：华为技术有限公司
国际专利分类号：IPC(8): H04W28/08 H04W76/02

**摘要：**一种接入 WIFI 网络的方法及装置，用以支持终端同时连接两个或以上 WIFI 网络，使得 WIFI 网络应用更安全、更流畅。方法应用于终端，终端中包括 $N$ 路 WIFI 接入电路和至少一个处理器，所述至少一个处理器用于运行软件程序以形成 $M$ 个容器，一个容器可以相当于一套操作系统，不同的容器之间可以切换，每个容器对应一个 WIFI 网络接入，所述 $M$ 个容器能够同时工作，并且不同容器工作时所执行的 WIFI 网络接入的任务和数据是相互隔离的，$M$、$N$ 分别为大于等于 2 的自然数。

**专利名称：一种存储系统中业务的链路切换方法和存储设备**
公开（公告）号：CN106059791A　　公开（公告）日：2016-10-26
申请号：CN201610319322.1　　申请日：2016-05-13
申请（专利权）人：华为技术有限公司
国际专利分类号：IPC(8): H04L12/24

**摘要**：本发明公开了一种存储系统中业务的链路切换方法和存储设备，涉及存储领域，在链路故障时将该链路所承载的业务进行切换，以使该业务不被中断，提高了业务的可靠性。所述存储系统包括第一控制器和第二控制器，其中所述第一控制器和第二控制器分别与至少一个接口卡相连，每个所述接口卡包含至少一个端口；在所述存储系统中预先配置绑定端口组，所述绑定端口组包括来自第一控制器和第二控制器的端口，所述方法包括：若所述第一控制器检测到所述绑定端口组中第一端口的链路发生故障，则在所述绑定端口组中将所述第一端口的状态标记为不可用；从所述绑定端口组中挑选状态为可用的第二端口，将所述第一端口的链路所承载的业务切换到所述第二端口的链路。

**专利名称：一种数据传输方法及装置**

公开（公告）号：CN105871512A　　公开（公告）日：2016-08-17

申请号：CN201610319058.1　　申请日：2016-05-13

申请（专利权）人：华为技术有限公司

国际专利分类号：IPC(8): H04L1/00 H04L1/16

**摘要**：本发明的实施例提供一种数据传输方法及装置，涉及通信领域，用于以太网重传数据，以至少解决现有以太网链路不能保证数据可靠传输的问题。包括：接收发送端发送的第一块组，第一块组包括多个块以及一个第一重传块，第一重传块包括序列字段以及校验字段；生成第二块组，第二块组包括多个块以及一个第二重传块；第二重传块包括确认或非确认字段，确认或非确认字段包括序列号子字段以及确认或非确认标识子字段；序列号子字段的值为第一块组的序列号；当第一块组的校验结果正确时，确认或非确认标识子字段的值为确认标识，当第一块组的校验结果不正确时，确认或非确认标识子字段的值为非确认标识；向发送端发送第二块组。

**表 23-2-4　中兴通讯股份有限公司**

| 申请号 | 申请日 | 申请人 | 发明名称 | 技术领域 |
|---|---|---|---|---|
| CN201510419009.0 | 2015-07-15 | 中兴通讯股份有限公司 | 用于光通信的自适应后数字滤波器和符号间干扰均衡器 | 专利文件涉及到光信号接收和处理 |
| CN201510080525.5 | 2015-02-13 | 中兴通讯股份有限公司 | 一种播报多媒体会议中动态信息的方法及装置 | 本发明涉及多媒体通信技术领域，特别涉及一种播报多媒体会议中动态信息的方法及装置 |
| CN201410505011.5 | 2014-09-26 | 中兴通讯股份有限公司 | 在线交互处理方法、装置及服务器 | 本发明涉及通信领域，具体而言，涉及一种在线交互处理方法、装置及服务器 |
| CN201410385182.9 | 2014-08-06 | 中兴通讯股份有限公司 | 操作结果处理方法、装置及系统 | 本发明涉及通信领域，具体而言，涉及一种操作结果处理方法、装置及系统 |
| CN201410291451.5 | 2014-06-25 | 中兴通讯股份有限公司 | 一种设备能力协商的方法和装置 | 本发明涉及视频编解码技术领域，尤其涉及一种设备能力协商的方法和装置 |
| CN201410284296.4 | 2014-06-23 | 中兴通讯股份有限公司 | 桌面云视频的播放处理方法及装置 | 本发明涉及通信领域，更具体地说，涉及桌面云视频的播放处理方法及装置 |

续表

| 申请号 | 申请日 | 申请人 | 发明名称 | 技术领域 |
|---|---|---|---|---|
| CN201410232789.3 | 2014-05-28 | 中兴通讯股份有限公司 | 支付处理方法、装置、NFC便携终端及穿戴终端 | 本发明涉及通信领域，具体而言，涉及一种支付处理方法、装置、NFC便携终端及穿戴终端 |
| CN201410160559.0 | 2014-04-21 | 中兴通讯股份有限公司 | 近距离通信识别芯片的信息传输方法、装置及系统 | 本发明涉及通信领域，具体而言，涉及一种近距离通信识别芯片的信息传输方法、装置及系统 |
| CN201410136580.7 | 2014-04-04 | 中兴通讯股份有限公司 | 以太网光纤通道的流量控制方法、装置及系统 | 本发明涉及通信领域，具体而言，涉及一种以太网光纤通道的流量控制方法、装置及系统 |
| CN201410117631.1 | 2014-03-26 | 中兴通讯股份有限公司 | 一种基于流量的网络切换方法、装置和终端 | 本发明涉及移动通信技术领域，特别是涉及一种基于流量的网络切换方法、装置和终端 |
| CN201410111574.6 | 2014-03-24 | 中兴通讯股份有限公司 | 节点故障检测方法及装置 | 本发明涉及通信领域，具体而言，涉及一种节点故障检测方法及装置 |
| CN201410098195.8 | 2014-03-17 | 中兴通讯股份有限公司 | 组播数据处理方法、装置、系统、发送设备及接收客户端 | 本发明涉及通信领域及云计算领域，具体而言，涉及一种组播数据处理方法、装置、系统、发送设备及接收客户端 |
| CN201410075232.3 | 2014-03-03 | 中兴通讯股份有限公司 | 多模双通终端 | 本发明涉及通信领域，具体而言，涉及一种多模双通终端 |
| CN201410067133.0 | 2014-02-26 | 中兴通讯股份有限公司 | 一种实现区域自动繁殖的方法及相关设备 | 本发明涉及光通信技术领域，尤其涉及一种实现区域自动繁殖的方法及相关设备 |
| CN201410041371.4 | 2014-01-28 | 中兴通讯股份有限公司 | 通道切换方法、装置、光网络单元及时分波分复用系统 | 本发明涉及通信领域，具体而言，涉及一种通道切换方法、通道切换装置、光网络单元及时分波分复用系统 |

**专利名称：用于光通信的自适应后数字滤波器和符号间干扰均衡器**

公开（公告）号：CN105282064A　　公开（公告）日：2016-01-27

申请号：CN201510419009.0　　申请日：2015-07-15

申请（专利权）人：中兴通讯股份有限公司

国际专利分类号：IPC(8): H04L25/03 H04B10/077 H04J14/02

**摘要**：本发明涉及用于光通信的自适应后数字滤波器和符号间干扰均衡器。在相干光接收器中接收已调制光信号，相干光接收器采用后数字滤波器和诸如最大似然序列估计(MLSE)或 Bahl-Cocke-Jelinek-Raviv(BCJR)算法的符号间干扰(ISI)均衡器。一些公开的技术针对在不同的频谱变窄的操作场景下自适应地调整后数字滤波器的时域冲激响应(或等价地调整频域中的频率响应)和 ISI 均衡器的相应结构。

**专利名称：一种播报多媒体会议中动态信息的方法及装置**

公开（公告）号：CN105991964A　　公开（公告）日：2016-10-05

申请号：CN201510080525.5　　申请日：2015-02-13

申请（专利权）人：中兴通讯股份有限公司

国际专利分类号：IPC(8): H04N7/15

**摘要**：本发明提供一种播报多媒体会议中动态信息的方法及装置。所述方法包括：获取多媒体会议中用户动态操作事件以及所述用户动态操作事件对应的操作者的标识信息；获取所述用户动态操作事件中包含的文字信息，并根据所述文字信息和标识信息生成推送消息；将所述推送消息发送给加入到所述多媒体会议中的至少部分会议终端，由所述至少部分会议终端显示所述推送信息。上述方案通过将多媒体会议中参会人员进行的动态事件操作以文字信息的方式显示给所有与会人员，使得用户终端可以及时了解多媒体会议中发生的动态信息，此种方式提高了用户对多媒体会议的满意度，同时提高了多媒体会议的质量。

**专利名称：在线交互处理方法、装置及服务器**

公开（公告）号：CN104519040A　　公开（公告）日：2015-04-15

申请号：CN201410505011.5　　申请日：2014-09-26

申请（专利权）人：中兴通讯股份有限公司

国际专利分类号：IPC(8): H04L29/06 H04L12/58

**摘要**：本发明提供了一种在线交互处理方法、装置及服务器，该方法包括接收语音信息；识别语音信息得到在线学习操作的标识码，其中，标识码用于标识在线学习操作和/或在线学习操作的对象；依据标识码进行在线交互处理。本发明解决了相关技术中只能手动操作进行在线交互，一些失去了动手能力的特殊人群无法享受在线交互的便利的问题，进而达到了提高在线交互的普及性，使得这些特殊人群也能融入到网络中，实现无拘无束地在线交互的功能，也大大地提高了用户体验的效果。

**专利名称：操作结果处理方法、装置及系统**

公开（公告）号：CN105335145A　　公开（公告）日：2016-02-17

申请号：CN201410385182.9　　申请日：2014-08-06

申请（专利权）人：中兴通讯股份有限公司

国际专利分类号：IPC(8): G06F9/44

**摘要**：本发明提供了一种操作结果处理方法、装置及系统，其中，该方法包括：将操作指令下发至代理（AGENT）中，其中，该操作指令用于指示对操作系统进行操作处理；接收 AGENT 上报的经过格式转换后的在操作系统中执行操作指令后获取的操作结果，本发明解决了相关技术中存在的获取操作系统的操作结果时操作复杂，以及由于获取操作结果的装置工作量大导致其寿命短的问题，进而达到了减轻获取操作结果的装置的压力，提高其使用寿命的效果。

**专利名称：一种设备能力协商的方法和装置**

公开（公告）号：CN104093028A　　公开（公告）日：2014-10-08

申请号：CN201410291451.5　　申请日：2014-06-25

申请（专利权）人：中兴通讯股份有限公司

国际专利分类号：IPC(8): H04N19/44 H04N19/30

**摘要**：本发明公开了一种设备能力协商的方法，包括：第一设备接收第二设备发送的多层视频数据请求；第一设备向第二设备发送应答信息，应答信息包括以下信息的至少之一：解码多层视频码流所需的解码能力信息、解码多层视频码流中各层所需的解码能力信息、解码多层视频码流中不同输出层组合所需的解码能力信息。本发明还公开了一种设备能力协商的装置。

**专利名称：桌面云视频的播放处理方法及装置**

公开（公告）号：CN105282624A　　　　公开（公告）日：2016-01-27

申请号：CN201410284296.4　　　　申请日：2014-06-23

申请（专利权）人：中兴通讯股份有限公司

国际专利分类号：IPC(8): H04N21/643 H04N21/63 H04N21/442

**摘要**：本发明提供了一种桌面云视频的播放处理方法及装置，其中，该播放处理方法包括：通过第一通道发起对所述待播放视频的访问，该第一通道支持桌面云协议；通过第二通道从虚拟桌面读取所述待播放视频并播放，其中，所述第二通道为专用于传输视频文件的通道。采用本发明提供的上述技术方案，解决了桌面云环境下无法播放更高清的视频以及在虚拟桌面中播放视频时消耗较大虚拟机与物理服务器的计算资源以及的网络带宽的问题，可有效节约计算资源、效降低网络带宽消耗，提升用户在虚拟桌面内的多媒体体验。

**专利名称：支付处理方法、装置、NFC 便携终端及穿戴终端**

公开（公告）号：CN105260886A　　　　公开（公告）日：2016-01-20

申请号：CN201410232789.3　　　　申请日：2014-05-28

申请（专利权）人：中兴通讯股份有限公司

国际专利分类号：IPC(8): G06Q20/32 G06Q20/40

**摘要**：本发明提供了一种支付处理方法、装置、NFC 便携终端及穿戴终端，其中，该方法包括：依据用于唯一标识近场通信 NFC 便携终端的有效特征值组合生成 NFC 便携终端的数字身份；接收支付平台依据数字身份生成的支付终端密钥和支付终端 POS 账号；依据支付终端密钥和支付终端 POS 账号进行支付处理，解决了相关技术中支付现场没有 POS 终端时无法实现电子支付的问题，进而达到了以近场通信 NFC 便携终端充当 POS 机的功能，有效提高支付的方便性以及支付的安全性的效果。

**专利名称：近距离通信识别芯片的信息传输方法、装置及系统**

公开（公告）号：CN105007100A　　　　公开（公告）日：2015-10-28

申请号：CN201410160559.0　　　　申请日：2014-04-21

申请（专利权）人：中兴通讯股份有限公司

国际专利分类号：IPC(8): H04B5/00

**摘要**：本发明公开了一种近距离通信识别芯片的信息传输方法、装置及系统。其中，近距离通信识别芯片的信息传输方法包括：NFC 移动终端与 NFC 识别芯片建立数据链接，读取 NFC 识别芯片中的信息；NFC 移动终端处理读取到的信息；NFC 移动终端将处理后的信息通过无线网络传输至服务器。

**专利名称：一种基于流量的网络切换方法、装置和终端**

公开（公告）号：CN104955119A　　　　公开（公告）日：2015-09-30

申请号：CN201410117631.1　　　　申请日：2014-03-26

申请（专利权）人：中兴通讯股份有限公司

国际专利分类号：IPC(8): H04W36/14 H04W36/26

**摘要**：本发明公开了一种基于流量的网络切换方法、装置和终端。该方法包括：基于预先设置的多个网络执行网络接入，以接入所述多个网络中的一个网络；根据在接入的网络中所传输的数据包的数量，判断是否执行网络切换；若是，则将所述接入的网络切换到另一网络，所述另一网络包含在所述一个或多个网络中；若否，则继续判断是否执行网络切换。本发明有效地解决了蜂窝移动通信网络和 Wi-Fi 网络之间的切换算法，实现方式比较复杂的问题。本发明基于 TCP/IP 协议，通过监控收发的数据包，来判断数据流量是否过大，并在数据流量大时自适应地进行网络切换，进而提高了网络切换方式的便捷性。

**专利名称：多模双通终端**

公开（公告）号：CN104902588A　　　　公开（公告）日：2015-09-09

申请号：CN201410075232.3　　　　申请日：2014-03-03

申请（专利权）人：中兴通讯股份有限公司

国际专利分类号：IPC(8): H04W88/06

**摘要**：本发明公开了一种多模双通终端，包括：天线、支持第一通信制式射频信号的接收和发射的第一射频收发模块、支持第二通信制式射频信号的接收和发射的第二射频收发模块、第一射频开关、第二射频开关、第三射频开关和第四射频开关，其中，第一射频收发模块的第一路的高频段收发通路通过第一射频开关与天线连接，第一射频收发模块的第一路的低频段收发通路通过第二射频开关与天线连接；第二射频收发模块的高频段收发通路通过第三射频开关与天线连接，第二射频收发模块的低频段收发通路通过第四射频开关与天线连接。

# 关键领域八
# 视频监控

安防系统中，视频监控系统占有最大比重，其主要是利用视频技术探测、监视设防区域并实时显示、记录现场图像的电子系统或网络。进入 21 世纪，随着网络技术的发展，数字视频监控系统进一步发展为具有网络功能的视频监控系统，即第三代网络视频监控系统，它集成了多媒体技术、数字图像处理技术及远程网络传输等最新技术，不仅可以实现图像传输、远程控制、现场信号采集等监控功能，还可提供高质量的监控图像和便捷的监控方式。❶

随着经济的发展和社会的进步，银行、电力、交通、安检以及军事设施等领域对安全防范和现场记录报警系统的需求与日俱增，要求越来越高，视频监控在生产生活各方面得到了非常广泛的应用。虽然监控系统已经广泛存在于银行、商场、车站和交通路口等公共场所，但实际的监控任务仍需要较多的人工完成，而且现有的视频监控系统通常只是录制视频图像，提供的信息是没有经过解释的视频图像，只能用作事后取证，没有充分发挥监控的实时性和主动性。为了能实时分析、跟踪、判别监控对象，并在异常事件发生时提示、上报，为相关管理部门的及时决策、正确行动提供支持，视频监控的智能化就显得尤为重要。❷

本文对视频监控领域进行专利数据分析，包括专利强度分析、专利申请趋势分析、竞争对手分析等，通过专利数据可视化技术方便使用者及时掌握全球主要申请人以及国内主要申请人的专利申请情况，对视频监控领域的专利技术、热点技术和发展趋势进行分析和总结，为行业发展提供参考。

---

❶ 王剑. 视频监控技术专利分析[J]. 电视技术，2015，39(S1).

❷ 蒋一明. 智能视频监控技术专利申请状况分析[J]. 中国发明与专利，2014（3）.

# 第24章 视频监控行业全球专利申请分析

## 24.1 全球专利申请分布情况

全球范围内，视频监控专利申请一共有 43370 件。

专利申请国可以体现专利权人想在哪些国家或地区保护该发明。这一参数也反映了该发明未来可能的实施国家或地区。通过对视频监控行业专利受理国家（地区）分布情况的统计（图 24-1-1）可以发现，中国、美国、日本三国为视频监控行业专利重点申请国家，数量分别为中国 36336 件、美国 1978 件、日本 1300 件，加上世界知识产权组织 1116 件、欧洲 762 件，5 个国家、地区和组织共占了总量的 94.78%，其他国家和地区共 404 件。

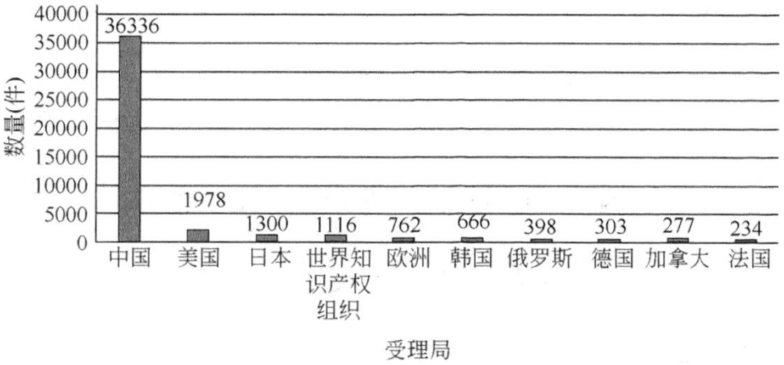


图 24-1-1 视频监控专利申请地域分布情况

专利的国家/地区分布情况表明，美国、欧洲、日本、韩国是国外视频监控行业专利布局的主要地区，企业可以跟踪、引进和消化相关领域技术，在此基础上实现技术突破。

## 24.2 全球专利申请总体发展趋势

将视频监控行业的全球专利申请量按照年份进行统计分析，得到全球专利申请趋势图（图 24-2-1），在 2008 年到 2016 年间视频监控行业全球专利整体呈上升态势。中国的专利申请量则是从 2008 年开始快速发展，呈现爆炸式的增长势头，反映了国内企业对视频监控相关技术的开发日益重视。

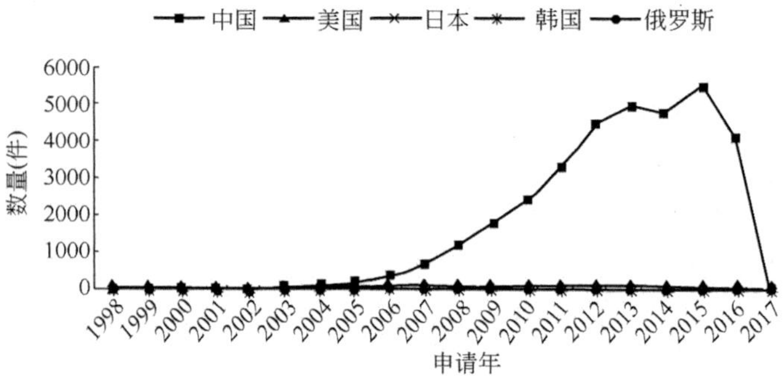


图 24-2-1 全球申请人国家发展趋势

# 24.3 专利技术主要来源国分析

全球专利文献的专利权人国籍统计分析，得到如下视频监控行业专利的来源地分布图（图 24-3-1），可以看出：视频监控行业专利的发明专利主要来自中国、美国、日本和韩国，其中中国、美国、日本和韩国申请人申请的专利分别达 34330 件、2105 件、1345 件及 367 件。显示世界各国申请人更趋向于在中国进行专利布局。

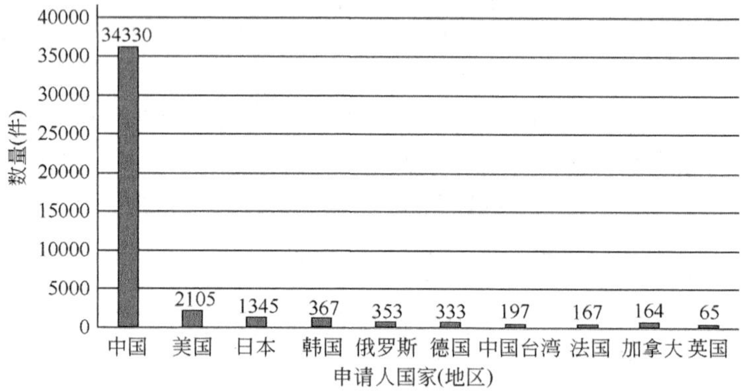


图 24-3-1 视频监控专利技术主要来源地

# 24.4 专利 IPC 分布

视频监控行业专利按照国际专利分类号（IPC）进行统计，结果如图 24-4-1。视频监控业专利 IPC 分布中，电学类 H04N7（电视系统）的专利数量最多达 12531 件，其次是电学类 H04N5（电视系统的零部件），专利数量达 4482 件，这两类加起来达到 51.2%，另外还有电学类 H04L29（1/100 至 H04L27/00 里个组中不包含的装置、设备、电路和系统）。

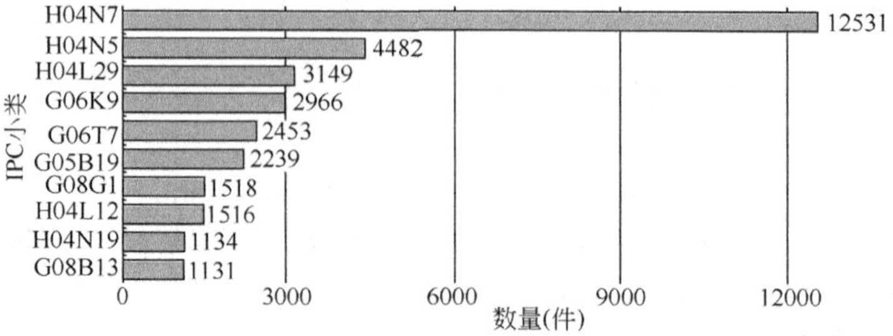


图 24-4-1 视频监控行业 IPC 小类分布

## 24.5 竞争态势分析

根据视频监控行业专利的检索结果进行专利权人进行了进一步的分析。视频监控行业全球专利主要集中在中国专利权人手中。该领域综合实力领先的为国家电网、浙江宇视科技有限公司、中兴通讯股份有限公司和杭州海康威视数字技术股份有限公司，可见在视频监控行业的专利布局中，中国企业投入了大量资源，处于技术的垄断地位。

## 24.6 总 结

根据专利技术主要来源国的情况，视频监控技术的主要来源国家是中国，因此对重要专利申请人的分析在国内的视频监控技术状况进行了分析。

# 第25章 视频监控行业国内专利申请分析

## 25.1 国内专利概况

在中国专利中，经过检索获得视频监控行业专利共25824件。如图25-1-1所示，其中发明专利有23808件，占总数的66.06%；实用新型11292件，占总数的31.33%。

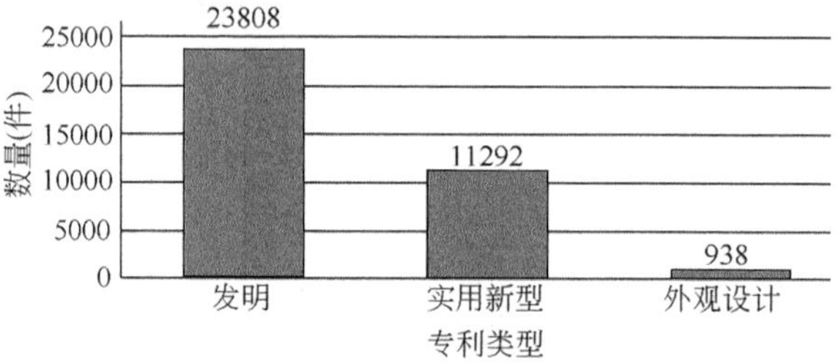


图25-1-1 我国视频监控行业专利类型图

## 25.2 国内专利申请趋势

从图25-2-1的专利申请趋势表明，国内的视频监控行业的研究整体还处于上升趋势，尤其在2008年以后逐步呈现上升态势，这表明我国视频监控行业还处于技术发展期，整个视频监控行业的技术创新意识和能力在不断提高。

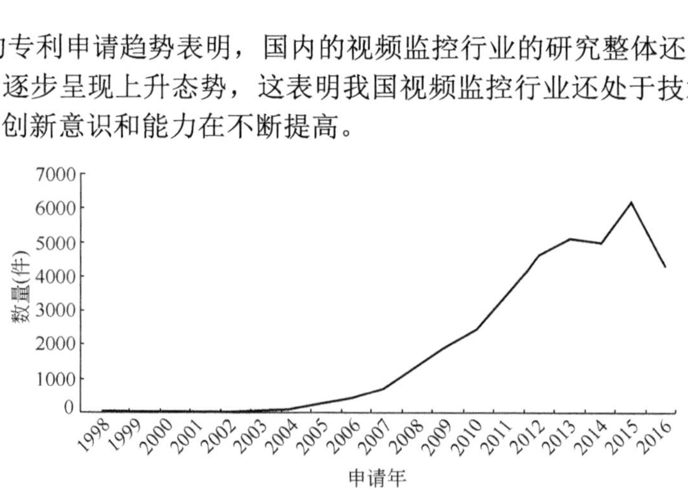


图25-2-1 视频监控行业国内专利申请趋势

# 25.3 重要专利申请人分析

图 25-3-1 是视频监控行业全国主要专利申请人，其四家企业综合实力雄厚，专利质量高并且涉及较多的专利纠纷，其中国家电网专利拥有量最大，现对这四家企业的专利情况进行分析。

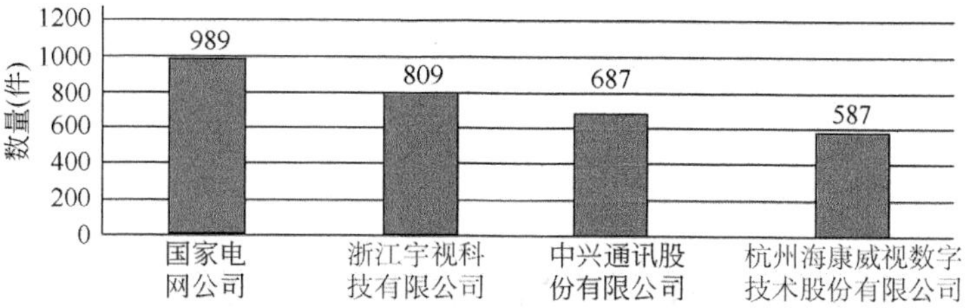


图 25-3-1 视频监控行业国内主要专利申请人排名

## 25.3.1 中国国家电网公司

中国国家电网公司专利主要授权是在中国。图 25-3-2 反映了国家电网在全球主要市场上的相关专利申请分布状况，专利申请的国家地区包括中国与世界知识产权组织。

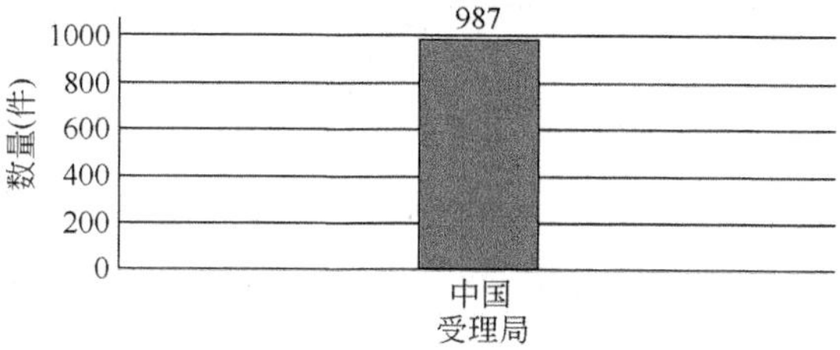


图 25-3-2 国家电网的相关专利受理国家分布情况

图 25-3-3 显示国家电网公司在全球主要市场上历年的专利申请分布状况：呈逐年上升趋势，2011 年以后呈爆炸上升趋势。

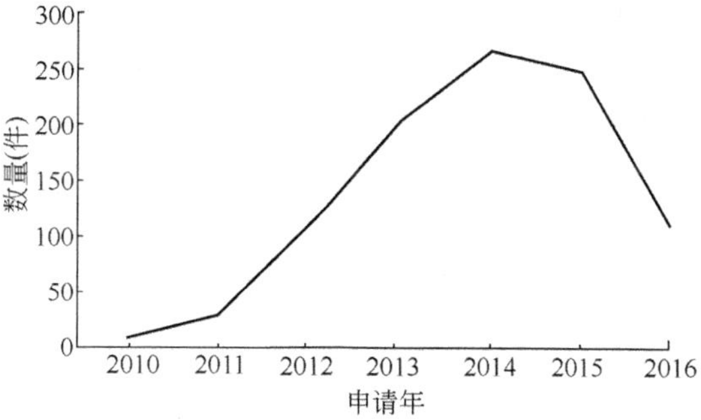


图 25-3-3 国家电网的专利申请趋势

IPC 专利的结果图 25-3-4 显示国家电网公司在视频监控行业专利按照国际专利分类号（IPC）进行统计的结果，数量最多的电学类 H04N（图像通信）专利为重点研究方向，包括 H02J 供电或配电路装置或系统等。

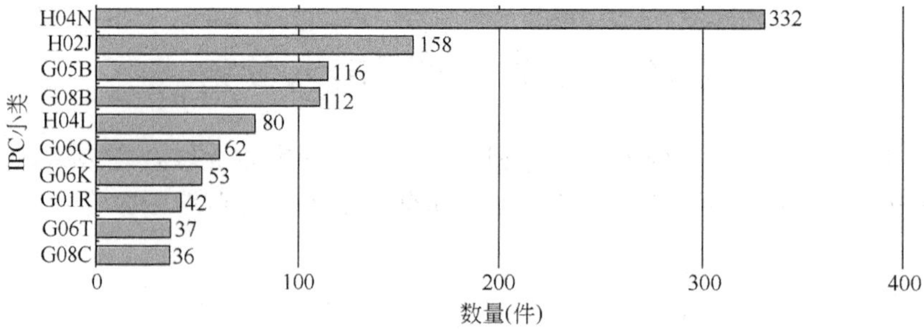


图 25-3-4　国家电网 IPC 小类分析图

## 25.3.2　浙江宇视科技有限公司

浙江宇视科技有限公司，2011 年成立，经营范围包括研究、开发：视频监控技术（含监控存储等）、产品及解决方案与计算机软件产品等。

浙江宇视科技有限公司的专利经同族扩展后达到 802 件，图 25-3-5 反映了浙江宇视科技有限公司在全球市场上的专利申请分布状况，专利申请的国家为中国。

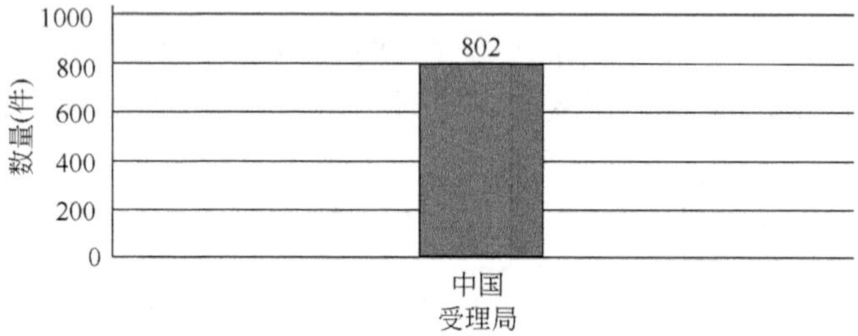


图 25-3-5　浙江宇视科技有限公司的相关专利受理国家分布情况

图 25-3-6 反映了浙江宇视科技有限公司在全球主要市场上历年的专利申请分布状况，呈逐年上升趋势，2012 年以后呈倒 V 字上升趋势。

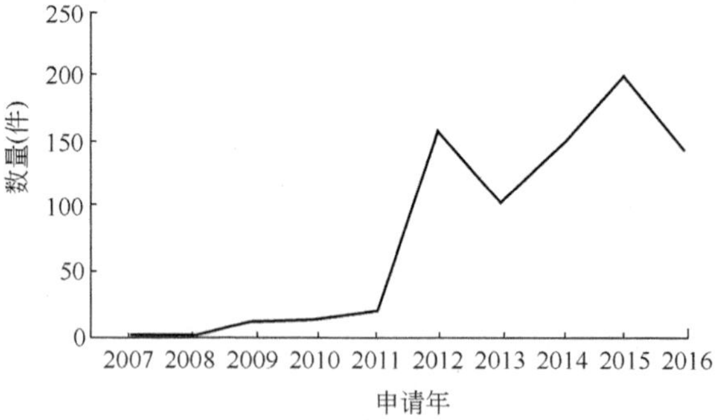


图 25-3-6　浙江宇视科技的专利申请趋势

IPC 专利的结果图 25-3-7 显示浙江宇视科技有限公司在视频监控行业专利按照国际专利分类号（IPC）进行统计，结果最多的电学类 H04N（图像通信）专利为重点研究方向，包括 H04L（数字信息的传输）。

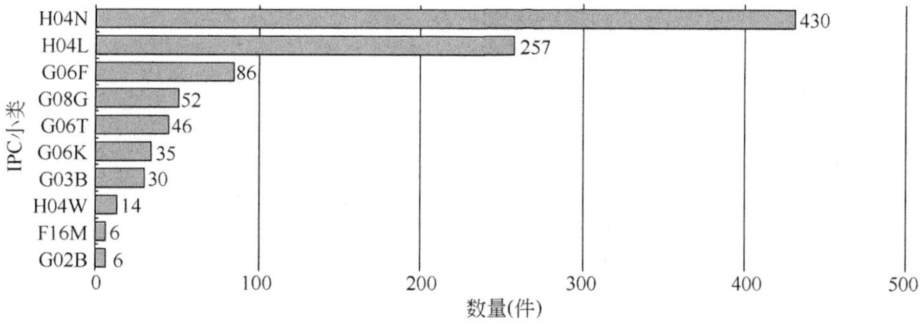


图 25-3-7 浙江宇视科技有限公司 IPC 分类图

## 25.3.3 中兴通讯股份有限公司

中兴通讯股份有限公司视频监控行业的专利经同族扩展后达到 526 件，图 25-3-8 反映了该公司在全球市场上的专利申请分布状况，专利申请的国家为中国。

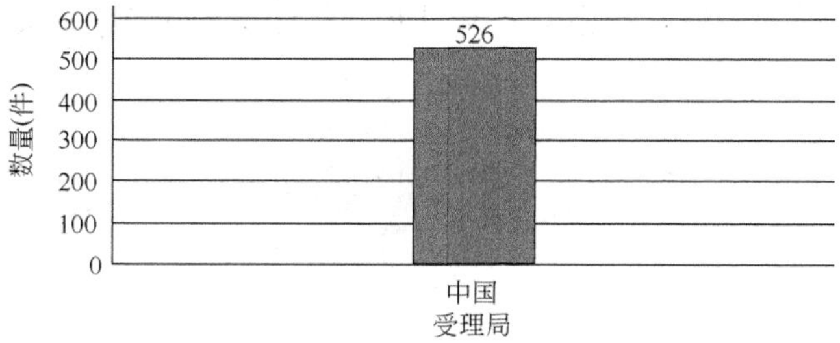


图 25-3-8 中兴通讯股份有限公司的相关专利受理国家分布情况

图 25-3-9 反映了中兴通讯股份有限公司在国内主要市场上历年的专利申请分布状况：呈逐年上升趋势，2012 年以后大幅度下滑的增长趋势。

图 25-3-9 中兴通讯股份有限公司的专利申请趋势

IPC 专利的结果图 25-3-10 显示中兴通讯股份有限公司在视频监控行业专利按照国际专利分类号（IPC）进行统计，结果最多的电学类 H04N（图像通信）专利为重点研究方向，包括 H04L（供数字信息的）传输等。

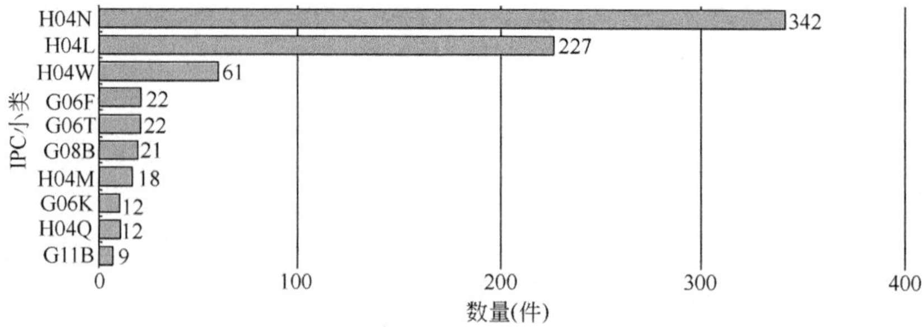


图 25-3-10 中兴通讯股份有限公司 IPC 小类分析图

## 25.3.4 杭州海康威视数字技术股份有限公司

杭州海康威视数字技术股份有限公司，2001 年 11 月 30 日成立，经营范围包括电子产品的研发、生产等。

杭州海康威视数字技术股份有限公司的专利经同族扩展后达到 549 件，图 25-3-11 反映了杭州海康威视数字技术股份有限公司在中国市场上的专利申请分布状况。

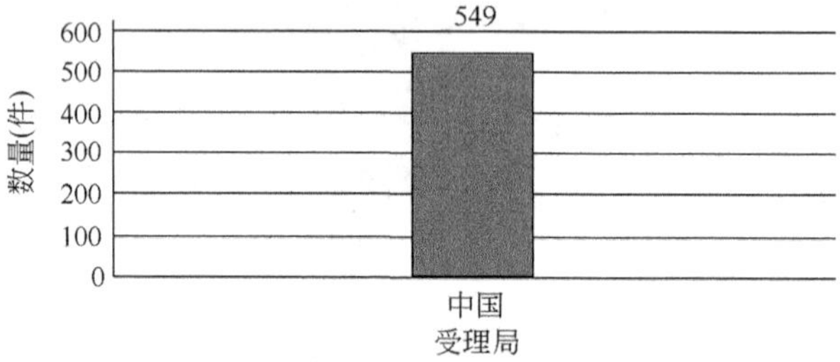


图 25-3-11 杭州海康威视数字技术股份有限公司受理国家分布情况

图 25-3-12 反映了杭州海康威视数字技术股份有限公司在全球主要市场上历年的专利申请分布状况。杭州海康威视数字技术股份有限公司 2014 年专利申请量最高，达 130 件，2014 年以后申请量整体下降明显。

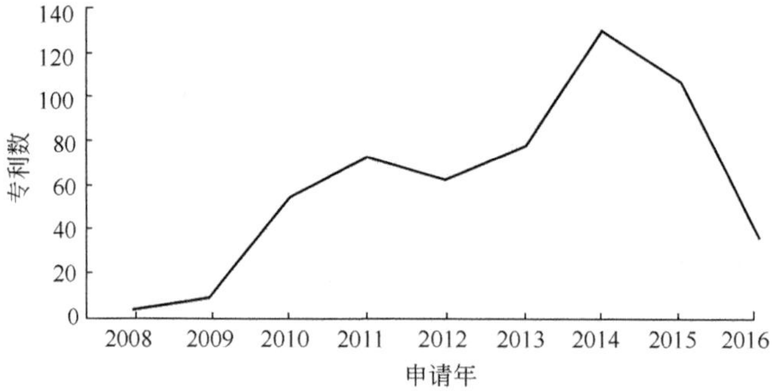


图 25-3-12 杭州海康威视数字技术股份有限公司专利申请趋势

IPC 专利的结果图 25-3-13 显示：杭州海康威视数字技术股份有限公司在视频监控行业专利按照国际专利分类号（IPC）进行统计，结果最多的电学类 H04N（图像通信）专利为重点研究方向，包括 G06F（电数字数据处理）等。

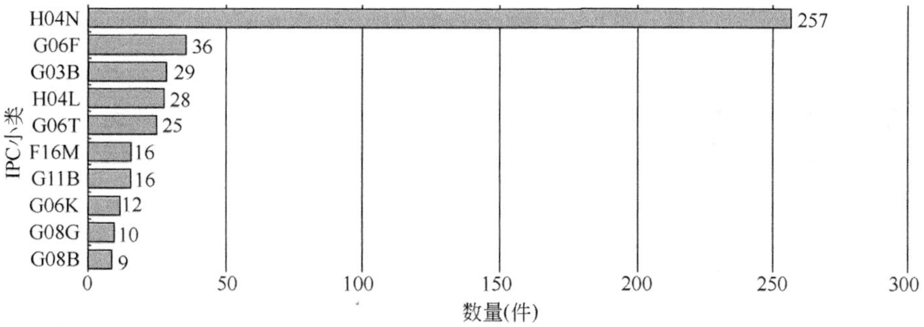


图 25-3-13 海康威视数字技术股份有限公司 IPC 小类分析图

# 25.4 总 结

作为安防产业最有发展前景的行业之一，中国视频监控行业的规模已经领先世界多年，产业基础虽大但不强。其中，电类 H04N（图像通信）技术为该行业的重要研究方向。虽然外资相关专利的数量很少，但还是可以从国外专利技术中学习，为行业的发展提供参考。

# 第26章 重点企业（部分）核心专利简介

以下专利摘要信息数据来自智慧芽专利数据分析平台，部分涉及专业词汇，为防止因翻译原因而产生理解偏差，请读者按照专利号检索并下载全文解读。

## 26.1 授权部分

表 26-1-1 国家电网公司

| 申请号 | 申请日 | 申请人 | 发明名称 | 技术领域 |
|---|---|---|---|---|
| CN201610077057.0 | 2016-02-03 | 国网新疆电力公司、经济技术研究院、国家电网公司 | 电力系统控制方法 | 本发明属于电力领域，涉及一种电力系统控制方法，特别涉及一种电力系统的优化控制方法，更特别地涉及优化的电力系统火灾处理方法 |
| CN201510144914.X | 2015-03-30 | 国家电网公司、国网浙江省电力公司、山县供电公司 | 电网调度控制系统 | 本发明涉及电网调度控制系统 |
| CN201410731127.0 | 2014-12-05 | 国家电网公司 | 一种基于 4G 通信的电动汽车充电桩移动终端 | 本发明涉及的是一种电动汽车充电设备，尤其是一种基于 4G 通信的电动汽车充电桩移动终端 |
| CN201410585726.6 | 2014-10-28 | 国家电网公司、国网山西省电力公司、泉供电公司 | 输电线路交叉跨越无线监测方法及装置 | 本发明涉及输电线路交叉跨越的监测，具体为输电线路交叉跨越无线监测方法及装置 |
| CN201410563606.6 | 2014-10-21 | 国网宁夏电力公司检修公司、山东鲁能技术有限公司、国家电网公司 | 基于组合轨道的室内轨道式智能巡检机器人系统 | 本发明属于机器人领域，具体涉及基于组合轨道的室内轨道式智能巡检机器人系统 |
| CN201410535672.2 | 2014-10-11 | 国家电网公司 | 一种舵机云台的无速度反馈动态面控制方法及控制器 | 本发明涉及自动控制技术领域，具体涉及一种舵机云台的无速度反馈动态面控制方法及控制器 |
| CN201410404975.0 | 2014-08-15 | 国家电网公司 | 一种基于超像素的输变电设备红外故障图像分割方法 | 本发明涉及输变电设备红外诊断故障图像分割方法，具体涉及一种基于超像素的输变电设备红外故障图像分割方法 |
| CN201410387792.2 | 2014-08-08 | 国家电网公司 | 一种智能变电站二次设备预制舱结构 | 本发明属于智能变电站设备技术领域，更具体地说，是涉及一种智能变电站二次设备预制舱结构 |

续表

| 申请号 | 申请日 | 申请人 | 发明名称 | 技术领域 |
|---|---|---|---|---|
| CN201410363796.7 | 2014-07-28 | 国家电网公司、江苏省电力公司、江苏省电力公司电力科学研究院 | 车载化变电设备状态监测装置智能校验试验系统及方法 | 本发明涉及一种变电站设备状态在线监测装置的校验系统，具体地说是一种基于无线通信技术和计算机控制技术的车载化变电设备状态监测装置智能校验试验系统及方法 |
| CN201410322225.9 | 2014-07-08 | 国家电网公司 | 高压带电作业区域安防监控系统 | 本发明涉及一种高压带电作业区域安防监控系统 |
| CN201410280953.8 | 2014-06-20 | 国家电网公司 | 基于视觉的交通路口仿生指挥方法 | 本发明涉及公路交通指挥系统技术领域，具体地指一种基于视觉的交通路口仿生指挥系统及方法 |
| CN201410259098.2 | 2014-06-11 | 国家电网公司 | 一种输电线路上异物的激光远程清除装置及方法 | 本发明涉及一种输电线路上异物的激光远程清除装置及方法，属于输变电技术领域 |
| CN201410233624.8 | 2014-05-30 | 国家电网公司 | 视频数据动态传输方法 | 本发明涉及一种数据传输方法，具体地说是一种视频数据动态传输方法 |
| CN201410232247.6 | 2014-05-29 | 国家电网公司 | 监控设备安装架 | 本发明涉及一种监控设备固定装置，具体的说是用于解决变电站设备监控死角的可方便移动的监控设备安装架 |
| CN201410210784.0 | 2014-05-19 | 国家电网公司 | 调控一体化模式下的变电站智能辅助监控巡检系统 | 本发明涉及电力系统变电站运行维护技术领域，尤其涉及一种调控一体化模式下的变电站智能辅助监控巡检系统 |

**专利名称：电力系统控制方法**

公开（公告）号：CN105529832B　　公开（公告）日：2017-01-04

申请号：CN201610077057.0　　申请日：2016-02-03

申请（专利权）人：国网新疆电力公司经济技术研究院　国家电网公司

国际专利分类号：IPC(8): H02J13/00 H04L29/06

其他公开文献：CN105529832A

**摘要：**本发明提供了一种电力系统控制方法，该方法包括：采集所述电力系统的实时信息；以及将所述实时信息发送给远程服务器以使所述远程服务器根据所述实时信息对所述电力系统进行远程控制。所述的将所述实时信息发送给远程服务器包括：判断所述电力系统的通信协议与所述远程服务器的通信协议是否兼容；和在所述电力系统的通信协议与所述远程服务器的通信协议不兼容时，对所述电力系统的通信协议进行转换；所述通信协议转换通过通信协议转换模块实现。该方法具有较高的管理效率，尤其具有良好的灭火效率。

**专利名称：电网调度控制系统**

公开（公告）号：CN104753176B　　公开（公告）日：2016-07-06

申请号：CN201510144914.X　　申请日：2015-03-30

申请（专利权）人：国家电网公司　国网浙江省电力公司岱山县供电公司

国际专利分类号：IPC(8): H02J13/00

其他公开文献：CN104753176A

**摘要：**本发明涉及电网调度控制系统，包括主服务器、视频监控主机、Web 服务器、主前置机、工作站、若干个子站、第一交换机，主前置机上连接实现数据交换的调制解调器，第一交换机与 Web 服务器之间、调制解调器与主前置机之间均设有一个物理隔离装置，以太网上连接第二交换机，第二交换机上连接视频控制器。本发明的优点：通过调制解调器实现主前置机内数据的交换，通过设置的物理隔离装置分别实现对第一交换机与 Web 服务器之间、调制解调器与主前置机之间数据的保护，防止了数据的丢失或损坏，并通过第二交换机上设置的视频控制器实现对信息的采集，并通过视频监控主机实现观察，安全可靠性能更高，减少了数据的损坏和破坏。

**专利名称：输电线路交叉跨越无线监测方法及装置**

公开（公告）号：CN104266686B　　公开（公告）日：2016-05-11

申请号：CN20140585726.6　　申请日：2014-10-28

申请（专利权）人：国家电网公司　国网山西省电力公司阳泉供电公司

国际专利分类号：IPC(8): G01D21/02 H04N7/18

其他公开文献：CN104266686A

**摘要：**本发明涉及输电线路交叉跨越的监测，具体为输电线路交叉跨越无线监测方法及装置。解决现有输电线路交叉跨越无线监测方法存在安全隐患、监测不准确等问题。是按如下步骤实现的：（1）在输电线路交叉跨越处的地面上布置三个视频监测装置；（2）视频监测装置将采集的当地温度、湿度信号、相应的视频信号及自身的 ID 信息通过无线通信发送给监控中心；（3）在监控中心，根据 ID 信息，从数据库中检索出交叉跨越处各参数数据；用 OPENGL 工具分析不同方位下拍摄的三张照片图像分析计算电力线的交叉跨越距离；（4）计算三维空间下交叉跨越处的弧垂值、架空线路的最大应力及其他数据；（5）将以上各数据与国标进行对比，判断是否符合标准。

**专利名称：基于组合轨道的室内轨道式智能巡检机器人系统**

公开（公告）号：CN104267731B　　公开（公告）日：2017-01-18

申请号：CN201410563606.6　　申请日：2014-10-21

申请（专利权）人：国网宁夏电力公司检修公司　山东鲁能智能技术有限公司　国家电网公司

国际专利分类号：IPC(8): G05D1/02

其他公开文献：CN104267731A

**摘要：**本发明公开了一种基于组合轨道的室内轨道式智能巡检机器人系统，包括组合轨道和机器人本体，机器人本体包括驱动系统、检测组件、云台、同步带系统、移动平台和控制系统，其中，控制系统移动平台上、移动平台上端设置云台，检测组件固定于云台上，同步带系统与组合轨道固定连接，驱动系统固定于移动平台上，移动平台放置于组合轨道上，驱动系统提供动力，使机器人沿组合轨道运动。本发明为壁装组合式轨道，可实现两个或多个垂直平面内的位置转移，组合方式满足室内设备检测的多样化、复杂的检测要求，根据实际的检测需要可单独将水平轨道或者竖直轨道取出，独立构建系统检测机器人系统。

**专利名称：车载化变电设备状态监测装置智能校验试验系统及方法**

公开（公告）号：CN104122522B　　公开（公告）日：2017-01-18

申请号：CN201410363796.7　　申请日：2014-07-28

申请（专利权）人：国家电网公司　江苏省电力公司　江苏省电力公司电力科学研究院

国际专利分类号：IPC(8): G01R35/00 G08C17/02 H04W84/18

其他公开文献：CN104122522A

**摘要**：本发明公开了一种车载变电设备状态监测装置智能校验试验系统及方法，由配置在车辆上的车载中心、无线局域网通信系统、标准信号源、手持 PDA 和移动音视频监控终端组成。其中，车载中心通过 VPN 无线专用网络和在线监测主站平台连接通信；车载中心通过无线局域网通信系统和标准信号源、手持 PDA、移动音视频监控终端进行连接通信。校验时，通过车载中心控制标准信号源的输出，标准信号源再发送信号至被校验的在线监测装置，车载中心实时比对标准信号源输出信号数据和被校验的在线监测装置的实时监测数据，自动产生校验结果。本发明通过车载化变电设备状态监测智能校验试验系统来进行，从而满足电力部门变电站在线监测装置校验的智能化要求。

**专利名称：高压带电作业区域安防监控系统**

公开（公告）号：CN104111646B　　公开（公告）日：2016-10-05

申请号：CN201410322225.9　　申请日：2014-07-08

申请（专利权）人：国家电网公司　国网河北省电力公司　国网河北省电力公司石家庄供电分公司

国际专利分类号：IPC(8): G05B19/418

其他公开文献：CN104111646A

**摘要**：本发明涉及一种高压带电作业区域安防监控系统。本发明由远程监控服务器、现场终端控制系统、安防监控装置、信息采集系统以及网络系统组成，所述远程监控服务器包括远程服务器组、报警装置以及通信模块，所述现场终端控制系统由现场服务器、GPRS 调制解调器、zigbee 路由终端，所述现场服务器分别与 GPRS 调制解调器和 zigbee 路由终端通过 RS232 接口相连接；本发明通过安防监控装置对所需信息进行采集后，再通过网络系统传输至现场终端系统进行汇总中转，最后返至服务器进行预警和人工验证，同时与远程控制端进行信息共享，以便及时处理，本发明可以灵活组网，覆盖所有公共网络通达地域。

**专利名称：基于视觉的交通路口仿生指挥方法**

公开（公告）号：CN104064038B　　公开（公告）日：2016-04-13

申请号：CN201410280953.8　　申请日：2014-06-20

申请（专利权）人：国家电网公司　国网电力科学研究院武汉南瑞有限责任公司

国际专利分类号：IPC(8): G08G1/08

其他公开文献：CN104064038A

**摘要**：本发明公开了一种基于视觉的交通路口仿生指挥系统，它包括设置在第一交通路口的第一视频监控装置和第一交通信号灯、设置在与第一交通路口相邻的第二交通路口的第二视频监控装置和第二交通信号灯，视频监控装置和第二视频监控装置的通信端均通过通信模块连接中央处理模块的第一通信端，中央处理模块的第二通信端连接信号处理模块的通信端，中央处理模块的第三通信端连接交通信号灯控制模块的信号输入端，交通信号灯控制模块的第一信号输出端和第二信号输出端分别连接第一交通信号灯和第二交通信号灯的信号输入端。本发明比传统的加装车辆检测器的方案成本更低，实施方便，智能化程度高。

**专利名称：视频数据动态传输方法**

公开（公告）号：CN104038736B　　公开（公告）日：2015-12-02

申请号：CN201410233624.8　　申请日：2014-05-30

申请（专利权）人：国家电网公司　国网山东省电力公司信息通信公司
国际专利分类号：IPC(8): H04N7/18
其他公开文献：CN104038736A

**摘要**：本发明的视频数据动态传输方法包括以下步骤：（1）检测是否已设需求条件；（2）后台预设需求条件；（3）向前端发送数据调用请求；（4）前端采集与请求相关的全部数据；（5）前端截取符合条件的数据；（6）数据传输；（7）后台接收数据；（8）后台显示并存储所需信息。本发明通过预设需求条件和前端的处理，避免了实时传送全部数据的问题，使得传送到后台的数据量大大减少，不仅大大提高监控准确性，而且节省了大量的网络传输资源和存储空间，优化了监控人员的工作效率和工作质量。

**专利名称：监控设备安装架**
公开（公告）号：CN103982762B　　公开（公告）日：2016-03-02
申请号：CN201410232247.6　　申请日：2014-05-29
申请（专利权）人：国家电网公司　国网山东平阴县供电公司
国际专利分类号：IPC(8): F16M11/26
其他公开文献：CN103982762A

**摘要**：一种监控设备安装架，包括三脚架底座、设备安装杆和若干支杆，所述三脚架底座的中心竖直设置一根金属管，三脚架底座的三个脚杆分别铰接在金属管上，在所述金属管与每一脚杆之间设置拉簧，在每一脚杆的下端设置带有刹车装置的脚轮；所述支杆可与金属管上端螺纹连接；在所述金属管的下端设置线缆收纳盒；在所述设备安装杆的前端设置电场感应报警装置。本发明可根据需求进行组装，实现无死角监视的监控设备安装架，在监控设备安装架不使用时，它的三脚架底座上的脚杆即可自动收缩，搬运和存储非常方便；在三脚架底座上设置带刹车片的脚轮，可以按照巡视位置推动，在到达巡视位置后将脚轮固定即可。

**专利名称：调控一体化模式下的变电站智能辅助监控巡检系统**
公开（公告）号：CN103944275B　　公开（公告）日：2016-03-30
申请号：CN201410210784.0　　申请日：2014-05-19
申请（专利权）人：国家电网公司　国网河南省电力公司商丘供电公司　商丘市天宇电力工程勘测设计有限公司
国际专利分类号：IPC(8): H02J13/00
其他公开文献：CN103944275A

**摘要**：本发明公开了一种调控一体化模式下的变电站智能辅助监控巡检系统，该系统采用在变电站分布式布局巡视摄像机和红外成像仪，通过多点形成面的方式全覆盖变电站一次设备，使用摄像机的预置位功能串接形成软件巡视路线，可根据巡视的需要编制不同的模拟巡视路线，使得一次设备外部故障无所遁形。

**表 26-1-2　浙江宇视科技有限公司**

| 申请号 | 申请日 | 申请人 | 发明名称 | 技术领域 |
|---|---|---|---|---|
| CN201410451691.7 | 2014-09-05 | 浙江宇视科技有限公司 | 一种机芯镜头变倍跟随方法和装置 | 本发明涉及视频监控相机领域，尤其涉及一种机芯镜头变倍跟随方法和装置 |
| CN201410341066.7 | 2014-07-17 | 浙江宇视科技有限公司 | 车辆位置的检测方法和检测装置 | 本发明涉及视频监控技术领域，尤其涉及车辆位置的检测方法和检测装置 |

续表

| 申请号 | 申请日 | 申请人 | 发明名称 | 技术领域 |
|---|---|---|---|---|
| CN201410308640.9 | 2014-06-30 | 浙江宇视科技有限公司 | 一种车辆翻牌检测方法和装置 | 本发明涉及视频监控技术领域，尤其涉及一种车辆翻牌检测方法和装置 |
| CN201410302310.9 | 2014-06-27 | 浙江宇视科技有限公司 | 一种多摄像机视频同步方法和装置 | 本发明涉及视频监控领域，特别涉及一种多摄像机视频同步方法和装置 |
| CN201410293827.6 | 2014-06-25 | 浙江宇视科技有限公司 | 一种车辆翻牌检测方法和装置 | 本发明涉及视频监控技术领域，尤其涉及一种车辆翻牌检测方法和装置 |
| CN201410176243.0 | 2014-04-28 | 浙江宇视科技有限公司 | 一种车牌识别比对方法及装置 | 本发明属于交通监控技术领域，尤其涉及一种车牌识别比对方法及装置 |
| CN201410133477.7 | 2014-04-03 | 浙江宇视科技有限公司 | 一种电子警察抓拍方法及装置 | 本发明属于道路监控技术领域，尤其涉及一种电子警察抓拍方法及装置 |
| CN201410104123.X | 2014-03-19 | 浙江宇视科技有限公司 | 一种黑名单分布式鉴别方法及装置 | 本发明属于视频监控技术领域，尤其涉及视频监控中对于车牌黑名单的一种黑名单分布式鉴别方法及装置 |
| CN201410094882.2 | 2014-03-14 | 浙江宇视科技有限公司 | 一种套牌分析的方法和装置 | 本发明涉及视频监控技术领域，尤其涉及一种套牌分析的方法 |
| CN201410088547.1 | 2014-03-11 | 浙江宇视科技有限公司 | 一种闯红灯抓拍系统及方法 | 本发明涉及视频监控技术领域，尤其涉及一种闯红灯抓拍系统及方法 |
| CN201410078877.2 | 2014-03-05 | 浙江宇视科技有限公司 | 一种自动获得各相机拍摄点间最小时间的方法和装置 | 本发明涉及视频监控技术领域，尤其涉及一种自动获得各相机拍摄点间最小时间的方法和装置 |
| CN201410076890.4 | 2014-03-04 | 浙江宇视科技有限公司 | 一种视频监控设备间纵向虚拟化装置 | 本发明属于视频监控技术领域，尤其涉及视频监控系统中一种视频监控设备间纵向虚拟化装置 |
| CN201410029504.6 | 2014-01-22 | 浙江宇视科技有限公司 | 一种对曲线进行熵编码的方法 | 本发明涉及图象编码技术领域，尤其涉及一种对曲线进行熵编码的方法 |
| CN201310754890.0 | 2013-12-31 | 浙江宇视科技有限公司 | 摄像机可支持的最大媒体流直连数获取方法及装置 | 本发明涉及视频监控技术领域，尤其涉及一种摄像机可支持的最大媒体流直连数获取方法及装置 |
| CN201310731179.3 | 2013-12-26 | 浙江宇视科技有限公司 | 一种减少 NVR 实况转发延时的方法和装置 | 本发明涉及视频监控技术领域，尤其涉及一种减少 NVR 实况转发延时的方法和装置 |

**专利名称：一种机芯镜头变倍跟随方法和装置**

公开（公告）号：CN104238236B　　公开（公告）日：2016-11-16

申请号：CN201410451691.7　　申请日：2014-09-05

申请（专利权）人：浙江宇视科技有限公司

国际专利分类号：IPC(8): G03B13/34 H04N5/232

其他公开文献：CN104238236A

**摘要：**本发明提供一种机芯镜头变倍跟随方法，包括：A.确定下一个时间片变倍电机的位置，并根据镜头追踪曲线查找对应的聚焦电机位置；B.判断当前的聚焦电机位置和查询到的所述聚焦电机位置之间的路程长度是否在聚焦电机一个时间片能运行到的范围，若是转D，否则转 C；C.根据聚焦电机下一个时间片运行的方向，在当前位置上加上或减去一个时间片聚焦电机能够运行的最大路程长度得到其下一个位置；根据聚焦电机的下一个位置，在镜头追踪曲线上查找对应的变倍电机的位置；D.根据获得变倍电机和聚焦电机位置信息，指示变倍电机和聚焦电机在下一个时间片内运行到各自的位置。本发明方案在变倍过程中始终保持变倍和聚焦电机很好贴近镜头追踪曲线。

**专利名称：车辆位置的检测方法和检测装置**

公开（公告）号：CN104167109B　　公开（公告）日：2016-08-24

申请号：CN201410341066.7　　申请日：2014-07-17

申请（专利权）人：浙江宇视科技有限公司

国际专利分类号：IPC(8): G08G1/123 G08G1/017

其他公开文献：CN104167109A

**摘要**：本发明提供一种车辆位置的检测方法和检测装置，该方法包括：识别监控摄像机在全景状态下采集到的全景监控画面中的待检测车辆，记录每台待检测车辆的车牌区域的边框特征点在特写监控画面中的坐标信息，基于坐标信息与经纬度信息的关系，转换得到理论边框特征点的坐标信息，选取满足预设条件的预标定特征点，并利用对应的误差修正值来修正待检测车辆的坐标信息。本发明的技术方案可以准确地实现对监控画面中的车辆的识别，以及对车辆的坐标信息的获取。

**专利名称：一种车辆翻牌检测方法和装置**

公开（公告）号：CN104050813B　　公开（公告）日：2016-05-11

申请号：CN201410308640.9　　申请日：2014-06-30

申请（专利权）人：国际专利分类号：IPC(8): G08G1/017

其他公开文献：CN104050813A

**摘要**：本发明提供一种在封闭性道路上针对自动翻牌机进行自动检测的方法。该方法基于卡口表、车牌表中的记录以及封闭性道路出入卡口间的卡口信息判断车辆是否实施了自动翻牌行为。在车辆实施了翻牌行为的情况下，还能进一步依据相关卡口数据，结合轨迹碰撞运算、集合运算得出车辆的翻牌号码。本发明的方法能有效提升对使用自动翻牌器进行套牌车辆的监管监控，并可据此形成有效的布控策略，显著提升公安刑侦人员、交警的破案效率。

**专利名称：一种多摄像机视频同步方法和装置**

公开（公告）号：CN104063867B　　公开（公告）日：2017-02-08

申请号：CN201410302310.9　　申请日：2014-06-27

申请（专利权）人：浙江宇视科技有限公司

国际专利分类号：IPC(8): G06T7/00 H04N7/18

其他公开文献：CN104063867A

**摘要**：本发明提供一种多摄像机视频同步方法和装置。其方法包括：获取在目标特征点的运动过程中，第一摄像机和第二摄像机拍摄得到的位置信息，包括第一摄像机得到的第一特征点位置序列和第二摄像机得到的第二特征点位置序列；第一特征点位置序列包括目标特征点的第一位置信息；第二特征点位置序列包括目标特征点的第二位置信息；根据第一特征点位置序列以及对应矩阵，得到目标特征点的第二特征点估计位置序列；根据第二特征点估计位置序列和第二特征点位置序列得到序列差异值；在序列差异值符合预设的同步条件时，确定第一摄像机和第二摄像机的帧同步位置。本发明实现了各摄像机之间的图像同步。

**专利名称：一种车辆翻牌检测方法和装置**

公开（公告）号：CN104021677B　　　　公开（公告）日：2016-09-14

申请号：CN201410293827.6　　　　申请日：2014-06-25

申请（专利权）人：国际专利分类号：IPC(8): G08G1/017

其他公开文献：CN104021677A

**摘要：**本发明提供一种在开放型道路上进行车辆翻牌检测的方法及装置，该方法包括：统计预设时间段内待检车辆依次经过的卡口；根据卡口连通信息判断卡口是否不连通，如果是，则划分成至少两个连通段；根据待检车辆过车记录中的信息、车辆违章情况和卡口连通信息，采用轨迹碰撞和差集运算获得相邻连通段间的嫌疑翻牌车牌。本发明的方法能有效提升对使用自动翻牌器进行套牌车辆的监管监控，并可据此形成有效的布控策略，显著提升公安刑侦人员和交警的破案效率。

**专利名称：一种车牌识别比对方法及装置**

公开（公告）号：CN103927880B　　　　公开（公告）日：2016-11-16

申请号：CN201410176243.0　　　　申请日：2014-04-28

申请（专利权）人：浙江宇视科技有限公司

国际专利分类号：IPC(8): G08G1/017 G06K9/20

其他公开文献：CN103927880A

**摘要：**本发明公开了一种车牌识别比对方法及装置，该方法具体为：接收前端设备发送的待比对车牌，根据待比对车牌的字符及其对应的置信度信息；选择待比对车牌中置信度高于或等于设定的第一置信度阈值的字符，与车牌名单进行精确比对，比对命中的车牌名单形成第一列表；对于待比对车牌中置信度低于设定的第一置信度阈值，但高于设定的第二置信度阈值的字符，采用模糊比对，在第一列表中搜索所有可能识别为待比对车牌的车牌名单，形成第二列表上报。本发明同时公开了对应该方法的装置，本发明的方法及装置提高了后续比对的效率和比对成功率，有效地减少违章车辆信息漏报的情形。

**专利名称：一种电子警察抓拍方法及装置**

公开（公告）号：CN103903440B　　　　公开（公告）日：2016-06-08

申请号：CN201410133477.7　　　　申请日：2014-04-03

申请（专利权）人：浙江宇视科技有限公司

国际专利分类号：IPC(8): G08G1/01 G08G1/017

其他公开文献：CN103903440A

**摘要：**本发明公开了一种电子警察抓拍方法及装置，该方法首先接收前摄像机和后摄像机发送的带有触发信号编码的抓拍信息，触发信号编码是感应装置感应到车辆经过时发出的触发信号对应的编码；并查找前摄像机与后摄像机抓拍的具有相同触发信号编码的一组抓拍信息；将查找到的一组抓拍信息进行合成，生成违章信息以供后续的违章处理。本发明同时公开了对应该方法的装置，该装置包括接收模块、查询模块和合成模块。本发明的方法及装置能够准确地建立违法车辆前后抓拍信息的对应关系，同时在违章信息中提供车辆前后的抓拍照片，便于在违章处理时，可以看出当时违章的驾驶人面貌，有利于加强交通秩序管理。

**专利名称：一种黑名单分布式鉴别方法及装置**

公开（公告）号：CN103854488B　　　　公开（公告）日：2016-03-09

申请号：CN201410104123.X　　　　申请日：2014-03-19
申请（专利权）人：浙江宇视科技有限公司
国际专利分类号：IPC(8): G08G1/017 G06F17/30
其他公开文献：CN103854488A

**摘要：**本发明公开了一种黑名单分布式鉴别方法及装置，该方法通过将黑名单映射为比特图并下发到前端设备，前端设备识别车牌号码，并将其通过哈希算法变换为哈希值，该哈希值被比特图长度取余得到对应的余数，然后判断该余数对应的比特图位置是否为 1 来滤除非黑名单中的车牌号码，将嫌疑车牌号码发送到后端服务器与黑名单中的车牌号码比较，以进行最后的报警。本发明同时还公开了实现上述方法的装置，本发明方法及装置通过前端设备滤除了大部分非黑名单车牌号码，有效降低了后端服务器的工作量，大大提高了后端服务器的服务性能。

**专利名称：一种套牌分析的方法和装置**
公开（公告）号：CN103914986B　　　　公开（公告）日：2016-07-13
申请号：CN201410094882.2　　　　申请日：2014-03-14
申请（专利权）人：浙江宇视科技有限公司
国际专利分类号：IPC(8): G08G1/017
其他公开文献：CN103914986A

**摘要：**本发明提供一种套牌分析的方法，该方法包括：A.获取监控系统中的待分析车牌的各拍摄卡口和拍摄时间信息；B.将各卡口按照该车牌拍摄时间顺序的方式进行排列；C.判断所述顺序排列后的任一卡口的相邻卡口是否和预先保存的卡口连通信息一致，如果一致，则所述车牌未套牌，否则，转步骤 D；其中，所述卡口连通信息记录各卡口的邻接关系；D.根据预先保存的卡口连通信息确定任一不一致的卡口到其相邻卡口的所有可达路径，判断所述可达路径中是否存在一条路径，该条路径经过的卡口数量小于等于预设值 N，如果是，则所述车牌未套牌，否则，所述车牌存在套牌。本发明方法弥补了时间轨迹碰撞进行套牌分析所带来的不足。

**专利名称：一种闯红灯抓拍系统及方法**
公开（公告）号：CN103886759B　　　　公开（公告）日：2017-01-25
申请号：CN201410088547.1　　　　申请日：2014-03-11
申请（专利权）人：浙江宇视科技有限公司
国际专利分类号：IPC(8): G08G1/017 G08G1/01
其他公开文献：CN103886759A

**摘要：**本发明提供一种闯红灯抓拍系统及方法，包括步骤：第二相机抓拍车头照片，根据车头照片识别出车牌信息并将车头照片、车牌信息和抓拍时间发送至信息处理装置缓存；第一相机识别车辆是否违章，若违章则根据包含车尾图像识别出车牌信息并将违章照片、违章车牌信息和违章时间发送至信息处理装置缓存；信息处理装置在接收到第一相机发送的违章照片、违章车牌信息和违章时间后，在违章时间和车头照片的抓拍时间的时间差小于阈值的所述抓拍时间内查找与违章照片匹配的车头照片并将所述的违章照片以及所述查找到的车头照片合并成一条违章记录。本发明可以通过添加第二相机来获取车头照片，从而得到驾驶司机的头像，使违章记录精确到驾驶司机。

表 26-1-3 中兴通讯股份有限公司

| 申请号 | 申请日 | 申请人 | 发明名称 | 技术领域 |
|---|---|---|---|---|
| CN201210444187.5 | 2012-11-08 | 青岛海信宽带多媒体技术、中兴通讯股份有限公司 | 光模块以及应用于光模块的光器件 | 本发明涉及光纤通信技术，尤其涉及一种光模块以及应用于光模块的光器件 |
| CN201210370511.3 | 2012-09-28 | 中兴通讯股份有限公司 | 视频监控系统报警身份确认方法、装置及系统 | 本发明涉及通信技术领域，具体而言，涉及一种视频监控系统报警身份确认方法、装置及系统 |
| CN201210355167.0 | 2012-09-21 | 中兴通讯股份有限公司 | 下行控制信息的检测处理、检测方法及装置 | 本发明涉及通信领域，特别涉及一种下行控制信息的检测处理、检测方法及装置 |
| CN201210250530.2 | 2012-07-19 | 中兴通讯股份有限公司 | 一种宽带集群业务的实现方法和系统 | 本发明涉及集群通信系统领域，特别是指一种宽带集群业务的实现方法和系统 |
| CN201210247211.6 | 2012-07-17 | 中兴通讯股份有限公司 | 一种通话管理的实现方法和系统 | 本发明涉及移动通信技术，特别是指一种通话管理的实现方法和系统 |
| CN201210231730.3 | 2012-07-05 | 中兴通讯股份有限公司 | 一种数字集群通信系统及其构建方法 | 本发明涉及集群通信技术领域，尤其涉及一种数字集群通信系统及其构建方法 |
| CN201210162169.8 | 2012-05-23 | 中兴通讯股份有限公司 | 基于 LTE 网络的业务控制方法及系统 | 本发明涉及通信技术领域，尤其是涉及一种基于 LTE 网络的业务控制方法及系统 |
| CN201210028260.0 | 2012-02-09 | 中兴通讯股份有限公司 | 一种视频处理方法和系统、IVM 和 IVU | 本发明涉及信息领域的视频监控技术和智能视频分析技术，尤其涉及一种视频处理方法和系统、IVM 和 IVU |
| CN201210015396.8 | 2012-01-17 | 中兴通讯股份有限公司 | 一种基于视频识别技术提供增值服务的方法及系统 | 本发明涉及视频处理技术，尤其涉及一种基于视频识别技术提供增值服务的方法及系统 |
| CN201210015372.2 | 2012-01-17 | 中兴通讯股份有限公司 | 一种基于视频识别技术提供增值服务的系统及方法 | 本发明涉及视频处理技术，尤其涉及一种基于视频识别技术提供增值服务的系统及方法 |
| CN201110443916.0 | 2011-12-27 | 中兴通讯股份有限公司 | 一种 CDN 中的节点及其自组网方法 | 本发明涉及电信网络中的多媒体业务领域，尤其涉及一种 CDN 中的节点 及其自组网方法 |
| CN201110325745.1 | 2011-10-24 | 中兴通讯股份有限公司 | 视频会议与视频监控的融合方法及系统 | 本发明涉及通信技术领域，尤其涉及一种视频会议与视频监控的融合方法及系统 |
| CN201110320910.4 | 2011-10-20 | 中兴通讯股份有限公司 | 远程控制网络信息家电的鉴权方法及系统、互联网家庭网关 | 本发明涉及一种网络信息家电的远程控制技术，尤其涉及一种远程控制网络信息家电的鉴权方法及系统、互联网家庭网关 |
| CN201110248040.4 | 2011-08-26 | 中兴通讯股份有限公司 | 一种音视频监控方法及装置 | 本发明涉及移动通信领域，尤其涉及一种音视频监控方法及装置 |
| CN201110160889.6 | 2011-06-15 | 中兴通讯股份有限公司 | 一种三方认证方法、装置及支持双向认证的智能卡 | 本发明涉及通信技术领域，尤其涉及一种三方认证方法、装置及支持双向认证的智能卡 |

**专利名称：光模块以及应用于光模块的光器件**

公开（公告）号：CN103051382B　　　公开（公告）日：2015-08-12

申请号：CN201210444187.5　　　　申请日：2012-11-08
申请（专利权）人：青岛海信宽带多媒体技术有限公司　中兴通讯股份有限公司
国际专利分类号：IPC(8): H04L12/02 H04B10/25 G02B6/42
其他公开文献：CN103051382A
**摘要**：本发明公开了一种光模块以及应用于光模块的光器件，所述光模块包括：激光发射单元、激光接收单元、视频探测器、光组件。所述光组件包括：设置小角度滤光片的带通器件 F1；从 F1 的公共端口传输到 F1 的光信号中，第一光波波段的光信号经小角度滤光片的透射从其透射端口输出到视频探测器；其他波段的光信号经小角度滤光片的反射从其反射端口输出；滤光片 F2，用于透射由激光发射单元发射的光信号，反射从 F1 的反射端口输出的、激光接收单元接收的光信号。由于采用小角度滤光片，可以将窄带的光信号从全波段的光信号中分离出来，较好地实现波段相隔较近的射频信号与数据信号的分离，使得光模块可以应用到更多的光接入网系统中。

**专利名称：视频监控系统报警身份确认方法、装置及系统**
公开（公告）号：CN103716480B　　　　公开（公告）日：2016-11-23
申请号：CN201210370511.3　　　　申请日：2012-09-28
申请（专利权）人：中兴通讯股份有限公司
国际专利分类号：IPC(8): H04M11/04 H04N7/18
其他公开文献：CN103716480A
**摘要**：本发明公开了一种视频监控系统报警身份确认方法、装置及系统，所述方法包括：检测前端报警，并据此通知手机信号侦听单元采集相应监控区域内的手机信号；解析所述手机信号，并向解析出的手机号码发送报警确认消息；依据获取的报警确认反馈消息选择是否消除所述前端报警。本发明提供的视频监控系统报警身份确认方法可方便地在视频监控系统中实施，可靠性高，其中所涉及的相关预设条件可灵活设置，提高了视频监控系统报警的准确性。

**专利名称：下行控制信息的检测处理、检测方法及装置**
公开（公告）号：CN102882644B　　　　公开（公告）日：2015-09-16
申请号：CN201210355167.0　　　　申请日：2012-09-21
申请（专利权）人：中兴通讯股份有限公司
国际专利分类号：IPC(8): H04L1/00 H04W72/04
其他公开文献：CN102882644A
**摘要**：本发明提供一种下行控制信息的检测处理、检测方法及装置，该下行控制信息的检测处理方法包括：针对宽带集群通信系统中的集群下行组播信道为每个群组分别配置一个专用的群组专属搜索空间，其中，该群组专属搜索空间由集群无线网络临时标识 T-RNTI 标识；在配置的群组专属搜索空间内，为物理下行控制信道 PDCCH 分配指定聚合度，使得集群终端按照指定聚合度对群组专属搜索空间内的 PDCCH 进行盲检测。采用本发明的技术方案，解决了相关技术中，尚无对 T-RNTI 加掩的 PDCCH 进行检测的技术手段，从而满足集群系统中集群业务与普通业务共存时的下行控制信息检测需求。

**专利名称：一种宽带集群业务的实现方法和系统**
公开（公告）号：CN103581839B　　　　公开（公告）日：2017-02-08

申请号：CN201210250530.2　　　　　　申请日：2012-07-19

申请（专利权）人：中兴通讯股份有限公司

国际专利分类号：IPC(8): H04W4/08 H04W28/24

他公开文献：CN103581839A

**摘要**：本发明公开了一种宽带集群业务的实现方法和系统，已建立的集群呼叫业务的业务类型由第一类型变换为第二类型时，根据第二类型的集群呼叫业务对应的 QoS 参数，集群调度子系统修改群组成员终端所属基站对应的集群呼叫业务的 T1 承载，并通知基站为基站管理的群组成员终端重建立下行共享承载；下行共享承载的重建立完成后，集群调度子系统通知群组成员终端集群呼叫业务的业务类型改变。本发明可以实现宽带业务多样化和实时传送。

**专利名称：一种通话管理的实现方法和系统**

公开（公告）号：CN103546874B　　　　　　公开（公告）日：2016-12-21

申请号：CN201210247211.6　　　　　　申请日：2012-07-17

申请（专利权）人：中兴通讯股份有限公司

国际专利分类号：IPC(8): H04W4/10 H04W76/00

其他公开文献：CN103546874A

**摘要**：本发明公开了一种通话管理的实现方法，包括：群组内的一个或多个终端和基站建立 RRC 连接后，向调度服务器发送话权申请请求；调度服务器从一个或多个终端中选择话权终端；调度服务器建立话权终端的上行业务承载，并向话权终端授予话权；本发明还公开了一种通话管理的实现系统。本发明能够实现正确、高效的对 LTE 集群系统的话权管理。

**专利名称：一种数字集群通信系统及其构建方法**

公开（公告）号：CN103533513B　　　　　　公开（公告）日：2016-09-28

申请号：CN201210231730.3　　　　　　申请日：2012-07-05

申请（专利权）人：中兴通讯股份有限公司

国际专利分类号：IPC(8): H04W4/10 H04W84/08

其他公开文献：CN103533513A

**摘要**：本发明公开了一种数字集群通信系统及其构建方法，数字集群通信系统包括：终端、演进的基站（eNodeB）和集群调度子系统，集群调度子系统包括：调度服务器（PDS）、归属寄存器（PHR）、调度台服务器（DAS）、调度台客户端（DAC）；eNodeB 与 PDS 相连，为终端和 PDS 之间的集群通信提供空中无线承载；PDS 连接 DAS 和 PHR，DAS 连接 DAC；其中，PDS 用于执行集群呼叫的建立和释放、语音的汇集和转发；PHR 用于对集群中的集团、群组和用户进行管理，并执行认证、鉴权和计费；DAS 用于执行 DAC 接入，为用户提供调度台服务；DAC 用于提供人机界面，对集团内的群组、用户发起集群呼叫。本发明能够隔离 LTE-EPC 核心网，兼容已有的集群系统。

**专利名称：基于 LTE 网络的业务控制方法及系统**

公开（公告）号：CN103428764B　　　　　　公开（公告）日：2016-09-28

申请号：CN201210162169.8　　　　　　申请日：2012-05-23

申请（专利权）人：中兴通讯股份有限公司

国际专利分类号：IPC(8): H04W28/02

其他公开文献：CN103428764A

**摘要：**本发明公开了一种基于 LTE 网络的业务控制方法及系统，方法包括：监控平台接收业务优先级变更信息，并根据所述变更信息向 LTE 网的 PCRF 网元发送请求信息；所述 PCRF 网元根据所述请求信息为所述优先级升高的业务建立专有链路；监控平台控制所述专有链路承载所述优先级升高的业务。本发明所提出的基于 LTE 网络的业务控制方法及系统，通过 PCRF 网元根据监控平台发送的专有链路建立请求为优先级升高的业务建立专有链路，所述通过所述专有链路承载优先级升高的业务的方式，可以在网络资源拥塞情况下保证所述优先级升高的业务正常运行，即在网络资源拥塞情况下保证重要业务的正常运行。

**专利名称：一种视频处理方法和系统、IVM 和 IVU**

公开（公告）号：CN102547250B　　公开（公告）日：2015-05-20

申请号：CN201210028260.0　　申请日：2012-02-09

申请（专利权）人：中兴通讯股份有限公司

国际专利分类号：IPC(8): H04N7/18 H04L29/08 H04L29/12 H04L29/06

其他公开文献：CN102547250A

**摘要：**本发明公开了一种视频处理方法和系统、智能管理平台（IVM）和智能视频处理单元（IVU），系统包括：IVM 和 IVU，其中，IVM 用于保存和管理所辖 IVU 的能力集，根据视频监控系统的请求，从所辖 IVU 中选择满足能力要求的 IVU 并调用；IVU 用于接受 IVM 的管理和调度，对从视频监控系统输入 IVU 的图像或视频流进行分析和识别处理，并输出处理结果给 IVM。本发明在现有视频监控系统的基础上叠加视频分析识别技术，实现了以灵活的、可配置的方式提供视频分析识别服务。

**专利名称：一种基于视频识别技术提供增值服务的方法及系统**

公开（公告）号：CN102543125B　　公开（公告）日：2016-01-20

申请号：CN201210015396.8　　申请日：2012-01-17

申请（专利权）人：中兴通讯股份有限公司

国际专利分类号：IPC(8): G11B20/00 H04N5/91 H04N5/232

其他公开文献：CN102543125A

**摘要：**本发明公开了一种基于视频识别技术提供增值服务的方法，包括：对视频数据进行识别；以格式化标记的文本方式存储识别结果；基于所述识别结果提供以下一种或多种服务：快速检索服务、节省存储空间服务、信息服务。本发明还相应地公开了一种基于视频识别技术提供增值服务的系统。通过本发明，能够减少视频监控系统中视频数据的存储空间、有利于视频数据监控、检索及共享。

**专利名称：一种基于视频识别技术提供增值服务的系统及方法**

公开（公告）号：CN102543124B　　公开（公告）日：2015-09-16

申请号：CN201210015372.2　　申请日：2012-01-17

申请（专利权）人：中兴通讯股份有限公司

国际专利分类号：IPC(8): G06F17/30

其他公开文献：CN102543124A

**摘要：**本发明公开了一种基于视频识别技术提供增值服务的系统，包括：预处理模块和应用模块；其中，所述预处理模块用于对视频数据进行识别，并以格式化标记的文本方式存储识别结果；所述应用模块用于基于预处理模块存储的识别结果提供增值服务。本发明还相应地公开了一种基于视频识别技术提供增值服务的方法。本发明能够减少视频监控系统中视频数据的存储空间，有利于视频数据监控、检索及共享。

**表 26-1-4 杭州海康威视数字技术股份有限公司**

| 申请号 | 申请日 | 申请人 | 发明名称 | 技术领域 |
|---|---|---|---|---|
| CN201410013594.X | 2014-01-13 | 杭州海康威视数字技术股份有限公司 | 一种同轴视控技术的实现方法和装置 | 本发明涉及视频监控领域，特别涉及一种同轴视控技术的实现方法和装置 |
| CN201310229244.2 | 2013-06-07 | 杭州海康威视数字技术股份有限公司 | 同轴视控编码方法及其装置 | 本发明涉及安防监控领域，特别涉及一种同轴视控编码技术 |
| CN201210444222.3 | 2012-11-08 | 杭州海康威视数字技术股份有限公司 | 视频监控设备进行视频跟踪的方法及该视频监控设备 | 本发明涉及视频跟踪技术，尤其涉及视频监控设备进行视频跟踪的方法及该视频监控设备 |
| CN201210382251.1 | 2012-10-09 | 杭州海康威视数字技术股份有限公司 | 一种多目标跟踪方法和装置 | 本发明涉及智能视频监控领域，特别涉及一种多目标跟踪方法和装置 |
| CN201210324508.8 | 2012-09-05 | 杭州海康威视数字技术股份有限公司 | 视频稳像方法及其装置 | 本发明涉及智能视频监控领域，特别涉及视频稳像技术 |
| CN201210281538.5 | 2012-08-09 | 杭州海康威视数字技术股份有限公司 | 多屏控制的图像显示系统、方法及多屏控制装置 | 本发明涉及图像显示技术，尤其涉及多屏控制的图像显示系统、方法及多屏控制装置 |
| CN201210274203.0 | 2012-08-02 | 杭州海康威视数字技术股份有限公司 | 主从结构分布式视频处理系统及其调度方法 | 本发明涉及视频处理领域，特别涉及一种视频分布式处理资源调度技术 |
| CN201210235528.8 | 2012-07-09 | 杭州海康威视数字技术股份有限公司 | 视频监控系统中的多路码流同端口处理方法及其系统 | 本发明涉及视频监控领域，特别涉及一种视频监控系统中的多路码流同端口处理技术 |
| CN201210206855.0 | 2012-06-19 | 杭州海康威视数字技术股份有限公司 | 一种硬盘格式化的方法及装置 | 本发明涉及数据存储与调用技术，特别涉及一种硬盘格式化的方法及装置 |
| CN201210202092.2 | 2012-06-15 | 杭州海康威视数字技术股份有限公司 | 高可靠易扩展的录像存储、检索方法及其系统 | 本发明涉及视频监控领域，特别涉及一种音视频录像存储检索技术 |
| CN201210195049.8 | 2012-06-11 | 杭州海康威视数字技术股份有限公司 | 一种录像文件的回放方法及装置 | 本发明涉及视频监控领域，特别涉及一种录像文件的回放方法及装置 |
| CN201210179734.1 | 2012-05-30 | 杭州海康威视数字技术股份有限公司 | 一种数据的远程获取系统及远程获取方法 | 本发明涉及数据存储及调用技术，特别涉及一种数据的远程获取系统及远程获取方法 |
| CN201210146219.3 | 2012-05-11 | 杭州海康威视数字技术股份有限公司 | 数字硬盘录像机监控布防方法及其系统 | 本发明涉及视频监控领域，特别涉及一种一键布防技术 |
| CN201210125038.2 | 2012-04-25 | 杭州海康威视数字技术股份有限公司 | 高速公路交通事件自动取证方法及其系统 | 本发明涉及智能交通领域，特别涉及一种高速公路全景视频监控技术 |
| CN201210114468.4 | 2012-04-18 | 杭州海康威视数字技术股份有限公司 | 一种跨网关数据存储的系统及方法 | 本发明涉及网络通信技术领域，特别涉及一种跨网关数据存储的系统及 方法 |

**专利名称：一种同轴视控技术的实现方法和装置**

公开（公告）号：CN104601940B　　　　公开（公告）日：2016-06-01

申请号：CN201410013594.X　　　　申请日：2014-01-13

申请（专利权）人：杭州海康威视数字技术股份有限公司

国际专利分类号：IPC(8): H04N7/18 H04N5/232

其他公开文献：CN104601940A

**摘要**：本发明公开了一种同轴视控技术的实现方法和装置：确定在场消隐期间所需传输的控制数据中包括的字节数；根据每个视频行信号上至多编码叠加两个字节数据的原则，确定传输所述控制数据最少所需使用的视频行信号数 $M$，$M$ 为正整数；查找到第一个预定视频行信号，并将所述控制数据编码叠加到从该预定视频行信号开始的共 $M$ 个预定视频行信号上；其中，每个预定视频行信号上均采用按位连续编码的方式，每一位控制数据的编码时间均为 3μs，依次包括 1μs 的起始位电平、1μs 的控制数据位电平以及 1μs 的结束位电平。应用本发明所述方案，能够提高控制数据的传输效率等。

**专利名称：同轴视控编码方法及其装置**

公开（公告）号：CN104243890B　　　　公开（公告）日：2016-01-13

申请号：CN201310229244.2　　　　申请日：2013-06-07

申请（专利权）人：杭州海康威视数字技术股份有限公司

国际专利分类号：IPC(8): H04N7/10 H04N7/18 H04N5/08

其他公开文献：CN104243890A

**摘要**：本发明涉及安防监控领域，公开了一种同轴视控编码方法及其装置。在本发明中，视频信号同步分离电路将摄像机输入的复合视频信号分离得到的视频同步信号输出给处理器，该处理器在输入装置输入的操作信号的触发下，根据相应于预设同轴协议的第一预设值和第二预设值，在上述视频同步信号的相应脉冲叠加电信号波形，以使上述摄像机执行相应操作，只需改变第一预设值和第二预设值即可使一个编码装置支持不同厂家定义的同轴协议，切换简便且节省资源。此外，将各同步脉冲个数与各预设值进行比较判断，可支持 PAL 制和 NTSC 制视频源的自适应，使用一个编码装置即可控制不同视频源的摄像机进行功能操作，节省了一对一编码器的成本。

**专利名称：视频监控设备进行视频跟踪的方法及该视频监控设备**

公开（公告）号：CN103810692B　　　　公开（公告）日：2016-12-21

申请号：CN201210444222.3　　　　申请日：2012-11-08

申请（专利权）人：杭州海康威视数字技术股份有限公司

国际专利分类号：IPC(8): G06T7/00 G06T7/20

其他公开文献：CN103810692A

**摘要**：本发明公开了视频监控设备进行视频跟踪的方法及该视频监控设备，其中，该方法包括：获取视频目标当前帧与上一相邻帧之间的帧差图像；在帧差图像的运动区域中选取角点，确定出选取的角点在当前帧中的位置坐标集合，表示为 Ht；去掉 Ht 中虚假图像的位置坐标，得到 Ht'；确定包含 Ht'中所有位置坐标点的外接框；由确定的外接框角点坐标和原始跟踪算法计算得到的外接框角点坐标，计算得到当前帧的外接框的位置坐标；由计算得到外接框的位置坐标在当前帧的视频图像上显示外接框。本发明方案能够提高视频跟踪的有效性。

**专利名称：一种多目标跟踪方法和装置**

公开（公告）号：CN103714553B　　公开（公告）日：2016-12-21

申请号：CN201210382251.1　　申请日：2012-10-09

申请（专利权）人：杭州海康威视数字技术股份有限公司

国际专利分类号：IPC(8): G06T7/20

其他公开文献：CN103714553A

**摘要**：本发明公开了一种多目标跟踪方法，在每获取到一帧图像后，分别进行如下处理：利用从图像中确定的候选目标组成候选目标集合；针对所获取的目标轨迹集合中的每个目标轨迹，分别确定与其相关联的候选目标，并针对每个候选目标，分别确定与其相关联的目标轨迹；根据确定的关联关系，针对每个目标轨迹，分别确定是否存在与之相匹配的候选目标，如果是，则将相匹配的候选目标作为该目标轨迹的跟踪结果，否则，确定该目标轨迹未匹配成功。本发明同时公开了一种多目标跟踪装置。应用本发明所述的方法和装置能够提高跟踪结果的准确性。

**专利名称：视频稳像方法及其装置**

公开（公告）号：CN103685866B　　公开（公告）日：2016-12-21

申请号：CN201210324508.8　　申请日：2012-09-05

申请（专利权）人：杭州海康威视数字技术股份有限公司

国际专利分类号：IPC(8): H04N5/21 H04N5/14

其他公开文献：CN103685866A

**摘要**：本发明涉及智能视频监控领域，公开了一种视频稳像方法及其装置。在本发明中，针对背景建模的模型，利用输入图像维护其背景，利用矫正图像维护其前景，延伸了背景建模的模型中背景与前景只用输入图像进行维护的思路，较好地抑制了由于抖动造成的虚假前景，减少了漏报和误报现象，提高了视频监控的有效性。在视频稳像过程中，合理地把仿射变换模型、RANSAC 算法与最小二乘法结合起来，较好地描述了由于抖动造成的输入图像与背景建模的模型中的背景的几何变换关系。最小二乘法保证所求的参数在均方意义下误差最小，可以进一步减少光流匹配带来的误差。

**专利名称：多屏控制的图像显示系统、方法及多屏控制装置**

公开（公告）号：CN102857738B　　公开（公告）日：2015-09-02

申请号：CN201210281538.5　　申请日：2012-08-09

申请（专利权）人：杭州海康威视数字技术股份有限公司

国际专利分类号：IPC(8): G06F3/14 H04N7/18 H04N5/781

其他公开文献：CN102857738A

**摘要**：本发明公开了多屏控制的图像显示系统、方法及多屏控制装置。其中，该装置包括配置单元、图像数据输入模块、视频分割处理模块、交换模块以及多个缩放和输出显示模块；所述配置单元、配置分割参数及各分割块与缩放和输出显示模块的对应关系，还配置缩放比例和显示位置；所述图像数据输入模块，将图像数据传送给视频分割处理模块；所述交换模块将分割参数及对应关系传送给视频分割处理模块；并将缩放比例和显示位置传送给对应的缩放和输出显示模块；所述视频分割处理模块将分割块发送给对应的缩放和输出显示模块；所述缩放和输出显示模块按照缩放比例对图像进行缩放，显示在与显示位置相应的位置上。本发明方案能够减少图像显示的时延。

**专利名称：主从结构分布式视频处理系统及其调度方法**

公开（公告）号：CN102866920B　　公开（公告）日：2016-05-11
申请号：CN201210274203.0　　申请日：2012-08-02
申请（专利权）人：杭州海康威视数字技术股份有限公司
国际专利分类号：IPC(8): G06F9/50 H04N5/14
其他公开文献：CN102866920A

**摘要**：本发明涉及视频处理领域，公开了一种主从结构分布式视频处理系统及其调度方法。实现处理资源的高效利用，减少系统资源的浪费损耗。在本发明中，分布式视频处理系统包括用于分布式处理的至少两个处理资源，该处理资源在处理节点上采用分析算法进行任务处理。包括以下步骤：根据作业的预定优先级对分布式视频处理系统中的作业队列中待处理的作业进行调度；对于批处理作业，则分配分布式视频处理系统中当前未被占用的最大处理能力值的处理资源；对于流处理作业，则占用分布式视频处理系统中当前剩余处理能力值大于该作业的任务复杂度且剩余处理能力值最小的处理资源。

**专利名称：视频监控系统中的多路码流同端口处理方法及其系统**

公开（公告）号：CN102724555B　　公开（公告）日：2016-05-11
申请号：CN201210235528.8　　申请日：2012-07-09
申请（专利权）人：杭州海康威视数字技术股份有限公司
国际专利分类号：IPC(8): H04N21/234 H04N21/266 H04N21/437 H04N7/18
其他公开文献：CN102724555A

**摘要**：本发明涉及视频监控领域，公开了一种视频监控系统中的多路码流同端口处理方法及其系统。节省流媒体服务器的资源开销和端口号资源，有利于工程的部署，从而可以有效提高流媒体服务器的码流处理路数。本发明中，系统包括：流媒体服务器，视频服务器；方法包括以下步骤：将码流标识符分发给视频服务器，视频服务器将接收到的码流标识符和相应的码流封装，流媒体服务器的同一个端口接收到视频服务器所封装的对应各路码流后，根据各路码流的码流标识符，将各路码流分发到对应的码流处理模块。

**专利名称：一种硬盘格式化的方法及装置**

公开（公告）号：CN102736864B　　公开（公告）日：2016-03-16
申请号：CN201210206855.0　　申请日：2012-06-19
申请（专利权）人：杭州海康威视数字技术股份有限公司
国际专利分类号：IPC(8): G06F3/06
其他公开文献：CN102736864A

**摘要**：本发明提供了一种硬盘格式化的方法，该方法包括：A.根据格式化指令触发硬盘格式化，注册格式化回调函数；B.根据格式化回调函数中携带的硬盘信息，对待格式化的硬盘进行过滤筛选；C.启动所创建的硬盘格式化任务线程，利用磁盘操作系统 DOS 对过滤后的硬盘进行格式化，通过格式化回调函数输出格式化过程中的格式化信息。本发明还提供了一种硬盘格式化的装置。采用本发明的方法及装置，能够在格式化的同时执行其他操作，提高格式化的灵活性和便捷性。

**专利名称：高可靠易扩展的录像存储、检索方法及其系统**

公开（公告）号：CN102723094B　　公开（公告）日：2015-11-25

申请号：CN201210202092.2　　　　申请日：2012-06-15

申请（专利权）人：杭州海康威视数字技术股份有限公司

国际专利分类号：IPC(8): G11B27/10 H04N5/76 G06F17/30

其他公开文献：CN102723094A

**摘要**：本发明涉及视频监控领域，公开了一种高可靠易扩展的录像存储、检索方法及其系统。提高系统可靠性，避免信息孤岛，减少管理复杂度，实现扩容。在本发明中，基于一个由至少两个互联的主设备、至少一个从设备和至少一个摄像机组成的硬件系统，其中主设备中设有映射表和数据库，一个主设备为工作主设备，其他主设备为热备主设备。方法包括以下步骤：工作主设备在自身的映射表中查询到摄像机对应的从设备；工作主设备触发摄像机录像，并触发对应的从设备对该录像数据存储；工作主设备和热备主设备同步更新各自的数据库。

## 26.2 实审部分

以下专利摘要信息数据截至 2017 年 2 月 1 日，该部分专利法律状态为审查中。

表 26-2-1 国家电网公司

| 申请号 | 申请日 | 申请人 | 发明名称 | 技术领域 |
|---|---|---|---|---|
| CN201610904807.7 | 2016-10-18 | 国网山东省电力公司烟台供电公司、国家电网公司 | 基于 GPS+GPRS 的输电线路防外破管理系统及方法 | 本发明涉及基于 GPS+GPRS 的输电线路防外破管理系统及方法，尤其涉及一种在线监测输电线路保护区附近施工车辆对线路导线距离 |
| CN201610851547.1 | 2016-09-27 | 国家电网公司 | 一种基于无线网络的电力设备安全监控系统 | 本发明涉及电力设备网络监控技术领域，具体的涉及一种基于无线网络的电力设备安全监控系统 |
| CN201610844423.0 | 2016-09-22 | 国家电网公司 | 一种输电线路防外力破坏智能预警系统 | 本发明一种输电线路防外力破坏智能预警系统，涉及输电线路安全预警领域 |
| CN201610704033.3 | 2016-08-22 | 国家电网公司 | 基于 RTSP/ONVIF 协议的可视化系统及方法 | 本发明属于电力系统在线监控技术领域，尤其涉及一种基于 RTSP/ONVIF 协议的可视化系统及方法 |
| CN201610704214.6 | 2016-08-22 | 国家电网公司、北京许继电气有限公司 | 输电线路视频分析预警系统 | 本发明属于输电线路安全监控技术领域，特别涉及一种输电线路视频分析预警系统 |
| CN201610647675.4 | 2016-08-10 | 国网江苏省电力公司南通供电公司 | 安装方便的便携式球机支架 | 本发明涉及一种球机支架，是用于在电力系统生产现场临时性安装球型摄像机的支架 |
| CN201610631518.4 | 2016-08-04 | 国家电网公司 | 一种用于电力检修的人员安全定位和导航装置 | 本发明涉及电力安全生产技术领域，具体涉及一种用于电力检修的人员安全定位和导航装置 |
| CN201610627113.3 | 2016-08-03 | 国家电网公司 | 基于全面可视化及防误拓扑分析的开关远程操作方法 | 本发明属于变电站调度控制领域，具体说是一种基于全面可视化及防误拓扑分析的隔离开关或接地开关的远程操作方法 |
| CN201610608449.5 | 2016-07-28 | 国家电网公司 | 一种基于云变换的输电线路山火监测阈值计算方法 | 本发明属于电力工程技术领域，具体涉及一种基于云变换的输电线路山火监测阈值计算方法 |

续表

| 申请号 | 申请日 | 申请人 | 发明名称 | 技术领域 |
|---|---|---|---|---|
| CN201610608450.8 | 2016-07-28 | 国家电网公司 | 一种结合气象环境的输电线路山火烟雾判识方法 | 本发明属于电力工程技术领域，具体涉及一种结合气象环境的输电线路山火烟雾判识方法 |
| CN201610607981.5 | 2016-07-28 | 国网湖南省电力公司、国网湖南省电力公司防灾减灾中心、国家电网公司 | 一种基于双阈值聚类分析的输电线路山火区域辨识方法 | 本发明属于电力工程技术领域，具体涉及一种基于双阈值聚类分析的输电线路山火区域辨识方法 |
| CN201610598189.8 | 2016-07-27 | 国家电网公司、国网河北省电力公司、河北省送变电公司、武汉珞珈天铭电气科技有限公司 | 输变电工程施工现场实时指挥系统 | 本发明属于电力系统施工技术领域，具体涉及一种输变电工程施工现场实时指挥系统 |
| CN201610591493.X | 2016-07-25 | 国家电网公司 | 基于线段拟合方法的平行视角下的弧垂图像识别方法 | 本发明涉及一种基于线段拟合方法的平行视角下的弧垂图像识别方法，属于电力设备安装领域 |
| CN201610591863.X | 2016-07-25 | 国家电网公司 | 一种电力线段平行视角下的弧垂计算方法 | 本发明涉及一种电力线段平行视角下的弧垂计算方法，属于电力设备安装领域 |
| CN201610591867.8 | 2016-07-25 | 国网信息通信产业集团有限公司、北京汇通金财信息科技有限公司、国网辽宁省电力有限公司、国家电网公司 | 电力无线专网用户在站间载波聚合下的传输系统和方法 | 本发明涉及电力无线专网用户在站间载波聚合下的传输技术领域，更具体地说， 涉及一种基于双向连接无线公网、电力无线专网的单射频链电力用户在站间载波聚合技术下的电力无线专网用户在站间载波聚合下的传输系统和方法 |

**专利名称：基于 GPS+GPRS 的输电线路防外破管理系统及方法**

公开（公告）号：CN106297106A　　公开（公告）日：2017-01-04

申请号：CN201610904807.7　　申请日：2016-10-18

申请（专利权）人：国网山东省电力公司烟台供电公司　国家电网公司

国际专利分类号：IPC(8): G08B13/00 H04L29/08

**摘要：**本发明公开了基于 GPS+GPRS 的输电线路防外破管理系统及方法，本发明由车载终端获取线路保护区附近施工车辆实时位置信息，根据施工车辆位置信息、工地参数和施工车辆参数实时计算施工车辆对线路导线水平和直线距离，当此距离小于系统设定警戒值时，系统会通过施工现场声光报警、远程监控报警和报警短信 3 种手段进行外破跳闸危险预警。本发明能够帮助线路运维人员实时掌握路保护区附近施工车辆位置，及时发现施工车辆对线路安全距离不足的隐患，保障输电线路安全稳定运行。

**专利名称：输电线路视频分析预警系统**

公开（公告）号：CN106297130A　　公开（公告）日：2017-01-04

申请号：CN201610704214.6　　申请日：2016-08-22

申请（专利权）人：国家电网公司　北京许继电气有限公司

国际专利分类号：IPC(8): G08B13/196

**摘要：**本发明为弥补现有技术的空缺提供了一种输电线路视频分析预警系统。其包括：数据接口模块、数据库、图像分析与预警模块和异常信息推送模块；其中，数据接口模块一端与外部视频监控系统连接，获取外部视频监控系统的视频监测数据；另一端与数据库和图像分析与预警模块连接，将获得的视频数据传输至数据库和图像分析与预警模块；图像分析与预警模块包括分析组件和预警反馈装置，其中，分析组件进行数据分析并根据分析结果判断是否启动预警反馈装置；如果需要启动预警反馈装置，则在启动该装置的同时分析组件向异常信息推送模块发送控制指令；异常信息推送模块根据分析组件发出的控制指令通过视频监控系统向用户发出警报信息。

**专利名称：安装方便的便携式球机支架**

公开（公告）号：CN106195586A　　公开（公告）日：2016-12-07

申请号：CN201610647675.4　　申请日：2016-08-10

申请（专利权）人：国网江苏省电力公司南通供电公司

国际专利分类号：IPC(8): F16M13/02 H04N5/225

**摘要：**本发明公开了一种安装方便的便携式球机支架，其特征是：包括底部托盘，底部托盘上装竖向设置的吊臂，吊臂的中部弯折，吊臂的顶部设置用于在实际安装时挂住整个支架的大挂钩，在吊臂的顶部和中部分别设置一个用于挂附件的小挂钩；所述底部托盘上设置用于固定球机的若干个螺孔；底部托盘的一侧呈弧形卡口形式。本发明结构合理，相对于传统的三脚架，质量轻、尺寸小、安装适应性好。

**专利名称：一种基于双阈值聚类分析的输电线路山火区域辨识方法**

公开（公告）号：CN106228192A　　公开（公告）日：2016-12-14

申请号：CN201610607981.5　　申请日：2016-07-28

申请（专利权）人：国网湖南省电力公司　国网湖南省电力公司防灾减灾中心　国家电网公司

国际专利分类号：IPC(8): G06K9/62 G06T5/00 G06T5/40 G06T7/00

**摘要：**本发明公开了一种基于双阈值聚类分析的输电线路山火区域辨识方法，在提取和分析山火红外热成像图像后，首先利用现场气象环境因素确定图像的背景区域阈值和山火区域初始阈值，然后利用聚类分析获取背景区域和山火区域聚类中心，并对图像进行聚类，最后采用 Niblack 算法并结合输电线路杆塔现场湿度数据对山火区域辨识阈值进行修正；计算过程简单、实用性强，在满足系统对图像处理高效性的同时有效降低了使用单一温度阈值带来的火点漏判与误判，实现对输电线路山火准确监测。作为输电线路山火监测系统的辅助工具，该方法对于提高山火监测精度、减少山火跳闸具有重要意义。

**专利名称：输变电工程施工现场实时指挥系统**

公开（公告）号：CN106160224A　　公开（公告）日：2016-11-23

申请号：CN201610598189.8　　申请日：2016-07-27

申请（专利权）人：国家电网公司　国网河北省电力公司　河北省送变电公司　武汉珞珈天铭电气科技有限公司

国际专利分类号：IPC(8): H02J13/00 G01C3/00

**摘要：**本发明公开了一种输变电工程施工现场实时指挥系统，属于电力系统施工技术领域。所述指挥系统包括激光测距装置、无线信号发射器、无线信号接收器、带有触屏显示器的中心服务器、手持移动通信终端；激光测距装置是固定安装在高压铁塔横担下方带有距离传感器的激光发射器；激光发射器与无线信号发射器通过线缆相连，无线信号发射器与无线信号接收器无线相连，无线信号接收器的输出端通过线缆与指挥现场的中心服务器相连；中心服务器还与手持移动通信终端相连。本发明能够准确判断放线走板与下一级高压铁塔之间的距离，减轻了指挥人员和施工人员的劳动强度，提高了放线的准确性及整体施工效率，保证了放线安全。

**专利名称：一种电力线段平行视角下的弧垂计算方法**

公开（公告）号：CN106228013A　　公开（公告）日：2016-12-14

申请号：CN201610591863.X　　申请日：2016-07-25

申请（专利权）人：国网江苏省电力公司电力科学研究院　国家电网公司　国网江苏省电力公司无锡供电公司

国际专利分类号：IPC(8): G06F19/00

**摘要**：本发明公开了一种电力线段平行视角下的弧垂计算方法，包括：步骤 1，图片获取及初始化处理；步骤 2，对初始化处理后的图片进行二值化处理；步骤 3，参照“悬链段”方法分析柔索结构的思想，当杆塔之间的距离为一定值时，选取顶部索曲线倾角的正割值最为独立参数，提取该独立参数，还原悬链曲线；步骤 4，根据悬链曲线进行弧垂计算。本发明采用平行视角下的电力线提取，实现了平行视角下对电力线弧垂的计算。

**专利名称：电力无线专网用户在站间载波聚合下的传输系统和方法**

公开（公告）号：CN106231674A　　公开（公告）日：2016-12-14

申请号：CN201610591867.8　　申请日：2016-07-25

申请（专利权）人：国网信息通信产业集团有限公司　北京汇通金财信息科技有限公司　国网辽宁省电力有限公司　国家电网公司

国际专利分类号：IPC(8): H04W72/04 H04W72/12

**摘要**：本发明公开了一种电力无线专网用户在站间载波聚合下的传输系统和方法，系统包括：宏基站、微基站以及电力终端。微基站用于：当电力业务具有无线专网倾向性时，通过电力终端向宏基站发送比特映射表信息，限制电力终端在无线专网子帧 2 上的上行链路传输；依据获取的比特映射表信息限制电力终端在无线公网上行链路的传输。宏基站用于：当电力业务具有无线公网倾向性时，通过电力终端向微基站发送比特映射表信息，限制电力终端在无线公网子帧上的上行链路传输；依据获取的比特映射表信息时限制电力终端在无线公网上行链路的传输。可见本发明提供的电力无线专网用户在站间载波聚合下的传输系统可通过判断电力业务网络倾向性，动态切换向无线公网或电力专网。

**表 26-2-2　浙江宇视科技有限公司**

| 申请号 | 申请日 | 申请人 | 发明名称 | 技术领域 |
|---|---|---|---|---|
| CN201610770461.6 | 2016-08-30 | 浙江宇视科技有限公司 | 一种分布式文件的下载方法及装置 | 本发明属于数据传输领域，尤其涉及一种分布式文件的下载方法及装置 |
| CN201610709470.4 | 2016-08-22 | 浙江宇视科技有限公司 | 一种电动镜头聚焦方法及装置 | 本申请涉及视频监控技术领域，尤其涉及一种电动镜头聚焦方法及装置 |
| CN201610703991.9 | 2016-08-19 | 浙江宇视科技有限公司 | 一种配置摄像机的方法及装置 | 本发明涉及三维监控领域，具体而言，涉及一种配置摄像机的方法及装置 |
| CN201610703609.4 | 2016-08-19 | 浙江宇视科技有限公司 | 一种网络摄像机配置方法、装置及系统 | 本发明涉及计算机应用领域，具体而言，涉及一种网络摄像机配置方法、装置及系统 |

续表

| 申请号 | 申请日 | 申请人 | 发明名称 | 技术领域 |
| --- | --- | --- | --- | --- |
| CN201610703935.5 | 2016-08-19 | 浙江宇视科技有限公司 | 视频编码码率控制方法、装置及系统 | 本发明涉及图像处理技术领域，具体涉及一种视频编码码率控制方法、装置及系统 |
| CN201610661972.4 | 2016-08-12 | 浙江宇视科技有限公司 | 一种车位检测方法及装置 | 本发明属于视频监控领域，尤其涉及一种车位检测方法及装置 |
| CN201610641554.9 | 2016-08-05 | 浙江宇视科技有限公司 | 一种视频监控系统中跨域组播方法及装置 | 本发明属于视频监控技术领域，尤其涉及一种视频监控系统中跨域组播方法及装置 |
| CN201610609218.6 | 2016-07-28 | 浙江宇视科技有限公司 | 光学透雾彩色图像采集方法及摄像机 | 本申请涉及图像采集处理技术领域，具体涉及一种光学透雾彩色图像采集方法及摄像机 |
| CN201610586332.1 | 2016-07-22 | 浙江宇视科技有限公司 | 一种图像采集设备及图像采集方法 | 本发明涉及监控技术领域，尤其涉及一种图像采集设备及图像采集方法 |
| CN201610564694.0 | 2016-07-15 | 浙江宇视科技有限公司 | 一种通过虚拟机异构实现服务器防攻击的方法及装置 | 本发明属于网络安全技术领域，尤其涉及一种通过虚拟机异构实现服务器防攻击的方法及装置 |
| CN201610559831.1 | 2016-07-15 | 浙江宇视科技有限公司 | 即插即用组网方法、装置及系统 | 本发明涉及数字信息传输技术领域，具体涉及一种即插即用组网方法、装置及系统 |
| CN201610557189.3 | 2016-07-12 | 浙江宇视科技有限公司 | 一种图像处理方法、系统及电子设备 | 本发明涉及图像处理技术领域，具体而言，涉及一种图像处理方法、系统及电子设备 |
| CN201610551736.7 | 2016-07-11 | 浙江宇视科技有限公司 | 一种阴影遮挡下的抓拍优化方法及装置 | 本发明属于视频监控领域，尤其涉及一种阴影遮挡下的抓拍优化方法及装置 |
| CN201610545773.7 | 2016-07-07 | 浙江宇视科技有限公司 | 昼夜自动切换方法、装置及系统 | 本发明涉及摄像机控制技术领域，具体涉及一种昼夜自动切换方法、装置及系统 |
| CN201610539735.0 | 2016-07-06 | 浙江宇视科技有限公司 | 一种数据传输方法及装置 | 本发明涉及视频监控技术领域，尤其涉及一种数据传输方法及装置 |

**专利名称：一种分布式文件的下载方法及装置**

公开（公告）号：CN106254833A　　公开（公告）日：2016-12-21

申请号：CN201610770461.6　　申请日：2016-08-30

申请（专利权）人：浙江宇视科技有限公司

国际专利分类号：IPC(8): H04N7/18 H04N5/76 H04N21/2385

**摘要：**本发明公开了一种分布式文件的下载方法及装置，根据获取到的数据节点的信息，启动多个并发线程，每个并发线程与其中的一个数据节点建立链接，发送包含下载文件名以及初始带宽的文件下载请求给相应的数据节点，并根据数据节点依据所述文件下载请求为其分配的下载带宽进行文件下载，其后周期性发送下载带宽更新请求，来根据实际下载带宽重新分配带宽。本发明的装置包括节点请求模块、文件查询模块、下载模块和更新模块。本发明的方法及装置，使数据节点的下载带宽得到合理利用的同时，保证客户端的下载速度最大化，提高了多客户端同时下载的速度。

**专利名称：一种电动镜头聚焦方法及装置**

公开（公告）号：CN106101565A　　公开（公告）日：2016-11-09

申请号：CN201610709470.4　　申请日：2016-08-22

申请（专利权）人：浙江宇视科技有限公司

国际专利分类号：IPC(8): H04N5/232

**摘要**：本申请提供一种电动镜头聚焦方法及装置。方法包括：控制镜头电机在近焦远焦两个方向往返运动，针对每个方向获取多个第一聚焦评价值，记录在当前方向获取的第一聚焦评价值，根据多个第一聚焦评价值确定聚焦清晰点方向；根据第一聚焦评价值确定第一阈值；控制镜头电机向聚焦清晰点方向运动一步，获取第二聚焦评价值；若当前获取的第二聚焦评价值超过第一阈值且当前获取的第二聚焦评价值小于上一次获取的第二聚焦评价值，则根据第一聚焦评价值、第一阈值、所有第二聚焦评价值控制镜头电机到达聚焦清晰点位置，否则继续执行控制镜头电机向聚焦清晰点方向运动一步的过程。本申请可实现自动聚焦，克服了直流电机镜头不支持获取镜头电机位置的问题。

**专利名称：一种配置摄像机的方法及装置**

公开（公告）号：CN106204630A　　公开（公告）日：2016-12-07

申请号：CN201610703991.9　　申请日：2016-08-19

申请（专利权）人：浙江宇视科技有限公司

国际专利分类号：IPC(8): G06T7/00

**摘要**：本发明提供一种配置摄像机的方法及装置。所述方法包括：根据各个摄像机拍摄的画面信息，确定待配置摄像机对应的设备识别码；根据用户终端拍摄的画面信息以及所述用户终端的位置信息，确定所述待配置摄像机在三维模型中的位置信息，所述用户终端拍摄的画面信息中包括所述待配置摄像机的图像信息，所述三维模型是指预先根据当前场景构建的三维模型；根据所述设备识别码、以及所述待配置摄像机在三维模型中的位置信息，在所述三维模型中配置所述待配置摄像机。所述方法能够实现在所述三维模型中配置所述待配置摄像机，整个过程无需操作人员手动标定，简单易实现。

**专利名称：一种网络摄像机配置方法、装置及系统**

公开（公告）号：CN106210132A　　公开（公告）日：2016-12-07

申请号：CN201610703609.4　　申请日：2016-08-19

申请（专利权）人：浙江宇视科技有限公司

国际专利分类号：IPC(8): H04L29/08 H04L12/24 H04N7/18

**摘要**：本发明实施例提供一种网络摄像机配置方法、装置及系统。所述方法包括：所述用户终端向所述服务器发送资源请求，所述资源请求包括网络摄像机识别号；所述用户终端接收所述服务器返回的响应信息，所述响应信息中包括从所述远程业务分区中获取的所述网络摄像机识别号对应的资源文件；根据用户配置信息、所述资源文件以及所述网络摄像机当前的状态，发送对应的信息到所述服务器，以使所述服务器完成对所述网络摄像机的配置。所述方法使得所述网络摄像机不再受限于自身存储空间的限制，并且通过在服务器存储用来配置所述网络摄像机的配置文件以及资源文件，使得用户终端能够通过服务器实现对网络摄像机的离线配置。

**专利名称：视频编码码率控制方法、装置及系统**

公开（公告）号：CN106254868A 公开（公告）日：2016-12-21

申请号：CN201610703935.5 申请日：2016-08-19

申请（专利权）人：浙江宇视科技有限公司

国际专利分类号：IPC(8): H04N19/114 H04N19/146 H04N19/503 H04N19/513 H04N7/18

**摘要：**本发明提供一种视频编码码率控制方法、装置及系统，预测帧编码时，基于运动检测将当前预测帧与前一帧作比较，得到当前预测帧的运动物体区域及当前预测帧像素点的运动矢量；在运动矢量坐标系下，统计当前预测帧像素点的运动矢量，得到当前预测帧中编码质量需要保证的运动物体区域；结合预设的关键帧 QP 初始值、预设的预测帧 QP 初始值、当前预测帧像素点的运动矢量，计算出当前预测帧像素点的 QP 预测值；通过对宏块内的当前预测帧像素点的 QP 预测值均值取整，得到当前预测帧内宏块的编码 QP 值，生成当前预测帧的 QPMAP 配置表；采用当前预测帧的 QPMAP 配置表对当前预测帧进行压缩编码。本发明既能有效降低视频流编码码率，又能保证视频图像质量。

**专利名称：一种车位检测方法及装置**

公开（公告）号：CN106097763A 公开（公告）日：2016-11-09

申请号：CN201610661972.4 申请日：2016-08-12

申请（专利权）人：浙江宇视科技有限公司

国际专利分类号：IPC(8): G08G1/14 G06K9/00 G06K9/32

**摘要：**本发明公开了一种车位检测方法及装置，该方法检测监控区域的车位状态变化，在检测到车位状态发生变化时，查找处于空闲状态的车位检测摄像机，并从中选取用于执行车位状态精确检测和车牌识别的车位检测摄像机，将车位状态发生变化的车位处理信息发送给所选取的车位检测摄像机，进行车位状态精确检测和车牌识别。本发明还公开了对应于上述方法的装置，包括预检测模块和精确检测模块。本发明的方法及装置将车位处理信息发送给多个车位检测摄像机进行处理，缩短了检测时间，节省了网络流量，减轻了网络负荷。

**专利名称：一种视频监控系统中跨域组播方法及装置**

公开（公告）号：CN106210648A 公开（公告）日：2016-12-07

申请号：CN201610641554.9 申请日：2016-08-05

申请（专利权）人：浙江宇视科技有限公司

国际专利分类号：IPC(8): H04N7/18 H04N21/6405

**摘要：**本发明公开了一种视频监控系统中跨域组播方法及装置，应用于视频监控系统中的视频管理服务器，接收本监控域内客户端查看其他监控域前端设备的查询消息，向所述其他监控域的视频管理服务器查询，并根据反馈的通知消息通知本监控域内的流媒体服务器在接收到该其他监控域内流媒体服务器的单播视频流后，将该视频流以组播流方式发送，并通知本监控域内查看该其他监控域内前端设备的客户端接收组播流。本发明的装置包括查询模块、控制模块和反馈模块。本发明的方法及装置能够在只要终端设备支持组播的情况下，即可实现跨域组播。

**专利名称：光学透雾彩色图像采集方法及摄像机**

公开（公告）号：CN106060364A 公开（公告）日：2016-10-26

申请号：CN201610609218.6 申请日：2016-07-28

申请（专利权）人：浙江宇视科技有限公司

国际专利分类号：IPC(8): H04N5/225 H04N5/369 H04N5/374

**摘要**：本申请提供一种光学透雾彩色图像采集方法及摄像机，该摄像机包括镜头、可见光图像传感器、红外光图像传感器以及依次连接的图像合成模块、图像处理模块、编码模块和网络模块，在镜头和可见光图像传感器、红外线图像传感器之间设有分光机构，入射光线自镜头入射至分光机构后被可见光图像传感器和红外线图像传感器接收，所述可见光图像传感器和红外线图像传感器将各自采集的图像发送至图像合成模块。本申请采用单镜头在降低成本的同时，能够使可见光图像传感器和红外线图像传感器采集到高度一致视场的图像，得到的光透雾彩色图像能有效提升透雾摄像机所拍图像的效果，提供区别于传统光学透雾摄像机所不能提供的彩色图像。

**专利名称：一种图像采集设备及图像采集方法**

公开（公告）号：CN106060482A　　公开（公告）日：2016-10-26

申请号：CN201610586332.1　　申请日：2016-07-22

申请（专利权）人：浙江宇视科技有限公司

国际专利分类号：IPC(8): H04N7/18 H04N5/225 G03B11/04

**摘要**：本发明提供一种图像采集设备及图像采集方法，所述图像采集设备包括：图像传感器和用于保护所述图像传感器的保护滤镜，且所述保护滤镜设置在所述图像传感器的入射光路上。当成像光照射在所述图像采集设备上时：所述保护滤镜还用于在接收所述成像光后，降低所述成像光的强度；其中，所述保护滤镜的滤光程度与所述成像光的强度正相关；所述图像传感器用于利用接收到的成像光获得对应的图像。通过本发明的技术方案，可以避免强成像光直接照射所引起的眩光，有效适应拍摄场景中的强成像光照射，有效抑制画面眩光带来的大光晕、人眼感官不适、smear 现象、鬼影现象。

**专利名称：一种通过虚拟机异构实现服务器防攻击的方法及装置**

公开（公告）号：CN106254312A　　公开（公告）日：2016-12-21

申请号：CN201610564694.0　　申请日：2016-07-15

申请（专利权）人：浙江宇视科技有限公司

国际专利分类号：IPC(8): H04L29/06 H04L29/08

**摘要**：本发明公开了一种通过虚拟机异构实现服务器防攻击的方法及装置，通过在实体服务器上进行虚拟机异构生成多个使用不同操作系统的虚拟机，按第一策略中每台虚拟服务器每次对外提供服务的时间以及虚拟服务器的切换顺序调度虚拟服务器来对外提供服务，在检测到服务器遭受攻击后，按第二策略立即切换对外提供服务的虚拟服务器，并在后续时间按第二策略加快虚拟服务器的切换频率，调整虚拟服务器的切换顺序，对网络渗透攻击所需感知或匹配的网络环境进行动态变换，以切断网络渗透攻击过程中的先验知识链，使网络渗透攻击的后续步骤无法完成，解决了现有技术中无法通过防火墙和服务器操作系统的安全功能来防止网络渗透攻击的问题。

**表 26-2-3　中兴通讯股份有限公司**

| 申请号 | 申请日 | 申请人 | 发明名称 | 技术领域 |
|---|---|---|---|---|
| CN201410498623.6 | 2014-09-25 | 中兴通讯股份有限公司 | 节点分配方法、装置及系统 | 本发明涉及通信领域，具体而言，涉及一种节点分配方法、装置及系统 |

续表

| 申请号 | 申请日 | 申请人 | 发明名称 | 技术领域 |
|---|---|---|---|---|
| CN201410416299.9 | 2014-08-21 | 中兴通讯股份有限公司 | 接入控制处理方法、装置及数字用户线路接入复用器 | 本发明涉及分通信领域，具体而言，涉及一种接入控制处理方法、装置及数字用户线路接入复用器 |
| CN201410240153.3 | 2014-05-30 | 中兴通讯股份有限公司 | M2M业务数据处理方法、装置及M2M终端设备 | 本发明涉及通信领域，具体而言，涉及一种M2M业务数据处理方法、装置及M2M终端设备 |
| CN201410231454.X | 2014-05-28 | 中兴通讯股份有限公司 | 云桌面的监控方法及装置 | 本发明涉及计算机及通信技术领域，具体而言，涉及一种云桌面的监控方法及装置 |
| CN201310688042.4 | 2013-12-13 | 中兴通讯股份有限公司 | 道路监控方法、摄像装置、车载终端、及系统 | 本发明涉及视频监控技术领域，更具体地，涉及一种道路监控方法、摄像装置、车载终端及系统 |
| CN201310631163.5 | 2013-11-29 | 中兴通讯股份有限公司 | VCDN资源控制方法、装置及系统 | 本发明涉及通信领域，具体而言，涉及一种虚拟内容分发网络（Virtual ContentDelivery Network，简称VCDN）资源控制的方法、装置及系统 |
| CN201310611426.6 | 2013-11-26 | 中兴通讯股份有限公司 | 一种视频监控的内容适配方法、系统及中心服务器、装置 | 本发明涉及多媒体通信领域，尤其涉及一种视频监控的内容适配方法、系统及中心服务器、装置 |
| CN201310598077.9 | 2013-11-22 | 中兴通讯股份有限公司 | 畸变图像校正复原与分析报警的方法和装置 | 本发明涉及到图像处理技术领域，特别涉及到畸变图像校正复原与分析报警的方法和装置 |
| CN201310484515.9 | 2013-10-16 | 中兴通讯股份有限公司 | 物联网通信方法、物联网应用平台、物联网平台及系统 | 本发明涉及物联网应用领域，尤其涉及一种物联网应用平台与物联网终端之间的物联网通信方法、物联网应用平台、物联网平台及系统 |
| CN201310449373.2 | 2013-09-27 | 中兴通讯股份有限公司 | 一种分布式CDN系统的建链方法及系统 | 本发明涉及多媒体业务领域，特别是涉及一种分布式CDN系统的建链方法及系统 |
| CN201310290503.2 | 2013-07-11 | 中兴通讯股份有限公司 | 一种视频播放方法、装置、视频播放客户端和多媒体服务器 | 本发明涉及多媒体领域，尤其涉及一种视频播放方法、装置、视频播放客户端和多媒体服务器 |
| CN201310286900.2 | 2013-07-09 | 中兴通讯股份有限公司 | 一种通信方法、装置及系统 | 本发明涉及通信领域，特别是涉及一种通信方法、装置及系统 |
| CN201310281816.1 | 2013-07-05 | 中兴通讯股份有限公司 | 客户端单元登录方法及系统 | 本发明涉及计算机技术领域，特别是涉及一种客户端单元登录方法及系统 |
| CN201310272535.X | 2013-07-01 | 中兴通讯股份有限公司 | 一种基于全景视频的车载导航方法及系统 | 本发明涉及视频处理技术及车载导航技术，尤其涉及一种基于全景视频的车载导航方法及系统 |
| CN201310272331.6 | 2013-07-01 | 中兴通讯股份有限公司 | 互联互通视频监控系统和方法 | 本发明涉及视频监控领域，尤其涉及一种互联互通视频监控系统和方法 |

**专利名称：节点分配方法、装置及系统**

公开（公告）号：CN104580016A　　公开（公告）日：2015-04-29

申请号：CN201410498623.6　　申请日：2014-09-25

申请（专利权）人：中兴通讯股份有限公司

国际专利分类号：IPC(8): H04L12/917

**摘要**：本发明公开了一种节点分配方法、装置及系统。该方法包括：接收多个节点的第一上报消息，其中，该第一上报消息中携带节点的性能参数和用于指示该节点的 VCDN 资源消耗的参数；根据该第一上报消息，确定多个节点中性能最优的最优节点；将该最优节点的信息发送至用户终端。本发明解决了无法对 VCDN 的资源进行合理分配所导致的问题，提升了系统的稳定性和服务质量。

**专利名称：接入控制处理方法、装置及数字用户线路接入复用器**
公开（公告）号：CN105472185A　　公开（公告）日：2016-04-06
申请号：CN201410416299.9　　申请日：2014-08-21
申请（专利权）人：中兴通讯股份有限公司
国际专利分类号：IPC(8): H04M3/56 H04L12/28
**摘要：**本发明提供了一种接入控制处理方法、装置及数字用户线路接入复用器。该方法包括：建立调制解调器 Modem 的类型与 Modem 接入网络的接入策略的对应关系；识别请求接入网络的 Modem 的类型；依据识别的 Modem 的类型以及对应关系，确定 Modem 接入网络的接入策略；依据确定的接入策略控制 Modem 接入网络。通过本发明解决了现有技术中基于业务层面对 Modem 进行控制而带来的 Modem 不能正常使用的情况的问题，从而能够根据既定的策略来控制不同类型 Modem 的接入。

**专利名称：M2M 业务数据处理方法、装置及 M2M 终端设备**
公开（公告）号：CN105228079A　　公开（公告）日：2016-01-06
申请号：CN201410240153.3　　申请日：2014-05-30
申请（专利权）人：中兴通讯股份有限公司
国际专利分类号：IPC(8): H04W4/00
**摘要：**本发明提供了一种 M2M 业务数据处理方法、装置及 M2M 终端设备。该 M2M 业务数据处理方法包括：获取依据 M2M 业务需求确定的数据策略，其中，数据策略包括用于对 M2M 业务数据进行采集的数据采集策略和/或用于对 M2M 业务数据进行上报的数据上报策略；依据数据策略执行 M2M 业务数据采集和/或 M2M 业务数据上报操作处理，本发明解决了相关技术中存在对 M2M 数据业务的采集与上报不能满足 M2M 业务多样性和实时性的要求的问题，进而达到了能够针对 M2M 业务需求对 M2M 数据业务进行采集与上报，满足了 M2M 业务多样性和实时性的要求的效果。

**专利名称：云桌面的监控方法及装置**
公开（公告）号：CN105162641A　　公开（公告）日：2015-12-16
申请号：CN201410231454.X　　申请日：2014-05-28
申请（专利权）人：中兴通讯股份有限公司
国际专利分类号：IPC(8): H04L12/26 H04L29/08
**摘要：**本发明公开了一种云桌面的监控方法及装置。该方法包括：向云桌面系统的服务器发送监控请求，请求监控云桌面系统的一个或多个云桌面；接收服务器发送的一个或多个云桌面的桌面视频流；播放一个或多个云桌面的桌面视频流，对一个或多个云桌面的桌面操作进行监控。

**专利名称：道路监控方法、摄像装置、车载终端、及系统**
公开（公告）号：CN104715603A　　公开（公告）日：2015-06-17

申请号：CN201310688042.4　　　　申请日：2013-12-13
申请（专利权）人：中兴通讯股份有限公司
国际专利分类号：IPC(8): G08G1/01 G08G1/0962 H04N7/18

**摘要**：本发明公开一种道路监控方法，包括如下步骤：摄像装置采集道路实时视频；摄像装置对视频画面进行图像分析，判断当前道路的拥堵状况，生成描述道路交通状况的信息；摄像装置查找邻近的车载终端和其他摄像装置，将本地生成的描述道路交通状况的信息发送至其他摄像装置并接收其他摄像装置发送的描述道路交通状况的信息；各摄像装置将接收到的和本地生成的所述描述道路交通状况的信息发送至对应的邻近车载终端。本发明还公开一种摄像装置、一种车载终端和一种道路监控系统，本发明能增强数据处理的及时性，提升信息的实时性，缓解后台控制中心的处理压力。

**专利名称：VCDN 资源控制方法、装置及系统**

公开（公告）号：CN104683881A　　　　公开（公告）日：2015-06-03
申请号：CN201310631163.5　　　　申请日：2013-11-29
申请（专利权）人：中兴通讯股份有限公司
国际专利分类号：IPC(8): H04N21/647 H04N21/63 H04L29/08

**摘要**：本发明公开了一种 VCDN 资源控制方法、装置及系统。该方法包括：获取至少一个节点的 VCDN 资源能力信息，其中，该 VCDN 资源能力信息包括至少一个节点上的不同提供商的 VCDN 空间使用情况，根据上述 VCDN 资源能力信息对至少一个节点上的不同提供商的 VCDN 资源进行分别控制。本发明解决了相关技术中 VCDN 资源管理不清楚、不受控制的问题，具有可以依据不同提供商的 VCDN 空间使用情况对 VCDN 资源进行精细化控制的有益效果。

**专利名称：一种视频监控的内容适配方法、系统及中心服务器、装置**

公开（公告）号：CN104683734A　　　　公开（公告）日：2015-06-03
申请号：CN201310611426.6　　　　申请日：2013-11-26
申请（专利权）人：中兴通讯股份有限公司
国际专利分类号：IPC(8): H04N7/18 H04L29/08

**摘要**：本发明公开了一种视频监控的内容适配方法、系统及中心服务器、装置，涉及多媒体通信领域。本发明公开的方法包括：监控前端通过中心服务器接收监控客户端的能力参数信息，所述监控前端根据所述能力参数信息调整监控视频的参数，将调整参数后的监控视频输出给所述监控客户端。本发明还公开了一种视频监控的监控前端装置、中心服务器及视频监控的内容适配系统。本申请使输出视频在客户端播放达到最佳效果。

**专利名称：畸变图像校正复原与分析报警的方法和装置**

公开（公告）号：CN104657940A　　　　公开（公告）日：2015-05-27
申请号：CN201310598077.9　　　　申请日：2013-11-22
申请（专利权）人：中兴通讯股份有限公司
国际专利分类号：IPC(8): G06T5/00 G06T7/00

**摘要**：本发明公开了一种畸变图像校正复原与分析报警的方法和装置。其方法包括：接收畸变镜头采集到的原始畸变图像，获取所述原始畸变图像中各坐标点的原始畸变坐标；获取预存储的所述畸变镜头的畸变参数，确定所述原始畸变图像中各坐标点的复原坐标，获得复原后的图像。本发明采用预存储的畸变镜头的畸变参数来对畸变镜头采集到的图像进行校正复原处理，获得无失真的图像，使显示的画面接近真实场景，且复原后的图像具有大视角的特点，避免了普通视角拍摄存在的盲区和死角，有利于在安防监控环境中对突发事件的捕获，提高安防报警的准确性。

**专利名称：物联网通信方法、物联网应用平台、物联网平台及系统**

公开（公告）号：CN104579857A　　公开（公告）日：2015-04-29

申请号：CN201310484515.9　　申请日：2013-10-16

申请（专利权）人：中兴通讯股份有限公司

国际专利分类号：IPC(8): H04L12/28 H04L12/44 H04L29/08

**摘要**：本发明提供了一种物联网通信方法、物联网应用平台、物联网平台及系统，该方法包括：根据物联网应用的需求定义至少一个物，并确定各物的物属性集合；物为物联网应用的管理对象，物属性集合包括物联网应用的至少一个管理信息；将各物及各物对应的物属性集合发送到物联网平台；在应用操作时，向物联网平台发送应用操作请求，从应用操作请求中可以确定至少一个物属性；接收物联网平台反馈的与至少一个物属性对应的终端设备的信息。通过本发明的实施，在应用操作时，通过向物联网平台发送可确定至少一个物属性的应用操作请求，使得用户可以获得与物联网应用相关联的终端设备所监控/感知的信息，解决了现有技术仅关注终端设备自身的问题。

**专利名称：一种分布式 CDN 系统的建链方法及系统**

公开（公告）号：CN104519080A　　公开（公告）日：2015-04-15

申请号：CN201310449373.2　　申请日：2013-09-27

申请（专利权）人：中兴通讯股份有限公司

国际专利分类号：IPC(8): H04L29/08

**摘要**：本发明公开了一种分布式 CDN 系统的建链方法及系统。该方法包括：管理层获取控制层的数据信息，以及获取能力层各个节点的数据信息；管理层根据获取的数据信息，为能力层各个节点分配一个归属的控制层；控制层基于上述数据信息，向能力层各个节点建立通信链路。通过本发明，解决了相关技术中分布式 CDN 系统中链路无法自动切换的问题，从而实现了在 CDN 大规模软件架构下，控制层软件对能力层节点拓扑的灵活管理，以及能力层配置的简单化。当信令网络拓扑发生变化时，能够实现控制层软件与能力层节点间链路的自动切换，将对业务功能的影响降到最低。同时还可以满足 CDN 系统的快速扩容以及大规模扩容。

**表 26-2-4　杭州海康威视数字技术股份有限公司**

| 申请号 | 申请日 | 申请人 | 发明名称 | 技术领域 |
|---|---|---|---|---|
| CN201510404972.1 | 2015-07-09 | 杭州海康威视数字技术股份有限公司 | 插板式设备 | 本发明涉及视频监控技术领域，尤其涉及一种插板式设备 |
| CN201510378151.5 | 2015-06-29 | 杭州海康威视数字技术股份有限公司 | 视频信号的切换电路和切换方法 | 本发明涉及视频监控技术领域，具体而言，涉及一种视频信号的切换电路和切换方法 |
| CN201510377701.1 | 2015-06-29 | 杭州海康威视数字技术股份有限公司 | 数据结构和文件聚合、读取方法及装置 | 本发明涉及文件存储技术领域，具体地说，涉及一种数据结构和文件聚合、 读取方法及装置 |

续表

| 申请号 | 申请日 | 申请人 | 发明名称 | 技术领域 |
|---|---|---|---|---|
| CN201510373302.8 | 2015-06-26 | 杭州海康威视数字技术股份有限公司 | 监控画面的同步切换方法和装置 | 本发明涉及视频监控领域，具体而言，涉及一种监控画面的同步切换方法和装置 |
| CN201510342259.9 | 2015-06-19 | 杭州海康威视数字技术股份有限公司 | 一种电视墙的同步快速切换显示方法、解码设备 | 本发明涉及显示技术领域，具体地说，涉及一种电视墙的同步快速切换显示方法、解码设备 |
| CN201510315796.4 | 2015-06-10 | 杭州海康威视数字技术股份有限公司 | 视频监控方法、设备及其系统和基于商场的视频监控方法 | 本发明涉及互联网领域，具体而言，涉及一种视频监控方法、设备及其系统和基于商场的视频监控方法 |
| CN201510315893.3 | 2015-06-10 | 杭州海康威视数字技术股份有限公司 | 局域网内的信息发送、获取方法及装置、信息处理系统 | 本发明涉及视频监控领域，具体而言，涉及一种局域网内的信息发送、获取方法及装置、信息处理系统 |
| CN201510310265.6 | 2015-06-08 | 杭州海康威视数字技术股份有限公司 | 用于启动电子设备的方法及系统 | 本发明涉及电子设备安全技术领域，尤其涉及一种用于启动电子设备的方法，还涉及一种用于启动电子设备的系统 |
| CN201510308704.X | 2015-06-05 | 杭州海康威视数字技术股份有限公司 | 图像采集方法及系统、视频监控方法及系统 | 本发明涉及视频监控技术领域，特别是涉及图像采集方法及系统、视频监控方法及系统、监控预警方法及系统、数据硬盘录像机 |
| CN201510309744.6 | 2015-06-05 | 杭州海康威视数字技术股份有限公司 | 监控方法、服务器、系统及图像采集装置 | 本发明涉及监控技术领域，特别是涉及监控方法、服务器、系统及图像采集装置 |
| CN201510308669.1 | 2015-06-05 | 杭州海康威视数字技术股份有限公司 | 一种目标人物的轨迹信息的确定方法、系统及处理服务器 | 本发明涉及通信技术领域，特别涉及一种目标人物的轨迹信息的确定方法、系统及处理服务器 |
| CN201510283124.X | 2015-05-28 | 杭州海康威视数字技术股份有限公司 | 车牌图像识别的处理方法及装置 | 本发明涉及视频监控领域，具体而言，涉及一种车牌图像识别的处理方法及装置 |
| CN201510262243.7 | 2015-05-21 | 杭州海康威视数字技术股份有限公司 | 终端定位方法、装置和系统 | 本发明涉及监控领域，具体而言，涉及一种终端定位方法、装置和系统 |
| CN201510263259.X | 2015-05-21 | 杭州海康威视数字技术股份有限公司 | 基于无线探测的人流量获取的方法、装置和系统 | 本发明涉及监控领域，具体而言，涉及一种基于无线探测的人流量获取的方法、装置和系统 |
| CN201510262244.1 | 2015-05-20 | 杭州海康威视数字技术股份有限公司 | 一种视频文件逆序播放方法及系统 | 本发明属于视频监控领域，特别涉及一种视频文件逆序播放方法和系统 |

**专利名称：插板式设备**

公开（公告）号：CN106331600A　　　公开（公告）日：2017-01-11

申请号：CN201510404972.1　　　申请日：2015-07-09

申请（专利权）人：杭州海康威视数字技术股份有限公司

国际专利分类号：IPC(8): H04N7/18

**摘要：**本发明公开了一种插板式设备，其包括主控板和子板。在主控板上设置主控模块，在子板上设置子控模块和子板应用模块。主控模块设置为管理子控模块，子控模块设置为管理子板应用模块。应用上述插板式设备，主控模块只负责管理各个子板的子控模块，而每个子板的子板应用模块则由子控模块统一管理。相比于现有技术中插板式设备的所有子板应用模块均由主控模块管理的方案，引入的子控模块能够大大减轻主控模块的负担，有利于插板式设备的系统优化，有效避免了现有技术中插板式设备存在的任务负荷不均衡的技术问题。

**专利名称：视频信号的切换电路和切换方法**

公开（公告）号：CN106331531A　　公开（公告）日：2017-01-11

申请号：CN201510378151.5　　申请日：2015-06-29

申请（专利权）人：杭州海康威视数字技术股份有限公司

国际专利分类号：IPC(8): H04N5/268 H04N7/18

**摘要**：本发明公开了一种视频信号的切换电路和切换方法。该切换电路包括：调节电路，与第一电缆相连接，用于调节第一电缆处于上拉状态或处于释放状态；检测电路，与第一电缆相连接，用于检测第一电缆处于上拉状态情况下第一电缆上的第一电压值，或检测第一电缆处于释放状态情况下第一电缆上的第二电压值；控制器，用于判断来自检测电路的第一电压值或第二电压值的变化，其中，在判断出第二电压值变大的情况下，控制器控制第二电缆传输视频信号，或在判断出第一电压值变小的情况下，控制器控制第一电缆传输视频信号。本发明解决了由于现有技术中需要手动切换信号档位造成的不能实现自适应的切换视频信号的技术问题。

**专利名称：数据结构和文件聚合、读取方法及装置**

公开（公告）号：CN106326292A　　公开（公告）日：2017-01-11

申请号：CN201510377701.1　　申请日：2015-06-29

申请（专利权）人：杭州海康威视数字技术股份有限公司

国际专利分类号：IPC(8): G06F17/30

**摘要**：本发明公开了一种数据结构和文件聚合、读取方法及装置。该聚合方法包括：将小文件的数据、数据的长度信息、至少一个元数据、标识信息以及同步块聚合为小文件单元；将至少一个小文件单元合并为大文件，其中，所述同步块位于相邻的小文件单元之间。该读取方法包括：根据所述同步块确定所述小文件单元在所述大文件中的起始位置；根据所述小文件单元在所述大文件中的起始位置、所述数据的长度信息的长度、所述至少一个元数据的长度以及所述标识信息的长度，确定所述数据在所述大文件中的起始位置；根据所述数据在所述大文件中的起始位置以及数据的长度信息，读取所述小文件的数据。本发明中每个小文件单元均具有完备的描述系统，不必依赖聚合文件即可完成自解析。

**专利名称：监控画面的同步切换方法和装置**

公开（公告）号：CN106331591A　　公开（公告）日：2017-01-11

申请号：CN201510373302.8　　申请日：2015-06-26

申请（专利权）人：杭州海康威视数字技术股份有限公司

国际专利分类号：IPC(8): H04N7/18 H04N5/268

**摘要**：本发明公开了一种监控画面的同步切换方法和装置。其中，监控画面的同步切换方法包括：在接收到来自控制客户端的第一命令的情况下，发送同步窗口的标识至控制客户端，其中，第一命令用于请求下一场景画面的编码流，同步窗口为用于显示下一场景画面的显示窗口；按照第一命令获取编码流；解码编码流，得到解码信息；以及在接收到来自控制客户端的第二命令的情况下，发送解码信息至同步窗口，其中，第二命令用于请求显示下一场景画面，并且第二命令包括同步窗口的标识。本发明解决了现有技术中监控画面无法同步切换的技术问题。

**专利名称：一种电视墙的同步快速切换显示方法、解码设备**

公开（公告）号：CN106331530A　　公开（公告）日：2017-01-11

申请号：CN201510342259.9　　申请日：2015-06-19

申请（专利权）人：杭州海康威视数字技术股份有限公司

国际专利分类号：IPC(8): H04N5/268 H04N7/18

**摘要：**本发明公开了一种电视墙的同步快速切换显示方法、解码设备，属于显示技术领域，以解决在客户端发出切换命令之后，电视墙上的各监控区域无法同步快速切换的技术问题。该电视墙的同步快速切换显示方法包括：接收切换命令，所述切换命令包括待显示通道的通道信息、显示区域；在切换时间到达之前，预处理通道信息对应的待显示通道的视频流；在切换时间到达时，将所述预处理过的通道信息对应的待显示通道的视频流，在同一时刻全部投放到显示区域。

**专利名称：视频监控方法、设备及其系统和基于商场的视频监控方法**

公开（公告）号：CN106303401A　　公开（公告）日：2017-01-04

申请号：CN201510315796.4　　申请日：2015-06-10

申请（专利权）人：杭州海康威视数字技术股份有限公司

国际专利分类号：IPC(8): H04N7/18

**摘要：**本发明公开了一种视频监控方法、设备及其系统和基于商场的视频监控方法。其中，该视频监控方法应用于硬盘录像机，该方法包括：获取来自图像采集设备反馈的信息，图像采集设备反馈的信息中携带进入感知区域内的目标对象的特征信息，以及图像采集设备利用 Wi-Fi 探测器探测目标对象所携带的 Wi-Fi 终端设备的标识信息，感知区域设置在图像采集设备的监控区域内；根据目标对象的特征信息读取与目标对象匹配的消息；以及根据标识信息向目标对象所携带的 Wi-Fi 终端设备推送消息。本发明解决了运营商在优化营销策略时由于无法确定移动终端的用户特征而无法推行细化、准确的个性化营销策略的技术问题。

**专利名称：局域网内的信息发送、获取方法及装置、信息处理系统**

公开（公告）号：CN104994078A　　公开（公告）日：2015-10-21

申请号：CN201510315893.3　　申请日：2015-06-10

申请（专利权）人：杭州海康威视数字技术股份有限公司

国际专利分类号：IPC(8): H04L29/06

**摘要：**本发明公开了一种局域网内的信息发送、获取方法及装置、信息处理系统，在上述方法中，接收来自于客户端的搜索请求消息；响应搜索请求消息，对与自身对应的关键信息进行加密处理，其中，关键信息包括以下至少之一：标识信息、使用状态信息、运行状态信息；向客户端返回搜索响应消息，其中，搜索响应消息中携带经过加密处理的关键信息。本发明提供的技术方案提高了局域网内信息传递的安全性以及对局域网设备进行管理的灵活性。

**专利名称：用于启动电子设备的方法及系统**
公开（公告）号：CN106295315A　　公开（公告）日：2017-01-04
申请号：CN201510310265.6　　申请日：2015-06-08
杭州海康威视数字技术股份有限公司
国际专利分类号：IPC(8): G06F21/46

**摘要：**本发明公开了一种用于启动电子设备的方法及系统。方法包括：获取电子设备的操作日志；根据操作日志判断电子设备是否处于未激活状态；当判断出电子设备处于未激活状态时，激活电子设备；接收输入的初始密码；当判断初始密码的强度大于风险密码的强度时，启动电子设备。本发明有效避免了现有技术中由于用户利用默认的风险密码首次启动电子设备后不主动修改密码导致的电子设备安全可靠性差的缺陷，有效降低了电子设备启动密码的破解风险，大大提高了电子设备的安全可靠性。

**专利名称：图像采集方法及系统、视频监控方法及系统**
公开（公告）号：CN106303397A　　公开（公告）日：2017-01-04
申请号：CN201510308704.X　　申请日：2015-06-05
申请（专利权）人：杭州海康威视数字技术股份有限公司
国际专利分类号：IPC(8): H04N7/18 G06K9/00

**摘要：**本发明实施例提供了图像采集方法及系统、视频监控方法及系统。一种图像采集方法，应用于视频监控系统中的图像采集设备，其中，所述图像采集设备设置 Wi-Fi 探测器和图像抓取模块；所述方法包括：利用所述图像抓取模块采集关于目标环境中的包含人体特征的人物图像；利用所述 Wi-Fi 探测器探测获得位于目标环境中的至少一个 Wi-Fi 终端的唯一标识信息；将所述人物图像与所述至少一个 Wi-Fi 终端的唯一标识信息对应，以生成包含人体特征的人物图像和唯一标识信息的图像数据。相对于现有技术仅仅涉及采集以及输出图像而言，能够获得更多的监控数据，为实现自动预警分析提供基础。

**专利名称：监控方法、服务器、系统及图像采集装置**
公开（公告）号：CN106303398A　　公开（公告）日：2017-01-04
申请号：CN201510309744.6　　申请日：2015-06-05
申请（专利权）人：杭州海康威视数字技术股份有限公司
国际专利分类号：IPC(8): H04N7/18 H04N5/76 H04W4/02 H04L29/08

**摘要：**本发明实施例提供了一种监控方法、服务器、系统及图像采集装置，可以获得三个 Wi-Fi 探测器与目标人物的水平距离的第一距离比。本发明还可以根据 Wi-Fi 信号的信号强度获得这三个 Wi-Fi 探测器与 Wi-Fi 终端的水平距离的第二距离比。本发明通过将各 Wi-Fi 终端的第二距离比与第一距离比进行匹配，从而确定目标人物的 Wi-Fi 终端的 MAC 地址并根据 MAC 地址对目标人物进行监控。因此，本发明实现了对目标人物的持续性监控。